U0601833

新时代
外语教育课程思政案例教程

主　编　文　旭
副主编　唐瑞梁
编　者　课程思政案例编写组

中国人民大学出版社
·北京·

图书在版编目（CIP）数据

新时代外语教育课程思政案例教程 / 文旭主编. --
北京：中国人民大学出版社，2022.10
ISBN 978-7-300-31095-4

Ⅰ.①新… Ⅱ.①文… Ⅲ.①思想政治教育—教案（
教育）—高等学校 Ⅳ.① G641

中国版本图书馆 CIP 数据核字（2022）第 184122 号

新时代外语教育课程思政案例教程
主 编 文 旭
副主编 唐瑞梁
编 者 课程思政案例编写组
Xinshidai Waiyu Jiaoyu Kecheng Sizheng Anli Jiaocheng

出版发行	中国人民大学出版社		
社 址	北京中关村大街 31 号	**邮政编码**	100080
电 话	010–62511242（总编室）		010–62511770（质管部）
	010–82501766（邮购部）		010–62514148（门市部）
	010–62515195（发行公司）		010–62515275（盗版举报）
网 址	http:// www.crup.com.cn		
经 销	新华书店		
印 刷	北京昌联印刷有限公司		
规 格	185 mm×260 mm 16 开本	**版 次**	2022 年 10 月第 1 版
印 张	24	**印 次**	2022 年 10 月第 1 次印刷
字 数	756 000	**定 价**	78.00 元

版权所有 侵权必究 印装差错 负责调换

编写组成员 （按姓氏笔画排序）

弓军 （北京理工大学）

王文俊 （云南大学）

王东兰、张军民、刘国兵 （河南师范大学）

王亚光 （沈阳工业大学）

王伟炜、朱义华 （江南大学）

王建华 （中国人民大学）

王荣斌、侯晓梅、王娜 （山西大学）

王娜 （商丘学院）

文旭、唐瑞梁 （西南大学）

刘一乐 （湖南科技大学）

刘文波 （华中师范大学）

刘全国、丁礼明 （陕西师范大学）

刘春霞 （贵州师范大学）

刘娟、卢凤香、陈欣怡 （首都医科大学）

刘墨菊、张雅萍 （中国人民大学）

江琳 （华中师范大学）

杜平、袁贺金、陈明珠 （西华师范大学）

杜明业 （淮北师范大学）

李正栓、叶红婷 （河北师范大学、荆楚理工学院）

李勇忠、吴琼、夏云 （江西师范大学）

李莹捷 （江汉大学）

李静 （中国人民大学）

杨剑英 （西华师范大学）

杨朝军 （河南大学）

杨静、彭玉全 （西南大学）

吴哲 （哈尔滨师范大学）

吴雯、邓耘 （贵州大学）

张海燕 （集美大学）

陈世丹 （中国人民大学）

陈晓慧 （中国人民大学）

易舒、童诗倩 （西南大学）

和耀荣 （云南师范大学）

金胜昔 （东北师范大学）

周红红 （北京交通大学）

周红兵、陈培 （湖北大学）

赵秋野 （哈尔滨师范大学）

郝米娜、李书仓 （齐鲁工业大学）

胡春媛、胡美馨 （浙江师范大学）

侯晓锦、姚静、夏炜、何星莹、杨海珍、罗忻晨 （中央戏剧学院）

姚璐璐、吴继宁、杜美娜、党军、张丽 （重庆理工大学）

顾国平 （北京第二外国语学院）

徐锦芬 （华中科技大学）

郭玺平 （内蒙古师范大学）

郭巍、申彤 （北京航空航天大学、中国民航大学）

唐岚 （浙江理工大学）

黄学军 （西南大学）

黄海容、谷红丽 （华南师范大学）

曹进、陈霞、孙贝、魏欣 （西北师范大学）

彭玉全、杨静 （西南大学）

彭启英 （贵州大学）

童诗倩、易舒 （西南大学）

序

PREFACE

2017 年 10 月，习近平总书记在中国共产党第十九次全国代表大会上指出："要全面贯彻党的教育方针，落实立德树人根本任务，发展素质教育，推进教育公平，培养德智体美全面发展的社会主义建设者和接班人。"2018 年 9 月，习近平总书记在全国教育大会上指出："要把立德树人融入思想道德教育、文化知识教育、社会实践教育各环节，贯穿基础教育、职业教育、高等教育各领域，学科体系、教学体系、教材体系、管理体系要围绕这个目标来设计，教师要围绕这个目标来教，学生要围绕这个目标来学。"2019 年 3 月，习近平总书记主持召开学校思想政治理论课教师座谈会，指出"要坚持价值性和知识性相统一，寓价值观引导于知识传授之中……要坚持显性教育和隐性教育相统一，挖掘其他课程和教学方式中蕴含的思想政治教育资源，实现全员全程全方位育人"。教育部在《关于加快建设高水平本科教育 全面提高人才培养能力的意见》中也明确提出："强化每一位教师的立德树人意识，在每一门课程中有机融入思想政治教育元素，形成专业课教学与思想政治理论课教学紧密结合、同向同行的育人格局。"习近平总书记的一系列重要讲话精神为高校以"课程思政"理念推动社会主义核心价值观教育提供了根本遵循。2019 年 8 月，中共中央办公厅、国务院办公厅印发了《关于深化新时代学校思想政治理论课改革创新的若干意见》（以下简称《意见》）。2020 年 5 月，为深入贯彻落实习近平总书记关于教育的重要论述和全国教育大会精神，教育部印发了《高等学校课程思政建设指导纲要》（以下简称《纲要》）的通知，把思想政治教育贯穿人才培养体系，全面推进高校课程思政建设，发挥好每门课程的育人作用，提高高校人才培养质量。《意见》与《纲要》的出台，为高校课程思政建设提出了要求，并指明了方向。

作为我国高等教育的必要环节，外语教育既是独立的学科专业领域，也是通识教育的重要组成部分，几乎影响着每一位大学生的成长。从这个角度来看，挖掘外语教育中的育人资源，加强外语教育课程思政建设，关乎我国高等教育人才培养的根本问题，具有十分重要的战略意义。与此同时，新形势下的中国与世界的联系日益紧密，在这样的历史背景下，习近平总书记强调："要加大力度培养掌握党和国家方针政策、具有全球视野、通晓国际规则、熟练运用外语、精通中外谈判和沟通的国际化人才，有针对性地培养'一带一路'等对外急需的懂外语的各类专业技术和管理人才。"外语教育也因而被赋予了新的战略地位和历史责任，也为加强外语教育课程思政建设提供了更加坚强的实践理据。

外语教育中的课程思政，即可以理解为以外语课程为"主战场"，以外语课堂为"主渠道"，充分挖掘语言本身和其他课程教学素材的育人资源，将价值观塑造寓于外语课程教育教学中，培养德才兼备的外语专业人才和精通外语的其他专业人才的实践过程。相较于传统意义上偏重于"双基"训练（即"基本知识"与"基本技能"）的外语教育，外语教育中的课程思政要求我们在教育实践过程中要把"立德树人"这一根本任务摆在首要地位，要把帮助学生塑造正确的世界观、人生观和价值观作为课程教学的旨归，即不仅要上好一门外语课，同时还要上好一门思政课。这对广大外语教育工作者提出了更高的实践要求：我们不仅要把丰富的语言知识和精湛的语言技能传授给学生，更要培塑和践行正确的价值观去影响学生，同时还要有敏锐的洞见能力去挖掘育人元素，还要熟练掌握课堂设计与教学本领，唯有如此，才能真正实现外语课程的育人功能。

目前，全国各大高校、广大外语教育工作者都在积极开展外语教育课程思政建设的实践探索，积累了不少宝贵的实践和理论经验。但从总体来看，当前我国外语教育课程思政建设仍处于起步阶段，探索的过程仍然充满荆棘，许多领域尚无人涉足，许多问题尚无定论，许多实践还未成体系……诸如"什么样的外语材料可以用于开展课程思政教学？""如何有效设计外语教学来进行课程思政？"等问题还时常浮现在我们的脑海里。但千里之行，始于足下，我们始终相信，这些疑问和困惑终究能够在实践中得到解决。基于这样的考虑，我们组织了全国40多所高校的一线外语教师参与此书的编写工作，立足院校背景，突出专业特点，涵盖不同课型，为读者呈现一堂堂真实、鲜活、生动的"示范课"，以达到"抛砖引玉"和交流互鉴的效果。

本书内容丰富，涵盖课程面广，包括英语专业16门专业核心课、7门专业方向课，大学英语2门公共基础课、2门热门选修课，公外研究生英语2门公共基础课、1门学术素养课，以及德语、日语、俄语、西班牙语等语种的若干门专业核心课。通过这些实践案例，我们尝试回答以下两个问题：

第一，哪些材料适合作为外语教育中的课程思政素材？外语教学中的课程思政素材不仅仅局限于政治和文化语篇，其范围因外语学科的特殊性而显得十分广阔。语言具有价值取向，体现一种民族精神，正如普通语言学奠基人洪堡特所说："民族的语言就是民族的精神，而民族的精神就是它的语言，语言与民族精神千丝万缕地联系在一起，而且民族精神对语言的影响越协调，民族精神的发展就越有规律、越丰富"（柯杜霍夫：《普通语言学》，外语教学与研究出版社，1987年，第35页）。同时，语言作为社会生活的重要方面，自然与政治生活息息相关。可见，语言本身也蕴含着丰富的育人资源。面对如此庞大的"资源库"，如何识别"有用项"，如何挖掘"隐藏项"，如何选择"最优项"，是外语教师急切想要解决的首要问题。本书通过大量的教学案例，展示了一线教师如何从海量语篇中挖掘价值内核、建立价值联系，重塑教学材料的真实过程，以期为读者的日常教学实践提供一些启示。

第二，如何在外语课堂中有效开展课程思政？在找齐找准教学素材后，我们还需要了解如何正确地"加工素材""呈现素材"，如何将这些素材运用到实际教学活动中。落实外语教育中的课程思政，教师和教材固然重要，但是没有好的教学理念和设计，就很难将"价值塑造"与"知识传授"和"能力培养"真正有效地融为一体。本书中的每一个案例，就是一次对教学理念的贯彻和教学设计的实践，它们既承载着教师的院校、学科专业以及个人背景，也反映着教师对外语教育、外语课程、外语课堂以及外语教材的理解和诠释，是对真实教育教学过程的生动刻画。相信其中的一些好的思路和做法，能够引发老师们的思考。

本书案例涉及的课程严格参考《高等学校外语类专业本科教学质量国家标准》或《普通高等学校本科外国语言文学类专业教学指南》中关于课程的分类和表述；涉及的教材均为与课程配套的推荐教材。除了提供推荐教材书目，我们在相应案例中提供电子版样章及其音视频资源（请扫描二维码获取）。如想了解更多教材信息，欢迎联系中国人民大学出版社。联系人及联系方式：黄婷（010–62512737，huangt@crup.com.cn）、吴振良（010–62515538，wuzl@crup.com.cn）。

总而言之，编写本书的目的，是为广大外语教育工作者提供一个相互交流学习的平台，以推动我国高校外语教育课程思政的建设与发展。当然，由于经验有限，加之时间仓促，不当之处在所难免。恳请各位同行、专家不吝赐教，以期使之日臻完善。

文　旭

2022年9月18日

目 录

CONTENTS

第一部分 英语专业课程

第二部分　大学英语课程

第三部分　公外研究生英语课程

第四部分　小语种课程

第一部分

英语专业课程

- 综合英语
- 英语视听说
- 英语口语
- 英语阅读
- 英语写作
- 英汉笔译
- 英语文学导论
- 英汉 / 汉英口译
- 西方文明史
- 跨文化交际
- 语言学导论
- 研究方法与学术写作
- 英语演讲与辩论
- 英语新闻阅读与思辨
- 综合商务英语
- 国策与省情
- 英语语音
- 英美诗歌选读
- 西方思想经典导读
- 英语教学法
- 外语教育学
- 英语教学活动设计
- 笔译工作坊

"综合英语"课程思政教学设计样例①

电子教材样章　　样章音视频

Unit 9　Patriotism

一、课程总览

（介绍课程总体情况，包括课程名称、类型、目标、教学对象、学时等②）

1. 课程名称：综合英语 A

2. 课程类型：英语专业核心课

3. 课程目标：

通过本课程的学习，使学生能达到以下目标：

（1）掌握较扎实的英语学科基础知识，包括语音、词汇、语法、语篇和语用知识。【知识】

（2）了解一定的人文社会科学知识、英语国家历史文化知识、西方文明知识和跨文化知识。【知识】

（3）具有较扎实的综合语言运用能力（听、说、读、写、译），能较自如地进行口头和书面交流。【能力】

（4）具有一定的文学赏析能力、批判性阅读能力、思辨能力和跨文化交际能力，同时具有一定的学习能力和创新能力。初步具有一定的文献查阅和信息检索能力。【能力】

（5）能热爱祖国，拥护中国共产党的领导，树立正确的人生观、世界观、价值观和良好的道德品质，践行社会主义核心价值观。同时，具有中国情怀、国际视野、全球公民意识和社会责任感，以及良好的身心素质、乐观向上的人格品质、宽厚包容的人生态度以及健康高尚的审美情趣。【素养】

（6）具有积极探索的创新精神、公平竞争意识和团队合作精神，以及良好的人文素养、科学素养和终身学习意识。【素养】

4. 教学对象：英语类专业一年级本科生

5. 学时：64

6. 教材：《综合英语（第一册）（第二版）》（全人教育英语专业本科教材系列），唐瑞梁、黄学军主编，中国人民大学出版社，2021 年

二、本案例教学目标

1. 认知类目标：

通过本单元的学习，学生能

（1）较灵活地运用多种猜词策略在语境中猜测并理解与中国文化紧密相关的词汇；

（2）较自如地运用恰当的阅读策略，快速查找核心信息并完成图示填空，把握史实性说明文的文体特征和语言特征；

（3）在问题的引导下，基于对语篇的深度理解，进行辩证思考和交流讨论；

（4）对语篇中的重点词汇、表达法、语法现象和修辞手法等进行理解、归纳和运用；

（5）能整合单元所学内容，进行迁移创新性输出（角色扮演＋写作短文介绍中国历史事件）；

---

① 本文系 2022 年"中国高校外语慕课联盟重庆市本科高校外语一流在线课程建设与应用项目（重点）"研究成果。

② 课程总览严格参考《高等学校外语类专业本科教学质量国家标准》（以下简称《国标》）或《普通高等学校本科外国语言文学类专业教学指南》（以下简称《教学指南》）中关于课程的分类和表述。

（6）能在拓展阅读的基础上，理解并欣赏与爱国主义相关的名言和名篇。

2. 价值类目标：

通过本单元的学习，学生能

（1）体会和感悟语篇中所传达的明朝时期中国人民通过海上经济互通和思想交流，维护世界和平、建立有序和谐世界共同体的思想；

（2）通过英语学习，把历史和地理的学科知识进行整合并融会贯通；

（3）通过对比比较，充分了解和体会 15 世纪初中国在世界航海史上的空前壮举，激发民族自豪感，增强国家认同感，坚定文化自信心；

（4）学会客观地看待历史、理性地评价历史并联系历史，思考当前和未来；

（5）充分认识中国著名历史事件的历史意义和现实意义，更好地理解习近平总书记提出的"一带一路"倡议，讲好中国故事、诠释中国梦、传播中华民族的优秀文明；

（6）感悟民族英雄郑和的爱国主义精神及其所做出的重大贡献；

（7）领悟爱国主义的真正内涵并在日常生活中积极践行爱国主义。

3. 方法类目标：

通过本单元的学习，学生能

（1）灵活运用多种阅读策略完成阅读任务，并能把输入的内容及时进行整合、建构、运用和输出；

（2）借助图形管理器对繁杂的信息进行归纳、梳理和记忆；

（3）通过网络等多种途径查阅资料，进行主题语境下的探究性学习；

（4）积极主动进行自主学习、合作学习和探究性学习，高效地完成课堂（线下）和课外（线上）任务。

三、本案例教学内容、重点和难点

1. 教学内容

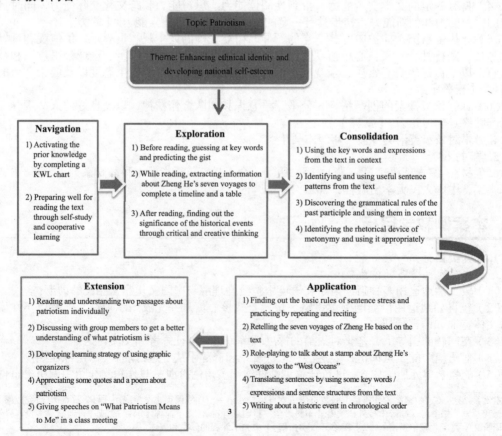

2. 教学重点

（1）综合运用时间轴和图表对语篇中的核心史实进行梳理、归纳和总结；

（2）过去分词用法的归纳、总结和运用；

（3）修辞手法"转喻"的感知、理解和运用；

（4）感知、理解和总结如何利用句子重音来传达表达者的情感态度；

（5）运用图形管理器对多种信息进行梳理和归纳。

3. 教学难点

（1）对郑和七下西洋这一历史事件的历史意义和现实意义以及其与"一带一路"倡议的关联性进行辩证思考和认识；

（2）综合运用输入信息，给留学生介绍郑和下西洋的邮票，并利用句子重音传达自己的情感和态度；

（3）基于所选择的中国历史事件，绘制时间轴，并按时间顺序进行说明文的写作；

（4）通过自主学习和探究学习，真正理解"爱国主义"的含义，并在主题班会中发表演讲。

四、本案例教学方法和手段

主要采用引导式、讨论式、启发式、任务式、发现式、探究式、评价式、讲授式等教学方法和手段。具体如下：

1. 通过任务式、探究式和讨论式的教学方式引导学生进入本单元的主题：了解并认识郑和下西洋这一历史事件的重大意义（课下／线上）。

2. 通过引导式的教学方式，指导学生读前进行自主学习（课下／线上）。

3. 通过引导式、启发式、发现式、讨论式、探究式、讲授式等教学方式，引导学生完成阅读课文的学习。（课上／线下）

4. 通过引导式、任务式、发现式、探究式、评价式的教学方式，引导学生完成巩固拓展学习和知识技能的综合运用（课下／线上＋课上／线下）。

5. 通过引导式、任务式、探究式、讨论式、评价式的教学方式，引导学生基于单元主题进行探究性、欣赏性和创新性学习（课下／线上＋课上／线下）。

五、本案例（单元）教学过程

第9单元 爱国主义

教学环节	教学内容		活动目的	活动要点	教学方法	师生角色	思政要素	评价要点
单元话题准备	Navigation		1）话题导入 2）激活学生先前的背景知识 3）激发学生的学习兴趣	1）基于图片观察，激活背景知识，进行KWL表格填写 2）通过网络查询，完成KWL表格的填写 3）小组讨论，交流信息和观点	任务式、探究式、讨论式	学生：自主学习者、主动参与者 教师：设计者、组织者、引导者、评价者、反思者	1）了解中国重大历史事件的背景知识 2）唤起学生对中华民族英雄的认知 3）激发民族自豪感	在小组讨论和交流中，能积极进行信息交换和观点交流
读前	Exploration	1. Guessing at words	1）培养学生利用多种猜词策略猜测词义的能力 2）帮助学生在读前扫清一定的词汇障碍	1）运用猜词策略在语境中猜测生词 2）查阅字典检测对词汇的理解	引导式、任务式、探究式	学生：自主学习者、主动探究者 教师：设计者、组织者、引导者、评价者、反思者	1）理解并熟悉与中国历史事件相关的词汇 2）初步了解郑和下西洋这一历史事件，激发民族自豪感	能综合运用猜词策略，结合所给语境，猜测出8个核心词汇的词义

（续表）

教学环节	教学内容		活动目的	活动要点	教学方法	师生角色	思政要素	评价要点
读前	2. Predicting	Exploration	1）培养学生基于背景知识和标题进行读前预测的能力 2）培养学生运用略读策略把握语篇主旨并分析语篇（what，why，how）的能力	1）基于标题和所猜出的核心词汇的词义，预测阅读课文的主旨、文体和写作目的 2）运用略读策略把握全文，检测自己的预测	引导式、任务式、发现式、讲授式	学生：自主学习者、主动探究者、自我评价者 教师：设计者、组织者、引导者、评价者、反思者	通过推测作者的写作目的，体会这一事件的重大意义	能自主完成填空并通过略读，检测自己的预测和理解
读中	3. Extracting and organizing information		1）培养学生运用寻读策略，准确定位并查找关键信息的能力 2）培养学生利用图形管理器，对语篇中的表层信息进行理解和梳理的能力（reading the lines）	1）阅读 TIP，了解 timeline 2）观察分析所给"时间轴"，并使用寻读策略查找信息，完成时间轴的填写 3）分析表格构成，并使用寻读策略，定位查找信息，完成表格填写	引导式、讨论式、启发式、任务式、发现式、讲授式	学生：自主学习者、积极参与者、自我评价者 教师：设计者、组织者、引导者、讲授者、支持者、评价者、反思者	1）通过图形管理器和表格对史实进行梳理，进一步了解中国早期的海上"丝绸之路" 2）坚定民族自信心和民族自豪感	能在一定的时间限制内，完成信息的定位、查找、识别、理解和提取，并准确地完成时间轴和表格的填写
读后	4. Checking your comprehension		1）培养学生对语篇进行深层理解的能力（reading between the lines） 2）通过问题，引导学生对历史人物和事件进行深度的辩证思考	1）基于阅读理解，自主思考问题，对输入信息进行归纳、推断和客观评价。 2）与同伴或小组成员交流自己的答案，表达自己的观点	引导式、讨论式、启发式、任务式、评价式、	学生：自主思考者、积极参与者、主动交流者、客观评价者、自我评价者 教师：设计者、组织者、引导者、启发者、支持者、评价者、反思者	1）认识和思考这一中国历史事件的成就、意义和影响等，坚定民族自信心 2）学习民族英雄郑和的优良品质，塑造完善的人格和品质	能自如地就问题与同伴或小组成员进行口头交流和分享，能自信地发表自己的观点
读后	5. Thinking creatively		1）培养学生基于语篇和拓展阅读材料，进行思辨性思考的能力（reading beyond the lines） 2）通过问题引导，培养学生的创新思维能力	1）阅读理解背景资料，自主进行思辨性思考和回答 2）通过多种途径查阅资料，完善答案，进行辩证评价和创新性思考 3）与小组成员进行讨论交流，并在全班分享观点	引导式、讨论式、启发式、任务式、发现式、探究式、评价式、	学生：自主思考者、积极参与者、主动交流者、思辨创新者、自我评价者 教师：设计者、组织者、引导者、启发者、支持者、评价者、反思者	1）辩证地思考这一历史事件的历史意义和现实意义 2）结合历史事件，体会习近平总书记提出的"一带一路"倡议的现实意义	能较自如地就问题与同伴或小组成员进行口头交流并能主动地在全班进行观点分享

（续表）

教学环节	教学内容	活动目的	活动要点	教学方法	师生角色	思政要素	评价要点
读后知识的巩固、整合和运用 Consolidation	A. Words and expressions	1）培养学生在语境中理解并运用核心词汇和词组的能力 2）培养学生在语篇中综合运用语言知识的能力 3）引导学生关注句子的核心成分——动词的功能和运用	1）在课文语境中理解词汇、在句子提供的语境中运用词汇并总结归纳其规律，最后通过阅读 TIP 检测自己的理解 2）理解核心词组和表达法，并及时进行运用，完成句子的写作 3）选择词汇和词组，用正确的形式完成与主题意义紧密相关的语篇	引导式、启发式、任务式、发现式、评价式	学生：自主学习者、积极参与者、主动发现者、自我评价者 教师：组织者、支持者、评价者、反思者	1）进一步了解、理解并熟悉与中国文化相关的词汇，以便更好地传播中国优秀文明和文化 2）能自主运用所学词组写作与这一历史事件有关的句子	1）能用词汇的正确形式完成句子填空 2）能用所学的词组较自如地写作正确的句子 3）能用所给词汇的正确形式完成语篇填空
	B. Grammatical constructions	1）培养学生观察发现句子结构并及时运用的能力 2）培养学生在感知的基础上，观察、分析、归纳和总结语法现象及规律，并在语篇中灵活运用的能力	1）在句子中发现和提取常见句子结构并及时运用，写作句子 2）根据提出的问题以及自己的观察思考，对过去分词的构成和功用进行认知、总结、归纳并加以运用	引导式、任务式、发现式、探究式、评价式、	学生：自主学习者、积极参与者、主动发现者、勇于探究者、自我评价者 教师：组织者、支持者、评价者、反思者	1）在完成活动的过程中，通过拓展阅读，多角度地理解和认识郑和下西洋这一重大历史事件 2）培养学生学习的主观能动性及其发现问题、分析问题和解决问题的能力	1）能用提取的句式仿写正确的句子 2）能归纳语法现象和规律，完成表格的填写 3）能正确运用语法规律，完成语篇的填写
	C. Text and rhetoric	1）引导学生通过分析典型例子，理解和感知修辞手法：转喻 2）熟悉更多实际语境中口头使用转喻的典型例子 3）体会和欣赏经典文学作品中转喻的作用	1）分析例句，感知转喻的特征并总结其定义 2）了解分析更多例子，加深对转喻的理解，并阅读 TIP 进行检测 3）识别并体会经典文学作品中转喻的作用	引导式、启发式、任务式、发现式、探究式、评价式、讲授式	学生：自主学习者、积极参与者、主动发现者、勇于探究者、自我评价者 教师：组织者、支持者、评价者、反思者、讲授者	1）通过完成活动，提升人文情怀，加强实践创新能力 2）提高学生发现、感知、欣赏、评价语言美的意识和能力	1）能选出正确的选项，给"转喻"下定义 2）能完成正确的"转喻"配对 3）能准确识别文学作品中的转喻例子，并能运用转喻手法创作小诗
读后综合技能的培养和运用 Application	A. Listening and speaking	1）基于阅读课文中的重点句子或经典句子，感知和了解句子重音的作用 2）通过训练，总结句子重音的规律 3）能在整合课文所学进行口头输出时，恰当地使用句子重音，传达自己的态度和观点	1）在分析例子的基础上，标出所给句子的重音，然后跟读检测 2）通过听完成段落填写，然后完成表格填写，并进行模仿跟读和背诵，关注句子重音 3）口头复述郑和七下西洋的故事，并通过角色扮演，介绍与此历史事件相关的邮票，关注表达时的句子重音	引导式、讨论式、启发式、任务式、发现式、探究式、评价式	学生：自主学习者、主动发现者、勇于探究者、积极交流者、自我评价者 教师：组织者、支持者、评价者、反思者	1）通过完成活动，加强实践创新能力 2）培养学生发现问题、分析问题和解决问题的能力 3）鼓励学生运用所学，讲好中国故事	1）能完成 TIP 填空，了解句子重音 2）能正确地标出所给句子的重音 3）能边听边完成段落填写，并依据规则，完成图表填空 4）能基于邮票，口头介绍郑和下西洋的故事

（续表）

教学环节		教学内容	活动目的	活动要点	教学方法	师生角色	思政要素	评价要点
读后综合技能的培养和运用	Application	B. Translating	1）再次加深对课文中重点句型的理解 2）训练学生使用恰当的翻译技巧	1）在理解核心单词或表达法的基础上，进行汉译英 2）在理解所给句子的基础上，运用恰当的翻译技巧进行英译汉	任务式、发现式、评价式	学生：自主学习者、主动参与者、自我评价者 教师：组织者、支持者、评价者、反思者	通过完成活动，加强学生勇于实践的能力	能运用一定的翻译技巧，较准确地进行句子的汉译英和英译汉
		C. Writing	1）培养学生进行仿写的能力 2）训练学生在写作时，根据时间线索介绍历史事件的技巧和能力	1）了解写作步骤和要求 2）选择感兴趣的历史事件，并上网查阅相关信息和画出时间轴 3）基于时间轴，按时间顺序介绍该历史事件 4）同伴互评、修改打磨	引导式、启发式、任务式、探究式、评价式	学生：自主学习者、主动参与者、勇于探究者、乐于评价者 教师：组织者、引导者、支持者、评价者、反思者	1）通过完成活动，加强学生的实践创新能力 2）激发学生通过英语学习，了解中国历史、讲好中国故事、传播中华优秀文明的动机和信心	能按时间顺序，介绍重大历史事件，完成说明文的写作
单元主题意义下的自主拓展学习	Extension	A. Learning to explore	1）通过阅读他国学生的习作，在多层次阅读理解问题的引导下，进行主题意义下的自主拓展阅读 2）结合实际，引导学生理解爱国主义内涵 3）训练利用图形管理器对信息进行梳理并归纳学习策略	1）阅读理解短文，完成图形管理器的填写 2）基于阅读理解，自主思考和回答问题，对爱国主义内涵的理解，形成自己的观点 3）小组内讨论交流，进一步完善自己的观点 4）通过填空和回答问题，了解图形管理器的概念、功用和优势	引导式、讨论式、启发式、任务式、发现式、探究式、评价式、讲授式	学生：自主学习者、主动发现者、积极交流者、勇于探究者、自我评价者 教师：组织者、引导者、启发者、讲授者、支持者、评价者、反思者	1）通过完成活动，加强学生的实践创新能力 2）引导学生真正体会和理解爱国主义的内涵和具体表现 3）培养学生勤于思考和勇于质疑的科学精神	1）能经过归纳、总结和推断，较全面而准确地回答问题 2）能积极交流对爱国主义的认知和理解 3）能使用图形管理器梳理所读文章的信息
		B. Learning to appreciate	1）通过中外名言名句名篇，引导学生从多角度更深刻地理解爱国主义 2）通过阅读理解岳飞的词作《满江红》，体会民族英雄的浩然正气和英雄气质 3）通过背诵经典名句和名篇，加深对爱国主义的理解	1）学生自主阅读理解名句和名篇并能进行英译汉，同时完善对爱国主义内涵的理解 2）与同伴交流自己对爱国主义内涵和本质的理解 3）有感情地朗读并背诵名句和名篇	引导式、讨论式、启发式、任务式、探究式、评价式、	学生：自主学习者、积极交流者、勇于探究者、自我评价者 教师：组织者、引导者、启发者、支持者、评价者、反思者	1）通过完成活动，加强学生的主观能动性和实践创新能力 2）引导学生从多角度多层次真正理解爱国主义 3）引导学生体会和理解民族英雄岳飞的爱国主义情怀	1）能较准确地把名言名句翻译成汉语 2）能与同伴交流自己对爱国主义的理解和看法
		C. Learning to create	1）以主题班会的形式，让学生充分发表对爱国主义的看法和观点 2）引导学生整合单元所学创造性地输出	1）根据要求绘制图形管理器，梳理写作思路 2）基于图形管理器，写作发言稿 3）在班会上发表演讲	引导式、讨论式、任务式、评价式	学生：自主学习者、积极交流者、勇于表达者、自我评价者 教师：组织者、引导者、启发者、支持者、评价者、反思者	1）对爱国主义的定义、内涵和表现形式进行多角度的理解，形成正确的爱国主义观 2）增强国家认同感	1）能整合单元所学写作演讲稿 2）能在班会时，基于演讲稿，流畅地发表演讲

六、课后反思

1. 教师反思

（1）教学目标的达成：

（2）教学方式的运用：

（3）教学过程的开展：

（4）线上和线下的结合：

（5）过程性评价的实施：

（6）教学重难点的突破：

（7）教师角色的扮演：

2. 学生反思

（1）学习目标的达成：

（2）学习方式的运用：

（3）学习过程的调控：

（4）课堂（线下）活动的参与：

（5）课外（线上）任务的完成：

（6）学习效果的评价：

作者：黄学军　　学校：西南大学

"综合英语"课程思政教学设计样例

Unit 6　Science and Environment

电子教材样章　样章音视频

一、课程总览

1. 课程名称：综合英语（2）

2. 课程类型：英语专业核心课

3. 课程目标：

通过本课程的学习，使学生能达到以下目标：

（1）具有坚定的思想政治信念和教育信念，理解"为师之道，端品为先，学高为师，身正为范"的内涵，具备将社会主义核心价值观融入英语学科教育的能力。【**价值观**】

（2）掌握系统的基础英语语言知识（语音、语法、词汇）和基本的英语语言技能（听、说、读、写、译），能在社会情境中借助英语语言理解和表达意义，有效使用口笔语进行交际。【**语言能力**】

（3）能够辨析语言和文化中的各种现象，能够分类、概括信息，构建新概念；正确评判输入语言中的各种思想观点，并在输出语言阶段理性表达自己的观点，具备用英语进行多元思维的能力。【**思维品质**】

（4）具备中国情怀，理解各国文化内涵。能够比较中外文化的异同，尊重文化差异，认同优秀文化。通过对中外文化的理解和对照，形成正确的价值观念和道德情感，具备较好的跨文化交际和传播中华优秀文化的能力。【**文化意识**】

（5）主动和积极地运用认知策略、元认知策略、交际策略和情感策略等英语学习策略，能够多渠道获取学习和教学资源，有效选择恰当的策略与方法，监控、反思、调整和评价自己的学习，提升学习效率。具备自主学习能力和实践能力。【**学习能力**】

4. 教学对象：英语类专业低年级本科生

5. 学时：72

6. 教材：《综合英语（第二册）（第二版）》（全人教育英语专业本科教材系列），刘瑾、刘春霞主编，中国人民大学出版社，2021年

二、本案例（单元/话题等）教学目标

1. 认知类目标：理解人类科学及科技的发展对环境的影响；理解全球环境变化与自然灾害之间的关系；掌握不同自然灾害的英语表达，并能简析各类自然灾害的原因、危害以及应对措施。

2. 价值类目标：增强环境保护意识，认识到环境保护和自然灾害是一个全球问题，需要全人类的共同合作；了解各国在应对自然灾害时采取的不同措施和政策，体会中国在应对灾害时"以人为本、生命至上"的救灾原则和"一方有难，八方支援"的互助精神；

3. 方法类目标：培养批判性思维能力，辩证地看待科技进步、经济发展和环境恶化之间的关系；能在写作过程中使用数据证据进行论证，并能区分数字和统计数据的可靠性或可信度。

三、本案例（单元／话题等）教学内容、重点和难点

1. 教学内容

（1）Navigation：科技发展、环境变化和自然灾害之间的关系；地震、洪灾、泥石流、台风等自然灾害介绍；

（2）Text structure and text comprehension；

（3）Difficult sentences；

（4）Vocabulary。

2. 教学重点

（1）不同自然灾害的原因、危害以及应对措施；

（2）全球气候变化的具体表现；

（3）文章写作中数字和统计数据的应用。

3. 教学难点

（1）理解自然灾害同时对发达国家和发展中国家的影响；

（2）体会不同国家应对自然灾害的不同措施；

（3）批判性思维的培养，辩证地看待人类的科技发展。

四、本案例（单元／话题等）教学方法、手段

1. 简单讲授文章中所涉及的重点词汇、句型和语法；通过预习和练习，巩固学生对本单元重点词汇、句型和语法的掌握。

2. 采用案例法，介绍不同的自然灾害及其原因、危害和应对措施，引导学生掌握在灾害中逃生的基本技能，并树立正确的价值观。同时，对比不同国家应对自然灾害的不同措施，体会中国"以人为本、生命至上"的救灾原则和"一方有难、八方支援"的互助精神。

3. 通过文献阅读，让学生了解自然灾害是一个全球性的问题，是全人类共同的责任，并反思科技进步、经济发展与全球气候变化之间的关系。

五、本案例（单元／话题等）教学过程

1. Navigation (Lead-in)

1.1　Natural disasters

步骤 1

Prediction：给学生一些自然灾害的图片或视频，让学生说出自然灾害的名称。

设计目的

用图片和视频引出本节课的话题，让学生通过情景学会不同自然灾害的英语表达。

步骤 2

以小组讨论或 presentation 的形式进一步介绍不同的自然灾害及其影响和应对措施。

问题设计：

What kind of disasters are most likely to occur in your area? As soon as a disaster strikes, how will you keep you and your family safe? Share your opinions with your partners.

设计目的

以学生经历过的自然灾害为切入点，可以让学生深切地感受到自然灾害的破坏性，以及让学生明白掌握应对措施和逃生技能的必要性和紧迫性。

步骤 3

教师点评并做必要的补充：教师在学生 presentation 的基础上从 reason、effect、survivor skills 三个方面做总结，并介绍防灾减灾日。同时，教师升华中国在抗灾救灾时的"以人为本、生命至上"的救灾原则和"一方有难、八方支援"的互助精神。

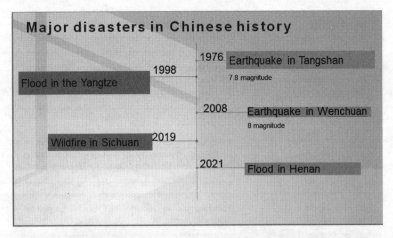

设计目的

　　自然灾害及其原因、危害和应对措施，引导学生掌握在灾害中逃生的基本技能，并树立正确的价值观。

1.2　Science and environment

　　学生以小组讨论或 presentation 的形式讨论科技进步、经济发展、气候变化以及自然灾害之间的关系，培养学生的批判性思维。

　　问题设计：

　　1. There is a saying, "Environmental deterioration is the result of the fast development of the social economy and the technology." Do you agree? Why or why not?

　　2. Climate change is the biggest environmental issue of our time. There are many possible consequences of climate change that could be catastrophic to human, plant, and animal life across the planet. Please list one or two catastrophic consequences and justify your response.

设计目的

　　培养学生的批判性思维，引导学生辩证地看待人类的科技和经济的发展。

2. Exploration

2.1　Global reading

步骤 1

让学生快速阅读全文，并列出文章提纲。

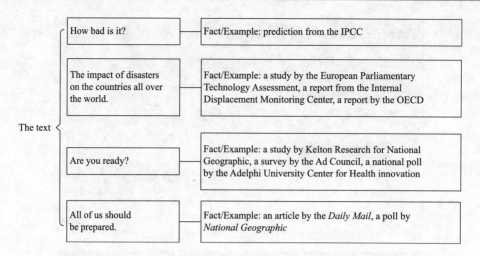

设计目的

让学生掌握文章结构。

步骤 2

让学生在文中找出下列问题的答案。

问题设计：

1. According to the climate experts' prediction, what is the general situation of natural disasters in the 21st century?
2. Are there any details to support the conclusion from the IPCC?
3. Should rich countries be calamity-ready? Why?
4. Why did some of the representatives from the wealthiest countries threaten to walk out of the UN Climate Summit in Warsaw?
5. Who are the preppers?

设计目的

让学生理解文章的中心观点和大意。

2.2　Detailed reading

以问题的形式并以各段落为单位细读全文，并讲解重点词汇、句型以及用法。

例：

段落问题：

Para. 1: What determines the degree of damage caused by disaster?

Para. 2: Is climate change only going to make things worse? Why?

Paras. 3–4: What are the IPCC's opinions about the effects of diasters?

Para. 5: What's the relationship between the impact of calamity and the level of a country's development?

词汇讲解：

claim　　*v.* a) (of a disaster, an accident, etc.) cause the loss or death of sb.

　　　　　　　e.g. The flood claimed hundreds of lives.

　　　　　　b) assert

　　　　　　　　n. an assertion of a right (as to money or property)

辨析 claim, assert, affirm, allege, maintain, testify。

句子讲解：

1. The extent of damage does not only depend on the magnitude or frequency of disasters but also

on a population's vulnerability. (Para. 1)

Population vulnerability refers to people's low ability to survive under disasters including lack of solid emergency plans and preparations.

2. In most developing and underdeveloped countries, survival in the face of disasters is a luxury. (Para. 2)

In most developing and underdeveloped countries, survival from disasters is difficult.

语法讲解： 非谓语动词、主谓一致

设计目的

教师在课前已布置了重点词汇、句子和语法的预习任务，在课堂上的讲解起到了查漏补缺和巩固的作用。通过对文章的细读，学生掌握了本单元的重点词汇、句型和语法知识，并熟读了本篇文章。

3. Consolidation

3.1 Retell or summarize the passage

The text discusses damages from natural calamities. The earth continues to suffer disproportionately from disasters caused by natural hazards. Disasters (including floods, cyclones, earthquakes, droughts, storm surges and tsunamis) cause death and environmental damage. They affect the economy immediately and directly, as well as have a long-term impact, resulting in severe setbacks for social development.

设计目的

通过对文章的复述或总结，检查学生对文章大意的把握程度。

3.2 Exercise of words and expressions

A. Using words. Match each word with its meaning.

(1) vulnerability	a. an event that brings terrible loss, lasting distress
(2) index	b. size; extent; dimensions
(3) calamity	c. the state of being vulnerable
(4) magnitude	d. something that serves to guide or facilitate reference
(5) poll	e. to hit heavily and repeatedly with violent blows
(6) displace	f. something that is considered an indulgence rather than a necessity
(7) batter	g. a collection of opinions on a subject
(8) luxury	h. to move from the usual place or position, especially to force to leave a homeland
(9) discriminate	i. a fixed charge or tax for a privilege
(10) toll	j. to treat differently on the basis of sex or race

B. Using expressions. Study the following sentences carefully to identify the important patterns used and make sentences.

(1) The 2014 Global Climate Risk Index by Germanwatch showed that poor and developing countries are generally more at risk, with Haiti and the Philippines topping the list.

Sentence pattern: "With Haiti and the Philippines topping the list" is an absolute construction.

E.g. Many animals in China and Africa are at risk with giant pandas and leopards topping the list.

(2) Unfortunately, that is not the case.

Sentence pattern: "That is not the case" is an useful expression in English.

E.g. I don't think that is the case in Germany.

设计目的

通过练习，巩固学生对文中重点词汇和表达的掌握。

3.3 Exercise of sentences

Understand the text. Explain the following sentences in your own words.

(1) When it comes to preparation, preppers have a mouthful to say.

When it is a case of preparation/when people speak of preparation, these specific people have a lot to say.

(2) This growing community does not only have food supplies and survival kits, they have a stockpile of food and strive to be nutritionally self-sufficient.

The number of these specific people is growing. They have many food supplies and a lot of equipment needed for survival. They have plenty of food supplies for the future and they try to provide for all their own nutrition needs.

设计目的

通过练习，巩固学生对文中重点句子的掌握。

3.4 Exercise of grammatical points

A. Identifying and using sentence patterns. Analyze the grammatical structures of the following sentences, paying special attention to the italicized parts.

(1) Nature also had a lot of people *on the run* in 2012.

The italicized part in the sentence is a prepositional phrase used as an attribute to modify "people."

(2) The cost of natural disasters have seen such a dramatic increase *that even the world's most advanced economies are feeling the effect.*

The italicized part in this sentence is an appositive clause to "increase."

B. Understanding the grammatical rules. Some sentences have more than one subject. A compound subject that is joined by "and" or "both ... and ..." is usually plural. However, some compound subjects have two parts that make up one unit, and these take a singular verb. Fill in the blanks with the right verb forms.

E.g. The worker and poet is (be) invited to the party yesterday.

The worker and the poet are (be) invited to the party yesterday.

① Bacon and eggs _____ (be) my favorite breakfast.

② The needle and thread _____ (be) in the sewing box.

③ Ice-cream and cookies _____ (be) a low calories snack.

④ Fish and chips _____ (be) popular in England.

⑤ Hot dogs and beans _____ (be) a popular meal in Boston.

设计目的

通过练习，巩固学生对文中重点语法的掌握。

4. Application

4.1 汉译英训练

（1）这次大地震造成数十万人的死亡和失踪。(claim)

Hundreds of thousands of people are claimed to be dead or missing in the terrible earthquake.

（2）在任何自然灾害中，小孩和老人都是最危险的，所以他们最应该得到保护。(at risk)

In natural disasters, kids and the elderly are most at risk; therefore they should be protected most.

（3）许多发展中国家的经济增速都很快，其中中国的经济增速名列榜首。(top the list)

In many developing countries the economic growth is quite fast and China tops the list.

（4）政府必须制定一套完整的紧急预案来应对自然灾害的发生。(solid emergency plan)

The government must make a set of complete solid emergency plan to tackle any natural disaster.

（5）暴风雨会随时发生，所以我们必须做好充分的准备，以确保人民群众的生命财产安全。(strike)

A thunderstorm can strike at any time, so we must make adequate preparations to guarantee the security of people's lives and properties.

设计目的

通过句子的汉译英训练，巩固学生对本文中涉及的重点词汇、句型和语法的综合运用能力，并提高翻译能力。

4.2　英译汉训练

(1) Some of the representatives from the wealthiest countries threatened to walk out of the UN Climate Summit in Warsaw if developing countries force them to foot the bill once disaster strikes.

如果发展中国家强迫他们为发生的自然灾害买单的话，一些富裕国家的代表就威胁要退出华沙联合国气候峰会。

(2) Africa saw a record number of newly displaced people with 8.2 million.

非洲的最新纪录显示，（因自然灾害）无家可归的人数高达 8 200 000 人。

(3) Extreme weather and other natural calamities do not have to claim tens of thousands of lives and millions in damages.

极端天气等自然灾害不一定会造成大批人员的伤亡和大量财产的损失。

设计目的

通过句子的汉译英训练，巩固学生对本文中涉及的重点词汇、句型和语法的综合运用能力，并提高翻译能力。

5. Extension

5.1　延伸阅读：阅读 extension 部分的文章。

设计目的

通过延伸阅读，一方面提高学生的阅读能力，另一方面拓宽学生对本单元话题的知识面。

5.2　Look for the information about the environmental protection and measures against disasters in China and abroad from the Internet. And share your findings with your classmates.

设计目的

让学生知道更多不同国家的环境保护措施和应对自然灾害时的救援原则，体会中国在全球环境保护方面负责任的大国态度和应对灾害时"以人为本、生命至上"的救灾原则和"一方有难，八方支援"的互助精神。

六、课后反思

1. 教师反思

（1）Navigation 的步骤 3 和步骤 4 中，学生的 presentation 的质量取决于学生的英语水平，也会影响课堂质量。所以，在学生准备相关内容的 presentation 的过程中，教师和学生之间应该事先讨论。

（2）总体来说，通过课程思政的融入，学生对本话题的认知得到了升华。但是，课程思政的融入方式可以再多样化一些，融入时的流畅度也有提升的空间。

2. 学生反思

如果想把课堂效率和学习效果最大化，按照教师的要求做好预习工作至关重要。

作者：和耀荣　　学校：云南师范大学

"综合英语"课程思政教学设计样例

Unit 6　Still under the Gun
Close Reading: Countering Violence

一、课程总览

1. 课程名称: 综合英语 (二)

2. 课程类型: 专业核心课程

3. 课程目标:

浙江师范大学英语专业重点培养"能够在中学及其他教育文化机构从事英语学科教育教学与研究的高素质人才"。通过本课程学习,学生应具有:(1)家国情怀与全球视野,人文素养与教育情怀;(2)较为系统的英语语言知识和扎实的英语综合运用能力;较好的跨学科、跨文化知识结构;(3)较好的学习能力、合作能力、研究能力、思辨能力;(4)初步的教学主题选定、教学资源整合、教学内容建构、教学方法设计、教学手段选用、课堂教学组织、学习过程评价等师范素养。

4. 教学对象:

浙江师范大学英语 (师范) 专业本科一年级第二学期学生。该专业招生分数线多年居浙江省属高校外语类专业第 1 名,学生英语基础较为扎实,综合学习能力较强,能较好地开展独立学习或团队合作学习,收集并加工信息。经过一年级第 1 学期课程中的学习方法训练,学生已较好地适应本课程的探究式教学。

5. 学时: 64 (每周 4 学时)

6. 教材:《文化透视英语教程 (第二册)》,何其莘、董明主编,外语教学与研究出版社,2005 年

《综合英语 (第二册) (第二版)》(全人教育英语专业本科教材系列),刘瑾、刘春霞主编,中国人民大学出版社,2021 年

二、本案例教学目标

1. 认知类目标

(1)学生能够掌握相关阅读文本中的语言知识、文化知识,理解篇章主旨及结构;

(2)学生能理解美国枪支问题不只是"公民权力"问题,而是牵涉到历史、法律、经济、政治等多方面因素的综合性问题,拓展跨学科、跨文化知识。

2. 价值类目标

(1)引导学生能以枪支问题为入口,理解其背后的诸多社会现象,如美国历史传统、法律规定、资本对政治的影响、枪支所涉及的国内经济与出口贸易、种族关系方面的社会文化特征及其与中国相关文化的差异;

(2)使学生在不同国家文化比较中,更好地理解与中国相关的问题,增强文化自信、制度自信、道路自信,培养学生的家国情怀与国际视野。

3. 方法类目标

（1）使学生能够围绕美国枪支问题，小组合作检索、收集、筛选、梳理相关信息；

（2）使学生能运用本单元所学语言知识，结合教师布置的阅读文本与学生自主收集的信息，多角度分析美国枪支问题，形成自己的观点，发展语言运用能力、学习能力、思辨能力。

三、本案例教学内容、重点和难点

1. 教学内容

本案例选用外语教学与研究出版社《文化透视英语教程》第二册第 6 单元 "Still under the Gun" 的精读文本 "Countering Violence"。文本核心内容：美国校园频发枪击惨案。作者分析了校园枪击案件频发的原因：1）影视游戏中枪支暴力频见，导致人们的暴力倾向；2）枪支容易获得，使得枪击频发；3）学校未配置足够数量的心理咨询师来及时发现并阻止学生因精神问题而诉诸枪支暴力。作者针对这些原因，提出了相应的解决办法。

该文本解读安排两次课，每次 80 分钟（40*2）。本案例为文本学习的第二次课堂教学。在该文本的第一次课堂教学中，已通过课前自学与课堂讨论，完成文本内容、语篇结构、语言难点等内容的学习。上次课结束时，布置了课外小组学习任务，要求同学们合作检索美国枪支问题的相关文献资料，课外开展小组学习讨论，了解美国枪支问题的相关背景。

本次课共 80 分钟（40*2），旨在梳理文本写作逻辑，发现其中的逻辑矛盾，基于此开展对美国枪支问题背后的社会文化特征的研讨，并结合研讨内容，反思本次探究性学习所得。

2. 教学重点

（1）通过文本细读，梳理文本逻辑发展脉络，辨析其中的逻辑矛盾；

（2）结合文本中的逻辑矛盾和补充材料，开展思辨活动，透视美国社会文化。

3. 教学难点

有效引导学生从文本中的逻辑矛盾入手，透视枪支问题背后的美国社会文化。

四、本案例教学方法

1. 探究性学习

引导学生开展逻辑分析，辨析作者提出的枪支问题解决思路有效性方面的逻辑矛盾；基于发现的逻辑矛盾，结合精读文本与课外拓展阅读文本，引导学生合作探究"控枪"成为美国政府"不可能完成的任务"的可能原因。

2. 课堂研讨

师生讨论、小组研讨运用于本堂课各个教学环节，如小组专题研讨、即席讨论等。

五、本案例教学过程

1. 文本细读（Close Reading）

（1）辨析逻辑顺序（Critiquing the logical order）

教学步骤 1：学生分析文本中三个引发校园枪击案的原因和解决办法的呈现顺序，根据一般逻辑，即原因与解决办法一一对应的方式，将两者加以匹配。

学生讨论完成两个任务：

List the causes and solutions according to their sequence in the text;

Cause 1: Violence in the media

Cause 2: Accessibility to guns

Cause 3: Lack of school psychologists

Solution 1: To equip schools with more psychologists

Solution 2: To make violent scenes less prevalent on TV

Solution 3: To control guns

Match the causes and solutions according to their logical sequence.

学生讨论结果：

Cause 1–Cause 2–Cause 3

Solution 2–Solution 3–Solution 1

教学步骤 2：学生以文本为依据，讨论并分析作者打乱问题原因和解决对策——对应的逻辑顺序的可能原因。

提问：Why does the author reorder the solutions?

学生讨论结果：作者首先提出最容易的措施，即给学校配置更多的心理咨询师；根据从简到难的逻辑顺序，可推断控枪或许是作者认为最难实现的一项措施。

文本依据：Line 60: "Of all the issues related to this painful subject, this is the easiest to address."

（2）发现逻辑矛盾（Identifying the contradiction）

教学步骤 3：学生以文本为依据，分析确认导致美国校园枪击案件的最重要的原因和解决办法。

学生讨论结果：导致美国校园枪击案件频发最主要的原因为枪支容易获得，要从根本原因上解决问题就必须控枪。

文本依据：

Line 28: "This is <u>not</u> to suggest that video games <u>necessarily</u> played a role in the tragic events." 【Cause 1】

Line 44: To "destroy an enemy," a weapon is <u>necessary</u>.【Cause 2】

Line 54: <u>Since</u> the violent scenes and the guns will not disappear overnight, we <u>also</u> must equip our schools with trained personnel.【Cause 3】

教学步骤 4：学生以文本为依据，确认针对枪支问题这一主要原因的讨论是否占据文章的主要部分。

学生讨论结果：作者对于枪支问题这一最主要的原因的讨论相较于其他两个原因而言，篇幅最短，并且作者明确表明对此不想多说。

文本依据：Line 48: "I do not intend to use this forum to articulate yet again the well-thought-out arguments on both sides of the issue of gun control."

教学步骤 5：学生根据以上阅读分析，提出疑问，即为何最主要的原因却被讨论最少，并进一步思考：这是否为"逻辑矛盾"，还是有其原因和合理性？

提问：（1）Why is the primary cause and solution least discussed?

（2）Is this a logical contradiction?

设计目的

教学步骤 1—5 教学活动基于文本，以问题为线索，引导学生合作开展文本细读，分析、确认枪击频发的主要原因和解决办法之间的逻辑矛盾，了解"文本中的逻辑矛盾是什么"，激发同学们的逻辑思维。

2. Group Seminar 小组专题研讨

教学步骤 6：各小组根据课前布置的探究性学习任务，结合课外阅读材料、视频材料和小组检索所得具体信息，讨论是什么可能原因使得"控枪"成为美国政府"不可能完成的任务"，并说明论据出处。

各小组发言内容包括以下方面原因：

历史问题：拓殖早期移民们在人烟稀少的新大陆的自卫需要、殖民时期和独立战争时期的民兵机制带来的拥枪传统；

法律问题：宪法相关条例及其不同解读；各州枪支权力法律各有不同；

枪支与政治：主要涉及美国步枪协会（NRA）枪支资本与选举问题。NRA 成员除了普通枪支持有者，还有枪支制造商、营销商等重要利益相关方。这些 NRA 成员为美国州议员、参议院、众议院议员、总统等各类选举提供大量资金支持，胜选者在政策制定中充分考虑 NRA 成员的意见、保护相关 NRA 成员的利益。控枪有悖于这些群体的利益，枪支控制新政策很难通过 NRA 影响下的议会投票。

枪支经济：美国枪支制造业、国内销售与出口规模庞大，是美国财政收入的重要来源，控枪影响美国财政收入；

种族问题：控枪涉及不同种族各不相同的安全诉求。

研讨小结：综合各小组课外探究学习结果汇报，大家发现美国枪支问题不仅是单纯的公民权利问题，其背后还包含复杂的历史、法律、政治、经济、种族等社会文化与社会机制问题，这使得控枪在美国成为一个错综复杂的问题。

设计目的

跳出文本，引导学生分享上次课布置的课外小组探究性学习成果，理解到枪支问题在美国社会中不仅是一个权力问题，还涉及错综复杂的历史、法律、政治、经济、种族等方面的因素，因而控枪是美国社会中一个非常复杂的问题，拓展跨学科、跨文化知识结构，也较好培养了同学们的探究能力、分析能力。

3. 理解作者（Understanding the author）

教学步骤 7：学生讨论、分析、理解文本中的"逻辑矛盾"：

如研讨所发现的，控枪是"不可能的任务"，本文作者对此深有了解。作者对枪支问题复杂性的理解、对控枪举措可行性的了解在文章中体现为不愿多说此事，转而提出心理咨询师配置、减少媒体中的暴力等治标不治本的举措，可被理解为无奈之举，而非作者写作中的逻辑漏洞。

设计目的

回到文本，引导学生结合美国控枪问题的复杂性，重新审视文本中的"逻辑矛盾"，重新审视为什么作者在提出校园枪击频发问题解决方案的时候只能"避重就轻"，从"了解是什么"到"理解为什么"，较好培养了同学们的思辨能力。

4. 延展讨论（Extended Discussion）

教学步骤 8：小组讨论在本次探究性学习任务中有何收获？

提问：Discuss "What have you learned from the group inquiry into American gun control issues?" with reference to the following three questions:

(1) How can we read a text in depth and achieve deeper understanding of the social culture?

(2) What have you gained in terms of thinking ability?

(3) By comparing your findings and your real life, what have you found about your own situation?

学生讨论、自由发言，本次探究收获可归纳为：

（1）学生认识到"文本所呈现的只是水面上的冰山一角，要理解这个冰山一角，需要深入了解水面下的冰山"，加深了对基于文本的探究性学习的必要性、目的性的理解，增强了从一个小切口透视其背后的社会文化问题的意识与能力，更好地掌握了"深度阅读"的理念与方法；

（2）学生认识到一个具体社会问题与社会不同方面息息相关，社会不同方面也在这个具体问题上相互深度勾连，要深入理解一个社会现象，需要把相关方面问题加以联系、综合解析，从而加强了通过综合分析平行论据之间的相关性来全面透彻地认识问题的意识和能力；

（3）学生通过深入解读文本所涉及的美国社会枪支问题，增强了关切社会现实的意识与能力；意识到过去自己"如鱼在水"地处于中国良好治安之中，习以为常，通过本次探究带来的文化比较，意识到了中国相关社会治理机制的比较特征、比较优势。

设计目的

通过对本次探究的回顾，引导学生从反思中意识到自己的文化透视能力和思辨能力的发展，同时引导学生开展中美相关社会文化比较，培养学生的跨文化意识，增强学生的文化自信。

5. 作业（Assignments）

（1）拓展阅读（Further Reading）：

1) History of Gun Control

Available at: https://gun-control.procon.org/history-of-gun-control/

2) Should More Gun Control Laws Be Enacted in the United States?

Available at Gun Control-Pros & Cons-ProCon.org

（2）作文（Writing）：

以《美国枪支问题：不只是权力问题》（"Gun Control in USA: More than a Right Issue"）为题，结合拓展阅读和小组研讨成果，写一篇不少于300词的作文。

设计目的

使学生在课后进一步拓展、深化对话题的认识，梳理、消化相关信息，从自己选定的视角出发，将其整理成文，锻炼语言运用能力、逻辑思辨能力。

六、课后反思

1. 教师反思

本次教学遵循"基于文本—跳出文本—回到文本"的思路，引导学生开展深度学习。教学全程以问题为线索，引导学生深度研讨，有助于学生运用所学词汇、句式等语言资源，讨论相关主题，提升学生的语言运用能力。

学生结合教材与小组自主收集的材料，从不同角度对美国的枪支问题进行了分析解读，达到了"小切口、大主题"的探究效果。此过程培养了学生的学习能力、对社会现实问题的关切意识、分析能力与思辨能力，也引导学生反观我国的社会治理特色优势，培养了学生的跨文化意识，增强了学生的文化自信。

综上，本次教学较好地达成了预定的教学目标。

2. 学生反思

本次教学在最后一个环节中设计了学习反思讨论，其中的讨论内容较好地体现出了学生对本次探究性主题学习的反思。

首先，同学们认为，通过本次探究加深了对美国社会文化的了解；同时对美国枪支现象的了解也让大家反观自己身边的现象，因为大家对身边的良好治安一直以来习以为常，而本次专题探究则让大家意识到身边的社会治理机制的比较特征、比较优势。

其次，同学们认为，这次的主题讨论是从作者文本中的"逻辑矛盾"切入、开展探究的，这种体验使自己增强了从一个小切口开展深度透视的意识与能力。

最后，同学们认为本次专题学习内容是一个非常现实的问题，此类问题自己过去并不关注；通过这次探究，增强了关切现实问题的意识与能力。

作者：胡春媛、胡美馨　　学校：浙江师范大学

"英语视听说"课程思政教学设计样例

Unit 4　Language and Culture

电子教材样章　　样章音视频

一、课程总览

1. 课程名称： 英语视听说（三）

2. 课程类型： 英语专业核心课

3. 课程目标：

通过本课程的学习，使学生达到以下目标：

（1）能初步了解或掌握语言与文化的基本知识，包括语言与文化的定义、构成和社会功能，并掌握关于语言与国际地位、语言与文化多元性和多样性、语言与文化差异性、跨文化交际的基本知识；认识语言与社会、语言与文化、语言与方言、语言与文化自信等的关系。【知识】

（2）增强语言与文化的互动意识，善于对英语长期作为国际通用语现象进行思考和反思，提高英语语言听说能力；学会听前预测、听时笔记和听后对比等视听说技能，初步了解语言与文化的多元性和多样性特点，为进一步的语言文化学习与国别区域研究奠定基础。【态度＋技能】

（3）领会语言与文化的多元性和多样性对外语学习和视听说能力提高的启示，以便今后更好地从事英语学习和教学。【知识＋技能】

（4）发展以对比分析为基础的逻辑思维能力，培养总结观点、分析观点、对比观点、形成观点的能力。【技能】

（5）通过了解语言与文化的多元性和多样性，认识到语言对国家国际地位提高方面的重要性，增强学生汉语语言和汉语文化自信，推动汉语国际化发展，培养推广汉语国际化的责任担当和能力。【价值观＋知识】

4. 教学对象： 英语类专业低年级本科生

5. 学时： 线下 72 学时

6. 教材： 《英语视听说教程（第三册）（第 2 版）》（全人教育英语专业本科教材系列），荆素蓉、于国栋主编，中国人民大学出版社，2021 年

二、本案例（单元/话题等）教学目标

1. 认知类目标： 理解英语的国际通用语地位和汉语国际地位的现状；理解语言与文化的相互影响；掌握语言与文化的多元性和多样性的表征特点，简析跨文化交际可能存在的问题与挑战。

2. 价值类目标： 增强对汉语国际化需求的关注，在马克思主义辩证唯物主义语言观下，深刻理解东西方语言的平等性，建立汉语文化自信；深刻理解语言和文化相互影响的辩证关系，体会跨文化交际中可能出现的问题与挑战，提高语言与文化堡垒意识。

3. 方法类目标： 能学会听前预测；能学会听时笔记；能通过听后对比等方法，分析语言与文化、汉语与英语、普通话与方言、本土文化与外来文化之间的辩证关系。

三、本案例（单元／话题等）教学内容、重点和难点（300字左右）

1. 教学内容

（1）语言：语言的社会功能、语言的国际地位；

（2）语言与文化：表现形式、辩证关系、跨文化交际。

2. 教学重点

（1）语言的社会功能、国际通用语现况；

（2）语言与文化的相互影响和辩证关系；

（3）文化的显性表现与深层动因；

（4）听力技巧：预测、连读、弱读、信息焦点等；记录数字及其相关信息。

3. 教学难点

（1）语言在人类文明发展史中的作用；

（2）英语作为国际通用语言的现象及其成因；

（3）推动提高汉语国际地位的途径；

（4）文化的显性表现与深层动因；

（5）语言与文化间的辩证关系及相互作用。

四、本案例（单元／话题等）教学方法、手段

1. 通过提问、讨论，引导学生思考语言的社会功能；通过观看视频，帮助学生进一步了解语言在人类文明发展史中的作用；指导学生课下与学习小组进一步讨论汉语在中华民族文明发展史中的作用。同时，引导学生注意语料本身的特点：连读、弱读、句子焦点等。

2. 通过阅读、分析表格，引导学生讨论语言的国际社会地位与使用该语言的人口数量是否成正比。结合视频，鼓励学生思考促成英语国际通用语言地位的原因。随后学生结合自身观察，一起讨论汉语热及其背后的原因，并思考汉语在未来成为国际通用语言的可能性和途径。同时，在做练习时，让学生继续练习听力笔记的技巧，尤其是练习记录数字及其相关信息的技巧。

3. 通过听前预测和观看视频，引导学生认识文化的不同表现形式，并引入文化概念；通过比较文化背后更深层次的社会规范，深化学生对文化概念的理解。

4. 通过听前预测、听时笔记和听后对比，引导学生观察、反思和运用例证法分析社会互动中的语言实践，包括学生个体的方言／双语经历，激发学生讨论文化和语言多样性对语言学习的影响，培养学生的思辨能力。

5. 通过听前预测、听时笔记和听后对比，鼓励学生比较文化共性、对比文化差异，引导学生用尊重包容的态度面对文化多元性，增强学生的汉语文化自信心。

五、本案例（单元／话题等）教学过程

1. 走进语言

Click Language（视频教学材料1）；

An English-Speaking World（视频教学材料2）

1.1　认识语言【Click Language（视频教学材料1）】

步骤1　学生解读语言的作用（Languages in students' eyes）

学生阅读引言"*Language is the blood of the soul into which thoughts run and out of which they grow. — Oliver Wendell Holmes*"，并以"小组讨论＋要点汇报"形式总结语言的作用。

设计目的

通过理解与讨论引言，引导学生思考语言在社会中的作用，即除了用于交流信息、知识传承等基本用途以外，语言还是思维的载体，并受到思维的影响，以此帮助学生了解语言与思维的相互作用，鼓励学生找出例证。

步骤 2　听前预测【Click Language（视频教学材料 1）】

学生阅读以下问题，老师引导学生预测视频内容，如 Why is the language called "Click Language"? 以及 who，what，when，where，why，how 等问题。

(1) What do you know about "Click Language"?

(2) What were the two advantages the Bushmen had over their competitors 50,000 years ago?

设计目的

信息预测是一项重要的听力技巧，包括听时预测和此处的听前预测。通过学生阅读问题、老师提供关键疑问词引导学生做出合理预测，可以让学生调动已有的语言方面的相关背景知识，从而带着预测信息，更加积极主动地参与到听力任务中。这样不仅可以使学生注意力集中，还可以提高听力效率。

步骤 3　视频学习第一遍

老师完整播放视频教学材料 1 Click Language，学生回答以下问题，并与之前的预测相互比较。

(1) What do you know about "Click Language"?

(2) What were the two advantages the Bushmen had over their competitors 50,000 years ago?

Total population: 82,000
Botswana (55,000), Namibia (27,000)
Languages: Various Khoisan languages

The individual groups identify by names such as Ju/'hoansi and !Kung (the punctuation representing different clicks), and most call themselves "Bushmen" when referring to themselves collectively. Search for "Bushmen" in Wikipedia (www.wikipedia.org)

JOURNEY OF MAN - PBS - NATIONAL GEOGRAPHIC

设计目的

学生在第一遍完整观看视频时，需要理清语料框架，抓住主要内容，了解 who，what，when，where，why，how 等问题；同时，回答之前提出的两个细节问题，了解语言与矛的制作一样，在远古时是极具优势的生存技能，在人类文明发展史上具有极其重要的作用。

步骤 4　视频学习第二遍

再次观看视频，这一次老师逐段播放，乃至逐句播放、讲解与讨论：老师逐段播放，与学生一起定位主题句或归纳总结主题；遇到语速较快、连读、弱读等现象较多的地方，老师逐句播放，引导学生注意相关问题，回顾英语词汇和句子在音节、重音、语调等方面的发音特征；同时，遇到起承转合等连接词时也会暂停播放，引导学生关注并预测接下来的内容，帮助学生宏观把握材料。

设计目的

通过归纳总结，引导学生关注语料的宏观结构；同时通过关注细节，逐渐培养学生的语感，并让其养成边听边处理信息和进行预测的听力习惯，培养学生做一个积极主动的听者。

1.2 语言与国际地位 An English-Speaking World

步骤 1 了解语言与国际地位

通过阅读、分析如下表格（来源：Ethnologue），讨论语言的国际地位与使用该语言的人口数量是否成正比，并共同讨论联合国六种工作语言选择的渊源。

Cuneiform is the first known form of written language, but spoken language predates writing by at least tens of thousands of years.

Language	Native speakers (millions)
Mandarin	848
Spanish	329
English	328
Portuguese	250
Arabic	221
Hindi	182
Bengali	181
Russian	144
Japanese	122
Javanese	84.3

设计目的

通过学生阅读、分析表格、共同讨论，帮助学生了解语言的国际社会地位与使用该语言的人口数量并非成正比；同时，提出启发式的思考问题，引导学生思考哪些因素会影响语言的国际地位。

步骤 2 讨论英语的国际地位

学生分组讨论英语在国际社会中的地位及其体现。

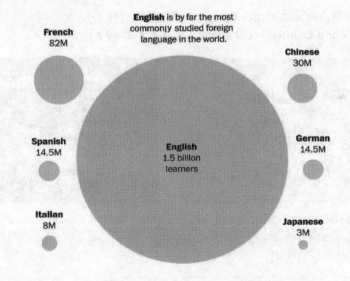

设计目的

学生通过讨论，为下一步观看视频做笔记并回答问题预热；同时，通过比较自己所使用的英语表达与课堂语料的表达之异同，增加自信，并扩充词汇与句法表达。

步骤 3　视频学习第一遍

老师完整播放视频教学材料 2 An English-Speaking World，学生做笔记，并基于笔记回答以下数字所描述的细节；同时，在做笔记时，让学生继续练习听力笔记的技巧，尤其是练习记录数字及其相关信息的技巧。

157 _____

75% _____

10,000 _____

80% _____

设计目的

在观看视频时做笔记，帮助学生理清视频的主要观点及相关支撑细节，尤其是通过记录一系列数字及其所描述的细节，展示英语在国际社会各方面的地位；并引导学生思考促成其成为国际通用语言的原因。

步骤 4　视频学习第二遍

老师组织逐段学习视频，并加以讲解、开展讨论；之后学生结合自身观察，与学习小组一起讨论国际上出现的汉语学习热及其背后的原因，并就如何持续推动汉语国际地位的提高、推动其成为国际通用语言展开思辨。梳理总结后，以组为单位开展一次课堂汇报。

设计目的

通过讲解与讨论，学生核对笔记内容与格式，检查问题答案；通过小组讨论、汇报，进一步推动学生思考语言与国家和社会发展相互影响、密不可分的关系，提高学生举一反三、通过现象看本质的思维能力；同时，又可以培养学生热爱汉语母语的意识，培养学生通过团结合作，讨论碰撞，共同完成一项学习任务的能力。

2. 走进文化 Cultures

2.1　认识文化

Looking at the World with Other Glasses（视频教学材料 1）

How Language and Culture Are Related.（视频教学材料 2）

步骤 1　学生解读文化（Culture in students' eyes）

学生组成课内讨论团队，分组讨论对文化的理解，通过"头脑风暴＋要点汇报"形式，罗列实例，展示自己对文化的认识。

设计目的

引导学生基于经验世界和直接经历，即自己与不同文化背景的外教、朋友相处，或间接经历，即所见所闻或看书观影所感，初步提炼对文化的理解。锻炼学生"视听说"中的"说"部分，即语言组织能力以及对概念的抽象范畴化认知。

步骤 2　了解文化（Understanding culture）【Looking at the World with Other Glasses 视频教学材料 1】

学生观看视频教学材料 1 Looking at the World with Other Glasses，将视频中涉及的不同国家的文化差异分类记录；并展开小组讨论，列举同学们日常生活中观察到的文化差异，如语言使用、礼仪艺术、饮食衣着等。将视频材料的信息以及同学们观察到的现象与步骤 1 小组讨论的汇报结果相比较，初步区分浅层次和深层次的理解。小组代表做第二次总结发言。

设计目的

引导学生全面认识文化的表象与成因。学生通过了解日常生活中存在的文化差异的种种表现，探讨造成文化多元化的深层原因，从而挖掘背后潜在的价值观、态度、信仰等深层原因。引导学生深化文化认识，课堂讨论从之前的"什么是文化"的表层问题转向"文化为什么"会有多元表现形式的深层问题。

步骤 3　语言与文化【How Language and Culture Are Related 视频教学材料 2】

学生根据如下论述，开展听前预测：

"Changes in language often reflect the changing values of a culture."

——Ravi Zacharias

is part of
1. language shapes thought

universal
2. thought is relative

学生观看视频材料 2 How Language and Culture Are Related。与此同时，要求学生做好听时笔记，重点记录视频材料中的论点。听后，组织学生思考并讨论赞同还是反对"语言决定文化"的观点，并根据自己的立场组成团队展开小组辩论，而后通过汇报总结方式汇总。

设计目的

通过思辨训练，帮助学生认识文化与语言之间的辩证关系。语言和文化相互联系、相互影响，不可割裂，对两者的学习亦不能孤立开来。根据《不列颠百科全书》，语言与人类社会生活的方方面面息息相关，理解周边文化对学习语言，尤其是第二语言非常重要。文化影响着我们的核心传统和价值观，影响着我们在社会上和他人交流的方式，而语言让人际交流变得容易。如果想要学好外语，提高外语能力，就需要同时处理好文化和语言的关系。

2.2　跨文化交际

步骤 1　认识语言和文化多样性（Linguistic and Cultural Diversity）

Cultural and Linguistic Diversity: A Case Study（视频教学材料 3）

Lost in Translation: How to Communicate across Cultures（视频教学材料 4）

How Culture Drives Behaviors（视频教学材料 5）

学生观看视频教学材料 3 Cultural and Linguistic Diversity: A Case Study，要求学生做好听时笔记。之后，通过组织听后讨论，引导学生对比自身的二外学习情况，讨论文化和语言多样性对母语习得、二语学习的影响。

设计目的

语言是复杂的系统，包含词汇、语音、语调、句法、语用。语言也不是单一的，包含不同语系、不同语言、不同变体、不同方言。语言的所有这些部分都是由文化塑造的。语言和文化多样性还表现在语言学习过程受到知识、经验、意识形态和身份等文化因素的影响。外语教师须植根于这样一种观念，即通过包容、公平和创新的教学法和教学内容培养学生尊重语言与文化多元性的目的。

步骤 2　多元 vs 差异（Diversities and Differences）

学生观看视频教学材料 4 Lost in Translation: How to Communicate across Cultures，要求学生做好听时笔记。之后，通过组织听后讨论，鼓励学生通过举例说明文化背景不同的交际者在互动交流时可能会出现什么样的问题。其中，告知学生文化背景的不同不仅限于国籍，还包括地域、民族等。

设计目的

多元共存意味着差异，认识差异可以帮助学生更好地认清事物的本质。通过学习不同国家的语言文化的多元性和差异性，引导学生从多个维度认识这种多元性和差异性，树立科学的语言文化观。同时，培养同学们理解导致差异出现的深层次原因的能力，以及面对不同文化时从容应对差异的能力。通过将学生自身的方言、地方文化、社会身份纳入教学设计过程的考察范围，深入研究视听说教学的实践、技术和策略，重视学生方言与地方文化背景对英语学习的积极影响。

步骤 3　跨文化交际（Cross-cultural communication）

学生观看视频教学材料 5 How Culture Drives Behaviors。同时，教师给出 confront，comply，complain 三个关键词作为线索，并让学生在观看视频时记录主题句及重点信息，进行场景模拟表演，着力体现文化差异的发生、后果及应对。本部分内容分组完成。

设计目的

文化差异不意味着交际冲击，正确对待文化差异的态度应是尊重和包容，但绝不是一味让步。通过听力材料练习和内容讨论，引导学生增强文化自信，合理面对文化差异。

2.3　语言—文化互动

How Language Reflects Culture and Affects Meaning（教学视频材料 6）
Arizona State University's Confucius Institute（教学视频材料 7）
Funny, but True Cultural Differences（视频教学材料 8）
Effective Cross-Cultural Communication（视频教学材料 9）

步骤 1　动态地相互影响

学生观看视频教学材料 6 How Language Reflects Culture and Affects Meaning，并记录视频中提到的观点。听后，结合自身知识，以集体讨论的形式鼓励学生列举视频教学材料中至少三种或以上与语言相关的文化工作。

设计目的

语言学习涉及多方面内容，如词汇、发音、语调以及特定的方言学习等，这些方面都是由文化塑造的。与此同时，文化也为社会成员的共同经历、环境以及历史所影响。语言应文化变化产生需求而被创造、被塑造。这意味着语言和文化是流动的，不断变化以反映彼此，反映世界的不断变化。本视频材料的学习，旨在帮助学生深入理解这一点。

步骤 2　中国文化走出去

学生观看视频教学材料 7 Arizona State University's Confucius Institute。本部分注重内容型学习，学生在观看时记录视频大意，绘制大意结构，以此了解孔子学院在世界各地蓬勃发展的情况，以及孔子学院是如何科学合理地传播中国优秀传统文化的。

设计目的

如今，孔子学院已成为中国和世界文化沟通的重要平台，亦是传播中国优秀传统文化的重要渠道，是中国与世界各国增进友谊和合作的桥梁，收到了不同文化背景友人的热烈反响。本视频旨在进一步增强学生的文化自信心。

步骤 3　跨文化交际能力

学生观看视频教学材料 8 Funny, but True Cultural Differences 和视频教学材料 9 Effective Cross-Cultural Communication。随后，组织开展小组讨论。讨论话题设定为：如果你是视频中的当事人，你将如何避免视频中出现的尴尬场景？

设计目的

外语学习者除掌握关于目的语的语言知识外，还应该掌握目的语的文化语用规则，并形成具有根据交际语境和交际对象选择交际语言和行为的能力。通过本部分的学习，旨在培养学生的文化情商，展现尊重、共情能力，表达要清晰准确并有副语言意识。

3. 思考练习

（1）通过阅读潘文国《汉英语对比纲要》（1997，北京语言大学出版社）第十二章"汉英语言心理的对比"，学习汉语与英语的异同以及使用这两种语言的民族之间不同的思维方式，进一步了解语言受思维影响，又反作用于思维的辩证关系。

（2）学生以学习小组为单位，通过查阅资料，一起分析讨论，共同梳理汉语在中华民族文明发展史中的作用，并于下节课做课堂展示。

（3）通过 1）观看视频 What Makes a Language... a Language?；2）查阅《国家中长期语言文字事业改革和发展规划纲要（2012—2020 年）》，思考汉语普通话和方言之间的关系，以及这种关系是否可能受到不同社会语境的影响而发生变化。

（4）观看视频材料 Endangered Languages: Why Do They Die，对比父辈记忆中的晋方言、山西民俗风情和地方文化，尝试找出方言消失和磨损背后的推手。如何从科学的角度保护方言？请给语言研究工作者出言献策。

（5）查阅文献 Spitzberg, B. H. (2000). A Model of Intercultural Communication Competence. Intercultural Communication: A Reader, 9, 375–387，了解文献中提到的跨文化交际能力的诸方面内容，结合自己学情、山西省情以及中国国情，用思维导图的方式展示适用于提升文化自信的设计。

（6）阅读材料 Dialect and Identity: Pittsburghese Goes to the Opera，并探讨：方言 / 语言如何成为有力的身份标识？语言又如何为身份建构起到积极作用？

六、课后反思

1. 教师反思

2. 学生反思

作者：王荣斌、侯晓梅、王娜　　学校：山西大学

"英语视听说"课程思政教学设计样例

Unit 6　Technology I (Tools and Energy)
Section Three

电子教材样章　　样章音视频

一、课程总览

1. 课程名称：英语视听说

2. 课程类型：英语专业核心课

3. 课程目标：

通过本课程的学习，使学生达到以下目标：

立足中国国情，借助先进信息技术聚焦时代发展，倡导全人教育理念，在注重专业知识和技能培养的同时，帮助学生树立正确的世界观、人生观和价值观，教育学生认知、认同和践行社会主义核心价值观。课程通过创造真实度较高的语言环境对学生进行"视""听""说""写"综合训练，提高学生语言表达和应用专业素养，培养学生具有国际视野、批判性思维、跨文化交际和解决问题的能力。

（1）通过学习人文、艺术、科学、技术领域的基础知识和现实问题，探讨人与自然、人与社会的发展问题。引入中国文化、中国治理方案、中国发展理念、中国科技等思政元素，树立人类命运共同体的世界观、新发展观和四个自信，培养家国情怀、国际视野、思辨能力和创新能力。【价值观 + 知识】

（2）培养学生把握真实度较高的英语语言环境，了解基本语会话特点，扩大词汇量，并掌握基本的英美风俗习惯和文化风情等知识。【知识】

（3）通过视听训练，能听懂、理解课内外教学资料的基本内容，提高听说能力，能听懂常速多类型、多话题、多场景、跨学科的语段，能辨别说话人的态度和语气，能就日常生活话题进行交谈，语音、语调自然，语言基本得体。【知识 + 技能】

（4）通过先进的信息技术和与时俱进的知识内容，形成追求"问题解决"的思维模式和学习模式，培养学生的自主学习能力。立足中国国情，聚焦国家发展，增强民族责任感和使命感，培养家国情怀、国际视野、思辨能力和创新能力。【价值观 + 能力】

4. 教学对象：英语类专业本科生

5. 学时：线下 36；线上 20

6. 教材：《英语视听说教程（第四册）（第 2 版）》，文炳主编，中国人民大学出版社，2021 年

二、本案例（单元 / 话题等）教学目标

1. 认知类目标：学习新能源、节能减排有关知识，获取有效信息；掌握有关新能源、可再生能源、绿色能源方面的英语表达和语言文化知识，培养科学素养。了解我国 2030 年、2060 年的碳减排目标和行动计划，深刻理解中国碳减排承诺为全球气候治理提出的"中国方案"和大国担当。

2. 价值类目标：了解我国新能源发展的紧迫性、现状和问题，树立新发展理念，思考个人在实现国家发展目标中应尽的责任和可采取的行动。培养对社会发展和人类命运的关切，培养

观察、发现、思考和解决问题的能力；提高讲述中国故事、中国问题的能力。

3. 方法类目标：听懂、看懂相关英语科普、新闻、访谈、演讲等音视频资源，提高英语视听能力，能复述、概括、讨论相关议题，具备基本的语言应用能力，能开展相关议题演讲、辩论、写作等输出性高级语言活动，培养思辨、创新能力。

三、本案例（单元／话题等）教学内容、重点和难点

1. 教学内容

（1）Why do we need renewable energy?

（2）How could China achieve its carbon peaking and carbon neutrality goals?

2. 教学重点

（1）学习新能源相关知识和中国特色词汇的英语表达方法，比如 renewable energy, fossil fuel, Coal-fired energy, Hydropower, Wind power, Nuclear power, Solar power, Energy crisis, Energy transition, carbon emission, energy reserve, carbon peaking, carbon neutrality, green, low-carbon and circular economy, etc.;

（2）加强对新能源、碳达峰、碳中和等知识的认知，开展相关议题的讨论，形成并输出观点。

3. 教学难点

（1）组织开展视听训练，达到能听懂、看懂相关英语科普、新闻、访谈、演讲等音视频资源，能复述、概括相关知识的目标；

（2）组织切入话题，线上线下开展相关议题的讨论、演讲、辩论等活动，引导学生积极思考，培养思辨能力和解决问题的能力。

四、本案例（单元／话题等）教学方法

1. 线上线下混合式教学模式

学生线上完成音视频视听、资料阅读、章节测试、讨论等任务和课后作业任务，师生在线上"讨论区"互动，教师点评、讨论学生发帖，密切跟踪学习过程，了解学生知识掌握情况和学习难点，及时反馈学习效果。线下开展翻转课堂，讲解文本重难点，开展课堂活动，点评学生线上任务完成情况，总结学习过程，布置课后作业。

2. 任务式交际教学法

设计交际型学习任务，开展录音听写、视听材料复述、提问、个人节能经验分享、设计节能标语、自由讨论等活动，引导学生积极参与话题，培养表达能力、交际能力、创新能力和合作能力。

3. 研究性教学法

课内外学习时间的比例达到 1:1。课前收集信息、储备知识、思考、研究讨论题，课上开展主题讨论和活动，拓展学习深度，培养知识技能、独立思考能力和学习能力，深刻理解新时代中国面临的机遇与挑战、能力与责任，思考自身发展与国家发展之间的关系，培养责任和担当，提高综合素质。

五、本案例（单元／话题等）教学过程

1. 为什么发展可再生能源？ **Why do we need renewable energy?**

1.1　What is renewable energy?

步骤 1：

学生讨论课前任务：了解什么是可再生能源，收集并列举其种类或案例。

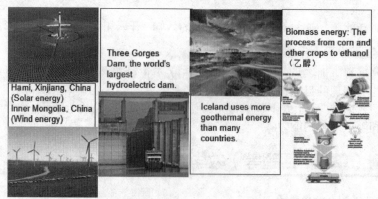

设计目的

观察生活，收集素材，熟悉新能源知识及其英语表达，认识到我们生活在一个能源世界里。可再生能源作为新能源形式，在中国发展迅速，已经成为能源结构中重要的组成部分，训练信息收集和处理能力。

步骤 2

课前完成线上视频《国家地理：可再生能源》的观看和相关测试题，线下课上学生复述视频中可再生能源的优缺点，并能举例说明。

设计目的

进一步开展听说训练，学习可再生能源相关知识，拓展信息，辩证思考可再生能源的利与弊，训练认知能力、总结、归纳、复述的语言能力和思辨能力。

1.2　Why do we need renewable energy?

步骤 1

针对上一视频中提出的可再生能源的发展具有三大优缺点，提出问题，开展自由讨论。

Question:

What are the key advantages and downsides of renewable energy? Is renewable energy reliable to support all industrial activities and our lives? Is renewable energy affordable? To consider the pros and cons of renewable energy, should China firmly fasten the phase of developing renewable energy?

设计目的

根据可再生能源发展利弊的普遍性知识，引导学生立足中国国情，了解中国能源需求大、进口原油依赖性大、碳减排压力大等现状和世界能源发展趋势，学习提出问题、具体问题具体分析、深度思考现实问题并能解决问题的能力。

步骤2

课前完成线上 CGTN 视频 "Why China Can Take the Reins in the New Energy Field?" 的观看和相关测试题，线下课上学生梳理信息，分析、总结讨论题。

Questions:

Why should China accelerate the development of new energy? What are the achievements made by China and problems China needs to solve in new energy developments and energy transitions? Why can China be the pace-maker in the new energy field?

设计目的

学习中国在可再生能源等新能源领域发展的现状、政策和规划等知识和具体案例，了解中国发展新能源的紧迫性、可行性和竞争力。通过学习中国新能源发展的具体知识，了解中国新发展理念、能源发展"十四五"规划和中国在新能源发展领域的引领者地位，树立道路自信和文化自信，通过相关话题的英语能力训练，提升学生用英语讲好中国故事的能力。

2. 我们如何实现"双碳"目标? How could China realize carbon peaking and carbon neutrality goals?

2.1　What are the carbon peaking and carbon neutrality goals of China?

步骤 1

新闻话题导入,快速问答,预热话题:2020 年中央经济工作会议明确,我国二氧化碳排放力争在 2030 年前达到峰值,力争在 2060 年前实现碳中和。2021 年 4 月 22 日,国家主席习近平在北京以视频方式出席领导人气候峰会,并发表题为《共同构建人与自然生命共同体》的讲话,再次重申中国碳减排承诺。

Questions:

How do we say "碳减排""碳达峰""双碳目标" in English? What are China's two goals of carbon emissions?

carbon peaking 碳达峰

carbon neutrality 碳中和

China's carbon peaking and neutrality goals/dual carbon target(中国)双碳目标

设计目的

掌握热点新闻和新词的英语语言知识,了解中国新能源目标。

步骤 2

学生速读材料:

中共中央、国务院 2021 年 10 月印发《关于完整准确全面贯彻新发展理念做好碳达峰碳中和工作的意见》,提出了构建绿色低碳循环发展经济体系、提升能源利用效率、提高非化石能源消费比重、降低二氧化碳排放水平、提升生态系统碳汇能力等五方面主要目标。The Communist Party of China Central Committee and the State Council unveiled a guiding document on the country's work to achieve carbon peaking and carbon neutrality goals under the new development philosophy. The document outlines five major tasks, including creating a green, low-carbon and circular economy, improving energy efficiency, increasing the share of non-fossil energy consumption, lowering CO_2 emissions and boosting the carbon sink capacity of ecosystems.(中国日报网)

设计目的

了解国家新发展理念和中国实现"双碳"目标的具体实施方案,熟悉中国话题,提高双语能力。

2.2　How could China achieve its carbon peaking and carbon neutrality goals?

步骤 1

学生结合上面材料讨论:要实现"双碳"目标,从国家层面,我们如何节能减排?

creating a green, low-carbon and circular economy;

improving energy efficiency;

increasing the share of non-fossil energy consumption;

lowering carbon dioxide emissions;

boosting the carbon sink capacity of ecosystems

设计目的

收集国家关于实现"双碳"目标发布的工作意见和行动方案相关信息,开拓视野,结合中国国情和国际局势,深入理解国家发展的机遇和挑战,加强对基本国策的正确理解和传播能力。

步骤 2

观看单元视频 6-3-1 Energy Saving，完成填空题。学习重点词汇和表达法，分析、学习英语公众演讲技巧。重点词汇如：

energy geeks 能源极客，节能达人

fossil fuels: petroleum, coal, natural gas

moral suasion 道德劝说

financial incentive 激励机制

演讲技巧如：直接开场、悬念式开场和演绎式开场；演讲者与听众的互动等。

回答问题：What messages about energy consumption were sent by the graduate students to the residents in the behavior science experiments? Among the four messages, implying moral suasion, financial incentives, and social pressure, which one showed a marked impact on people to decrease their energy consumption?

设计目的

开展英语演讲题材视听训练，掌握与话题相关的语言知识，掌握一定的英语演讲技巧，了解社会学调查研究的设计、实施、发现、结论等全过程，学习研究方法，提高开展科学研究的能力。

步骤 3

讨论话题：要实现"双碳"目标，日常生活中我们如何节能？

What can we do to save energy in daily life?

设计目的

从实际出发，思考生活中的"节能减排"小妙招，培养家国情怀和社会责任感，提高解决问题的能力。

3. 思考练习

（1）结合线上讨论和线下学习，从国家和个人角度对"我们如何实现'双碳'目标"的主题学习进行梳理和总结，做出思维导图。

（2）小组合作练习：以"节能减排，从我做起"为主题设计一幅包含一句英文口号的英文宣传画。

六、课后反思（教师反思＋学生反思）

新国标将英语视听说课纳入专业核心课，充分反映了网络时代英语教育的特点和社会对英语人才专业素养的要求。其实，英语专业教育一直重视听力、口语等语言能力训练，但也存在学生科学文化知识储备不够，思辨训练较少，对中国问题学习深度不够和中国文化传播能力不足等问题。

本课程通过学习人文、艺术、科学、技术领域的基础知识和现实问题，探讨人与自然、人与社会的发展问题。教学中教师应落实立德树人根本任务，挖掘思政元素，引入更多中国文化、中国治理方案、中国发展理念、中国科技等思政元素，突出中国特色社会主义、人类命运共同体、新发展观和中华优秀传统文化教育。突出技能和人文素养的培养原则，以培养知识视野、实践能力、跨文化沟通能力为目标，培养富有社会责任感和创新精神、适应经济建设和社会文化发展需要的"应用型、复合型、技能型"英语人才。

课后向学生发放关于本课程内容和教学情况的问卷调查，绝大部分同学反映出对本课程主题非常感兴趣，认为话题具有现实意义，话题的学习也比较深入。通过对中国在新能源领域发展现状和引领性的学习，学生更加坚定了"四个自信"，通过对中国碳减排承诺的内容、背景、行动方案的学习，学生更加理解"国之大者"的使命担当，更加清楚地认识到专业学生用英语讲好中国故事的责任和专业素养要求。学生线上任务、课堂表现和课后作业的完成情况反映出专业学生在信息处理、认知能力、口语表达、辩证思维、合作创新等方面的优势和存在的问题，以及在今后的学习中应更注重对话题的深度学习和思辨训练。

作者：唐岚　　学校：浙江理工大学

"英语视听说"课程思政教学设计样例

Unit 2　Family and Human Relationships
Section One and Section Two

电子教材样章　　样章音视频

一、课程总览

1. 课程名称：英语视听说（二）

2. 课程类型：英语专业核心课

3. 课程目标：

通过本课程的学习，使学生达到以下目标：

（1）通过先进的多媒体教学手段，利用新闻、对话、讲座、电影等语料，视、听、说结合，以直观画面和情节内容为基础对学生开展有针对性的训练。

（2）提高学生对语言真实度较高的各种视听材料的理解能力，并训练学生对声像信息的辨读能力，最终有效提高学生的听力理解与口语表述能力。

（3）通过学习相关英文音频、视频、演讲，加深学生对不同国家政治、军事、经济、科技、文化等方面的认识；通过模拟对话、电影片段配音以及课堂讨论，培养并提升学生的口语表达能力和用英语对主题和图片进行流利陈述的能力。

（4）通过对每单元话题的学习与讨论，对比中西文化差异，并了解其背后的历史、地理等原因，加深对本国文化的认同感，了解当代大学生在全球化浪潮中的身份定位与历史使命，增强作为英语专业学生应有的担当意识和勇气。

4. 教学对象：英语类专业低年级本科生

5. 学时：理论 16；实践 16

6. 教材：《英语视听说教程（第二册）（第 2 版）》（全人教育英语专业本科教材系列），曹进、宁振业、杨保林主编，中国人民大学出版社，2021 年

二、本案例教学目标

1. 认知类目标：观看、收听与"家"相关的英文视频、音频，完成听力的练习，获取相关信息，掌握关于"家"的历史、形式的相关表达，并能对这一话题进行不同形式的讨论。

2. 价值类目标：感受大众心中对"家"的理解，了解中国的"家"文化，学习人类历史上家庭的发展史，并理解传统和现代家庭的异同。通过对比中西不同的"家"文化，分析文化差异背后的历史、地理等原因，深刻认识中华民族的民族特殊性。

3. 方法类目标：能听懂与家庭相关的听力内容，并能用英文表达相应的口语内容；能从各国现象差异出发，分析差异背后的历史、文化、地理等原因。

三、本案例教学内容、重点和难点

1. 教学内容

Unit 2 Family and Human Relationships

（1）Section One

Video clip 2-1-1: Family

Video clip 2-1-2: Chinese Family Culture

（2）Section Two

Audio clip 2-2-3.1:　Traditional and Modern Family

Audio clip 2-2-3.2:　Family Types

2. 教学重点

（1）中国的"家"文化；

（2）人类历史上"家"的发展；

（3）传统与现代家庭的异同；

（4）家的类型。

3. 教学难点

（1）中国的"家"文化与西方家庭文化的差别及其原因；

（2）中国的主要家庭模式与西方的区别；

（3）家庭观念、文化与模式差异导致的疫情防控措施的不同。

四、本案例教学方法、手段

1. 观看课本提供的视频、音频，用任务法，让学生完成课本上的听力练习，理解听力内容，学习相关表达，用英文回答相关问题。

2. 通过演示法，导出不同家庭类型的定义，让学生表达自己的家庭类型，并总结中西方典型家庭类型的区别，分析中西方家文化的差异，进而引导学生分析差异背后的历史、地理等方面的原因，帮助学生理解文化现象背后的深层缘由。

3. 学生通过讨论，总结中西方主要家庭价值观的差别，分析背后的原因，由此讨论其对当前疫情防控措施的影响。

五、本案例教学过程

1. Section One

步骤1

让学生观看视频，讨论视频中每个人对"家"的理解，然后让学生表达他们心中"家"的概念，再引出不同的作家对"家"的不同定义。

—— Section 1 ——

1. What is your definition for FAMILY? What kind of place should a family be according to your definition? Watch the video clip and make a list of key words used by the boys, the girls and the woman. Compare your thinking about family with the definitions you get from the video clip. Tell your partner about what you are thinking.

What is "Family"

- What is your understanding?
- Father And Mother I Love You
- Home is the place where, when you have to go there, they have to take you in. ——Robert Frost
- Your childhood is a village. You will never cross its boundaries no matter how far you go. —— *Celebrating Childhood* by Adonis

设计目的

学生通过观看视频，并讨论人们对于家的理解差异，轻松感受"家"有不同的社会和文化属性。

步骤 2

让学生观看关于"中国家文化"的视频，然后根据视频回答相关问题，让学生重点思考中国人对于"家"的理解以及中国家文化的价值观。

Watch the video clip 2-1-2 of "Chinese Family Culture." Try to answer the questions below.

(1) How many generations does a whole Chinese family have and who are they?

(2) What are the traditional family values of Chinese people according to this video?

(3) Try to find some typical examples of Chinese "jia."

设计目的

学生通过观看"中国家文化"的视频，思考我们习以为常的"家"背后的民族文化、培养学生透过语言、现实现象思考其文化内涵的能力；同时，引导学生在学习外语的同时多加强对本民族文化和历史的学习与研究。

2. Section Two

步骤 1

学生听音频"传统和现代家庭"，完成书中的两个任务：总结人类家庭的发展历史，比较传统家庭与现代家庭的异同。

Listen to the audio clips "Traditional and Modern Family," and then summarize the history of the development of family.

Task One: After listening to "Traditional and Modern Family," please summarize the history of the development of family with help of the key words listed below.

little protection, well-built houses, clung together, the human pursuit of security, cohesive family ties, move about, privacy, sentimental attachment

Task Two: Fill out the following chart according to "Traditional and Modern Family."

		Traditional Family	Modern Family
Similarity	Family type: _____ Father's role: _____ Mother's role: _____		
Difference		Huband's role: _____ Wife's role: _____ Children: _____	Husband's role: _____ Wife's role: _____ Children: _____

设计目的

学生总结人类家庭的发展历史，对比传统与现代家庭的异同，感知"家"意义的历史变迁，明了家庭的概念不是一成不变的，它在不同历史阶段有不同的意义和价值。同时通过对比传统家庭和现代家庭的异同，明了随着时间的变化家庭成员之间分工的变化。

步骤 2

学生听音频"家庭类型"，然后重点讨论音频中不同家庭类型的定义和区别，接着再让学生联系自己的家庭，为自己的家庭分类。

Extended family: _____

_____

_____

Nuclear family: _____

_____

Single parent family: _____

_____

Blended family: _____

设计目的

让学生了解家庭的不同类型，感知家庭的多样性，明了自己的家庭类型和关系，摈弃对其他家庭尤其是单亲家庭和重组家庭的歧视，尊重来自不同家庭的同学，发掘不同家庭类型的优缺点。

步骤3

根据以上对家庭类型的学习，尝试让学生对比中西方家庭的典型类型即西方最普遍的nuclear family 与中国最传统的 extended family，讨论它们的不同，并通过提问层层剖析其背后的文化、地理、历史等根源：希腊人生活在海洋国家里，靠贸易维持繁荣，他们首先是商人。商人就要与账目的抽象数字打交道，然后，他们才和数字所代表的具体事物打交道。这些数字是诺斯洛普所说的来自假设的概念。因此，希腊哲学家也以从假设得到的概念作为思维的出发点。他们发展了数学和数学的思维。这就解释了为什么认识论成为他们的问题，而且使用的语言如此明晰。商人同时又是居住在城镇中的人。他们的活动要求他们在城镇聚居，因此他们的社会组织不是根据家族的共同利益，而更多是反映城镇的共同利益。这是何以希腊人以城邦为中心来组成社会。中国是大陆国家，以农业为生，农民日常与之打交道的，诸如田地和庄稼，都是他们一看就认识的东西。他们处于原始和纯真的心态之中，把直接认知的东西看为宝贵的东西。人们世代生活在同一片土地上，形成了以家庭为中心的社会关系。中国的社会制度则或许可以称之为"家邦"，因为在中国的社会制度下，是通过家族来理解国家的。在一个城邦里，社会组织难以形成专制独裁统治，因为在同一等级的城镇居民中，难以找出理由来论证张三比李四更重要，应当享有更高的社会地位；但是在一个"家邦"里，社会组织是按人生来的地位，等级式地形成的，在一个家庭里，父亲的权威天然地高于儿子的权威。

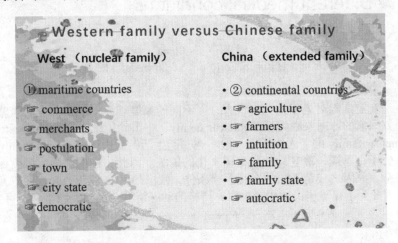

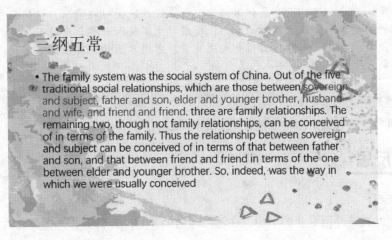

三纲五常

- The family system was the social system of China. Out of the five traditional social relationships, which are those between sovereign and subject, father and son, elder and younger brother, husband and wife, and friend and friend, three are family relationships. The remaining two, though not family relationships, can be conceived of in terms of the family. Thus the relationship between sovereign and subject can be conceived of in terms of that between father and son, and that between friend and friend in terms of the one between elder and younger brother. So, indeed, was the way in which we were usually conceived

设计目的

引导学生从国家文化、地理、历史等维度，充分认识家庭差异化现象的根源。启发学生不能盲目仰望西方，不能否定本国传统，更要思考背后的历史渊源，平等对待不同国家的不同文化，包容不同的价值观，增强自身民族认同感。

步骤 4

回顾中西方家庭文化差异的相关知识，引导学生理解中西不同的家庭价值观，然后从这个角度出发，尝试分析现今中西不同的防疫措施，认识政策和文化、国情等方面的关系。

提问：

Why doesn't China relax the COVID-19 policy like other Western countries?

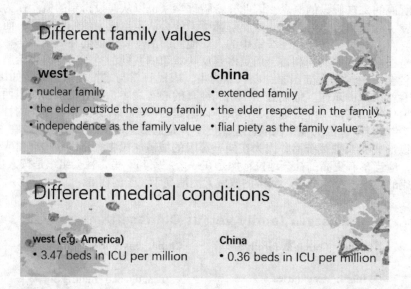

原因之一是新冠病毒对老年人危害最大，而不同的家庭理念对病毒的应对策略会产生不同的影响，如西方国家的普遍家庭类型是 nuclear family，中国的传统家庭类型是 extended family，因此，西方 nuclear family 的老人跟子女一般不在一起生活，而中国 extended family 的老人属于不可缺少的一分子，孝顺、尊老爱幼是中国文化的传统。因此，中国会最大限度保证老年人的健康和生命安全。原因之二是不同的客观医疗条件，我国的 ICU 病床数量较西方发达国家还有很大的差距，因此为了保障国民的生命健康，严格的动态清零全民防疫政策必不可少。

设计目的

引导学生从家庭文化、医疗条件等维度，充分认识我国现在采取严格的动态清零的防疫政策的必要性，培养学生独立思考的能力，提醒学生不要人云亦云，盲目跟风，更不能照搬其他国家的政策，要立足本民族的历史文化背景，考虑本国的实际国情，客观理智地做出属于自己的判断和选择。

3. 思考练习

思考中西方不同家庭文化对于教育产生的不同影响，并举例说明。

六、课后反思

1. 教师反思

中国学生尤其是外语专业的学生，在学习外语的同时，容易受到外国文化的影响，常会觉得"国外的月亮比国内圆",教师上课时应多引导学生透过现象看本质,帮助他们分析现象差异背后的地理、历史、文化、国情的根源,鼓励他们先了解自身,然后在立足本民族的基础上,拥抱世界,用英语向世界传播中国文化,让世界更多地了解中国。

2. 学生反思

对于"家"的概念有了更深的理解,看问题又多了一个视角,对于学习英语的作用又有了新的认识,有了新的使命感。

作者:王娜　　学校:商丘学院

"英语口语"课程思政教学设计样例

Unit 1　Request and Offer

电子教材样章　　样章音视频

一、课程总览

1. 课程名称： 英语口语

2. 课程类型： 英语专业核心课

3. 课程目标：

通过本课程的学习，使学生达到以下目标：

（1）培养对英语语言学习的兴趣，形成学习英语口语的良好习惯，初步掌握英语口语技能，夯实英语语言学习的基本知识，掌握语音、词汇、语法的基本规律，在实践中做到情感态度、思维方式和社会文化意识方面稳步成长。【知识】

（2）培养逻辑思维能力，在口语实践训练中增强观察力、推理能力、创造力、分析能力和想象力。提高学生口语技能，使学生能够在一般社交场合与英语国家人士交谈，正确表达思想，语音、语调自然地道，语言基本得体。【思维 + 技能】

（3）增强语言意识，通过涉猎广泛的社会文化生活主题，在高频情景话题材料的学习中体会中西方的语言异同、文化异同、社会异同，培养跨文化交际观念，增进语言文化功能认知。学会思考，初步具备独立分析能力、中西跨文化交际综合能力，提高学生的人文素养。【知识 + 技能】

（4）通过多元的案例学习，依托教材安排，领会社会主义核心价值观在社会民生中的指导意义，树立正确的世界观、人生观和价值观；在生活学习中切实增强文化自觉和文化自信，培养塑造用世界的声音讲好中国故事的责任担当意识和勇气。【知识 + 价值观】

4. 教学对象： 英语类专业低年级本科生

5. 学时： 32 学时

6. 教材：《英语口语教程（下册）》，文旭、资谷生、张吟松主编，中国人民大学出版社，2016 年

二、本案例（单元 / 话题等）教学目标

1. 认知类目标： 理解话题"请求"和"给予"在英语口语中的应用场景和实际运用；掌握表达请求和给予的语言技巧，结合语言是文化的重要载体，懂得文化中倡导的互相关爱、父慈子孝等价值观引导，分析相关的社会语言现象。

2. 价值类目标： 增强对"请求"和"给予"语言现象历史演变的关注；深刻理解和谐、友善的深刻内涵和社会价值，增强民族自豪感；理解教育在民生、社会发展中的重要作用。

3. 方法类目标： 能够简析中英双语中表达请求和给予的社会语言现象并灵活应用；能够通过文献阅读、电影赏析、课堂讨论等方法理解语言表达和文明互鉴的重要意义；懂得邻里之情、亲情和家国情怀对个人发展和国家发展的重要作用。

三、本案例（单元／话题等）教学内容、重点和难点

1. 教学内容
（1）表达请求和给予的语言知识：词汇、句法；
（2）请求和给予在社会文化中的运用和体现：中西文化情景下的对话。

2. 教学重点
（1）表达请求和给予的词汇和句法的系统学习；
（2）美国高等教育的结构与中国教育的异同学习；
（3）友善互助的社会主义核心价值观培养。

3. 教学难点
（1）表达请求和给予在语言中的体现和运用；
（2）文化对语言结构和使用的影响；
（2）小家和大家碰撞下的家国情怀所体现的社会语言使用分析。

四、本案例（单元／话题等）教学方法、手段

1. 简单讲授逻辑推理的概念；通过词汇训练、句法训练、篇章训练，用丰富的语料和情景帮助学生学习和理解逻辑推理在语言中的作用和运用。

2. 采用看图说话，帮助学生观察、搜索、分析社会生活中的语言实践，引导学生理解语言在社会生活中的使用和表达，发现语言与社会、文化、情感，包括邻里之情、家人亲情、家国情怀之间的密切关系。

3. 通过小组讨论、小组采访、文献阅读，帮助学生明白语言表达的重要性，了解社会现象中关于请求和给予话题的广泛使用，在增强思维逻辑和表达能力的同时，增强公民意识、民族认同感和民族使命感。

4. 依托教材安排，嵌入思政与国内外时事元素，帮助学生进行比较反思，提高观察力和领悟力，培养学生的民族文化意识以及跨文化交流能力。

五、本案例（单元／话题等）教学过程

1. Warm-up Questions
步骤 1
学生思考请求和给予的概念及应用，联系在实际社会生活中使用请求和给予表达的实例，思考中国人与英美人在表达请求和给予上的异同。

(1) What is request / offer?

(2) How do you request and offer in your daily life? Can you give some examples, such as people's requests and offers of help under COVID-19? How does that make you feel?

(3) Similarly, what do you know about requests and offers in the U.K. or U.S.A.? Can you give some examples?

> **设计目的**
>
> 用问题引出"请求和给予"的概念，引导学生思考在英美两国表达请求和给予的各种情形；用中国的时事热点举出中文表达请求和给予的实例。通过不同事例，一方面使学生了解中华民族睦邻友好、团结协作的传统美德；另一方面，也使学生掌握英美国家人民互尊互助、独立理性等品质特点。

2. Picture Talk
步骤 1

学生根据图片和所给词汇，辨析图中表现的主题，应用词汇遣词造句，形成一段完整对话。

2.1　Pictures

(3)　　　　　　　　　　(4)

(5)　　　　　　　　　　(6)

Make full use of the following ten words while you are talking about the pictures.

move	power	cut	dark	knock
candle	borrow	bully	newcomer	stupefy

A woman at home. A boy came. She thought the boy was to ask a favor but it turned out that the boy was offering her a hand because the electricity was power-off.

设计目的

　　学生学习重点词汇，在口语训练中反复练习，锻炼语言口语技能。赏析图片中展现的邻里之情，中国有句俗话："邻里一家人，互助大家亲"。是亲必顾，是邻必护，是我们文化中的精髓。引导学生体会邻里情并用合适的英文表达，利用词汇表里的关键词编写图文中的故事。

步骤 2

学生系统了解与"请求和给予"相关的英文词汇及用法。

2.2　Learn and/or review the following useful words and expressions before and while you are practicing your oral English in this unit.

Expressions	Examples
as soon as	As soon as she became rich, she cast aside all her old friends. As a result, she felt rather lonely.
ask for	I didn't ask for the chairmanship. I was pitched into it.
be afraid to	Don't be afraid to show yourself in reality, with all your quirks, flaws and passion.
claim to	She relinquished her claim to the property.

设计目的

　　学生根据列表词汇进一步查询跟本单元主题"请求和给予"相关的英文词汇，搜索相关的地道英文表达，围绕主题词形成具有个人特色的单词表进行练习和记忆。语言与文化是紧密相关的，学会地道表达，夯实语言基础，激发学生对文化的兴趣。

步骤 3

学生根据图片回答问题，描绘故事的情节，分享各自的表达并反思自身。过程中学生可随时提出质疑，教师适当点评总结。

2.3　Question-answering

Look at the picture story and answer the following questions.

(1) What did the woman do?

(2) What happened before she put things in order?

(3) Who knocked at the door?

设计目的

　　学生在分享表达中，对照自身与其他人的语言差距，取长补短、共同进步。语言赋予说话人活气、灵气和情韵，因此学生可以通过细节表述，加强对于语言表达的领悟和敏感度。

步骤 4

学生用完整的语言表述完整的图片故事。

2.4　Story-telling

With the help of the eight questions above, tell the whole story please.

设计目的

　　学生感知语言表达的多样性，懂得地道表达的重要性。引导学生认识充满活力和张力的语言表达并进行反复训练，懂得无论是表达思想，还是抒发情感、交流意见，都离不开完整的语言意思表达。

步骤 5

学生讨论邻里情相关的话题，重点理解中华文化中的"远亲不如近邻"，思考中国历史中关于邻里情的历史典故，如陶渊明的《移居》等。

2.5　Idea-viewing

(1) When you were in trouble, who would you turn to for help?

(2) If you were the woman, how did you like the boy?

(3) How do you get along with your neighbors?

(4) How do you understand "A far-off relative is not as helpful as a near neighbor"?

设计目的

　　学生通过探索话题，结合自身情况及图片故事，分析邻里情在家庭中和社会中的作用。和睦的邻里关系，对于个人是一种幸福，同时也是社会和谐的基础。引导学生形成正确的价值观，懂得邻里和睦、团结友爱，顾小家，也顾大家，明白文化传承的重要意义，也可以找一些英语国家的相同材料进行对比学习。

3. Extension

步骤 1

学生尝试在情景设定下做出请求或给予他人帮助，并用英文清晰表达。

3.1 Expressing Yourself

(Request)　May I (borrow your dictionary)? / Would you please…?

(Offer)　　Do you need a ride? I'm also going that way.

Under such circumstances as follows, what should you do? Work with your partner. Take turns to ask and answer the following questions. Choose one situation, find an appropriate solution, and answer in complete sentences.

Example:

Student A: (ask) Would you mind giving me a push? My car is broken.

Student B: (answer) No, not at all. It's my pleasure.

Situation	Sample
You want others to give you a push because your car is broken.	Memorize new words as many as you can and use some effective reading skills.

设计目的

学生根据不同的情景设想如何做出请求，如何给予别人帮助。虽然不同的情景设定涉及的主题广泛，但是核心词汇统一，即"帮助他人，关爱他人"，做到心中有爱。通过设定学生在场景中伸出援助之手，帮助学生懂得关爱他人，升华自我的道理，鼓励学生成为爱心长存的人。

步骤 2

学生尝试在情景设定中的对话练习，重点训练如何做出请求和给予他人帮助，并反思总结。

3.2 Role-play

Work with your partner. Choose one of the following situations. Act out the situations by using the words and expressions from the previous sections in this unit.

Role A	Role B
You have recently arrived at an American university and you need to do some shopping but you don't know your way around the town. So you ask one of your classmates for help.	You are the classmate who is a local person and you are very familiar with the town. You are happy to accompany him/her to the department store some time this week.
You are a freshman majoring in English and you haven't been able to buy a dictionary yet. Therefore, you want your roommate to lend you his/her dictionary for a while and ask the roommate where you can buy one.	You are the roommate to lend the dictionary. You tell him/her that you are willing to lend him/her your dictionary and tell him/her where he/she can buy a dictionary.

Partners swap the roles, share their own volunteer work, and reflect on their contribution to the community.

设计目的

学生在不同场景的对话训练中注重表达，注重观察，锻炼口语的同时锻炼思维能力、领悟力和思维反应能力。通过学生的反思总结环节，引导学生留意社会生活，不仅关注小我，也关注大我，关注日常中的点滴和社会中的问题现象，培养社会责任感。

步骤 3

学生形成小组并讨论下列主题，重点以采访的形式训练如何做出请求和给予他人帮助。

3.3　Interview

Work in groups of four or five. One student plays the role of an interviewer, and asks the rest of the group members the following questions. You may need to take notes during the interview.

(1) When you see a child drowning in the river, what kind of help will you offer?

(2) If someone asks you how to make a good impression on others, what suggestions would you like to offer?

(3) If we do not want to give money to individual beggars, what charities would you recommend to the government?

(4) A boy/girl keeps asking you for a date, but you want to refuse him/her. So how do you seek advice from your friends?

(5) What benefits does the Internet provide for us?

设计目的

　　学生以访谈的形式交流，面对面有次序地表达观点。引导学生有层次有逻辑地表达请求或给予，用事例或数据佐证观点。引导学生学会查询、搜索资料，关注社会民生问题，学会换位思考，打开格局。

步骤 4

学生通过头脑风暴列举在规定场景下的问题解决方案。

3.4　Problem-solving

Work in groups of three or four. Discuss the following situation and come up with possible solutions. Then, compare the answers of the different groups in class. Which is the best solution? Which is the second best? Decide the best order of the solutions.

Situation: You have a girlfriend or boyfriend, but you find that you are not suitable for each other. So you want to find a way to end your relationship and ask a friend for advice on it. The friend gives suggestions as follows:

What should I do?

a. Tell him/her directly that you are not suitable for each other.

b. _____

c. _____

d. _____

e. _____

...

设计目的

　　学生在小组内，通过设定场景下的自由联想和讨论，产生新观念，激发创新设想。引导学生分享观点，增强合作意识，针对问题，举一反三，形成思考和反思能力。鼓励学生学会换位思考，关注个人及社会现象。

步骤 5

学生速读《美国高等教育供给其社会哪些类的学院和大学》，体会中英语言的异同；同时，查找、速读 1 篇 "中国高等教育百年" 文献并结合自身所见所闻谈一下体会。

3.5 Culture Link

What Types of Colleges and Universities Can American Higher Education Offer?

Colleges and universities in the U.S. vary in terms of goals: some may emphasize a vocational, business, engineering, or technical curriculum (like polytechnic universities) while others may emphasize a liberal arts curriculum. Many combine some or all of the above, being a comprehensive university.

设计目的

引导学生重视语言表达的同时，重视文化知识储备。教育是社会民生中关注度很高的话题，教育公平是社会公平的重要基础。了解美国高等教育，加深对美国教育文化的理解。同时，对比中国高等教育，能够深刻体现出中国高等教育的普及、利民与快速发展，提高学生的民族自豪感。

4. Enhancement

步骤 1

学生进一步训练"请求和给予"主题的词汇，加强语言学习。

4.1 Parts of Speech

Use the correct forms of the words to complete the following sentences.

power   powerful   powerless

(1) The government is to give people more _____ over their own rights.

(2) People will listen to him, because he is a _____ man.

(3) They feel completely _____ to help him though they are sympathetic.

设计目的

学生通过在题目中填补不同词性的表达"请求和给予"的词汇，巩固前面所学词汇。积累知识点并加强解题能力，增强学生的学习能力和反思能力。

步骤 2

学生完成句子训练，加强语法学习。

4.2 Sentence Completion

Make sentences from these words. Add prepositions and other words you need.

Examples: what / cause / fire /

What caused the fire?

(1) little boy / love / play / toy

_____

(2) I / need / some / money / buy / some / book

_____

(3) tree / be / so excited / when / boy / return

_____

设计目的

鼓励学生在句法巡礼中增强对英文句式、句型、句意的理解。语法在日常交流中的重要性不言而喻，学生通过做题增强语感，锻炼记忆能力和反思能力。

步骤3

学生速读篇章《男孩与苹果树》，学习语言知识点，体会父母对子女的舐犊情深。

4.3　Discourse Refreshment

> A long time ago, there was a huge apple tree. A little boy loved to come and lay around it every day. He climbed to the tree top, ate the apples, took a nap under the shadow. He loved the tree and the tree also loved to play with him.

设计目的

学生学习"请求和给予"相关的词汇和语法。在篇章学习中增强语言能力。引导学生领悟母子之情、家人之情。雨果曾说"慈母的胳膊是由慈爱构成的，孩子睡在那里，怎能不甜?"，鼓励学生思考中国历史中关于亲情的历史故事，比如《礼记·礼运》的"父慈子孝"，请学生分享更多典故，领略中华泱泱大国对亲情的重视，懂得家人亲情、家国之情，懂得肩负的个人使命和民族使命。

5. Fun Corner

步骤1

学生观看美国电影《当幸福来敲门》（*The Pursuit of Happyness*）中的片段，学习语言知识，分析影片中角色言辞中表达的请求和给予。

5.1　Movie-dubbing

> **Direction:** Watch the movie clip, pay attention to the speakers' pronunciation, intonation and tones, and then dub with your partners the movie clip from the *Pursuit of Happyness* based on the following script.

Movie: *The Pursuit of Happyness*《当幸福来敲门》

Script:

Chris: Man, I got two questions for you: What do you do? And how do you do it?

Man: I'm a stockbroker.

Chris: Stockbroker. Oh, goodness. Had to go to college to be a stockbroker, huh?

Man: You don't have to. Have to be good with numbers and good with people. That's it.

Chris: Hey, you take care. I'll let you hang on to my car for the weekend. But I need it back for Monday.

Man: Feed the meter.

(Chris: I still remember that moment. They all looked so damn happy to me. Why couldn't I look like that?)

设计目的

通过对本单元主题"请求和给予"的学习，提高学生的思维能力，培养学习和生活中敏锐的观察力和洞察力。选用美剧中的片段使得学习具备趣味性，旨在培养学生的学习兴趣。在《当幸福来敲门》（*The Pursuit of Happyness*）片段中，妻子琳达请求丈夫克里斯·加德纳继续做业务员的工作，努力赚钱养家。但是克里斯追求梦想，执意要当股市交易员。两人各自表达观点，语言地道，情感充分。通过课堂讨论和师生互动回答问题，帮助学生在习得"请求和给予"的表达，在提高语言素养的同时，感受追求梦想的力量，建立担负历史使命的信念。

步骤2

学生阅读诗歌《我愿给予》，学习语言知识，分析其中"给予"的论述。

5.2　Recitation

Read aloud the following poem with correct pronunciation and recite it.

So Much to Offer...

You thought that they loved you
You hoped that they cared
You dream that they want you
You dreamed, you despaired
Planned that they'd hold you
Wished your life away
Cause love lasts forever, and
Forever came today.

I'm sure that you knew me,
Like the sand knows the sea
And a great wave of ecstasy came
Rushing over me
We went to your heaven,
So virgin, so kind
But yet I was homesick
For times left behind

设计目的

《我愿给予》表达了作者愿意给予他人爱意的丰沛情感，辞藻简单，朗朗上口。学生在诵读后体会如何表达给予，举一反三，加强语言能力和观察力、学习力。引导学生通过小组讨论和课堂发言，思考关爱、信任在生活中的意义，以及在社会民生中和谐友爱的重要性。

步骤3

学生背诵谚语，增强语言能力。

5.3　Idioms and Proverbs

Learn the following idioms and proverbs and keep them in mind.

If you want the best the world has to offer, offer it your best.
你若想得到世上最好的东西，先提供这世界最好的你。
Never offer to teach fish to swim.
不要班门弄斧。
When a dog is drowning, everyone offers him drink.
落井下石。
God helps those who help themselves.
天道酬勤；自助者天助。
Grant whatever is requested. / Never refuse a request.
有求必应。

设计目的

学生通过谚语学习巩固本单元所学内容，丰富语言素材，提高语言素养。同时，增强做具有社会主义核心价值观的好公民的意识。

六、课后反思

1. 教师反思

2. 学生反思

作者：郝米娜、李书仓　　　学校：齐鲁工业大学

"英语阅读"课程思政教学设计案例

第二册　Unit 11　National Spirits

电子教材样章

一、课程总览

1. 课程名称：英语阅读

2. 课程类型：英语专业核心课

3. 课程目标：

通过本课程的学习，使学生达到以下目标：

（1）熟练掌握英语语言基础知识，并具有一定的英语国家及中国的社会文化知识。【知识】

（2）增强英语阅读思维与阅读兴趣；熟练运用常用英语阅读策略；掌握阅读过程中对词义的推断；归纳概括段落大意和篇章主旨；分析篇章的文体、语体、结构、修辞、写作手法等；分析、评价作者的情感、态度、意图；对相同或相关主题的不同篇章进行对比分析。【态度+技能】

（3）对材料进行批判性思考，拓展国际视野、培养家国情怀，在运用所学的英语语言以及社会文化知识进行跨文化交流时具有正确的价值观。【价值观】

4. 教学对象：英语类专业一、二年级本科生

5. 学时：线下 32；线上 8

6. 教材：《英语阅读教程（第二册）（第二版）》（全人教育英语专业本科教材系列），姚璐璐、王晓、谭言红、符存主编，中国人民大学出版社，2021 年

二、本案例（单元/话题等）教学目标

1. 认知类目标：

（1）通过学习掌握不同文体对民族精神主题的表达；理解语言是文化思想的重要载体，阅读策略与技巧的运用有助于深入理解主题的表达；

（2）通过学习掌握民族精神的基本概念、起源、时代内涵，理解民族精神对民族生存和发展的重要作用；

2. 价值类目标：

（1）文明因交流而多彩，因互鉴而丰富，了解民族精神的发展脉络和时代价值，在阅读中通过跨文化视角比较中外民族精神；

（2）在社会主义核心价值观指导下深刻理解中华民族伟大精神，增强"四个自信"，培养家国情怀，自觉维护、传承和弘扬民族精神，讲好中国故事。

3. 方法类目标：

（1）在围绕民族精神这一主题的学习中习得语言技能及发展不同文体的阅读策略与技巧；（CBI 教学法）

（2）通过阅读分析不同文体如何展示民族精神这一主题，能对多种类型文本进行批判性阅读；运用小组讨论、演讲等多种方法加深理解民族精神对国家、社会发展的重要性；（文体阅读技巧、任务–产出导向法）

（3）能对比分析中国及英美国家的国民精神、民族性格的差异和历史文化缘由；在对比中

理解文明互鉴，培养家国情怀，讲好中国故事。（对比教学）

三、本案例（单元/话题等）教学内容、重点和难点

1. 教学内容

（1）民族精神：基本概念、起源、时代内涵与价值；

（2）不同文体阅读技巧：写作风格识别、文本背景理解、叙事结构判断。

2. 教学重点

（1）民族精神的发展脉络、时代价值及重要作用；

（2）运用小说及散文的阅读技巧分析民族精神主题的表达。

3. 教学难点

（1）通过文本阅读分析新时代背景下民族精神和国家、民族与社会发展的紧密联系；

（2）通过文本阅读理解社会主义核心价值观指导下的中华民族精神的重大价值，培养家国情怀；

（3）对文学类文本进行批判性阅读和对文本的意蕴进行解读，对比分析中国与英美民族精神的异同及其文化缘由。

四、本案例（单元/话题等）教学方法、手段

1. 采用内容依托教学（CBI）中的主题模式，围绕民族精神这一单元主题设计若干**子主题**、创建相关的、有趣的、有意义的语言习得环境，在文本解读过程中学习关于中国及英美民族精神文化知识的同时习得相关语言技能，发展阅读策略与技巧，由此将语言教学与内容教学有机结合起来；

2. 采用对比教学法，通过对单元不同篇章的阅读分析中国与英美民族精神的异同及其历史文化缘由，理解民族精神在国家经济、社会发展中的重要作用。

3. 采用任务教学法把对民族精神的理解落实到教学的各个环节，贯穿整个单元，保证高质量语言输入与输出（例如多种语言输入形式，语料、语境的真实、地道，组织小组研讨、写作、演讲等多种语言输出形式活动，要求学生分析不同文体如何展示民族精神这一主题，表述对中华民族精神的理解；"讲关于中国的故事"（"Tell a story of China"）作为最后的产出成果，开展评价）。

五、本案例（单元/话题等）教学过程

1. 民族精神 National Spirits

1.1　民族精神概念

步骤 1

观看名为"The Rise of the Chinese National Spirit"的视频（时长 1 分 07 秒，CGTN 制作），根据视频总结中国的民族精神及其概念。

设计目的

用直观的影音资料引出"民族精神"的概念，通过具象画面引导学生了解中国民族精神的内容。

步骤 2

学生辨析刻板印象和民族精神的区别。

设计目的

　　学生深入理解民族精神是一个国家、民族或社会价值观念、国民性格、精神信仰的内化，与其历史文化传承、经济社会发展紧密相关，而不仅仅是具象化的刻板印象。各国民族精神存在差异，但没有高下之分。

　1.2　美国梦 American Dream

　　学生讨论"美国梦"是否是美国的民族精神，并结合观看过的影视文学作品探讨"美国梦"的具体内容和实现途径，如《了不起的盖茨比》。

设计目的

　　学生列举关于"美国梦"的影视文学作品，了解"美国梦"所代表的美国民族精神，即不论种族、阶级、性别和国籍，任何人都可以通过个人努力在美国获得成功。通过探讨"美国梦"的实现途径，感知个体与民族精神、民族精神与社会发展之间的关系。

2. 美国梦与中国梦 American Dream and Chinese Dream

2.1　美国梦与《了不起的盖茨比》American Dream and *The Great Gatsby*

步骤 1

学生快速阅读本单元课文"Dinner at the Buchanans'"（《了不起的盖茨比》选段）回答下列

问题：

(1) When and where did this story happen?

(2) Who are the characters? How are these characters portrayed in the novel?

(3) What is the story about?

设计目的

学生识别小说的文体特征，了解小说三要素：人物、情节和环境，初步把握小说情节，认识人物形象，概括小说主题。

步骤2

学生结合以下背景知识，分享对课文中"But I didn't call to him for he gave a sudden intimation that he was content to be alone—he stretched out his arms toward the dark water in a curious way, and far as I was from him I could have sworn he was trembling. Involuntarily I glanced seaward—and distinguished nothing except a single green light, minute and far away, that might have been the end of a dock." 这段话的理解。

The Great Gatsby is a tragic love story on the surface, but **it's most commonly understood as a pessimistic critique of the American Dream.** In the novel, Jay Gatsby overcomes his poor past to gain an incredible amount of money and a limited amount of social cache in 1920s NYC, only to be rejected by the "old money" crowd. He then gets killed after being tangled up with them.

The green light is a permanently lit electric lamp that marks the end of Daisy and Tom's boat dock. It's a way to warn boats at night or during inclement weather that there is a structure there—this is why it is always on.

Because the Buchanans' mansion is directly across the bay from Gatsby's mansion, Gatsby can always see the green light.

In the beginning, the light stands for Gatsby's dreams, hopes, and desires **to reunite with Daisy** and recapitulate their beautiful month of love from five years earlier. This positive association connects with the color green. Green means go (stoplights were introduced in the 1910s–1920s, so this was a relatively new association), green means spring, rebirth, and the start of new life. The positive meaning also works well with the idea of a dock light. Daisy is a beacon, pulling Gatsby out of the darkness and steering him in the right direction.

(Excerpt from https://blog.prepscholar.com/the-great-gatsby-american-dream)

设计目的

引导学生结合小说的时代背景理解主人公盖茨比"美国梦"的破碎是时代的必然，也是事实上的必然。"美国梦"对物质富足的单一强调，易使人对它的追求走向唯利是图、纸醉金迷；虽然宣称"每个人都可以通过自身的努力奋斗过上美好生活"，但并不是每个人都有平等追梦的权利，有色人种等群体虽然为这个移民国家的社会发展做出贡献，却仍多挣扎在社会底层。

2.2 中国梦 Chinese Dream

步骤1

学生阅读本单元课文 "Uphold the Chinese Spirit"，回答下列问题：

(1) What is the Chinese Dream?

(2) What is the background of the proposal of the Chinese Dream?

(3) As an individual, how can we help our nation realize the Chinese Dream?

设计目的

帮助学生理解中华民族精神在当下的传承，理解中国梦提出的背景及其内涵，培养家国情怀，树立主人翁意识。

步骤 2

从内容、目标和当下面临的社会环境等方面就"中国梦"和"美国梦"展开讨论。

设计目的

引导学生对比"中国梦"和"美国梦"的内容、目标和当下面临的社会环境的异同，进行批判性思考，增强民族自信。

3. 纵向对比（vertical comparison）

3.1 盘古开天地（Pan Gu and the Creation of Heaven and Earth）

盘古开天地，一元生二气，

昊天出混沌，人神造化起，

三皇启民智，四野生离奇，

五方圣主在，山海传神迹。

步骤 1

学生课前阅读教材 Part C, Text B "Pan Gu and the Creation of Heaven and Earth"，讨论 What special qualities does Pan Gu possess?

设计目的

神话是祖先留给我们的宝贵精神财富。神话故事中推崇的精神早已变成中华民族的精神主流。重温中国神话故事，引导学生探索中华民族的精神渊源。

3.2 儒家和道家思想

步骤 2

分享《论语》、《道德经》英译节选，学生分小组讨论、查证中文原文。讨论：How can China and the whole world benefit from the Confucius Institute? What can we do to promote Chinese culture across the world?

"It is the man that can raise the standard of the moral law, and not the moral law that can raise the standard of the man." (Page 102)

人能弘道，非道弘人。

"In education the feeling and emotion is aroused by the study of poetry; the judgement is formed by the study of good taste and good manners; the education of the character is completed by the study of music." (Page 116)

兴于诗，立于礼，成于乐。

"To gather in the same place where our fathers before us have gathered; to perform the same ceremonies which they before us have performed; to play the same music which they before us have played; to pay respect to those whom they honored; to love those who were dear to them; in fact, to serve them now dead as if they were living, and now departed, as if they were still with us, that is the highest achievement of Filial Piety." (Page 120)

践其位，行其礼，奏其乐，敬其所尊，爱其所亲，事死如事生，事亡如事存，孝之至也。

"By cultivating respect for the dead, and carrying the memory back to the distant past, the good in the people will grow deep." (Page 120)

慎终追远，民德归厚矣。

——选自《中国人的精神》，辜鸿铭，外语教学与研究出版社，2020 年。

Tao begets the One;

The One consists of Two in opposition (the Yin and Yang)

The Two begets the Three;

The Three begets all things of the world.

All things connote the Yin and Yang.

The Yin and Yang keep acting upon each other

And thus things keep changing and unifying themselves.

Words like "the solitary," "the few" and "the unkind"

Are usually detested by people,

Yet lords and kings use them to call themselves.

道生一，一生二，二生三，三生万物。万物负阴而抱阳，冲气以为和。人之所恶，唯孤、寡、不穀。而王公以为称。（《道德经》第 42 章）

——选自《道德经》，老子（著），辜正坤（译注），中国出版集团/中国对外翻译出版公司，2007 年。

设计目的

引导学生阅读中国文化经典、理解经典、探索中国文化宝藏，扩大课外阅读范围，进一步理解中华文明的根基。

3.3 诗词分享

步骤 3

Invite students to share their favorite Chinese poems and their English version. They are required to do some research and share their findings on how the poems impact Chinese people.

设计目的

中国是诗的泱泱大国。诗词对每一代中国人的影响，正如杜甫笔下的"随风潜入夜，润物细无声"。通过学生分享，有利于学生深刻理解诗歌对民族精神的形成具有的潜移默化的作用。

3.4 *The Spirit of the Chinese People*, by Gu Hongming

步骤 4

分享辜鸿铭先生的著作《中国人的精神》节选，引导学生讨论：

To what degree do you agree with Gu's views about *China and its people*?

View One: "...and ordering our conversation aright and behaving properly means to do right and to behave with tact and good taste. This is the secret, the soul of the Chinese civilization, the essence of the spirit of the Chinese people..." (Pages 22–23)

"以礼来自我约束，非礼勿言，非礼勿行。这就是中国文明的精华和中华民族精神的精髓所在……"（第 23 页）

View Two: "Thus, as the gentleman in China with his honor, his Religion of Loyalty is the guardian of the State, the Civic Order, in China, so the Chinese woman, the Chinese gentlewoman or lady, with her debonair charm and grace, her purity, her pudeur, and above all, her Religion of Selflessness, —is the Guardian Angel of the miniature Heaven, the Home in China." (Page 158)

"于是为君子者，以其廉耻感、名分心，以其'忠诚宗教'，成为国家公民秩序的坚强卫士；同样，中国的女人，那些淑女或贤妻，以其轻松快活、殷勤有礼的妩媚和优雅，以其贞洁、腼腆，最重要的是以她的'无我宗教'，成为中国之家庭——那小型人间天堂的守护神。"（第 159 页）

设计目的

介绍辜鸿铭先生的著作《中国人的精神》，引导学生了解近代学人对中国人的精神的理解，辩证地思考前人对民族精神的认识，提升思辨能力。

3.5 *My Country and My People* by Lin Yutang

步骤 5

课前阅读教材《吾国吾民》节选（教材第 222–224 页）。Underline and share adjectives used by the author when he describes China and the Chinese people.

设计目的

通过介绍林语堂的著作以及作者对民族精神的理解和描写，引导学生课后拓展阅读。

4. 思考练习

（1）搜索资料，结合本单元课文 *Eveline* 了解爱尔兰的民族精神及其形成过程。

（2）Students are invited to share Chinese mythologies and discuss how these mythologies have contributed to the formation of Chinese national spirit. 学生用英文分享一个中国神话故事，如后羿射日、燧人取火、女娲造人、大禹治水等；浅谈神话故事对中国民族精神形成的影响。

（3）Do more research on *Analects* and *Chuang Tzu*, and compare how they have affected Chinese people's view of life and the world. 阅读《论语》和《庄子》，对比两本文化经典如何影响中国人的人生观和世界观。

（4）Find an English version of your favorite poem in the Tang and Song Dynasties. Compare the original Chinese poem with its translation and then find out the strengths and weaknesses in the English translation. 学生通过查阅相关文献，找出自己喜欢的唐诗宋词的英译，对比汉语原作和英译，指出英译汉诗的优缺点。

（5）Read *The Spirit of The Chinese People* (Gu Hongming) and *My Country and My People* (Lin Yutang). 阅读《中国人的精神》（辜鸿铭）和《吾国吾民》（林语堂）。

六、课后反思

1. 教师反思

首先，要帮助学生提升不同文体的阅读技能，特别是在文本蕴意的推断与解读方面，可以在传统的选择、填空、释义、归纳大意等题型的基础上，增加小组讨论协同解读。其次，教学中应该把语言教学与内容教学有机结合起来，帮助学生增加对中国历史和文化的了解，并鼓励学生以讲故事的形式来积极表达。最后，鼓励学生在新时代背景下解读民族精神，帮助学生更好地认识国情和国际形势，培养爱国情怀，增强民族使命感。

2. 学生反思

首先，基本能够快速阅读文章并获取信息，但是由于相关的历史文化背景知识不够充分，导致理解不够全面立体，在推断作者的态度、情感、意图时偶有偏差。其次，对小说、散文等不同文体有了基本的认识，但是在使用相关的修辞、写作手法等时却比较困难。再次，在小组研讨、写作、演讲时，能够从同学那里获取更多的信息，但对同一概念的表达会有不同，有时难以达成一致。最后，要加强对中国历史文化和新时代背景下国情的关注和学习，才能更好地理解中国的民族精神，促进国家、民族和社会的发展。

作者：姚璐璐、吴继宁、杜美娜、党军、张丽　　　学校：重庆理工大学

"英语阅读"课程思政教学设计样例

Unit 1　Nature

Part A　Amazon Rainforest Climate

电子教材样章

一、课程总览

1. 课程名称：英语阅读

2. 课程类型：英语专业核心课

3. 课程目标：

英语阅读是英语类专业学生基础阶段的核心课程之一，本课程教学目标包括：

（1）培养学生掌握并熟练应用略读、寻读、细读、评读等各种阅读方法和技巧，使学生学会根据阅读目的快速准确地获取并处理信息。

（2）培养学生通过大量阅读提高阅读兴趣、扩大词汇量以及知识面，积累各种语言知识以及语篇知识，全面提升阅读速度、阅读理解能力以及语篇赏析能力。

（3）培养学生细致观察语言的能力，假设、判断、分析、归纳、推理、检验等逻辑思维能力以及信息处理能力。

（4）培养学生发现问题、多角度分析问题、解决问题等基础科研能力、创新能力以及批判性思维能力。

（5）培养学生对文化差异的敏感性、宽容性以及处理文化差异的灵活性，增强学生的跨文化交际能力。

4. 教学对象：英语类专业一年级本科生

5. 学时：线下 36

6. 教材：《英语阅读教程（第二册）（第二版）》（全人教育英语专业本科教材系列），姚璐璐、王晓、谭言红、符存主编，中国人民大学出版社，2016 年

二、本案例教学目标

1. 认知类目标：掌握略读与寻读；通过主题句把握段落大意；熟悉英语说明文语篇特征；了解亚马逊热带雨林概况以及该雨林目前面临的严重问题。

2. 价值类目标：增强对亚马逊热带雨林问题的关注；从马克思主义历史辩证法出发深刻理解以资源消耗等为主的传统粗放型发展方式对生态环境以及气候产生的负面影响；准确把握习近平总书记提出的"绿水青山就是金山银山"理念蕴含的丰富内涵与深远意义。

3. 方法类目标：能根据阅读目的正确运用略读、寻读等方法快速获取并处理信息；能运用主题句有关知识正确归纳段落大意及文章主要内容；能用英语简要介绍亚马逊热带雨林现状以及当前面临的主要问题；能通过文献查阅、讨论等方法进一步思考如何更好地保护自然资源，实现人与自然的和谐共存。

三、本案例教学内容、重点和难点

1. 教学内容

本单元主题为自然环境，这篇文章重点介绍了亚马逊热带雨林气候的成因、特点以及当前影响和破坏该雨林生态系统的两大主要因素，呼吁有关国家采取措施进行保护。

2. 教学重点

（1）进一步熟悉并掌握略读、寻读、细读等常用阅读方法并能熟练应用；
（2）通过抓主题句准确把握段落大意、文章结构及中心思想；
（3）掌握并运用与课文主题有关的词汇进行介绍和讨论。

3. 教学难点

（1）英语说明性文体的语篇特征；
（2）运用马克思主义历史辩证法观点对文章内容进行分析评价；
（3）运用马克思主义生态观正确理解发展经济与保护生态环境之间的关系：绿水青山就是金山银山。

四、本案例教学方法

1. 课前通过音乐视频（e.g. "Earth Song"迈克尔·杰克逊）、图片链接分享，引导学生思考并认识（亚马逊）热带雨林对于人类和地球的重要意义，鼓励学生以小组为单位利用课外时间查询搜集资料，通过微信或学习通等平台围绕人类生存、经济发展以及环境保护开展交流讨论；
2. 课堂上主要采用自上而下的阅读模式。首先，运用启发式、参与式、探究式教学，引导学生复习关于略读、寻读以及主题句的有关知识后，以本单元课文（Amazon Rainforest Climate）为对象开展阅读实践，使学生进一步熟悉并掌握如何在阅读实践中应用这些知识，快速并正确把握文章主要内容、结构及中心思想，使学生的归纳能力和关键信息抓取能力得到进一步锻炼；
3. 通过课堂分组讨论加抢答等形式开展师生互动、生生互动，使学生的猜词能力、英英释义能力以及对课文细节的寻读、理解能力得到锻炼及提升。

五、本案例教学过程

1. 阅读前

步骤 1
学生观看标题为"人与自然"的幻灯片作品，思考人与环境之间的关系。

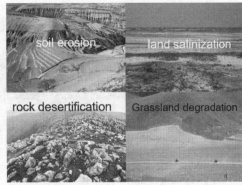

（以上为幻灯片部分图片）

步骤2

学生通过头脑风暴罗列当前亟待解决的环境问题，例如：

Global warming

Forest demolishing

Decline of biodiversity

Ozone depletion

Land desertification

… …

步骤3

学生以小组为单位，从上述环境问题中任意选择一个进行限时讨论，分析这些问题出现的原因并把讨论结果投屏发布。

设计目的

通过大量生动的图片对比以及小组讨论，学生可以更直观地感知环境、自然资源对于人类的重要作用；感知人类的生产、生活可能对环境造成什么样的破坏；引导学生学习用马克思主义唯物辩证法的观点去看待事物与现象之间矛盾对立与辩证统一的关系。培养学生的社会主义核心价值观以及马克思主义生态观，学会全面地、目光长远地看待问题，认识到全球化背景下可持续发展的重要性。

2. 阅读中

步骤1

引入本单元课文"Amazon Rainforest Climate"，要求学生用一到两句话简要概述课文主要内容。

提问：

1) What does the passage mainly introduce/talk about?

2) How can we get the main idea of a text as quickly as possible?

（1）学生通过课堂快速阅读实践复习并巩固关于略读的有关知识。包括什么是略读，一般在什么情况下我们需使用这种阅读方法，如何略读，等等。

- How can we get the main idea of a text as quickly as possible?
- By skimming
- What is skimming? How do we skim?
- Skimming is a fast reading method which means reading a text quickly to find its main idea or to get an overview. When we are doing so, we take a glance at the whole text and focus on things such as the title, sometimes the subtitles, and/or the topic sentence(s) etc.

○ How can we get the main idea of a(n) text/article as quickly as possible?

○ Judging from the title

    Amazon Rainforest Climate

—It mainly introduces the Amazon rainforest climate.

or :

  — It mainly introduces the climate of the Amazon rainforest.

（2）学生通过课堂阅读实践复习并巩固英语主题句有关知识，包括什么是主题句，文章主题句与段落主题句有无区别，主题句一般位于文章（或段落）的什么位置，如何通过段落主题句更好地把握各段落大意以及文章框架结构，等等。

○ When the title does not provide enough clue, what can we do?

○ Try to find the topic sentence(s)

○ Where are they likely to occur?

○ Either at the beginning or at the end of a text or a paragraph.

Judging from **the topic sentence(s)**

Part B:

3. A variety of **factors affect the climate.** One of the main factors is the way that …
Another factor is… Other factors to consider include

—Part B introduces a variety of factors which affect the climate.

Or : Part B introduces factors affecting the climate /causing climate changes.

Organization of the text

○ **Amazon Rainforest Climate**

- ○ A. background inf. of the forest
- ○ B. factors affecting the climate
- ○ C. the climate of the forest
- ○ D. problems/threats the forest faces
- ○ E. significance of /appeal for protection

设计目的

引导学生认识理论与实践的辩证关系，实践出真知，有效的学习方法来源于大量的实践探索；培养学生脚踏实地的学习态度和作风，正像语言学习有赖于大量的实践才能更好地保证学习效果，阅读能力的提升也需要以大量的实践为基础。

步骤 2

教师从课文中选出一些含有生词或旧词新意现象单词的句子，学生运用上下文、构词法等有关知识，猜测这些单词在句子中的正确意思，并尝试用英语表达出来。可以以接龙或抢答的形式开展该教学活动。

e.g.

1) Due to environmental **degradation**, climatic conditions around the earth's forests including the Amazon rainforest climate have started showing changes.

2) A large part of the forest is shaped like a shallow dish. The shape is like this because the large number of **tributaries** (estimated to be 1,100) to the main river drain the forest into such a **depression**.

3) ...and **indigenous** people native to Amazonia for so many years will also be gone.

......

What does the underlined word most probably mean?

2) **A large part of the forest is shaped like a shallow dish. The shape is like this because the large number of tributaries (estimated to be 1,100) to the main river drain the forest into such a depression.**
—the shape of a shallow dish

3) **And not only a loss of flora, but of the numerous fauna and indigenous people native to Amazonia for so many years will also be gone.**
—local, native, originating where it is found

设计目的

引导学生运用上下文、构词法等知识猜测词义，帮助学生减少或克服这些单词在阅读理解过程中对学生的负面影响，提高学生的自信心及学习热情；帮助学生更好地认识英语单词的一词多义现象，使学生能像母语阅读那样，灵活地根据上下文选择或推断出特定单词的正确意思，从而提高他们的阅读理解能力和阅读速度，提升他们的词汇知识，提高他们的英英释义能力；全面提升学生发现问题以及解决问题的能力。

步骤 3

学生以小组为单位归纳课文主要内容和中心思想，撰写 summary；在此基础上总结英语说明性文体的语篇特征，教师引导学生将英语说明性文体与汉语说明性文体进行对比，归纳其异同。

设计目的

引导学生在外语学习的过程中注意不同语言间的文体差异，为学生打下更坚实的语言基础，使学生在未来能更好地用英语讲好中国故事，更好地弘扬和宣传汉语及其文化。

步骤 4

学生以课内限时寻读的方式阅读课文，完成教材中相关练习。（P4-R1；P6-7）

设计目的

进一步检验学生能否利用关键词定位，快速获取特定信息。

步骤 5

学生以细读方式阅读课文，与组员讨论文章难点并回答教师提问。

(1) Why is the Amazon rainforest very important (essential/ vital/ critical) to us?

(2) Do you think the Amazon rainforest is vulnerable in some way? Why or why not? How do you know?

(3) Why is a large part of the forest shaped like a shallow dish?

(4) What influences does Amazonia's proximity to the equator have on its climate?

(5) What threats does Amazonia now face?

(6) What does the underlined word most probably mean?

(7) What might be the purpose of the text? What can we learn from the text?

e.g.

A detailed study of ARC—Part A

○ **2. Do you think the Amazon rainforest is vulnerable in some way? Why or why not?/ How do you know?**   Easily hurt, harmed or affected

—**It is one of the tightest ecosystems.**   by something bad

(in that the massive trees in the forest are dependent on the **dead** tree and animal **remains** to pack the top 2 inches of soil with nutrients.)

(Since the ecosystem is so dependent on everything in it to be balanced, any disruption of this balance would be bad.—Para 6)

—**if any part of the forest perishes, it might spell doom for the entire ecosystem.**
die/be destroyed forever esp. in a
sudden manner   To have or   Death/destruction
                          mean sth. bad

设计目的

　　帮助学生锻炼分析能力、归纳能力；帮助学生提高合作学习能力；引导学生互相帮助，扬长补短，正确处理好竞争与合作的关系；培养学生锐意进取、力争上游的积极心态，激发学生学习潜能。

3. 阅读后
步骤1

　　学生通过补充材料，了解亚马逊热带雨林在过去两年间的损毁情况；同时，了解习近平总书记在十九大报告中指出的，"坚持人与自然和谐共生，必须树立和践行绿水青山就是金山银山的理念"，坚持节约资源和保护环境的基本国策。

步骤2

　　学生通过图书馆、网络等资源，进一步了解十九大以来我们党和国家在保护生态环境方面做出的积极努力，以小组为单位，提交书面报告。

设计目的

　　引导学生从马克思主义历史辩证法出发深刻理解以资源消耗等为主的传统粗放型发展方式对生态环境以及气候产生的负面影响；准确把握习近平总书记提出的"绿水青山就是金山银山"理念蕴含的丰富内涵与深远意义；增强学生的民族自豪感。

六、课后反思（教师反思＋学生反思）

1. 教师反思

2. 学生反思

作者：彭启英　　学校：贵州大学

"英语写作"课程思政教学设计样例

Section 4
Unit 2　Comparison and Contrast

电子教材样章

一、课程总览

1. 课程名称：英语写作 1

2. 课程类型：英语专业核心课

3. 课程目标：

通过本课程的学习，使学生达到以下目标：

（1）了解写作基本规则和词汇规范，熟悉有效句子的表达、主题句、段落展开方式及段落的统一与连贯，熟练掌握开头段、主体段和结尾段的写作技巧。

（2）激发英语写作兴趣，提升英语写作意识，善于对现实话题进行思考和自主写作，不断提升高阶思维能力。

（3）综合运用写作基本知识和技巧，写出观点明确、内容统一、意义连贯的段落，具备初步运用英语进行笔头交际的能力。

（4）发展逻辑思维和创新思维，培养发现问题、分析问题和解决问题的能力；通过小组学习，培养合作精神，提升人际交往能力。

（5）通过了解中西历史、文化、科技、经济，进行批判性思考，清晰地表达观点，增进对国家的认同。

4. 教学对象：英语专业低年级本科生

5. 学时：线下 32 学时

6. 教材：《英语写作教程（第一册）（第二版）》，徐李洁主编，中国人民大学出版社，2021 年

二、本案例教学目标

1. 认知类目标：熟悉比较法和对比法的主要模式——逐项比较法和逐点比较法；掌握比较法和对比法的使用及其段落写作；学习并拓展有关中式婚礼的英语词汇和短语。

2. 价值类目标：通过了解中式婚礼，深刻理解婚俗背后的文化内涵——"天地人和谐"的哲学思想和祈福迎祥的文化心理，增强文化认同感，树立文化自信；通过对比中西婚礼的差异，培养对外来文化包容开放、互学互鉴的态度。

3. 方法类目标：通过对比中西婚礼的差异，增强思辨和批判能力，训练抽象概括问题的能力和综合运用知识来分析问题、解决问题的能力，同时提升跨文化交际能力；通过小组探究式学习，培养团结协作、互帮互助的合作精神；通过写作实践，培养初阶写作能力，能够根据不同情景和要求较好地组织语言和结构，为进一步的短文写作做好铺垫。

三、本案例教学内容、重点和难点

1. 教学内容

（1）比较法和对比法：定义、词汇表达和主要模式；
（2）比较法和对比法的段落写作；
（3）中西婚礼差异。

2. 教学重点

（1）比较法和对比法常用词汇和短语；
（2）比较法和对比法的主要模式——逐项比较法和逐点比较法；
（3）中国传统婚俗及其英文表达。

3. 教学难点

（1）逐点比较法和逐项比较法的优劣势；
（2）逐点比较法和逐项比较法在段落拓展中的运用，基于"中西婚礼差异"的话题，对已有知识进行添加和重组，选择合适的词汇和句子结构完成书面表达，提升篇章组织能力。

四、本案例教学方法 、手段

1. 教学方法

本案例以"内容与语言整合性学习"和文秋芳的"产出导向法"理论为基础，遵循"驱动—促成—评价"的教学模式，采用学生参与程度较高的探究学习法、讨论法、合作学习法等进行教学，以中西文化为基础，将英语写作知识和英文写作实践相结合，实现知识、能力和价值的有机融合。

2. 教学手段

采用板书和多媒体相结合的手段进行教学，不断增强课堂内容的丰富性，同时充分利用智慧平台，如批改网平台，提升教学效率，延伸教学效果。

五、本案例教学过程

1. 驱动阶段

步骤 1　创设真实交际情境，引发学生思考

教师通过创设真实交际情境 "One day, you study in Britain as an exchange student. You and your foreign friends attend a Western wedding. During the wedding ceremony, your friends ask you about the differences between Chinese weddings and Western weddings. What will you say?"，引发学生对本节课主题的思考。

设计目的

通过问题 "What will you say?"，即 "What are the differences between Chinese weddings and Western weddings?"，引发学生对于中西婚礼差异的思考。基于当今社会西式婚礼的普及化和学生英语专业的学科背景，学生对于西式婚礼较为熟悉，但对中式婚礼，特别是中式婚礼的婚俗，所知甚少。因此，这个问题对于学生而言，既不是太容易，也不是太难，具有一定的挑战度。

步骤 2　说明教学目的，明确产出任务

教师通过 "To deal with this situation, you need relevant knowledge, appropriate language expressions and the structure of organizing ideas. After learning this unit, you should write a 200-word paragraph based on the differences between Chinese weddings and Western weddings." 说明教学目的，学生明确产出任务。

设计目的

　　成功完成一项任务，至少需要内容（ideas）、语言形式（language）和用语言表达内容的话语结构（discourse structure）（文秋芳，2015）。教师的说明帮助学生更好地理解教学任务的安排。

2. 促成阶段

步骤 1　内容促成阶段

　　学生以四人一组为单位，就驱动阶段的问题 "What are the differences between Chinese wedding and Western wedding?"，进行探究式讨论。为更好地帮助学生进行思维构建，教师在黑板上画出以下表格，供学生参考。

Point ＼ Subjects	Chinese Wedding	Western Wedding
Point 1:		
Point 2:		
Point 3:		
...		

　　讨论结束后，两组学生以口头表达的方式，展现所填内容。教师随即对其进行评价。基于学生学情，教师通过播放视频 "Engagement"（来源：英语畅谈中国慕课，王志茹），增加有关中式婚礼的内容，并对其进行相应的讲解。学生可以根据视频内容和教师讲解，拓展已有思维框架，对所填内容进行删减、增加、修改或整合。

三书 （聘书、礼书、迎亲书）	The Three Letters (the letter of betrothal, the letter of gift list, the letter of marriage)
六礼 （纳采、问名、纳吉、纳征、请期、亲迎）	Six Rites (*Nacai*, namely making a proposal by a matchmaker; *Wenming*, namely getting the information about the girl's mother; *Naji*, namely confirming whether the potential marriage is auspicious or not; *Nazheng*, namely the matchmaker and two or four other good-luck-women's visit to the girl's family with a large number of gifts; *Qingqi*, namely setting an auspicious date for the marriage; *Qinying*, namely fetching the bride.)
拜堂 / 拜天地	Performing Formal Bows/ Worship of the Heaven and Earth
生辰八字	Eight Characters of Birth
彩礼 / 嫁妆	bride price/dowry
洞房	the bridal chamber
红双喜	red double happiness

设计目的

　　小组合作式探究学习可以帮助学生挖掘中西婚礼的差异，视频放映和教师讲解可以拓展学生对中式婚礼的了解和认识，特别是对中式婚礼"三书六礼""拜天地"等婚俗的了解，有利于学生深刻理解婚俗背后"天地人和谐"和"祈福迎祥"的文化内涵，树立文化自信，更好地为产出任务的内容做铺垫。

步骤 2　语言促成阶段

学生速读课本上对比法的范文，如下所示。

In college and university courses, the objective test and the essay exam are two contrasting methods of evaluation commonly used to measure a student's grasp of the subject matter. The objective test usually consists of a large number of unrelated questions that require the student to demonstrate mastery of details. It often leads to rote memorization of isolated facts during the pre-test period of study. Since the questions on the objective test are presented in true-false or multiple-choice form, the student may be encouraged to guess answers for which he has no accurate knowledge. The essay exam, on the other hand, usually consists of a few broadly stated questions that require the student to organize his/her responses in essay form. Such questions force the student to give proof of his/her ability to handle general concepts. This type of exam also relies on factual information, but there is far greater necessity for the student to demonstrate analytical and compositional skills. Mere guessing at answers is reduced to a minimum. Although the objective test and the essay exam has similar goals—the assessment of a student's academic achievement—the techniques (and very often the results) of the types of examination differ significantly.

基于上述范文，学生分组讨论以下问题。

(1) Which expressions does the author use to show differences? Besides these, what other expressions can you provide?

(2) If you want to show similarities, what kind of expressions can you use?

两组学生展示表示对比关系和比较关系的语言表达，全班同学对其进行评价和反馈，教师总结相关语言表达。

contrast	unlike, while, whereas, nevertheless, however, otherwise, but, although, even so, different from, differ from, in contrast to, in opposition to, on the contrary, on the other hand
comparison	as, likewise, both, similar, resemble, similarly, like, alike, also, too, similar to, in like manner, in the same way, to be parallel in, correspondingly, to have...in common, common characteristics

学生运用相关语言表达，描述以下三组图片。

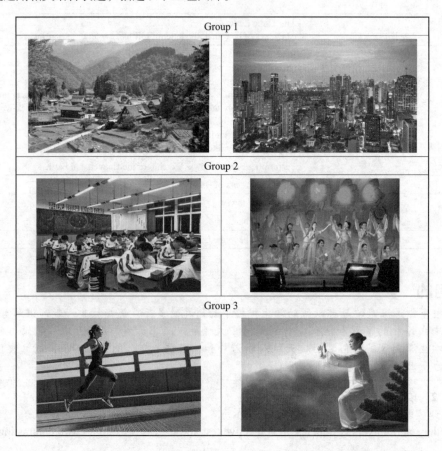

Group 1

Group 2

Group 3

设计目的

帮助学生熟悉对比法和比较法的语言表达，同时能够运用到真实情境中，举一反三，为产出任务的语言形式做铺垫。

步骤 3　结构促成阶段

学生细读范文，分组讨论有关范文组织结构的问题，如下所示。

(1) How does the author organize the differences between objective test and essay exam? Can you use a chart to show the structure of organization?

(2) Besides this, what other structure of organization can you use?

两组学生在黑板上分别展示范文的组织结构以及其他组织结构，教师对其提出反馈意见，并总结对比法和比较法的两种主要模式，如下所示。

(1) subject-by-subject:

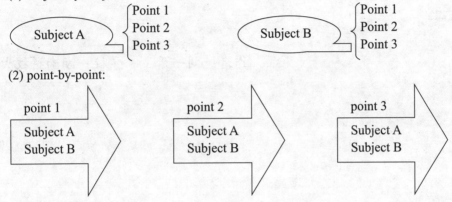

(2) point-by-point:

设计目的

训练学生抽象概括问题的能力，帮助学生构建表达差异或共同点的结构组织框架，为产出任务的结构做铺垫。

步骤 4　写作产出阶段

学生运用所学内容、语言表达和结构形式，以 "Differences Between Chinese Wedding and Western Wedding" 为题，完成一篇 200 词左右的段落写作。

设计目的

写作训练是课堂所学思想内容、语言知识和组织结构的输出，可以引导学生运用输入的内容进行笔头交际。

3. 评价阶段

学生完成习作后，根据如下评价标准，进行自我评价，然后两个学生为一组，进行同伴互评。

Checklists:

(1) Cut out any information that does not relate to the differences between Chinese wedding and Western wedding.

(2) Check whether relevant and sufficient details have been provided for each point of contrast.

(3) Check the transitions and see whether the parts are well connected and the points are properly introduced.

(4) Check whether the paragraph follows the contrast pattern.

(5) Check the spelling and grammar.

班级评价和教师反馈两个评价任务安排在下一课时，待下一课时结束后，学生在批改网上提交作文，进行机器评阅，教师对学生提交的作文再次进行反馈。

设计目的

通过自我评价、同伴互评和班级评价，学生不仅能提升习作水平，还能够增强主体意识，培养合作精神。教师通过批改网，能有效监控学生的修改过程，掌握学生的学习状况，因材施教，并给予及时反馈。

六、课后反思

1. 教师反思

2. 学生反思

作者：刘一乐　　学校：湖南科技大学

"英语写作"课程思政教学设计样例

Unit 4　Exposition (2)
Cause and Effect

电子教材样章

一、课程总览

1. 课程名称：英语写作（二）

2. 课程类型：英语专业核心课

3. 课程目标：

通过本课程的学习，使学生达到以下目标：

（1）系统掌握《国标》和《教学指南》要求的英语专业大二英语词汇、句子用法，熟练掌握篇章写作和常见修辞手法，熟练掌握各种语法结构和句与句之间、段与段之间的衔接方法，熟练掌握论点句、主题句、支撑句的写作。【知识】

（2）熟练掌握记叙文、说明文写作、议论文写作的相关技巧与策略，同时掌握读书报告、书评、申请书、便条等实用性写作。【知识＋技能】

（3）实现语言技能训练目标和思维能力、创新能力培养相结合，培养学生的批判性思辨能力和勇于开拓的精神，增强学生的创新精神。【知识＋价值观】

（4）融中西文化于教学，帮助学生树立正确的人生观、价值观和世界观，教育学生认知、认同和践行社会主义核心价值观，培养学生跨文化意识和提升跨文化交际能力，通过写作、读写结合表达英语优秀文化和传播中华传统文化。【知识＋价值观】

4. 教学对象：英语专业二年级本科生

5. 学时：72 学时

6. 教材：《英语写作教程（第二册）（第二版）》，杨剑英、杜平主编，中国人民大学出版社，2022 年

二、本案例（单元／话题等）教学目标

1. 认知类目标：掌握因果说明文的结构、论点句、主题句、支撑句、过渡语的特征和写作方法；能使用正确的词汇和句法结构；能进行合理的段落组织以及篇章布局。

2. 价值类目标：能对给定题目进行辩证的因果分析和正确的价值观判断；增加对英语说明文结构、谋篇布局的了解；增加对中英文思维方式差异的了解；强化对语言表达逻辑性的了解，具有读者意识。

3. 方法类目标：能写作论点清晰、阐释充分、逻辑清晰、结构合理、语言正确的因果说明文；能对因果说明文进行修改、评阅。

三、本案例（单元／话题等）教学内容、重点和难点

1. 教学内容

（1）因果说明文的篇章结构、论点句和主题句的表达、主体段落的展开、开头段和结尾段的写作、词汇和句型的选用、过渡语的使用、易错语言点的修改；

（2）因果说明文分论点与论点的逻辑关系、分论点间的逻辑关系；

（3）对事件原因和结果的分析能力。

2. 教学重点

（1）三类因果说明文写作的区别；

（2）对事件主要原因和主要结果的分析和阐释。

3. 教学难点

（1）对事件主要原因或主要结果的分析；

（2）对事件主要原因或主要结果的表达。

四、本案例（单元／话题等）教学方法

1. 使用雨课堂授课，使用雨课堂和批改网提交和批改作业。

2. 课堂讲授因果说明文的特征、结构，讲授论点和分论点的关系、主体段落的展开、开头和结尾、过渡语的使用。

3. 展示课本内外的范文，帮助学生加深理解因果说明文的写作特点。

4. 组织学生对给定的事件原因或结果进行资料查阅或调研。

5. 组织小组讨论或辩论，引导学生分析给定事件的原因和结果，帮助纠正是非不清或者判断力低下的情况。

6. 采用口头作文、书面作文或演讲的方式，进行作品汇报。

五、本案例（单元／话题等）教学过程

1. What is cause and effect ?

步骤 1

展示几个事件例子，师生一起分析原因和结果：油价上涨的原因和结果，老龄化社会的原因和结果，肥胖的原因和结果，失眠的原因和结果，等等。

设计目的

引导学生了解事件的因果逻辑，能关注和分析社会现象，关注和分析健康的生活方式。

步骤 2

学生阅读教材里的学生习作范文 Sample 1 Causes of Car Accidents 并回答教材相关问题。

设计目的

引导学生了解因果分析在书面写作中的运用，以及将因果分析用于说明文写作时应遵循的说明文写作共同规则，比如结构、论点和分论点的表达、主体段落的展开、开头和结尾的方式、词汇和句型的选用、过渡语的使用。

步骤 3

师生一起做课堂练习 Task 1，学生结对做练习 Task 2 和 Task 3。

设计目的
    因果分析运用。学生能自己分析事件的成因和结果,并能列出主次顺序,为后面写作因果说明文时论点句的表达和分论点的逻辑顺序打基础。

步骤 4

推荐赏析一则英语演讲和一份报纸文章,组织学生讨论和分析英语演讲中提到的噪声的 negative effects 以及报纸文章中涉及的全球变暖的 causes。

提问:

What are the negative effects of noise?

What can be done about noise?

What are the other kinds of pollution, apart from noise pollution?

What causes global warming?

What can be done to slow down global warming?

引导学生进一步讨论对健康有害的其他环境因素,加深对环境保护的认识;引导学生进一步讨论作为个人和政府,如何应对全球变暖,增强保护地球、保护全人类的意识和责任感。

(1)微信公众号关于 TED 英语演讲的视频"噪声对健康的危害"

文章链接:

https://mp.weixin.qq.com/s/IQi_tQwspIu8Y2kbTbqUcQ

(2)报纸文章 "Tech Breakdown: What causes global warming?"

文章链接:

https://news.cgtn.com/news/2019-12-05/Tech-Breakdown-What-causes-global-warming-MaZYg7W8Jq/index.html

演讲主题:《噪音对健康的危害》

演讲简介:演讲者Mathias Basner是睡眠和噪声研究员,在此10分钟演讲中,他分享了噪声的危害以及我们应该如何采取措施来减少危害。

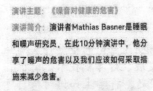

TED演讲:噪声对健康的危害

00:00   10:04

音频视频演讲稿版权归TED官方所有,侵删

设计目的
    因果分析运用。学生通过赏析和评论这两份资料中因果分析的科学性和逻辑性的同时,加深对周遭环境以及对世界的认识和思考,牢固树立人类命运共同体意识。

2. How to organize a cause and effect essay

步骤 1

介绍因果说明文三种类型的写法，利用说明文写作知识复习说明文结构。利用普渡大学在线写作中心的写作知识巩固说明文写作的注意事项和技巧。

文章链接：

https://owl.purdue.edu/owl/general_writing/academic_writing/essay_writing/expository_essays.html

设计目的

进一步了解说明文及因果说明文结构，了解在对不同类别的原因或结果进行分析时逻辑思路清晰的必要性。

步骤 2

介绍因果说明文写作中的读者意识、观点的清晰表达（4.2.1 和 4.2.2 小节），强调写作时考虑和迎合读者的需求，做到如何写作好的论点句，将观点清晰地传达给读者，并完成练习 Tasks 4—7。

Task 4 基于 Sample 1 Causes of Car Accidents，要求学生能找出文中的论点句，发现作者通过论点句想要向读者传达的重要信息；Task 5 列出三个论点句，让学生指出作者通过论点句想要向读者传达的重要信息；Task 6 列出三篇因果说明文的开头段例子，让学生查找和分析论点句，教师引导学生预测作者将可能使用哪些分论点以展开文章主体段的写作；Task 7 让学生在前面练习的基础上，基于三个给定的因果说明文话题，写作论点句。四个练习题一步一步推进，让学生了解、分析和模仿论点句的表达，领会读者意识，并最终能写作出观点鲜明、逻辑清晰的因果说明文论点句，为写作因果说明文全文奠基。

设计目的

因果分析理解和运用。巩固说明文写作中具有读者意识和写作鲜明论点句的重要性。写作话题举例以及练习题涉及空气污染、人际关系、阅读评论、城市发展、计算机技术、青少年心理问题、"双减政策"等当代青年大学生应关注的社会和人生问题，将学生如何对待自身成长、如何关注社会问题、如何关注我国政策等润物细无声地融入到写作知识和技巧的训练中。特别选取了我国在中小学教育方面采取的重要措施"双减政策"这一热点话题，让学生思考其原因和结果，并为以后能逐渐参与和实施打下基础。

步骤 3

介绍因果说明文中的原因、结果、段落展开，以及段落间、句子间过渡语的使用（4.2.3 和 4.2.4 小节），完成练习 Tasks 9—10。

设计目的

因果分析理解和运用。关注因果说明文主体段落的展开，以及主题句对论点句的支撑，支撑句对主题句的支撑，使语言连贯和使逻辑清晰的过渡语的使用。

步骤 4

学生阅读教材里的学生习作范文 Sample 2 What Makes Turkey a Tourist Attraction，分析范文总体结构、论点句、主体段落的展开、过渡语的使用。完成练习 Task 12 里的两篇习作对比，并引导学生归纳写作中可能出现的问题。

设计目的

因果说明文写作模仿运用。采用问题导向法，带领学生发现问题和解决问题，为后面写作中避免出现问题做准备。

步骤5

引导学生选取题目"Climate Change"进行资料查阅，使用资料中与气候变化相关的英语表达法对气候变化的原因和结果分别进行分组讨论。

提问：

How can we tackle the climate challenge, according to Xi Jinping?

What will China do to foster a community of life for man and Nature, according to Xi Jinping?

（1）习近平总书记在"领导人气候峰会"上的讲话（英文版）

文章链接：

https://www.xuexi.cn/lgpage/detail/index.html?id=14540125431055874142&item_id=14540125431055874142

（2）习近平总书记向《联合国气候变化框架公约》第二十六次缔约方大会世界领导人峰会发表书面致辞（英文版）

https://www.xuexi.cn/lgpage/detail/index.html?id=4963513869518710074&item_id=4963513869518710074

（3）报纸文章"UN Chief Warns of Climate Catastrophe"

文章链接：

https://epaper.chinadaily.com.cn/a/202203/24/WS623ba2d1a3109375516eac9c.html

（4）新闻视频"Keys to Climate Change Action"

文章链接：

https://news.cgtn.com/news/2021-01-28/-Keys-to-climate-change-action-XpWqaiB7kk/index.html

设计目的

　　培养因果分析能力、团队合作能力、口笔头英语表达能力、查阅资料能力、使用地道英语以及中国特色文化英语词汇的能力，领会中国政府在国际事务中的责任感和担当。

　　步骤 6

　　结合 Task 11 和 Task 13 的写作题目进行初稿写作和修改，采用作文智能评阅系统评阅初稿、小组同伴互评修改稿、教师评阅终稿的方式进行评价反馈，利用普渡大学在线写作中心的写作知识再次强调说明文写作的注意事项和技巧。

设计目的

　　写作成果展示和互评。Task 13 使用的写作题目涉及抽烟、喝酒、青少年心理、抄袭、锻炼、转专业、"双减政策"、恋爱、上课、生活习惯、中学生穿校服、睡眠、家庭、全球变暖等当代青年大学生应关注的社会和人生问题；培养小组合作能力；发现和纠正学生在写作中反映出来的写作能力不足以及对某些问题认识的不足，并给予正确引导；引导学生树立正确的世界观、人生观和价值观。

六、课后反思（教师反思 + 学生反思）

1. 教师反思

2. 学生反思

作者：杨剑英　　学校：西华师范大学

"英汉翻译"课程思政教学设计样例

第 5 章　社论翻译

电子教材样章

一、课程总览

1. 课程名称：英汉翻译

2. 课程类型：英语专业核心课

3. 课程目标：通过本课程的学习，使学生达到以下目标：

（1）初步了解英汉两种语言在用词、句式、衔接、修辞等方面的异同，掌握英汉翻译中的基本概念、基本原则以及翻译标准。【知识】

（2）增强"文体"意识，掌握不同文体相应的翻译策略与翻译方法，能胜任一般的政治、经济、文化、科技、应用文等英汉翻译工作。掌握分析英语复杂语句和语篇信息的基本方法，提升转换意识和术语意识，提高从事英汉翻译的实际能力。【态度＋技能】

（3）了解中外翻译理论的发展，熟悉著名翻译家的翻译原则和翻译策略，学习优秀翻译学家严谨踏实、一丝不苟的精神。增强对中西文化差异的敏感性，提升文化交流的使命感与责任感，提高人文素养和跨文化沟通能力。【价值观＋知识】

（4）通过翻译任务、翻译活动及翻译练习的设置凸显体验学习和自主学习，强调批判性思维能力的培养，强调英语的工具性与人文性的结合，培养国际化视野。【知识＋技能】

4. 教学对象：英语类专业高年级本科生

5. 学时：36

6. 教材：《英汉翻译教程（第二版）》，杨朝军、程树华主编，中国人民大学出版社，2022 年

二、本案例（单元／话题等）教学目标

1. 认知类目标：理解社论作为特殊新闻评论的特点；理解新闻报道的框架概念；熟悉英语社论新闻在词汇、句式、语篇上的特点；掌握社论新闻汉译的基本原则和方法。

2. 价值类目标：增强对国家、国际事务的关注，对外媒报道中国的视角、报道用词进行认真斟酌，培养学生建立起科学辩证的思维方式。

3. 方法类目标：分析英语新闻中的复杂句、专有词汇、衔接手段、新闻语篇产生的语境，讨论汉译过程中忠实与创造性叛逆的关系。

三、本案例（单元／话题等）教学内容、重点和难点

1. 教学内容

（1）外媒关于中国"冰上丝绸之路"相关社论翻译实践；

（2）英文社论文体特征及翻译原则。

2. 教学重点

（1）新闻编译中"引述"的翻译；
（2）新闻编译中的改动与意识形态转换。

3. 教学难点

（1）《中国的北极政策》白皮书与"冰上丝绸之路"相关词汇准确表达；
（2）外媒对中国问题的报道框架分析、翻译中意识形态调试问题。

四、本案例（单元/话题等）教学方法、手段

1. 通过演示法，用丰富的语料和史料帮助学生了解新中国新闻翻译史上的重要机构和翻译家。展示杨承芳等老一辈新闻翻译家的风采和精神，帮助学生理解新闻翻译的重要性和严肃性，激励学生关心时事、关心国内外局势、为国家贡献才智。

2. 采用案例法，分析《参考消息》对国外媒体新闻的翻译，探讨新闻导语、新闻标题的翻译方法，分析中英文新闻报道在语篇结构、衔接连贯等方面的异同。

3. 采用小组讨论法，学生5人一组，独立翻译后进行小组讨论，分析翻译过程的困难和解决方法，比较译文优劣并反思原因，提出改进措施。

五、本案例（单元/话题等）教学过程

1. 翻译热身

China's Arctic ambitions no threat to Canada, say experts

(Associated Press) Apr. 18, 2018（节选如下）

China's growing involvement and interest in the Arctic should not be seen as a cause for concern in Canada even if certain aspects of Chinese policy need much closer scrutiny, say Canadian experts.

Chinese investment and involvement in the Arctic has to be welcomed but on Canadian terms, said Adam Lajeunesse, the Irving Shipbuilding Chair. "Chinese interests are not necessarily to be feared, there is no evidence to lead one to believe that there are any malicious intents here," said Lajeunesse, one of the co-authors of a recently published book entitled *China's Arctic Ambitions and What They Mean for Canada*. "The Chinese should be brought into the Arctic within a Western framework, within a framework that can be beneficial and agreeable to Canada. It has to be done very carefully but it can be done."

Chinese policy in the Arctic was outlined in a white paper released in January, the first policy paper released by Beijing on a region outside of China, Lajeunesse said. "It's a big one, it reflects the level of interest that China has in the region both at the present and, of course, looking into the future," Lajeunesse said. It's a very thorough policy document that hits all the right notes, Lajeunesse said. "The entire policy talks about safeguarding peace, stability, promotion of development in the Arctic, talking about the unique natural environment and the need to protect this, about the historic traditions of the Indigenous peoples... about the commitment to the existing frameworks of international law, multinational, bilateral mechanisms," Lajeunesse said.

步骤1

课前任务：学生登录"中华人民共和国国务院新闻办公室"官方网站（www.scio.gov.cn），以"中国的北极政策""冰上丝绸之路"为关键词，检索并阅读相关新闻，了解《中国的北极政策》白皮书的内容及意义，了解中国在北极问题上的基本立场，参与北极事务的政策目标、基本原则和主要政策主张。

重点阅读以下四篇新闻：

1)《中国的北极政策》白皮书（2018–01–26）
2)"冰上丝绸之路"吸引世界目光（2018–01–28）
3)中国参与北极治理坦坦荡荡（2018–02–02）
4)"冰上丝绸之路"构筑人类新梦想（2018–03–27）

设计目的

引导学生关注国家战略，理解"冰上丝绸之路"的具体内涵和意义。确保培养出的翻译人才能够深刻理解"中国道路"和"中国外交"的重要原则。引导学生回顾"一带一路"倡议所得到的国际社会的积极响应，关注"冰上丝绸之路"与人类命运共同体的关系。引导学生认识"冰上丝绸之路"如何创造欧亚互联互通的新机遇，是与世界各国一道共同应对危机挑战、促进地区和平稳定的重要途径。了解这些，学生才能更好地理解外媒相关报道的视角和态度，才能在翻译中站稳立场，对隐含意识形态的社论内容在翻译时进行合理调试。

步骤 2

学生分组阅读《中国的北极政策》白皮书中文版与英文版，总结整理重要术语的中英对照列表。

如：人类命运共同体　　　a community of shared future for mankind
公海　　　　　　　　　high sea
领海　　　　　　　　　territorial sea
专属经济区　　　　　　exclusive economic zone
近北极国家　　　　　　Near-Arctic State
丝绸之路经济带　　　　Silk Road Economic Belt
21 世纪海上丝绸之路　　21st-century Maritime Silk Road
冰上丝绸之路　　　　　Polar Silk Road

设计目的

培养学生积累时政热点词汇及重要术语的意识与习惯。新闻、社论常常包含大量特色词汇、术语和意识形态内容，对翻译有更高的要求。引导学生有意识地积累新闻术语，是提高译文表达的准确性与专业性、提升职业素养的重要一环。

2. 翻译实战

步骤 1

（1）结合教材所讲授的报刊社论翻译在词汇、句式、语序、语态等方面的调整方法，学生对该新闻语篇进行独立翻译。

（2）分组互改互评，从专有词汇的准确性、语句的流畅、语篇的连贯等方面比较，分析错误出现的原因和改进的余地。

（3）小组协商修改后，提供一个最佳译文。通过译文与英语原文的比较，从语态、名物化、情态选择、引述语选择等方面的改动与意识形态的关系，讨论哪些做了改动，为什么会有这样的改动，哪些应该做进一步的改动等，进一步分析外媒对中国"冰上丝绸之路"报道中的态度及其语言表征，是否隐含意识形态原因，如何在翻译中调试等。

设计目的

个人翻译可以锻炼独立思考的能力，独立分析问题、解决问题的能力；小组讨论可以培养学生的合作意识，互相借鉴，共同切磋；同学互评可以调动积极性和主动性，培养主动发现问题的能力。

步骤 2　重点问题小组讨论

（1）社论标题 **China's Arctic ambitions no threat to Canada, say experts** 中
"ambitions"如何翻译？

比较：China's Actions in Hunt for Jet Are Seen as Hurting as Much as Helping
中国搜索失事飞机的利弊。

（2）标题中系动词的省略，如何译得简洁？例如：

Ski industry on downhill run
Police in Britain alarmed at thrill kills
Illicit drug dealers executed.

设计目的

引导学生认识到标题的作用：标题是"新闻的眼睛"，是新闻内容及观点高度凝练的表达，让读者快速明白事件的主要内容及刊物的态度立场，引导公众舆论。引导学生在分析和思考整篇社论内容的基础上，确立刊物的态度，斟酌"ambition"这个英文中性词如何翻译成中文，贬义词"threat"如何处理。

从词汇的角度来讲，报刊社论文章也继承了新闻报道的特点，即时常会使用一些缩略词、新词、俚语等，既能够节省篇幅，又能够吸引眼球，追逐时尚，拉近报刊与读者们的距离。翻译的时候应明确它们的意思，然后再考虑如何用同样简洁的中文再现英文标题的紧凑。

（3）社论翻译中"say""said"如何处理？

头脑风暴：本篇社论中，有几个"say""said"？作用是什么？如何翻译？

设计目的

英语新闻中常常广泛使用直接引语和间接引语，以增添报道的真实性和生动性，"say""said"表明了转述方式和消息来源，表达观点的协商。这个词中立，没有感情色彩，传达新闻报道不偏不倚的态度。但事实上，谁的话能被转述，被转述者的身份都对社论观点立场表达有重要作用。引导学生用多样化的方式翻译转述话语，同时提高警惕，仔细衡量原文用词的政治含义与影响，利用翻译化解原文报道对中国的误解与歪曲，维护我方立场。

（4）社论翻译中长句翻译

China's growing **involvement** and **interest** in the Arctic should not be seen as a cause for **concern** in Canada even if certain aspects of Chinese policy need much closer **scrutiny**, say Canadian experts.

讨论：1）什么是词类转换？为什么需要词类转换？如何转换？

2）如何使用顺序法、逆序法、拆译法等方法，将长句译为地道、流畅、层次清晰的中文？

设计目的

长句、复杂句是英语新闻，尤其是社论的重要语言特征，引导学生独立思考，在实践中思考翻译方法的运用，培养分析问题、解决问题的能力。

3. 理论总结：英文社论文体特征及翻译原则

步骤1

讲解社论的特征：社论是一种重要的新闻评论和舆论工具，是媒体（报纸、杂志、通讯社、广播电台、电视台等）代表一定利益团体就重大新闻事实发表的、旨在解释新闻、表明观点和影响舆论的评论。社论不同于以叙述新闻事实为主的消息，其表现方式为议论，主要以观点为中心，阐述媒体的观点、意见或见解。要求论点准确，论据充分，论证严谨，以揭示事件的本质，加深读者的理解，可以起到明辨是非、引领舆论的作用。

设计目的

引导学生分析英文社论的观点、态度，不仅仅要关注字面信息，还要能够分析和辨别社论中的观点及其论证逻辑，这是翻译好社论的基本要素。新闻译者需要在准确传递原文信息的同时，通过语言层面的必要改动，使之成为符合译入语主流文化要求和译文读者认知期待的新闻。

步骤 2

学生收集资料，简单了解美联社（Associated Press），华盛顿邮报（*The Washington Post*）等重要新闻机构的历史、地位、报道风格等。

设计目的

帮助学生了解世界著名通讯社和主流媒体的基本状况，引导学生从历史和现实的角度辩证分析外媒对中国问题的关注和报道视角，理解新闻语篇可能的政治倾向。

步骤 3

学生分组阅读文献并互相分享所读文献的重点内容

张文丽，2014，《纽约时报》社论翻译原则研究——基于自建小型语料库，山西师大学报（社会科学版）第 5 期：167—168.

马艾合，2017，《经济学人》社论翻译实践报告，山西大学硕士学位论文.

王鸽. 2019，语境顺应视角下英文社论中模糊语汉译研究，中国石油大学（北京）硕士学位论文.

梁楹，2012，语法隐喻视角下的新闻社论翻译，长春师范学院学报第 4 期，61—62.

设计目的

帮助学生体会英语报刊社论的文体，常见的翻译策略和翻译方法，提高学生的文献阅读能力和批判性思考的学术能力，提高学生的合作学习能力。

4. 思考练习

（1）搜索资料，了解主要英文报刊近期对中国相关问题的社论，分析期刊态度。

（2）结合所学的新闻翻译理论和知识，思考《参考消息》的编译策略，如何在传达西方媒体观点的同时，维护中国国家利益和外交立场。

六、课后反思

1. 教师反思

2. 学生反思

作者：杨朝军　　学校：河南大学

"英汉笔译"课程思政教学设计样例

第十节　英语被动态句式的翻译

一、课程总览

1. 课程名称：英汉笔译

2. 课程类型：英语专业核心课

3. 课程目标：

通过本课程的学习，使学生达到以下目标：

（1）了解或掌握翻译的基本知识，了解翻译的概念、翻译史常识，理解翻译过程、翻译标准，知晓翻译的类型、译者的基本素养。【知识】

（2）认识英汉语两种语言的差异：语言形态、语义内涵、篇章逻辑，特别是要意识到两种语言背后的思维方式。【态度＋技能】

（3）掌握常用的翻译方法和翻译技巧，能够在翻译实践中体现出翻译意识，做出合理的翻译选择。【知识＋技能】

（4）能够在多种媒介，比如纸质文献、电子文献或网络文献中检索需要的信息，同时具备尝试通过多种渠道解决翻译实践中遇到的知识性困难的意识和能力。【态度＋技能】

（5）具备终身学习能力，了解行业最新发展状况，能够合理使用机器翻译和机器辅助翻译软件。【知识＋技能】

（6）熟悉翻译伦理，遵守翻译行业规范，认真负责，具备良好的团队合作精神。【知识＋价值观】

4. 教学对象：英语专业三年级本科生

5. 学时：理论教学 32；翻译实训 16

6. 教材：《英汉翻译教程》，杨朝军，中国人民大学出版社，2015 年

《新编英汉翻译教程》，孙致礼，上海外语教育出版社，2018 年

《英汉翻译教程》，张培基，上海外语教育出版社，2018 年

《英汉翻译教程》，杨士焯，北京大学出版社，2011 年

二、本案例（单元／话题等）教学目标

1. 认知类目标：认识并理解被动语态（passive voice）句子在英汉两种语言中的使用；了解并掌握被动态句子的翻译方法：（1）按语序分：顺译法（语序保持一致），逆序法（语序调整）；（2）按语态分：语态一致，语态转换；（3）特殊情况的处理。

2. 价值类目标：理解中西方在语言使用方面主动、被动关系表达上的差异，认识到语言异化对本民族语言的影响，最大限度保证本民族语言的纯净，坚定文化自信；了解中西方在认识世界时主体、客体逻辑关系方面的差异，认识到语言是思维方式的外化，把握好西方主客二分和东方整体性思维方式的差异。在语言、文化和思维等方面，发挥译者的主体性。

3. 方法类目标：能理解英汉语被动句的用法差异，能选择合适的方法翻译被动语态句子，能比较和评价被动语态句子翻译的得失。

三、本案例（单元／话题等）教学内容、重点和难点

1. 教学内容
（1）中英文中的被动态句子的使用；
（2）被动态句子的翻译方法。

2. 教学重点
（1）语态转换的方法；
（2）逆序翻译法。

3. 教学难点
（1）英语被动态句式转换为非被动态形式；
（2）认识并理解东西方思维方式的不同；
（3）翻译语言对本族语的影响。

四、本案例（单元／话题等）教学方法、手段

1. 通过讲授法介绍英语被动态句子使用的目的，从语义需要、结构衔接需要和语气委婉等角度分析被动态句子在英文中广泛使用的原因。

2. 通过案例演示法，说明英语被动态句子在翻译过程中采用的方法，培养学生的语态转换意识，引导学生面对不同的翻译对象时，首先要对可能的翻译方法进行比较分析，然后根据语境和语义表达需要做出合理选择。避免语言污染，维护汉语表达方式的纯净。

3. 通过比较法，分析中英文的表达习惯差异，认识到语言是思维方式的再现，进而分析中西方对世界认知和价值取向的差异。

五、本案例（单元／话题等）教学过程

1. 英语被动态句子的用法

1.1　回避施事方或者强调受事方

步骤 1

下列两张图片中各有一个被动句，分析这两个句子的应用场景。

设计目的

通过生活中两条常见的标识语,让学生认识到被动语态的应用场景。在公示语中,面对不特定人群,出于礼貌、严肃的态度或者表达严谨的效果的考虑,被动语态较为常用。

步骤 2

讨论:下图是用太阳能电池板拼成的一个熊猫图案,怎样描述更好?

图片参考说明: One of China's giant solar arrays is designed as a panda, the national symbol of China.

设计目的

这个图片的元素比较丰富,使用被动语态表达清新、简洁。让学生体会被动语态表达的精巧之处。

步骤 3

学生辨析科技文献中的被动语态,如 the mission statement of *Nature*,

设计目的

《自然》杂志在介绍自己的宗旨(mission)时,开头第一句 "THE object which it is proposed to attain by this periodical may be broadly stated as follows. It is intended." 近似于汉语的 "本刊宗旨为" 的意思,表达得非常具体繁复。这说明在科技文献中,被动语态在表达客观性、准确性方面有明显优势。

1.2 语篇衔接需要

步骤 1

比较下列两个句子,分析它们的句式特点。

1) The old professor wheeled himself to the platform and the students warmly applauded him.

2) The old professor wheeled himself to the platform and was warmly applauded by the students.

设计目的

通过这两个句子的比较，可以发现，在两个句子的逻辑主语不一致的情况下，使用被动语态可以让句子更为简洁、连贯。

1.3 表达委婉需要

步骤 1

阅读下列句子，体会说话人的态度。

1) It is suggested that each speaker is allowed five minutes.

2) Each person is allowed to buy one ticket.

3) Any other distribution, retransmission, copying, or disclosure is strictly prohibited.

4) Any use not complying with the terms and conditions of this Agreement is strictly prohibited.

5) Any suggestion and criticism is heartily appreciated.

6) Out of concern for the health and safety of the public and Supreme Court employees, the Supreme Court Building will be closed to the public until further notice.

设计目的

这些例子旨在向学生说明，英语当中为了表达策略的需要、礼貌的需要和委婉表达的需要，会使用被动语态。

2. 被动语态句子翻译

2.1 译成被动语态

步骤 1

将下列句子译成汉语。

1) The company was enjoined from using false advertising.

2) Up to now, sulphur dioxide has been regarded as one of the most serious of these pollutants.

3) The thrust force of an airplane is produced by the propeller.

4) The R-rays are not affected by an electric field.

5) Footprints on the sands of time are not made by sitting down.

6) The laws of motion will be discussed in the next article.

参考译文：

1) 这家商号被禁止使用虚假广告。

2) 到目前为止，二氧化硫一直被看作是这些污染物中最严重的一种。

3) 飞机的推力由螺旋桨所产生。

4) R 射线不受电场的影响。

5) 沙滩上的足迹是走出来的。（喻"不身体力行不足以成事"）

6) 运动定律将在下文中予以讨论。

设计目的

这些例子旨在向学生说明，英语被动态句子大多可以翻译成汉语的被动句，但是在译文中表达方式多样，可以用"被""由""受""是……的""予以"等不同的措辞来表示被动意义。提醒学生意识到语言对应和语言表达的丰富性，不同的语言在实现相似的表达任务时，可以有多种选择，提醒学生注意翻译意识的提升。

步骤 2

把下列两个句子翻译成英语。

1) Several major language families are represented in China. Han Chinese is the most widely

spoken language.

2) Rural landscapes of central and southern China are dominated by rice fields.

参考译文：

1) 中国有几大语系，讲汉语的人最多。

2) 稻田是中国中部和南方农村的主要风景。

设计目的

了解被动语态译成主动语态的情况，比较英汉不同的表达方法。说明：这两个句子都没有翻译成被动态，第一句的前半部分和第二句都是把其他成分改译主语，第一句后半部分是主语省略。

步骤 3

比较下列句子的两种不同译文。

1) If water is heated, the molecules move more quickly.

译文一：把水加热，水分子就运动得更快。

译文二：水受热，水分子就运动得更快。

2) The Nan Mountains (Nan Ling) are composed of many ranges of mountains running from northeast to southwest.

译文一：南岭由几列东北西南走向的山脉组成。

译文二：南岭指的是几列东北西南走向的山脉。

设计目的

目的一：熟悉被动语态的不同译法，即可以译成主动语态，也可以译成被动语态。一般来说语义差别不大，但是在语用角度可能有不同意蕴。理想的翻译不仅要在语义方面做到准确无误，还要在感情色彩、语言风格、表达语气方面尽量一致，要考虑对应的周延性。翻译可以使我们思维缜密、周详。这两个句子的不同译文，含义大体相同，这说明被动语态句子在翻译的时候，可以翻译成被动句，有时候也可以不翻译成被动句。这取决于语境和表达视角的区别。

目的二：理解译文的不确定性，翻译没有完美的对应，只有比较合适的选择。同时要认识到翻译既是科学，也是艺术；有不能改变的核心意思，也有不拘一格的表达方式。确认语言对应的不确定性，这也意味着翻译不存在唯一的正确答案或者最佳答案。翻译是一个选择的过程，一个合格的译者需要有必要的翻译意识，要结合具体语境做出合理的判断。

步骤 4

对比下列两个句子中的不同译文，辨别正误，并完成后面的练习。

译文辨析：

1) Tremendous research work is required to bring about such fantastic speeds.

[误译] 巨大的研究工作需要产生这样神奇的速度。

[正译] 要达到这样神奇的速度，需要进行巨大的研究工作。

2) Here then are the questions the author thought the average people would like answered.

[误译] 下面是作者认为一般人想要解答的问题。

[正译] 下面是作者认为一般人想要得到解答的问题。

3) They were imprisoned, refused anything to read.

[误译] 他们受到拘禁，拒绝阅读任何书刊。

[正译] 他们受到拘禁，不准阅读任何书刊。

巩固练习：

1) Since all the artware came from a 3rd country. It could be said to have done so by the commission agents.

2) The strength thus developed, however, carried within it the seeds of its own decline.

参考译文：

1）鉴于所有的工艺品都来自第三国。可以说该国是通过代理商这样做的。

2）然而这样发展起来的这股力量在其内部就具有衰退的因素。

设计目的

这部分内容主要是帮助学生辨析原文中词与词的逻辑关系，区分哪些以 -ed 结尾的词是过去分词，构成被动语态，哪些不是。正确区分原文中词与词之间的逻辑关系是正确理解原文的重要一环，也是保证译文准确的关键因素之一。

步骤 5

试译下列两个句子，体会 minded 的语义。

1) He could do it well if he were so minded.

2) I am not minded to answer any of your questions.

设计目的

有些英文句子表面看起来是被动语态的形式，但事实上，以 -ed 结尾的词，不一定是过去分词，也可能相当于一个形容词。原句也不是被动语态，这样的形式需要我们在翻译的过程中仔细辨识，避免误译。

步骤 6

阅读下列句子并思考主语和谓语的逻辑关系。

1) When did the accident occur?

2) The machine runs well.

3) The flowers smell wonderful.

4) Her eyes were filled with tears.

5) The play reads easily.

6) The plan requires further discussing.

设计目的

这些句子提示同学们，在英文当中也有一些不是被动语态的句子表示的是被动意思，这些句子的翻译也需要考虑汉语是否需要用被动句。大家也要认识到语言规范的相对性。没有哪一条语法规则没有例外，语言是约定俗成的，只有不断学习，扩大阅读量，增加语言接触面，才能准确地领悟原文的意思，同时能准确地表达自己的意图。

步骤 7

比较系列句子的译文，理解表达的差异。

1) Mistakes like this could have been avoided.

[译文 1] 像这样的错误本来可以被避免。

[译文 2] 这样的错误本来是可以避免的。

2) China-ink stains cannot be washed out.

[译文 1] 墨迹是不能被洗掉的。

[译文 2] 墨迹是洗不掉的。

3) History is made by the people.

[译文 1] 历史是由人民创造的。

[译文 2] 历史是人民创造的。

设计目的

区分欧化中文表达和地道的中文表达，word-for-word translation，汉语中的"死译"或者"硬译"，过分遵从原文的字面意思和顺序，会导致译文不够地道，听起来不像汉语。这样的表达会"污染"汉语的纯洁性，要使学生提高警惕。

步骤 8

阅读下列文献，思考如下问题：被动语态的常用译法有哪些？被动语态与思维方式的关系如何？

[1] 刘明东. 英语被动语态的语用分析及其翻译 [J]. 中国科技翻译，2001（1）：1–4.

[2] 杨红. 被动语态的翻译研究 [J]. 中国科技翻译，2010，23（3）：57–59，23.

[3] 冯蓉. 浅析思维模式差异对语言结构的影响 [J]. 西北民族学院学报（哲学社会科学版），2002（6）：108–110.

[4] 胡建华，张卫东. 论语态与思维方式的关系 [J]. 外语学刊，2010（3）：89–92.

设计目的

通过阅读给定的文献，希望同学们能够把被动语态的翻译方法从感性认识上升到理性认识。同时，要认识到英语句式中的被动语态与西方人的思维方式密切相关。他们强调主客二分，这与我们"天人合一"的思维方式是有明显差异的。在中国古代的语言中少有被动语态的表达形式，随着东西方交往的增加，现代汉语中也吸收了被动式的表达方法。但是我们还是要注意在翻译的过程中，尽量用比较地道的汉语来表达，保护汉语的纯洁性。

3. 思考练习

（1）将下列短文译成英文，合理使用本课所学方法翻译被动句。

Chinese was established as an official language of the United Nations in 1946. However, in early years, Chinese was not commonly used in the work of the United Nations. The situation was improved after restoration of the lawful rights of the People's Republic of China in the United Nations in 1971. In 1973, the General Assembly included Chinese as a working language, which was followed by the Security Council in 1974. More and more UN offices and staff members work with Chinese language.

（2）运用语用学的知识，分析下列句子中的行为主体和该句子可能的应用场景。

1）书看完了。

2）电影演完了。

3）Proposed one hundred years ago, World Book Day is now celebrated annually in over 100 countries to promote the enjoyment of reading and books on 23 April.

4）Businesses are not allowed to make statements that are incorrect or likely to create a false impression.

（3）阅读兹维金采夫撰写、方华翻译的《萨皮尔和沃尔夫假说的批判》，见《语言学资料》1963 年第 2 期第 8—16 页，进一步思考思维与语言之间的关系。

六、课后反思

1. 教师反思

2. 学生反思

作者：王亚光　　学校：沈阳工业大学

"英语文学导论"课程思政教学设计样例

Unit One　English Prosody

一、课程总览

1. 课程名称：英语文学导论

2. 课程类型：英语专业核心课

3. 课程目标：通过本课程的学习，使学生达到以下目标：

（1）理解英语文学中三种体裁（诗歌、小说、戏剧）的基本要素，掌握英语文学的基础知识，并能运用所学文学基础知识对文学文本进行鉴赏和分析。【知识＋技能】

（2）掌握文学研究和批评的基础理论和基本方法，能对英语文学作品进行分析和评论。【知识＋技能】

（3）理解和思考文学所反映的人生与社会，开阔视野，培养批判性思维，增进对东西方文化和思想的理解，提高学生的语言基本功和人文素质。【价值观＋知识】

4. 教学对象：英语类专业高年级本科生

5. 学时：线下 32

6. 教材：《文学导论》，杨金才、王海萌主编，上海外语教育出版社，2020 年

《英语语言文学经典阅读教程（上下）》，刁克利、陈世丹主编，中国人民大学出版社，2019 年

二、本案例（单元／话题等）教学目标

1. 认知类目标：从英语诗歌（poetry）的定义入手，理解英语诗体学（prosody）中的三个基本组成部分，包括：诗节（stanza）、押韵（rhyme）、格律（metre）及其他相关概念，如：音步（foot）、韵式（rhyme scheme）、格律的变异（metric variation）等，掌握英语诗歌形式的基本分析方法。

2. 价值类目标：加强对语言音韵现象的关注，从而提高对语言文字音韵美的感受力和欣赏能力，并能通过与祖国语言文学的对比，更进一步理解和欣赏不同语言文化的特点，在马克思主义民族语言文化观指导下深刻理解各民族语言和文学文化的多样性，建立文化自信。

3. 方法类目标：能辨析出英语诗歌中的诗节、押韵和格律形式，并将整个诗歌作品作为一个有机整体，结合诗歌主题和思想内容，阐释诗歌形式特点所产生的文学效果，从而在更深刻的层次上理解和赏析诗歌。

三、本案例（单元／话题等）教学内容、重点和难点

1. 教学内容

（1）诗歌的定义；

（2）诗歌的形式特点：诗体学。

1）诗节的定义、类别；

2）押韵的定义、程度、位置、类别；韵式；

3）格律；描述格律的相关概念：音节、音步；

4）运用诗体学对诗歌进行分析。

2. 教学重点

（1）押韵的形式、位置、类别；

（2）音步的定义、类别、数量；

（3）如何将诗歌的形式特征与主题和思想内容有机结合。

3. 教学难点

（1）押韵，韵式；

（2）音步的划分；

（3）在诗歌阅读和欣赏中，诗歌的形式特点的分析如何有机地与诗歌的主题和思想内容结合。

四、本案例（单元 / 话题等）教学方法、手段

1. 采用讲授法，讲解诗节、押韵、格律等基本概念；并通过丰富的例子和诗歌语料帮助学生理解诗节形式与押韵形式、押韵形式与格律是如何结合成为韵式，以及如何在诗句中划分格律。

2. 采用比较法，对比中文语言的特点和诗歌的诗节、押韵、格律的形式，引导学生反思、总结诗歌语言是如何根植于每个具体的语言系统，并对语言进行艺术处理和加工，由此而获得对英语诗歌形式特点的理解。

3. 采用案例法，通过对具体诗歌语料和诗歌作品的分析，使学生领会如何在具体的阅读实践中灵活运用诗歌形式上的特点对诗歌进行赏析，以达到对诗歌语言艺术层面更为细腻深刻的理解。

五、本案例（单元 / 话题等）教学过程

提供一节代表性课程，或一个单元，或一个话题的完整教学设计和教学实施流程说明，尽可能细致地反映出教师的思考和教学设计。教学设计样例应具有较强的可读性，表述清晰流畅。

步骤 1　引入：诗歌定义（Definition of Poetry）

思考问题：诗歌何以成为诗歌？

让学生朗读并观察以下中英文诗歌，思考中英文两种诗歌在形式上有哪些相同点和不同点，其原因是什么？

白日依山尽，

黄河入海流。

欲穷千里目，

更上一层楼。

Twinkle, twinkle, little star,

How I wonder what you are!

Up above the world so high,

Like a diamond in the sky!

提示：（1）行数；（2）押韵；（3）节奏。

设计目的

（1）启发学生关注思考诗歌的形式特点（包括音乐系统和视觉系统），以及此特点背后的语言：汉语是以音节计时的（syllable-timed），是音节 – 音调语言（tonal-syllabic language），英语是以重音计时的（stress-timed），是重音音节语言（accentual-syllabic language）。

（2）引出诗歌的定义 Poetry: Composition in verse or metrical language, or in some equivalent

patterned arrangement of language; usually also with choice of elevated words and figurative uses, and option of a symmetrical order, differing more or less from those of ordinary speech or prose writing (*Oxford English Dictionary*)。

（3）引出本讲所关注的**诗体学三驾马车：诗节，押韵，格律**。

1. 诗节

步骤1：讲解 Stanzaic form of poetry is measured by the **number of lines**

- 2-lines = Couplet (or distich ['dɪstɪk]) 对句，双行诗
- 3-lines = Tercet (['tɜːsɪt]) (or triplet ['trɪplɪt]) 三行诗
- 4-lines = Quatrain (['kwɒtreɪn])
- 5-lines = Quintain (['kwɪntɪn]) (or cinquain [sɪŋ'kweɪn])
- 6-lines = Sextain (['seksteɪn])
- 7-lines = Septet ([sep'tet])
- 8-lines = Octave (['ɒkteɪv,-tɪv])
- 9-lines = Spenserian stanza 斯宾塞诗节
- 14-lines = sonnet

步骤2：举例（同时引导学生注意押韵，为下一节内容押韵做铺垫）

Couplet（双行诗，对句）

What dire offence from amorous causes springs,	(a)
What mighty contests rise from trivial things	(a)

　　　　　　　　　　　　　　—Alexander Pope, "The Rape of the Lock"

Know then thyself, presume not God to scan,	(a)
The proper study of mankind is man.	(a)

　　　　　　　　　　　　　　—Alexander Pope, "An Essay on Criticism"

Triplet（三行诗）

★ Where is silk my Julia goes	(a)
★ Then, then (methink) how sweetly flows	(a)
★ That liquefaction of her clothes.	(a)
★ Next, when I cast mine eyes and see	(b)
★ That brave vibration each way free;	(b)
★ O how that glittering taketh me!	(b)

　　　　　　　　　　　　　　—R. Herrick, "The Poetry of Dress"

Tercet (Tercet rima) 三行体

★ Wild West Wind, thou breath of Autumn's being,	(a)
★ Thou, from whose unseen presence the leaves dead	(b)
★ Are driven, like ghosts from an enchanter fleeing,	(a)
★	
★ Yellow, and black, and pale, and hectic red,	(b)
★ Pestilence-stricken multitudes: O thou,	(c)
★ Who chariotest to their dark wintry bed	(b)
★	
★ The winged seeds, where they lie cold and low,	(c)
★ Each like a corpse within its grave, until	(d)
★ Thine azure sister of the Spring shall blow	(c)

　　　　　　　　　　　　　　—P. B. Shelley, "Ode to the West Wind"

95

Quatrain 四行诗

★ How delicious is the winning   (a)
★ Of a kiss at loves beginning,   (a)
★ When two mutual hearts are sighing   (b)
★ For the knot there's no untying   (b)
★
★ Yet remember, 'midst your wooing,   (c)
★ Love has bliss, but love has ruining;   (c)
★ Other smiles may make you fickle   (d)
★ Tears for other charm may trickle.   (d)

T. Campbell, "Freedom and Love"

Cinquain 五行诗

★ Hail to thee, blithe spirit!   (a)
★ Bird thou never wert—   (b)
★ That from heaven, or near it   (a)
★ Pourest thy full heart   (b)
★ In profuse strains of unpremeditated art.   (a)
★
★ Higher still and higher   (c)
★ From the earth thou springest,   (d)
★ Like a cloud of fire,   (c)
★ The blue deep thou wingest,   (d)
★ And singing still dost soar, and soaring ever singest. (d)

P. B. Shelley, "To a Skylark"

Sextain 六行诗

★ And like a dying lady lean and pale,   (a)
★ Who totters forth, wrapp'd in a gauzy veil   (a)
★ Out of her chamber, led by the insane   (b)
★ And feeble wanderings of her fading brain,   (b)
★ The moon arose up in the murky east   (c)
★ A white and shapeless mass   (d)

P. B. Shelley, "The Moon"

Septet 七行诗

★ When they had sworn to this advised doom,   (a)
★ They did conclude to bear dead Lucrece thence   (b)
★ To show her bleeding body thorough Rome,   (a)
★ And so to publish Tarquin's foul offence: (b)
★ Which being done with speedy diligence,   (b)
★ The Romans plausibly did five consent   (c)
★ To Tarquin's everlasting banishment.   (c)

William Shakespeare, "Rape of Lucrece"

2. 押韵 Rhyme: the formalized consonance of syllables

步骤 1　思考中文诗歌中押韵的方式、位置

静夜思

李白

床前明月光，疑是地上霜。

举头望明月，低头思故乡。

设计目的

从中文诗歌的押韵特点出发，对比理解英语诗歌的押韵特点。

提示：一般行末押韵，只有韵母可以押韵。

步骤 2　讲解

2.1　Degree of Rhyme 押韵的程度与方式

（1）Vowel Rhymes 元音韵

1）Full rhyme (or "perfect rhyme" / "exact rhyme") 全韵：重读元音必须相同；该元音后面的音素（辅音、辅音群，甚至轻读音节必须相同；该元音前面的辅音必须是不同的音素）

e.g. fish/dish, smiling/filing; why/sigh; power/flower; lie/high; stay/play/first/burst; ending/bending; away/today; follow/swallow

2）Assonance 不完全韵（谐元韵 / 腹韵）：两个或两个以上的词的重读元音相同，但元音前面和后面的辅音却不相同

e.g. shake/hate; time/mind; sweet/dream; light/vine; holy/smoke

3）Reverse rhyme 倒尾韵：两个以上不同词的起首重读音节由相同的辅音和相同的元音组成

e.g. great/grazed; student/studio; sell/send; soul/sold; well/weld; painting/patience

（2）Consonant Rhymes 辅音韵 (slant rhyme, near rhyme, imperfect rhyme)

1）Alliteration (head rhyme) 头韵： 一行诗或一个句子中，由于较为邻近的两个或两个以上的词的起首辅音相同而产生的音韵（头韵是英诗中极其重要的音韵手段，也是重要的修辞手段，是古英语诗歌的明显特征，如 *Beowulf* 采用的就是头韵法。直到 15 世纪英语诗歌才开始将头韵改为脚韵）

e.g. lord of language; safe and sound; fish or fowl

Five *m*iles *m*eandering with a *m*azy *m*otion (Coleridge, *Kubla Khan*)

2）Consonance 谐辅韵（辅音韵，假韵）

e.g. fish/dash, smiling/falling, cold/bald; hot foot

3）Para-rhyme 副韵（类尾韵）：较邻近的两个或两个以上的词起首辅音和词尾辅音（或辅音连缀）相同，但重读元音不同

e.g. rabies/robbers, block/black, reader/rider, despise/dispose; creak/croak; sit/sat; great/grout; spit/spat; sweet/sweat

（3）Eye rhyme 眼韵

e.g. blood/hood; there/here; daughter/laughter

2.2　Position of Rhyme 押韵的位置

（1）End rhyme（尾韵，脚韵）： 诗行与诗行之间在行末押韵

（2）Internal rhyme（行中韵）： 诗行内通过重复使用相同或相近似的音素而产生的音韵

I met a ***man*** with a skin of ***tan***/His only ***cloak*** it was the ***smoke***

I *slip*, I *slide*, I *gloom*, I *glance*;/Among my *skinning swallows*.

Alfred Tennyson: "The Brook"

Whereat with ***blade***, with ***bloody blameful blade***,

He ***bravely broached*** his ***boiling bloody breast***.

W. Shakespeare: "A Midsummer Night's Dream"

Do not go gentle into that good night
Old age should burn and *rave* at *close* of *day*
Rage, rage *against* the *dying* of the *light*,
Though wise men at their *end know* dark is *right*,
Because their words have forked no lightning they
Do not go gentle into that good night.

思考问题 1： 下面诗行的头韵是如何表达诗句含义的？
Five *m*iles *m*eandering with a *m*azy *m*otion (Coleridge, *Kubla Khan*)
提示：以 m 为头韵，其舒缓绵长的发音和弯曲回旋的书写形式与诗句中所表达的河流形象吻合。

设计目的

引导学生思考并关注押韵对表现诗歌主题的作用。

思考问题 2： 在以下诗句的翻译中，译者是如何做到语言上的功能对等的？
Tiger! Tiger! *Burning bright*
In the forest of the night (W. Blake: "Tiger")
老虎！老虎！火一样**辉煌**
烧穿了黑夜的森林和草莽（卞之琳译）

提示：英语中的头韵比较类似于汉语中的双声词，如伶俐、辉煌、参差等，因此在这里用双声词可以使翻译达到动态对等的效果。

设计目的

引导学生关注诗歌不同语言形式的特点以及由此带来的文学和修辞特点。

2.3　Type of Rhyme 押韵的类型
（1）**Masculine rhyme 阳韵：押韵诗行以重读音节或单音节词结尾**
e.g. smile/file, design/resign
O could I flow like thee, and make thy stream
My great example, as it is my theme!
Though deep, yet clear, though gentle, yet not dull,
Strong without rage, without o'erflowing full.

John Denham, "Cooper's Hill"

（2）**Feminine rhyme 阴韵：押韵诗行以重读音节结尾**
e.g. smiling/filing, designing/resigning, picky/tricky
Once upon a midnight dreary,
while I pondered, weak and weary,
Over many a quaint and curious volume of forgotten lore

Edgar Allan Poe, "The Raven"

思考问题： 阴韵和阳韵在诗歌会产生什么音韵效果？为什么？

设计目的

引导学生关注英诗形式特点与思想感情和主题之间的关系。

2.4　Rhyme schemes（韵式）= stanza + rhyme the pattern in which the rhymed line-endings are arranged in a poem or stanza.
List of rhyme schemes:

- Heroic couplet 英雄体双行诗，英雄偶句诗：*aa*, *bb*, *cc*, etc.
- Ballad 民谣体：*abcb*, or *abab*.
- Terza rima (['teətsə 'riːmə]) 三行体：first used by the Italian poet Dante Alighieri (1265–1321). aba bcb cdc ...
- *Ottava rima* ([ə'tɑːvə 'riːmə]) 八行体：Italian origin, *ababacc*.
- Spenserian stanza 斯宾塞式诗节（九行）：*ababbcbcc*.
- Sonnet 十四行诗
  ➢ Petrarchan ([pɪ'trɑːkən]) sonnet: 彼得拉克十四行诗, or Italian sonnet, *abbaabba cdccdc*.
  ➢ Shakespearean sonnet 莎士比亚十四行诗, or English sonnet, *abab cdcd efef gg*.
  ➢ Spenserian sonnet 斯宾塞十四行诗：*abab*, *bcbc*, *cdcd*, *ee*.

思考问题 1：英诗的韵式与中文诗歌的哪个概念比较类似？（提示：词牌）

设计目的

引导学生关注中英诗歌形式的相似之处。

思考问题 2：请尝试从诗歌所表达的感情和主题的角度解释：为何下面这首乐府诗中后面四句不押韵？

江南可采莲，莲叶何田田！鱼戏莲叶间。

鱼戏莲叶东，鱼戏莲叶西，鱼戏莲叶南，鱼戏莲叶北。

设计目的

引导学生理解押韵不只是形式上的要求，还可以参与到诗歌中对思想感情和主题的表达中来。

---

3. Meter and rhythm 格律与节奏 Rhythm ← Meter ← Foot ← Syllable

步骤 1　引入

观察并思考：中英文诗歌中格律的特点分别是什么？这些特点是由什么决定的？

白日依山尽，	仄仄 / 平平 / 仄
黄河入海流。	平平 / 仄仄 / 平
欲穷千里目，	平平 / 平仄仄
更上一层楼。	仄仄 / 仄平 / 平
Twinkle, twinkle, little star,	× ‹ × ‹ × ‹ ×
How I wonder what you are!	× ‹ × ‹ × ‹ ×
Up above the world so high,	× ‹ × ‹ × ‹ ×
Like a diamond in the sky!	× ‹ × ‹ × ‹ ×

设计目的

引导学生理解节奏与格律是因循语言本身的特点而形成的。

"夫音律所始，本于人声者也。声含宫商，肇自血气，先王因之，以制乐歌。"（《文心雕龙》）

步骤 2

分析讲解英语和汉语语言和诗歌的特点。

★ Chinese: tonal-syllabic language 汉语：声调音节语言

汉语的音节数目是节奏的基础。由于汉语是一字一音，字数成为汉语诗歌节奏的一种直观形式。在汉语古体诗中，意群的划分、停顿的位置等都以字数为基础，显得整齐直观，一目了然。此外，汉语诗歌的格律还要考虑声调：平、上、去、入

★ English: accentual-syllabic language 英语：重音音节语言

英语诗歌的节奏，则靠重音来体现：重音 / 非重音

英文诗歌节奏的描述方式：Rhythm ← Meter ← Foot ← Syllable

3.1　Foot 音步：the **basic unit** in the description of the underlying rhythm of a poem. It is described by the **character** and **number** of syllables it contains.

Character of Syllables : stressed syllable; unstressed syllable

3.1.1　Types of Foot 音步类型

✶ **iamb**: 抑扬格 (['aɪæmb]) one unstressed syllable + a stressed syllable

✶ **trochee** 扬抑格：(['trəʊkiː]) one stressed syllable + an unstressed syllable

✶ **dactyl** 扬抑抑格：(['dæktɪl]) one stressed syllable + two unstressed syllables

✶ **anapest** 抑抑扬格：(['ænəpest]) two unstressed syllables + one stressed syllable

✶ **spondee** 扬扬格：(['spɒndiː]) two stressed syllables

✶ **pyrrhic** 抑抑格：(['pɪrɪk]) two unstressed syllables

3.1.2　Number of feet in a line 音步数量

✶ **monometer** (单音步): one foot

✶ **dimeter** (['dɪmɪtə] 双音步): two feet

✶ **trimeter** (['trɪmɪtə] 三音步): three feet

✶ **tetrameter** ([te'træmɪtə]): four feet

✶ **pentameter** ([pen'tæmɪtə]): five feet

✶ **hexameter** ([hek'sæmɪtə]): six feet (the six-foot iambic hexameter is called Alexandrine)

✶ **heptameter** ([hep'tæmɪtə]): seven feet

✶ **octameter** ([ɒk'tæmɪtə]): eight feet

3.2　**Meter (格律):** Described by both the **type** and the **number** of the **predominating** foot in a line

× ' × ' × ' × × ' × '

Shall I | compare | **thee** to | a sum | mer's day?

' × × ' × ' × - ' × ×

Thou art | more love |ly and | more tem | perate

—William Shakespeare, "Sonnet 18"

✶ **iambic pentameter** (抑扬格五音步): a meter comprising five feet per line, in which the predominant kind of foot is the **"iambus"**

× ' × ' × ' × ' × '

To wake | the soul | by ten | der strokes | of art,

× ' × ' × ' × ' × '

To raise | the ge | nius, and | to mend | the heart.

—*Prologue* to Addison's *Cato*, by A. Pope

✶ 思考问题 **1**: How to describe a trochaic tetrameter (扬抑格四音步)? A trochaic pentameter (扬抑格五音步)?

✶ 思考问题 **2**: Identify the metrical pattern of the following lines:

(1) Twinkle, twinkle, little star, / How I wonder what you are!

(Trochaic tetrameter)

(2) We may roam through this world, / like a child at a feast, /Who but sips of a sweet, / and then flies to the rest;

(Anapest tetrameter)

(3) Land of hope and glory, / Mother of the Free, / How shall we extol thee, / who are born of thee?

(Trochaic hexameter)

3.3　**Metric variation 格律变异**: A violation of or deviation from the expected metrical pattern: for the purpose of stressing or emphasizing; or simply to avoid being mechanical and monotonous

(1) Inversion: to turn an iambus into a trochee.

e.g. Shall I compare thee to a summer's day? / **Thou** art more lovely and more temperate

(2) Omission

★ *headless* **verse:** lacking the first syllable of the first foot.

The time you won your town the race

We chaired you through the market-place;

Man and boy stood cheering by,

And home we brought you shoulder-high.

★ *catalexis*: the end of a line is shortened by a foot, or two or part thereof

I see a lily on thy brow,

With anguish moist and fever-dew,

And on thy cheeks a fading rose

Fast withereth too.

—John Keats, "La Belle Dame sans Merci"

思考练习：请划分、描述下面诗歌的格律，并尝试解释其中的格律变异在诗行主题表达上的作用。

My mistress' eyes are nothing like the sun;

***Coral** is far more red than her lips' red;*

*If snow be white, **why** then her breasts are dun;*

*If hairs be wires, **black** wires **grow** on her head.*

I have seen roses damask'd, red and white,

*But no such roses see **I** in her cheeks;*

And in some perfumes is there more delight

Than in the breath that from my mistress reeks.

I love to hear her speak, yet well I know

That music hath a far more pleasing sound;

I grant I never saw a goddess go;

*My mistress, when she walks, **treads** on the ground:*

And yet, by heaven, I think my love as rare

As any she belied with false compare.

W. Shakespeare, "Sonnet 130"

六、课后反思

1. 教师反思

2. 学生反思

作者：黄海容　　　学校：华南师范大学

"英汉 / 汉英口译"课程思政教学设计样例

Unit 9　交通运输

一、课程总览

1. 课程名称: 英汉 / 汉英口译

2. 课程类型: 英语专业核心课

3. 课程目标: 本课程旨在培养外语能力过硬、熟练掌握口笔译技能、能够在国际交流中胜任口译工作的应用型、专业化、国际化的翻译人才。具体而言,本课程将培养学生主动获取百科知识的能力、培养学生熟练运用双语的语言能力、培养学生娴熟的口译技能、培养学生坚定的中国立场和深爱中国文化的价值观。本课程通过课前、课中、课后进行一体化的人文思辨能力培养。课前建立红色文化语块库,课中对学生进行红色文化知识引导熏陶,课后利用虚拟仿真智能系统进行红色文化知识训练。本课程通过四位一体的评价对学生进行中国价值塑造。依托虚拟仿真口译实训系统,学生在课堂学习的基础上可随时进行自主口译练习,并在练习中获得师评引导式反馈、自评对标式反馈、学生互评反馈和机评科学反馈的四位一体口译评价,实现对学生价值的塑造。本课程通过实践互动的形式进行知识传授。采用场景模拟式师生-生生互动式教学,从红色文化知识讲解传授、口译语言技能获取到价值观塑造,培养红色文化双语语块熟练转换表达的能力。

4. 教学对象: 英语专业二、三年级本科生

5. 学时: 34

6. 教材:《新编英汉口译教程(第二版)》,王建华主编,中国人民大学出版社,2023 年

二、本案例(单元 / 话题等)教学目标

1. 认知类目标

本课程旨在培养学生了解中英两种语言在数字表达上的差异,熟练掌握数字口译中数字的快速记录方法以及运用视觉符号辅助进位制转换的数字口译技能,掌握与交通主题相关的双语表达形式,从而提升学生对交通主题相关知识的了解和掌握,在相关主题知识建构的基础上提升学生口译理解能力,最终提升学生在口译相关主题材料时的数字口译能力。口译学习使学生对中国交通领域的新技术运用以及该领域中国技术的国际引领性有了认知建构,从而激发学生的爱国热情。

2. 价值类目标

本课程通过对学生数字口译技能的培养,深化学生对中国在交通科技领域所取得的重大成就的认识。学生运用所学的数字口译技能将中国在铁路、航空等交通领域所取得的巨大突破性成就准确无误地传播给全世界,提高对外翻译传播能力,在口译中讲好中国故事、传播好中国声音。

3. 方法类目标

本课程通过学生口译数字,培养学生快速准确口译数字的技能与方法。数字口译的方法包括笔记法和转换法,方法学习促使学生运用该方法对同类题材富含数字口译的内容进行口译练

习，从而扩大学生的知识视野，提升学生的数字口译能力，拓展学生的百科知识，为提升学生的国际交流能力打下基础，为提升学生国际交流中的自信心、价值感和成就感奠定基础。

三、本案例（单元/话题等）教学内容、重点和难点

教学重点： 本课课程思政教学的重点包括两个方面，一是通过对包含数字内容材料的口译训练，将中国在交通领域取得的巨大突破性成就准确无误地进行对外翻译传播；二是训练数字口译技巧，尤其是数字在中文和英文之间的精确转换，以保证对外翻译传播的精确性。

教学难点： 本课课程思政教学的难点包括以下几个方面，一是在口译听力过程中对数字及其相关信息的快速反应、准确听辨和记录的技能训练；二是中文和英文之间数字表达的段位差异；三是在口译表达中有关准确性的双重要求，既有数字信息表达的准确性，也有与数字相关的其他语义信息表达的准确性；四是通过数字口译训练深刻认识中国在交通领域取得的重大成就，以及口译技能训练在对外翻译传播实践中发挥的重要作用。

四、本案例（单元/话题等）教学方法

本课课程思政主要采用任务教学法、交际教学法和案例教学法，其中任务教学法为贯穿本课课程的主导教学法，交际教学法和案例教学法分别在课程任务的各个环节中结合教学的需要进行使用。

任务教学法以任务组织教学，在任务的履行过程中，以参与、体验、互动、交流、合作的学习方式，充分发挥学习者自身的认知能力，调动学习者已有的双语资源，在完成任务的过程中将语言知识和语言技能结合起来，有助于培养学习者综合的语言运用能力。任务教学法的基本要素包括目标、内容、程序、输入材料、教师和学习者角色、情景等内容。在口译实践中，职业译员通常将口译任务划分为译前、译中和译后三个阶段。译员在接到口译任务后进行译前准备，在口译现场完成口译任务，在口译任务结束后进行译后总结与术语整理。对应口译课堂教学，这三个阶段分别可在课前、课中和课后进行，任务教学法能够得到较为完整、自然地模拟口译任务的全部流程。**运用任务教学法进行口译课程思政，以课程思政为主导设定口译的训练任务，将具有中国特色的经典和热点议题设置为口译训练的主题，使口译任务训练的每一个环节都具有价值引导的课程思政功能。**

交际教学法认为，语言包含"交际能力"和语言所处的"文化社会意涵"，语言教学的重点是"交际能力"的培养。交际能力这一概念最初由美国社会语言学家海姆斯（Hymes）提出，主要包括语法能力、社会语言能力、语篇能力和策略能力四种。口译教学的重点不是语言知识点讲解，而是口译技能的训练。口译中的交际能力不仅包括两种语言各自的基本交际能力，还包括两种语言同时使用时的双语转换能力、认知能力、语篇能力、交际互动能力和跨文化交际能力等多种能力。口译是对外翻译传播的一种重要方式，是中国特色对外话语体系的一种主要的实践形式。**运用交际教学法进行口译课程思政，不仅可以培养学生的口译技能，还能够培养学生的对外翻译传播能力，通过口译课程思政引导学生认识并掌握中国特色对外话语体系的基本特征。**

案例教学法源于商学院的案例式教学，通过真实情境或事件改编的案例引导学习者主动参与课堂讨论，适用于高级智力技能的培养。案例教学法的特点包括鼓励学习者独立思考、注重学习者能力的发展、教师与学习者之间的双向交流等。口译教学中常常选用真实的语料（如讲话、发言、新闻等）作为口译练习的材料。教师可根据学习者的程度对所选材料进行适当改编，也可直接采用真实材料进行口译模拟。**运用案例教学法进行口译课程思政，在口译技能训练的基础上增加了对外翻译传播案例的讲解与分析，与任务教学法相结合，最大限度地模拟对外翻译传播实践中的真实口译任务，实现价值引导和人文思辨能力培养的口译课程思政目标。**

五、本案例（单元/话题等）教学过程

本课课程思政的教学过程以任务教学法为主线，结合口译任务的自身特点，分别设置课前

准备、课堂教学和课后练习三个教学环节。下面将从口译课程思政的角度介绍本课的教学过程及其各个环节中的课程思政设计思路。本节课的教学过程如图 1 所示：

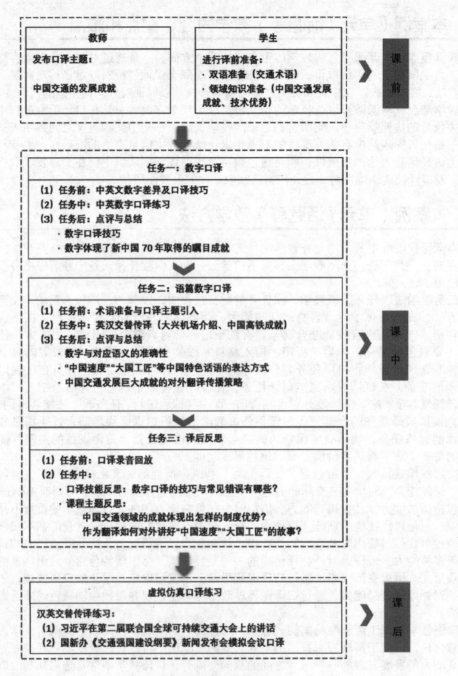

图 1　本节课的教学过程

1. 课前准备

（1）课程思政设计思路

在课前阶段，教师根据本课课程思政的具体目标，有针对性地选择口译主题和练习材料。课程的主题要符合本课程整体课程思政的主线，课程主题的设定要以课程思政为主导，选择能够体现中国特色社会主义各方面的内容作为口译训练的主题，对学生进行思政价值引导；选取的练习材料要具有权威性、典型性和实用性等特点，选择国家权威媒体所发布的发言稿、新闻稿等作为口译练习的材料，这样的材料是"讲好中国故事""传播好中国声音"的典型材料，能够充分体现中国特色对外话语体系的语言特征，对学生有极强的示范性作用。

本单元以"中国交通的发展成就"为主题，以培养学生能胜任口译交通运输类材料为目标。学生在课前进行译前准备，在语言准备和领域知识储备的过程中，学生需要查询大量的与本主题高度相关的中英双语材料，从中提取口译任务中可能用到的双语术语表。这些材料本身对学生形成了价值引导，学生在学习这些材料的过程就是逐渐深入了解中国特色对外话语体系的过程。

（2）操作形式

教师在课程前三天发布口译主题，本课课程的主题为"中国交通的发展成就"。学生就这一口译主题进行译前准备。译前准备主要包括双语准备和主题领域知识点准备。就双语准备而言，学生需要对交通领域的相关双语术语有较为熟练的掌握；就领域知识而言，学生需要对口译的主题进行广泛的了解，了解中国在交通领域取得的发展成就以及技术优势等热点问题。经过上述准备，学生应形成交通术语双语对照词表，用于口译中的查询使用。

2. 课堂教学

（1）课程思政设计思路

课堂教学阶段是口译课程思政实施的主要环节。本课课程采用以任务教学法为主导，交际教学法和案例教学法为辅助的教学方法，共设置三个环节，包括两项口译任务和译后反思。口译任务按照任务教学法的步骤，分为任务前、任务中和任务后三步展开。口译课程思政以思政为主线，结合口译任务的形式和内容特征，将课程思政的元素融入口译训练当中。

在**任务前**阶段，教师对所训练的口译技能进行讲解和演示。由于学生已在课前的译前准备阶段对相关主题的内容有了一定程度的准备与了解，教师对本课课程思政方向的设定以及学生的价值导向已在课前准备环节中完成，在课堂中的这一环节教师不对学生进行过多目标性引导，而主要让学生为即将要完成的口译任务做好准备。

在**任务中**阶段，学生使用教师准备材料进行口译训练或模拟口译实践。由于所选材料为中国特色社会主义对外翻译传播的典型语料，学生的口译实践是对翻译传播的一种课堂模拟。通过这种模拟，学生不仅可以检验自己是否掌握了相应的口译技能，还可以切实感受对外翻译传播的过程。这一环节教师主要对学生的口译过程进行观察，记录学生在口译技能和对外翻译传播实践中出现的问题，用于任务后的反思与总结。

在**任务后**阶段，教师引导学生对刚刚进行的口译练习进行反馈、反思和总结。这一环节是开展口译课程思政的重要环节。通过课前译前准备的价值引导，课堂上口译练习实践的切身感受，学生已对本课训练的口译技能和对外翻译传播的实践过程有了一些基本的体验与感悟。作为口译任务中必不可少的一个环节，教师在这一阶段要引导学生进行两方面的译后反思：一是对口译技能应用的反思，二是对本课主题的对外翻译传播过程的反思。其中，第二种反思是口译课程思政的重点。教师可以将学生关注的重点从双语表达形式提升至中国对外话语体系的高度。由于选取的口译练习材料是"讲好中国故事""传播好中国声音"的典型材料，对这些材料的口译练习不只是口译技能训练，而且是对外翻译传播的演练。教师可引导学生从材料中提取典型的中国特色话语双语表达形式，引导学生反思作为译员如何把握好材料的主题和自身的站位，如何通过适当翻译策略的选择实现讲好中国故事的目标等课程思政类问题。

（2）操作形式

任务一：数字口译

任务前：教师讲解数字口译的主要难点，即中文和英文在数字段位上的差异，以及数字记录与转换的常用技巧。

任务中：学生运用教师讲解的技巧进行数字口译练习。

任务后：教师对学生的口译练习进行点评与总结。点评是对学生进行价值塑造的重要环节。在对数字口译技巧进行点评和总结的基础上，教师结合本课的口译主题，引导学生关注交通相关的双语表达形式，关注数字中体现的中国在交通领域取得的快速增长。

设计目的

　　新中国成立 70 多年以来，尤其是党的十八大以来，我国在国家建设和社会发展的各个方面都取得了举世瞩目的发展成就，最为直观的体现就是各项数据的变化。向全世界介绍中国的成就是对外翻译传播的一个主要目的，对各项数据的精准转换与表达则是翻译传播的重中之重。因此，数字不仅是口译训练的一项基本技能，还是对外翻译传播和中国对外话语体系的一个重要组成部分。

　　任务二：语篇数字口译

　　任务前：教师介绍两篇练习材料的主题，分别是大兴机场情况的介绍以及中国在高铁方面取得的突出成就。

　　任务中：学生在课前译前准备的基础上，结合教师对材料主题的介绍，进行两段英译汉交替传译口译练习。两篇练习材料分别为大兴机场介绍和中国高铁成就。

　　任务后：教师对学生的口译任务进行点评与总结。数字的传译是数字口译语篇中的重要内容。教师应提醒学生关注数字所传递的双重信息，即数字本身数值的传译以及数字所对应的语篇意义的准确传达，由此引发本任务环节的课程思政教学。一是引导学生积累"中国速度""大国工匠"等中国特色话语的双语表达形式；二是引导学生总结在向世界介绍航空、铁路等重要交通领域的最新成就及其背后的中国模式与中国经验时，可以使用的翻译传播策略。

设计目的

　　交通运输部副部长刘小明指出："交通运输是国民经济中基础性、先导性、战略性产业和重要的服务性行业，是推动可持续发展的重要支撑。"党的十八大以来，中国交通发展取得了历史性成就，已经建成了交通大国，正加快向交通强国迈进。中国交通进入了高质量发展的新时代。本课课程思政选取的口译练习材料是两篇介绍党的十八大以来中国交通代表性重大成就的新闻。

　　第一篇材料介绍了北京大兴国际机场的一些标志性数据。北京大兴国际机场是首都北京献礼新中国成立 70 周年的国家标志性工程，宛如金色凤凰展翅腾飞，被誉为"新世界奇迹"，与首都国际机场遥相呼应，标志着北京"飞"入双枢纽时代，具有重大的现实意义和深远的国际影响。

　　第二篇材料介绍了中国高铁发展的惊人成就及其在世界铁路发展中的领先地位。我国高铁发展虽然比发达国家晚 40 多年，但依靠党的领导和新型举国体制优势，经过几代铁路人接续奋斗，实现了从无到有、从追赶到并跑、再到领跑的历史性变化，中国高铁跑出了"中国速度"。

　　3. 课后练习

　　（1）运用虚拟仿真口译训练系统，学生将完成两项汉译英交替传译练习。练习一是习近平在第二届联合国全球可持续交通大会上讲话的口译练习，练习二是国新办《交通强国建设纲要》新闻发布会模拟会议口译。

设计目的

　　由于口译课堂受到学时、课堂时间、学生人数等诸多条件的限制，学生在口译课堂中进行的口译练习远远不能满足口译训练的需要。因此，大量的口译训练是在课堂之外由学生自主完成的。通过口译课堂，训练了学生的基本口译技巧，培养了学生的人文思辨能力、塑造了学生的社会主义价值观。在此基础上，利用我校自建的虚拟仿真口译训练系统，学生可以进一步就相关主题进行口译进阶练习，系统训练的四位一体评价模式也能够进一步实现价值塑造。

　　（2）课后小组学习融入思政学习

　　课后作业通过小组学习形式，引导学生通过特定专题和技巧口译练习，接受思政教育，并通过课堂汇报形式进行检查和讨论，检验小组学习成果。

六、课后反思（学生反思 + 教师反思）

译后反思是口译实践中的一项重要环节，对于术语库的积累与更新，任务过程中的经验与问题总结有着重要作用。根据任务一和任务二的完成情况，教师引导学生对两项口译任务展开译后反思。

任务前：回放任务一和任务二的口译录音，对照口译笔记记录反思要点。

任务中：口译任务反思，分为口译技能和课程思政两个维度展开。

第一，学生对口译技能反思。对本节课训练的数字口译技能进行反思。根据口译录音和口译笔记，回顾数字口译的技巧以及在任务中出现的错误，反思错误产生的原因并记录。

第二，学生对课程主题反思。两项任务的口译材料本身就为课程思政提供了丰富的内容。材料中有关"中国速度""大国工匠"等中国特色话语的双语表达形式是我国对外话语体系的一部分，我国在交通基础设施建设以及技术发展方面取得的巨大成就是交通领域对外翻译传播的重要内容。

教师的反思：

教师引导学生从对外翻译传播的高度对口译任务进行反思。在材料准备阶段，教师对学生的选材进行把关，引导学生对展示中国交通成就的材料进行思考，进行恰当的目标语翻译考察，在源语和译语选择的过程中提升学生对中国交通成就的自豪感；在翻译过程中通过点评学生的译语引导学生对中国交通领域所取得的成就产生认同感，引导学生通过译语选择的过程提升对外讲好中国故事的责任感和使命感，从而提升学生对祖国科学技术的进步以及交通成就的自豪感，潜移默化地培养学生的爱国主义精神。

课前备课以思政为纲精心选材

教师对学生课前材料选取的反思。选材注重材料的来源，多从中央权威媒体选取素材，体现国家进步发展，培养学生的爱国主义情怀。在本科"英汉口译"课程的选材时，给学生小组布置选取具有思政元素的专题进行准备，并在此期间与教师就材料在主题立意、思政元素、语言难度、口语化改造等方面进行沟通交流，以使材料在课堂练习时不但能锻炼演讲者的公共演讲能力和担任口译员同学的英汉口译能力，也能通过材料的准备过程、演讲过程和口译过程，使学生受到潜移默化的思政教育。

教师授课中通过课堂练习和点评贯穿思政教育。英汉口译课程思政体系化，形成有机架构，一方面着力提高学生的公共演讲和口译能力，另一方面在选材和材料改编时更全面涵盖重要的思政要素，在课堂上通过要点评讲，发现并阐述要点中体现的思政要素，并在课后通过分享课堂录音录像材料，进一步加深和拓展所选专题的思政教育功能。

课程考核体现思政教育。作为深受英语专业学生重视的专业必修课，本课程的考核为平时成绩和期中、期末考试成绩的综合评定方式，考察全面具体，平时课堂表现是重要的组成部分。学生通过课前选材准备、课中口译讲评、课后反馈等环节的学习过程，能够很好地实现预定的专业教学和思政教育目标，提高自身的思想政治素养。

作者：王建华   学校：中国人民大学

"西方文明史"课程思政教学设计样例

Chapter 2　Greek Period

电子教材样章

一、课程总览

1. 课程名称： 西方文明史

2. 课程类型： 英语专业核心课

3. 课程目标：

本课程旨在帮助学生了解西方文明的发展历程，同时继续夯实英语语言基础、拓展文化视野、提升人文素养和逻辑思辨能力。通过本课程的学习，使学生达到以下目标：

（1）了解西方文明的历史发展脉络，掌握各历史时期的重大历史事件、主要人文思想、重要文明成就；熟悉与西方政治、经济、宗教、文艺、科技等方面相关的特殊词汇与特定表达方式。

（2）对个体文明现象以及文明热点做专题讨论和分析，提升学生的独立阅读、思考与探究能力。

（3）了解西方文明与其他文明交流互鉴的历史，探索决定西方文明发展形态的根基与多元文化基因，为更好地从事英语学习和教学筑牢根基。

（4）运用所学知识对西方文明进行客观而理性的分析，同时结合东方文明进行比较和思辨，形成自己独到的见解。

（5）以西方文明为参照，更深层次地理解中华文明，树立热爱中华文明、包容异质文明的态度，提高人文素养。

4. 教学对象： 英语类专业高年级本科生

5. 学时： 线下 36

6. 教材：《西方文明史（第五版）（精编普及版）》，[美] 马克·凯什兰斯基、帕特里克·杰尔里、帕特里夏·奥布赖恩著，中国人民大学出版社，2016 年

二、本单元教学目标

1. 认知类目标： 了解希腊文明的发展阶段和特征；掌握不同时期希腊文明的主要成就和特点。

2. 价值类目标： 增强对古代文明成就的关注度；透过希腊文明演进历史，探索希腊文明与周边文明的交往与互动，体会文明发展和演进过程中不同文明的复杂关联；通过对比与比较，认识到不同文明的异质性，理解世界文明的多源性、多样性和多元性。

3. 方法类目标： 能通过文献阅读、小组讨论、案例分析、项目探索等方法理解希腊文明对西方文明发展的重要作用。

三、本单元教学内容、重点和难点

1. 教学内容

（1）希腊青铜时代、古风时代的文化概况与特点，城邦述要；

（2）希腊古典时期和希腊化时期的文明概况与特点。

2. 教学重点

（1）古典时期的雅典文化；

（2）希腊化的世界。

3. 教学难点

希腊文明和中东文明、北非文明之间的交流互动。

四、本单元教学方法、手段

1. 讲授希腊文明的演进历史、阶段划分和各个历史阶段的特点；通过观看微视频、图片等，用丰富的史料帮助学生认识希腊文明的伟大成就。

2. 采用案例法，以希腊文化的理性精神、民主观念等为对象，分析案例背后所蕴含的文化基因及其对后世西方文明的深远影响。

3. 采用项目教学法，组织学生以迈锡尼文明、雅典城邦制度的兴盛和亚历山大东征等专题为探索对象，学生分组以课外合作完成、课上展示的方式进行，培养学生独立思考的能力与合作探究的精神。

4. 通过文献阅读，让学生了解希腊文明的演变历史，探索希腊文明发展的特点。

五、本单元教学过程

1. 希腊青铜时代至公元前 700 年 Greece in the Bronze Age to 700 B.C.E.

1.1　Islands of Peace

活动设计：

教师对希腊自然环境加以介绍、讲授，并让学生对教材中的地图进行探索，讨论如下问题：
1）为什么西方文明会首先出现在希腊？2）希腊文明的兴起和尼罗河文明、两河文明之间有何种关联？

设计目的

通过地图探索和文本阅读，让学生了解基克拉迪文明、米诺斯文明和迈锡尼文明形成的自然地理情况，了解希腊文明的兴起与其他文明的关联。

1.2　Mainland of War

活动设计 1：

学生阅读教科书相关内容，回答教师的提问：

(1) What are the characteristics of a new civilization that arose on the Peloponnesus around 1600 B.C.E.?

(2) Why is the entire civilization called Mycenaean?

设计目的

本活动旨在让学生了解迈锡尼文明的特点，并认识到该文明的悠久历史与灿烂成就。

活动设计 2：

学生以小组活动的方式，探讨以下问题，并要求学生在课堂上展示其项目探索成果：

（1）为何称由迈锡尼人创造的文明为青铜文化？

（2）荷马史诗《伊利亚特》是如何描写迈锡尼社会等级问题的？

设计目的

本活动旨在让学生深入认识迈锡尼文明的特点，并认识到该文明与米诺斯文明在整个西方文明中的重要价值。

1.3　The Dark Age

活动设计：

阅读教材中《荷马史诗》片段，并回答教师的问题 "In what ways do Homer's epics reflect Dark Age conditions?"

设计目的

通过阅读文学文本，认识黑暗时期希腊社会的特点，进而认识这一时期希腊文明的特征。

2. 古风时代 ARCHAIC GREECE, 700B.C.E–500 B.C.E

2.1　Ethnos and Polis

活动设计 1：

阅读下面三段材料，结合教材内容，探析古代希腊城邦政治的特点。

材料 1："是城邦给了我生命，使我受到抚养和教育。我首先是城邦的孩子和仆人，比起父母和其他祖先来，城邦更为尊贵，更为可敬，更为神圣，她受到众神和所有理智的人的尊敬。"——苏格拉底

材料 2："人是趋向城邦生活的动物，城邦存在的目的是为了优良的生活"，"凡有权参加议事和审判职能的人，我们就可以说他是那一城邦的公民"。"凡人由于本性或由于偶然而不归属于任何城邦的，他如果不是一个鄙夫，那就是一个超人"。——亚里士多德《政治学》

材料 3："希腊城邦奠定了西方所有自由的意识，自由的思想和自由的现实基础。"——卡尔·雅斯贝斯《历史的起源和目标》

设计目的

通过阅读、讨论、思考等环节，培养学生的批判能力，能对古希腊的城邦制度有客观的认识，培养学生的独立思考能力。

活动设计 2：

学生分组讨论如下问题："古希腊的城邦与中国春秋战国时期的诸侯国有什么不同?"

设计目的

通过讨论，使学生认识东西方两种文明的政治制度差异，并探求其背后的原因，使学生意识到文明的差异性和多样性。

2.2　Technology of Writing

活动设计：

对比希腊字母（左）和腓尼基字母（右）

设计目的

通过对比和解释，使学生了解希腊字母的形成历史，理解希腊字母对希腊文明乃至西方文化的深远影响，增强对希腊文明和其他文明交流的认识。

2.3　Gods and Mortals

活动设计：

阅读下边的文字，两人一组讨论以下问题：希腊人对神明持有何种观念?

Greeks and their gods enjoyed an ambivalent, almost irreverent relationship. On the one hand, Greeks made regular offerings to the gods, pleaded with them for help, and gave them thanks for assistance. On the other hand, the gods were thoroughly human, sharing in an exaggerated manner not only human strengths and virtues but also weaknesses and vices.

设计目的

通过阅读本段文字及相关材料，了解希腊人的神明观念，以及这种观念对希腊人的深刻影响。

2.4　Myth and Reason

活动设计：

阅读教材中的内容，然后请学生谈谈对下列观点的理解："Myth explained and described the world both as it was and as it should be."

设计目的

通过对问题答案的探索，让学生知晓神话在希腊社会中的重要作用：神话支撑着社会、政治与宗教传统的权威，同时提供一种认识世界的方式。

2.5　Art and the Individual

活动设计：

阅读下列文字，探讨希腊文明和埃及文明的关系。

Archaic Greeks borrowed from everywhere and transformed all that they borrowed. Just as they adopted and adapted the Phoenician alphabet and Mesopotamian science, they took Near Eastern and Egyptian painting and sculpture and made them their own. During the Dark Age, the Mycenaean traditions of art had entirely disappeared. ... In Egypt, in the seventh century B.C.E. Greeks had seen colossal statues and had learned to work stone. They brought these techniques home, improved on them by using iron tools (the Egyptians knew only bronze ones), and began to create their own human images.

设计目的

通过具体实例理解不同文明之间的交流互鉴。

2.6　Democratic Athens

活动设计：

"公民是城邦的主人，他们有'执于戈以卫社稷'的义务，同时有权参加城邦内议事或审判的职能。"——顾准《希腊城邦制度》

提问：为什么希腊城邦能实行公民政治？其得以实行的前提条件是什么？

设计目的

使学生深入理解"公民"的特定含义，以及当时雅典的社会结构特点。既要看到其先进性，又要看到其局限性。

3. 古典时期和希腊化时期 CLASSICAL AND HELLENISTIC GREECE, 500 B.C.E–100 B.C.E.

活动设计：

欣赏 "**ALEXANDER AT ISSUS**" 的镶嵌画

设计目的

学生通过名画了解历史，欣赏亚历山大在战场上的勇武风采；培养学生的审美鉴赏能力。

4. 希腊化时期的雅典文化 EATHENIAN CULTURE IN THE HELLENISTIC AGE

4.1　The Examined Life

活动设计 1：

阅读教科书内容，讨论如下两个问题：（1）希腊文化的重要特点是什么？（2）你对苏格拉底的名言 "know thyself"（认识你自己）是怎样理解的？

设计目的

加深对希腊文化的认识。通过对苏格拉底名言的讨论，使学生意识到自我认识的重要性，学会自我定位。

活动设计 2:

习近平主席在 2019 年 11 月对希腊进行国事访问时,曾在希腊发表署名文章《让古老文明的智慧照鉴未来》。其中引用了希腊文学巨匠卡赞扎基斯的一段话:"苏格拉底和孔子是人类的两张面具,面具之下是同一张人类理性的面孔。"请学生谈谈对这段话的理解。

设计目的

让学生认识东西方先哲的智慧。

4.2 Understanding the Past
活动设计:
学生阅读教材中关于希罗多德和修昔底德的历史成就的材料。

设计目的

通过阅读,使学生了解希腊史学的重要成就,尤其是希腊人的东方观念的形成。

4.3 Athenian Drama
活动设计:
阅读教材关于三大悲剧家的介绍,讨论如下问题:(1)希腊悲剧中命运问题是如何表现的?(2)你对《俄狄浦斯王》中的"命运主题"是如何理解的?

设计目的

使学生认识希腊戏剧的巨大成就及其对后代西方文学的影响;理解希腊人的命运观。

4.4 Philosophy and the Polis
活动设计:
阅读下列文字,讨论柏拉图的知识观与理念论。

Plato argued that true knowledge is impossible as long as it focuses on the constantly changing, imperfect world of everyday experience. Human beings can have real knowledge only of that which is eternal, perfect, and beyond the experience of the senses, the realm of what Plato called the Forms. One would know these Forms from one's memories of a previous existence when one's spirits had direct contact with the universe of the Forms. Plato believed that when one judged individuals or actions to be true or good or beautiful, one did so not because those individuals or actions were truly virtuous, but because one recognized that they participated in some way in the Idea or Form of truth or goodness or beauty.

设计目的

通过阅读、讨论,使学生对柏拉图的哲学思想有更深入的理解。

4.5 The Rise of Macedon
活动设计:
阅读教材中的相关内容,学生分组讨论马其顿崛起的原因及其所建立的君主制对后世的影响。

设计目的

本活动旨在培养学生的探索意识,并要从历史的角度去理解君主制在西方政治制度发展中的意义。

4.6 The Empire of Alexander the Great

活动设计：

学生分组探析教材中的亚历山大帝国的地图，查阅文献资料，围绕如下问题讨论：（1）亚历山大大帝为什么选择征服这些地区？（2）如何客观评价亚历山大大帝的东征？

设计目的

让学生通过阅读文献资料，了解古代亚历山大大帝东征的原因、经过、历史影响。

4.7 Binding Together an Empire

活动设计：

阅读教材相关内容，学生分组讨论如下问题：如何理解亚历山大大帝的观念 "only by merging local and Greek peoples and tradition could he forge a lasting empire"？

设计目的

培养学生的合作学习意识，增强其对历史事实的分析、批判能力。

5. 希腊化的世界 THE HELLENISTIC WORLD

5.1 Urban Life and Culture

活动设计：

阅读教材相关内容，分组讨论如下问题：希腊化时期各地的都市生活和文化的特点是什么？讨论结束后，学生做课堂汇报。

设计目的

增强学生合作学习能力和思维能力。

5.2 Alexandria

活动设计：

教师讲授，学生阅读教材中关于埃及亚历山大里亚的内容。

设计目的

帮助学生认识到埃及的亚历山大里亚在古代文化的保护与传承上所具有的特殊地位。

5.3 Architecture and Art

活动设计：

阅读教材相关内容，播放希腊建筑、雕刻等视频资料，并展示希腊建筑、雕刻的部分照片。

设计目的

培养学生的艺术鉴赏力，使其学会欣赏希腊艺术之美；加深其对古希腊文化与古埃及、两河文化融合的认识。

5.4 Hellenistic Philosophy

活动设计：

通过头脑风暴法，让学生举出自己知道或熟悉的希腊哲学家的名字及其思想；让学生阅读教材希腊化时期的哲学成就介绍。

设计目的

引导学生认知先哲，注重个人形而上的思辨能力的培养；了解希腊化时期的哲学繁荣，如犬儒学派、伊壁鸠鲁学派和斯多葛学派；认识希腊思想和古代近东思想的交流和影响。

5.5 Mathematics and Science

活动设计：

（1）阅读教材，并结合以下论述，谈谈你的认识。

"希腊科学的基础完全是东方的，不论希腊的天才多么深刻，没有这些基础，它并不一定能够创立任何与其成就相比的东西。我们没有权利无视希腊天才的埃及父亲和美索不达米亚母亲。"——美国科学史专家乔治·萨顿

（2）结合以上材料，思考党的十八大所提出并倡导的"人类命运共同体"的重要意义。

设计目的

提升学生的思维能力。通过阅读和深度思考，使学生认识到希腊文明的产生、发展和繁荣不是如某些西方学者所说的那样，是独立发展的，而是和其他文明有着密切的互动、交流关系。帮助学生认识到构建"人类命运共同体"就是以"合作共赢、共商共建、包容互鉴"的全球治理理念超越西方全球治理思维模式。

6. 思考练习

（1）学生分组，围绕雅典的城邦制度、亚历山大大帝东征进行项目式探索，下次课程进行小组课堂展示。

（2）结合所学知识，举例说明"伟大的古老文明都是相似的""伟大的古老文明都是相知的"。

（3）2019年11月10日至12日，习近平主席对希腊进行国事访问。（1）请搜集相关资料，了解习近平主席对希腊访问的相关情况；（2）阅读习近平主席在希腊《每日报》上发表的署名文章《让古老文明的智慧照鉴未来》中英文版，领会文明之间交流互鉴的重大意义，在挖掘东西方古老文明智慧的过程中提高英文水平；（3）观看"学习进行时"的报道"两大文明对话，习近平希腊之行意义非凡"（新华网2019-11-13），领会习近平主席访问希腊的重要意义。

六、课后反思

1. 教师反思

2. 学生反思

作者：杜明业　　学校：淮北师范大学

"跨文化交际"课程思政教学设计样例

Unit 1　Cultural Awareness and Intercultural Communication
5. Further Reading

电子教材样章

一、课程总览

1. 课程名称：跨文化交际

2. 课程类型：英语专业核心课

3. 课程目标：

通过本课程的学习，学生能达到以下目标：

（1）能初步了解跨文化交际的基本概念、基础理论，并能掌握言语与非言语交际的基本策略和技巧，为开展有效的跨文化交际和沟通打下良好基础。

（2）提升跨文化意识，正确认识不同语言、文化以及不同民族价值观的差异；不仅从个人角度而且能从国际、国内、民族的高度正确认识文化多样性及跨文化交际的当代意义。

（3）提高文化敏感性和文化鉴别能力，能根据相关材料分析文化现象，培养发现问题、分析问题、解决问题以及融会中西文化的批判性思维能力。

（4）不断拓展自身视野，主动关注国内外形势，了解国外主要国家的国情、民族文化、对华关系态势等，为今后参与国际交往奠定基础。

（5）充分认识构建人类命运共同体的理念对跨文化交际的重要意义，进一步增强文化自信，逐步形成正确的文化观及开放包容的文化品格。

4. 教学对象：英语类专业大二及高年级本科生

5. 学时：线下 24；线上 8

6. 教材：《跨文化交际教程（第二版）》（全人教育英语专业本科教材系列），杜平、姚连兵主编，中国人民大学出版社，2022 年

二、本案例教学目标

1. **认知类目标：**在全球背景下和中国语境中，进一步加深和拓展对跨文化交际概念及内涵的认知，充分理解不同文化之间交流与冲突的现实以及当今跨文化交际面临的各种挑战；能够通过归纳和分析，深刻认识文化多样性对跨文化交际行为的影响。

2. **价值类目标：**充分认识习近平总书记所倡导的人类命运共同体理念对开展不同文化之间的交流对话的重要意义，并能以此丰富和提升对跨文化交际意识、跨文化交际能力内涵的理解；结合"一带一路"倡议及中国文化"走出去"战略，理解中国文化"和谐共生的文明交往特质"在不同文化交流中的体现。

3. **方法类目标：**能够结合历史、时代背景和自身体验，说明跨文化交际的必要性和困难性；能够结合课文及补充文献阅读、小组专题讨论、案例分析、见闻分享等方式，认识有效的跨文化交际对不同文化之间的交流对话的促进作用。

三、本案例（单元/话题等）教学内容、重点和难点

1. 教学内容
（1）文化多样性与跨文化交际：定义、内涵、案例、关联影响；
（2）跨文化交际能力的层次：意识层次、内涵、目标；
（3）文化冲突与跨文化交际：挑战、国际视野、应对策略；
（4）人类命运共同体与跨文化交际：内涵、意义。

2. 教学重点
（1）跨文化交际意识内涵拓展与深化；
（2）文化多样性和跨文化交际中的挑战；
（3）跨文化案例分析、应对策略；
（4）人类命运共同体对跨文化交际的意义。

3. 教学难点
（1）形成正确的文化观及开放包容的文化态度；
（2）面对文化冲突的态度与解决问题的能力；
（3）跨文化交际能力的提升与人类命运共同体理念的践行；
（4）对国际形势的关注与国际视野的养成。

四、本案例教学方法、手段

1. 通过直观化、设计问题链等教学方式引入跨文化交际、跨文化交际意识、文化多样性概念；通过分析和归纳，引导学生深刻认识文化多样性对跨文化交际行为的影响。

2. 通过对课文和补充材料的阅读，让学生了解跨文化交际中的冲突与挑战，反思跨文化交际的必要性与困难性。

3. 采用案例法，通过小组专题讨论、辩论、案例分析、见闻分享等方式，引导学生认识有效的跨文化交际对不同文化之间交流对话的促进作用。

4. 通过材料阅读充分认识习近平总书记所倡导的人类命运共同体理念对开展不同文化之间的交流对话的重大意义。

五、本案例教学过程

1. Intercultural Communication

1.1　China's Endeavor in Intercultural Communication

步骤 1

学生观看漫画图，在教师的介绍下了解文化的深层与浅层内涵、跨文化交际的概念以及跨文化意识的层次。

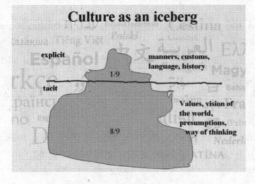

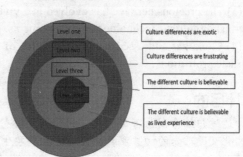

(1) *What is communication?*

(2) *What is intercultural communication?*

Communication: a process involving the exchange of messages and the creation of meaning

Intercultural communication: communication between people whose cultural perceptions and symbol systems are distinct enough to alter the communication event

---

设计目的

通过展示讲解"Culture as an iceberg"及总结 Text A "Four Levels of Cross-cultural Awareness"两个可视化的图片，用直观化手段引出"跨文化交际"的概念，帮助学生从文化概念本身和体验跨文化交际意识层次两个角度进一步拓展对跨文化交际的内涵的认识。

步骤 2

引导学生理解与归纳出 Text C "China's Intercultural Communication with the World in New Decade"文章中的重要概念"harmonic power"，并通过分析图片和联系中国传统文化倡导的"和而不同"的核心理念，认识"harmonic power"对跨文化交际的意义。

提问：

How does the writer look at China's harmonic power?

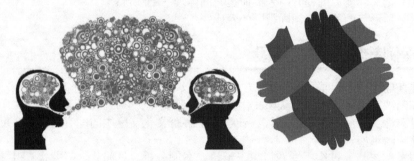

设计目的

通过让学生阅读原文回答问题，使学生深刻理解"harmonic power"的内涵，结合图片进行解释，使学生能够加深对这一理念的理解，在认识中国在国际事务中扮演的角色基础上，感悟中国文化"和谐共生的文明交往特质"在促进跨文化交流中的独特魅力。

步骤 3

在已有阅读的基础上，总结文章中列举的中国为促进全球跨文化交流采取的一系列实际行动，如：

(1) The China Soong Ching Ling Foundation is developing great programs for children to bring Chinese and other cultural elements together.

(2) The Belt and Road is providing myriads of new possibilities and opportunities for culture-related economic developments.

(3) The precious heritage has evolved in a vivid and youthful spirit, but also in a combination with modern and futuristic technological developments.

(4) China has addressed the general fields of sustainable development and environmental as well as climate protection...

设计目的

通过归纳中国为跨文化交流付诸的实际行动，既能使学生从个人和国家两个视角加深对跨文化交际理念的切身理解，又能够激发学生进一步具体了解跨文化交际活动的意愿。

步骤4

学生观看"一带一路"倡议的英文宣传视频与漫画图并结合教师讲解了解其历史来源与发展，并通过"一带一路"引出"地球村"、"互联互通"（interconnectedness and interworking）的概念。

(https://v.qq.com/x/page/p0548uxgvaz.html)

设计目的

通过集中"一带一路"倡议来深化学生对跨文化交际的理解，能够帮助学生认识到当今跨文化交际的全球语境，在此基础上理解"地球村""互联互通"等概念，也为之后的"人类命运共同体"理念的提出做必要的铺垫。

1.2　Intercultural Communicative Competence

步骤1

学生们观看视频案例，通过了解印度和中国对待手抓饭的不同态度和习俗来进一步理解跨文化交际内涵，并通过分析视频中跨文化交际失误的原因，思考在跨文化交际过程中应具备哪些交际的意识和能力。

(https://mbd.baidu.com/newspage/data/videoshare?nid=sv_12686116003651027255&source=search&tpl=search)

设计目的

通过具体的案例让学生能在真实情境中感受不同国家之间的文化差异，意识到跨文化交际的必要性，并能认识到跨文化交际意识和能力是实现有效的跨文化交际的必备条件。

步骤 2

学生通过教师的讲解和总结初步了解 Intercultural Communicative Competence 的基本概念和内涵，并运用步骤 1 中的案例思考并归纳在进行跨文化交际过程中需要遵循的原则。

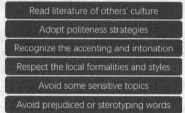

(1) *What is intercultural communication competence?*

(2) *What is intercultural effectiveness?*

Intercultural communication competency: the ability to interact effectively with people from cultures that we recognize different from our own

Intercultural effectiveness: the ability to interact and collaborate with people from diverse cultural backgrounds to enhance beneficial outcomes (Simkhovych, 2009)

设计目的

引导学生学习跨文化交际过程中需要的核心能力，使学生对此能力引起重视，并通过讲解跨文化交际过程中需要遵循的原则来教会学生在真实情境下应该如何进行跨文化交际。

步骤 3

学生通过观看视频了解"me culture and we culture"的含义；通过小组讨论回答以下问题。

(1) *What kind of cultural style does Chinese belong to?*

(2) *Suppose two countries conflict over the cultural value, how will you use your intercultural communication skills to deal with it?*

设计目的

通过中美之间的文化对比来考察学生对 harmonic culture 的理解程度；通过模拟情景，让学生运用跨文化交际技巧处理文化冲突，以此检验学生对跨文化交际意识的认知程度。

步骤 4

学生围绕主题"Communication in the Changing World"分为正反两方（A、B）两组进行辩论。

设计目的

通过辩论，让学生能意识到跨文化交际的两面性以及当今跨文化交际的新形态，同时辩论也能够帮助学生们厘清思路和展示自己的能力。

2. Intercultural Communication in the Changing World

2.1　Cultural Diversity and Cultural Conflict

步骤 1

首先，教师呈现两幅"鱼"的图片，通过对比，让学生观察图片并思考回答以下问题。

 VS

(1) *What do you think of the first fish?*

(2) *Is it a lonely fish or is it a brave one?*

其次，教师指出文化对人思维方式的影响并引导学生列举其他例子表明文化对人产生影响，并最终归纳文化差异的内涵。

如：In China and the Republic of Korea, lighter skin is considered a sign of beauty. While in Europe and North America, a good tan reflects a healthy, active lifestyle, and makes a person more attractive.

Definition of cultural diversity: Cultural diversity is about appreciating that society is made up of many different groups with different interests, skills, talents and needs. It also means that you recognize that people in society can have different religious beliefs and lifestyles from you.

设计目的

通过导入环节，帮助学生理解文化对人的影响，不同文化会使人们对相同事物产生不同的理解。初步理解文化差异的内涵，体会跨文化交际的困难性，最终能意识到跨文化交际需要人们在理解他人的前提下进行交流沟通。

步骤2

学生阅读本单元中 Text D "The Challenge of Intercultural Communication"，谈谈对文中两句话的理解并举例回答问题：

Everyone is quick to blame the alien. (Aeschylus)

Successful intercultural communication has been the exception rather than the rule.

Question: According to the passage, why is intercultural communication so difficult?

设计目的

引导学生认识、理解文化差异的内涵。能够通过分析和归纳，深刻认识文化多样性对跨文化交际行为的影响。

步骤3

学生观看冬奥会开幕式《构建一朵雪花》视频，结合视频反思面对文化差异中国的态度和价值观，最后教师进行总结"和而不同"的中国文化价值观。

(https://2022.cctv.com/2022/02/04/VIDEGqkXaj1CQhdt4HAH7HpI220204.shtml)

总结：Completely different snowflakes come together in Beijing to become one snowflake, one common snowflake of all human beings. Each snowflake stands for one country. Although there are many differences between each country in language, customs and other aspects, we still converge on earth, to communicate, cooperate and integrate with each other in spite of their differences. That is the power of harmony in diversity, the power of China's wisdom. It also fits in quite well with the idea of a shared future for mankind.

设计目的

引导学生面对文化差异树立正确的态度与价值观，学会尊重文化差异、尊重彼此，理解只有清清楚楚的交际才会产生回应，应该寻求共性并为自己的行为负责。

步骤 4

学生观看关于俄乌冲突的视频与乌克兰地图，并分小组讨论归纳俄乌冲突背后的历史文化原因以及中国面对俄乌冲突的态度。

设计目的

引入实事案例，进一步使学生在团队合作中深刻认识文化差异所导致的文化冲突的严重性，增强其对跨文化交际困难性的关注与反思意识。此外，提高学生的国际视野，培养学生关心国际时事的兴趣和习惯，时刻关注国际动态并从正确的立场分析其原因。最后，使学生能感悟中国立场，充分认识中国秉持人类命运共同体理念。

步骤 5

学生继续阅读本单元 Text D "The Challenge of Intercultural Communication"，找出文化冲突的例子，思考当下跨文化交际还面临哪些挑战并举例描述。

如：Cultural differences, war, terrorism, ethnic and tribal clashes

设计目的

增强学生的归纳能力与表达能力。在全球背景下和中国语境中，充分理解不同文化之间交流与冲突的现实以及当今跨文化交际面临的各种挑战。

步骤 6

学生在教师创设的情境下结合教师呈现的图片讨论分享异国文化体验或者文化差异导致的交际失误。

Food

Timetable

What about the other aspects?

Can you share it with us?

模拟情景：

暑期班里小明、小莉、小刚、小芳四位同学分别去过日本、泰国、英国、美国四个国家旅游，假设你是他们其中之一，请你与全班同学分享文化体验或文化差异带来的交际失误。

设计目的

能够使学生在真实情景中参与文化体验，提升学生对跨文化交际的兴趣和重视程度，并通过交流沟通提高学生文化鉴别能力。

2.2 Human Community with a Shared Future and Intercultural Communication

步骤 1

引导学生观看一幅表现人类命运共同体主题的获一等奖的漫画，让学生猜测漫画的主题，逐步引出人类命运共同体这一主题的概念。

Harmony—we must be able to communicate in spite of our differences

What does the word "community" mean?
—the quality of "common interest" and hence the quality of fellowship
—"a body of people having in common an external bond"

设计目的

引导学生理解人类命运共同体理念的内涵，感悟中国的大国担当，充分认识建立人类命运共同体的重要意义，进一步增强文化自信，逐步形成正确的文化观及开放包容的文化态度。

步骤 2

全班同学一起观看"什么是人类命运共同体"的讲解视频。观看视频前将全班同学分为四个小组，学生认真观看视频，观看视频结束后每个小组分别对视频中提到的人类命运共同体的四个主题进行讨论探究。第一小组通过探究"2008 年国际金融危机"对全球的影响来理解说明主题"国际权利观"；第二小组通过探究"气候变化"给各国带来的利益影响来理解说明主题"共同利益观"；第三小组通过探讨"长江十年禁渔"事件对可持续发展的意义来理解说明"可持续发展观"；第四小组通过探究"联合国多变主义"对全球治理的影响来说明主题"全球治理观"。四小组探讨结束后进行分享，老师基于小组分享的结果对"人类命运共同体提出的背景"进行进一步讲解说明。

国际权利观

共同利益观

可持续发展观

全球治理观

和全球治理观

(https://www.bilibili.com/video/BV1VS4y1A7dN/?vd_source=3068a48617cd6482a097daa13e5f3487)

设计意图：

通过四个具体的实例分析带领学生探究人类命运共同体沟通的四项主题，并从四个主题中深刻感悟到人类命运共同体实施的背景是由于人类在同一个"地球村"上利益不可分割，人类在同一个"地球村"上共存亡。

步骤 3

首先提出问题，让学生思考人类命运共同体理念的含义，然后对照选段尽可能完整地理解人类命运共同体的理念及其对跨文化交际的指导意义。

(1) *How do you understand the concept of human community with a shared future?*

(2) *What implications does this concept have for intercultural communication?*

1

To build a community with a shared future for mankind represents China's strategic vision of the world in a new era and of a fair and equitable global order built upon the spirit of openness, inclusiveness, fairness and mutual respect.

The constructive concept of a community with a shared future for mankind, which can also be called "China's plan for the world," has become the guiding principle of China's foreign policy and is characterized by the following:

It represents an exciting new perspective for international cooperation and an international order that features fresh concepts of development, security and civilization. It underlines China's strategic thought on the long-term development of its bilateral and multilateral ties with the world.

The proposal also reflects and supports the long-cherished aspirations of not only the Chinese people, but very importantly also the common yearning of people all over the world to live in peace, security and with prosperity. (adapted from *China Daily*) (https://www.chinadaily.com.cn/a/202111/16/WS6192f675a310cdd39bc757e5.html)

2

Cheng Xiaotang, a professor of applied linguistics at the School of Foreign Languages and Literature of Beijing Normal University, said the objective of foreign language education in the new era is to develop the students' comprehensive ability for intercultural communication.

"Gone are the days when you can approach a foreign language as just a communication tool," Cheng said. Instead, he suggested English educators should consider foreign language learning as a process for students to understand the world.

"To teach a foreign language, we should broaden the students' horizon, help them to see things from an international perspective and aid their growth as a global citizen," he said.

"Students with a good mastery of foreign languages need to accumulate knowledge in other professional aspects so that they can better contribute to national development, the Belt and Road Initiative, and other major initiatives that can help 'build a community with a shared future for humanity,'" said Chen.

(https://global.chinadaily.com.cn/a/201807/21/WS5b529d07a310796df4df7d5b.html)

设计目的

帮助学生准确理解人类命运共同体这一理念的内涵和特点，使学生能够在这一理念的引领下，提高和拓展对跨文化交际的认识。

步骤 4

学生仔细阅读（十分钟）一段选自 *China Daily* 题为 "It's Time to Heed the Voice of the Youth" 的选段，并基于选文写一篇题为 "Intercultural Communication to Publicize Chinese Culture" 的读后总结。

It's Time to Heed the Voice of the Youth

In order to bridge the global divide between countries, people need to learn about different cultures and the characteristics of the youth in different countries, and find the best way to establish and continue intercultural communication amid rising complexities and uncertainties across the world.

......

In other words, China should take advantage of the younger generation and social media to tell its stories and make its voice heard globally. (367 words)

(https://global.chinadaily.com.cn/a/202204/29/WS626b1ac6a310fd2b29e59fff.html)

设计目的

通过任务型阅读，一方面可以检验学生的语言基础知识与篇章理解能力，另一方面能帮助学生明确青年人在跨文化交际中应当承担的责任，树立文化传播与交流中的责任意识。

3. 思考练习

（1）搜索资料，发现更多关于文化冲突的案例。

（2）结合教材文章 Text C，查找关于中国建设人类命运共同体和促进跨文化交际付诸的实际行动的资料（如：The Belt and Road Initiative），并分组汇报。

（3）思考在全球化及文化冲突日益加剧的背景下，新时代青年如何更好地对外传播中国文化。

六、课后反思

1. 教师反思

（1）课文中提到的一些知识和信息，如中国促进跨文化交流实践和行动的例证大都开始较早，学生们如果不是通过老师介绍可能对这些项目活动并不熟悉，难以激活学生与此有关的图式，教师应做必要的介绍，或根据学生的背景知识，提供较新的信息资源。

（2）课堂评估环节较薄弱，设计的形成性评价活动和要求不完善，教师需利用动态评价方法对学生课堂参与的量和质进行适时评价。

2. 学生反思

（1）教学效果

① 学生基础知识掌握情况。教学方式的转变使学生对于跨文化交际理念、人类命运共同体等专业基础知识有了一定程度的理解，相较单一课程教学有显著改进。

② 学习能力与方法培养情况。学生结合课文及补充文献阅读、小组专题讨论、案例分析、见闻分享等方式，自主学习性能够得到明显提升，能够形成一定的团队合作意识和创新意识。

③ 学生价值观培养情况。学生能充分认识习近平总书记所倡导的人类命运共同体理念对开展不同文化之间的交流对话的重要意义，并能以此丰富和提升对跨文化交际意识、跨文化交际能力内涵的理解，树立跨文化交际的正确态度。

（2）实际困难与问题

① 学生的跨文化交际意识和能力尚处于基础层次，提升意识和能力需一个过程，需要更加明确理解跨文化交际课程学习的目的和意识，进而提高学习主动性。

② 学生对文化的批判性思维能力薄弱，文化案例分析能力、鉴别能力、任务设计能力，信息素养，对国情、民生、国际时政的关注程度因人而异，显现出较大差异，需进一步强化教学的针对性。

③ 学生的文化体验和积累不足，较难将理论与实践结合起来，需强化直观化、情景化的教学模式，使教学的输入模态多元化，增强学生的体验和参与程度。

作者：杜平、袁贺金、陈明珠　　　学校：西华师范大学

"语言学导论"课程思政教学设计样例

Unit 9　Sociolinguistics

Section B　Language Varieties and Language Planning

一、课程总览

1. 课程名称：语言学导论

2. 课程类型：专业核心课

3. 课程目标：

通过本课程的学习，使学生达到以下目标：

（1）能初步了解或掌握语言学的基本知识，了解语言的本质、功能和机制，并掌握语音、词汇、语法、语义、语用规律；认识语言与社会、文化、思维、认知等的关系。【知识】

（2）增强语言意识和研究兴趣，善于对语言现象进行观察和思考，提高语言使用和研究能力；学会收集和分析语料，初步了解如何进行语言及语言学研究，为进一步的语言学习或语言教学研究奠定基础。【态度＋技能】

（3）领会语言学各个分支的科研成果对外语教学的启示，以便今后更好地从事英语学习和教学。【知识＋技能】

（4）发展以概念分析为基础的逻辑思维能力，培养发现问题、分析问题、解决问题的能力。【技能】

（5）通过了解世界语言学研究的主要发现和成果，适时学习中国历史和当代的语言和语言学研究成果，传播中国语言学思想，培养塑造中国语言学学派的责任担当意识和勇气。【价值观＋知识】

4. 教学对象：英语类专业高年级本科生

5. 学时：线下 36；线上 15

6. 教材：《语言学导论》，文旭主编，北京师范大学出版社，2012 年

《新编英语词汇学教程（第二版）》（全人教育英语专业本科教材系列），文旭、杨坤主编，中国人民大学出版社，2022 年

二、本案例（单元/话题等）教学目标

1. 认知类目标：理解社会因素对语言结构和语言使用的影响；理解语言是文化的重要载体；掌握语言变体、语言规划等社会语言学的核心概念，并简析相关社会语言现象。

2. 价值类目标：增强对社会语言现象的关注，在马克思主义民族语言观指导下深刻理解各民族语言文字的平等性，建立文化自信；在国家安全维度深刻理解语言和社会相互影响的关系，体会语言变体、语言规划等微观或宏观的社会语言行为在文化安全、舆论安全、信息安全、教育安全等领域的重要作用，提高语言安全意识。

3. 方法类目标：能举出各种语言变体的实例；能简析双语、多语、语言规划等社会语言现象；能通过文献阅读、讨论等方法理解语言规划对国家安全的重要作用。

三、本案例（单元／话题等）教学内容、重点和难点

1. 教学内容

（1）语言变体：标准语、地域方言；
（2）语言规划：定义、类别、功能。

2. 教学重点

（1）语言变体的定义、类别和特征；
（2）中国的标准语（普通话）及地域方言；
（3）语言规划的定义、类别及功能。

3. 教学难点

（1）社会因素对语言结构和语言使用的影响；
（2）马克思主义民族语言观指导下的社会语言使用分析；
（3）从国家安全维度深刻理解语言和社会相互影响的关系。

四、本案例（单元／话题等）教学方法、手段

1. 简单讲授标准语、方言、语言规划等概念；通过演示法，用丰富的语料和史料帮助学生理解标准语与语言变体的共存关系及各自的价值。

2. 采用案例法，反思、观察并分析社会生活中的语言实践，包括学生个体的方言经历，双语／多语经历，引导学生发现语言与社会、语言变体和语言规划、语言规划与国家身份认同的密切关系。

3. 通过文献阅读，让学生了解汉语拼音方案的演变和推广，反思语言规划在国家经济发展、社会稳定和民族团结中的重要角色。

五、本案例（单元／话题等）教学过程

1. 语言变体 Language varieties

1.1　Dialects
步骤 1
学生举例并思考一门语言（如汉语、英语）因时空、地域、功能不同而呈现的变体，如：

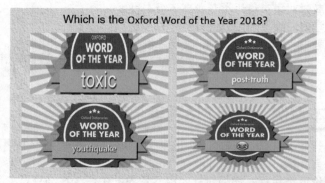

设计目的

用鲜活的语料引出"语言变体"的概念，从语言变体的角度回顾马克思主义语言观，让学生轻松把握语言的社会属性。

步骤 2

学生辨析文学作品和影视作品中的方言表现，如：

> **莫言作品中的高密方言**
>
> "他趁着俺虾腰的工夫把本相掩饰了大半，只余着一根尾巴梢子从袍子后边露出来，拖落在地上，沾上了不少污泥浊水。"（《檀香刑》，第 89 页）
>
> **Amy Tan作品中她母亲的中式英语**
>
> And my mother was standing in the back whispering loudly, "Why he don't send me check, already two weeks late. So mad he lie to me, losing me money.
>
> *Mother Tongue*

设计目的

学生赏析方言赋予说话人的活气、灵气和情韵，如莫言所说的，"它（方言）是带着生活体温的语言"，培养学生的语言审美能力；同时，引导学生辩证看待方言和语言变体，不判其高下优劣，形成语言平等观。

步骤 3

学生分享各自地域方言里对同一事物 / 现象的不同指称，如：

How do you say "potato" and "I don't know" in your dialect?

设计目的

学生列举语言地域变体的实例，感知汉语方言和少数民族语言的地域多样性，明了语言变体与文化多元的共生共栖关系。

步骤 4

学生系统了解汉语方言区和美国英语方言区，重点讨论汉语方言的丰富及汉语与少数民族语言的和谐相处。

学生分享英式英语和美式英语对同一单词的不同拼写、读音和用法，如：

- In British English, a well-known dialect goes by the name of **London cockney**.
- Glottal stop: cat= [kæʔt]
- "h" dropping: house='ouse
- *th* fronting: thin=fin
- In American English, a well-known dialect: **New York English**.
- /æ / for /ɑ/, as in "father," "spa"
- /ɑː i̯/ for /ai/, as in "lightening," "right"
- Dropping of "g" in –ing participles, as in "finding," "thinking"

设计目的

学生了解汉语 / 美国英语的方言分区及各区语音词汇的突出特点，感知语言的地域多样性，明了语言变体多样性与文化多元的共生共栖关系，摈弃地域歧视，尊重说方言的人，发掘家乡方言的文化特质。

学生观察英式英语和美式英语的区域差异，提高英语文体辨识力，探索英美民族特质在各自语言中的传递，并形成语言平等观。

1.2 Standard language

步骤 1

学生尝试界定标准语，列举多个国家的标准语，讨论是否每个国家均有标准语。

■ Definition

... refers to the variety of a language assigned with the highest status in a country or state

■ Examples

Standard British English

Standard American English

Putonghua/Mandarin Chinese

设计目的

学生掌握标准语的定义，区分标准语与方言，区别标准语与官方语言，开始思考语言文字标准化对一个国家的宏观价值。

步骤 2

回顾地域方言相关知识，引导学生从多个维度认识普通话和汉语方言的关系，认识标准英语和标准美语的关系。

提问：

What is the relationship between Putonghua and regional dialects in China?

What is the relationship between Standard British English and Standard American English?

设计目的

引导学生从国家政治、经济、文化、教育等维度，充分认识新中国成立以来在语言文字标准化，包括普通话推广和汉语拼音方案推广方面的不懈努力，及其对推进国家认同的重大意义。同时，帮助学生理解在语言文字标准化过程中，普通话与方言及少数民族语言如何和谐共进。

引导学生在英语作为世界通用语的国际大背景下，思考标准英语与标准美语的关系。不局限于两者在发音、拼写、词汇等方面的区别，还包括两者的历史渊源，尤其是美国英语的标准化对美国独立后民族认同的价值。

步骤 3

学生速读材料"秦书同文"（节选如下）。

The Qin Dynasty and the Standardization of Written Chinese

The Qin Dynasty (221BCE–206 BCE), though short-lived, is remembered for its military strength and its unification of China and of course the unification or standardization of Chinese writing. In the Zhou Dynasty and the Warring States Period, textual variation was very common. Scribes in the various regions or states adopted different graphs for the same word, separated by vast distances and, often, strict political border. Under one unified government, however, the diversity was deemed undesirable as it hindered timely communication, trade, taxation, and transportation. In addition, independent scripts could express dissenting political ideas. As one of his most influential achievements, Prime Minister Li Si of the Qin Dynasty standardized the writing system to be of uniform size and shape across the whole country.

基于上述文献，学生分组讨论文字标准化对秦始皇统一中国的重要意义。

提问：How do you understand the significance of the standardization of written Chinese in the Qin Dynasty to the unification of Chinese culture and the relationship between language and national identity?

设计目的

学生反思文字标准化对秦始皇统一中国的重要意义，反思普通话对国家认同的重要意义。

2. 语言规划 Language planning

2.1 语言规划的定义

步骤 1 学生阅读教科书相关部分，理解语言规划的定义。

Language policy and language planning (LPLP or LPP for short), as a branch of study, offers advice on a number of issues including how the language factor (including L1 and L2) affects at least the following to varying degrees in different historical periods:

(1) The economic and educational systems of a nation;

(2) The modernization and internationalization of a nation;

(3) The cultural identity and unity of a nation;

(4) The fate of the mother tongue and dialects of a nation.

设计目的

帮助学生理解社会因素对语言结构和语言使用的影响，并初步了解语言与经济、政治、教育、现代化、国际化、文化、身份认同等的关系。

步骤 2 学生回答并讨论学校英语教育规划问题。

1) When did you start to learn English at school?

2) Do you think China will turn into a bilingual society in the near future? Do you wish to see that happen?

设计目的

引导学生认识学校英语教育属于国家外语政策的重要内容，也属于我国语言规划的重要组成成分。

帮助学生进一步理解语言规划的定义及其内涵，同时增强反思能力。

帮助学生进一步思考不同语言或语言变体之间的关系。

2.2 语言规划的类别

步骤 1 学生通过头脑风暴列举日常学习生活中属于语言规划的例子。

设计目的

进一步检验学生对语言规划定义的理解，并增强其对相关社会语言现象的关注和反思意识。

步骤 2 学生通过小组讨论对所列举的语言规划实例进行分类。

设计目的

增强学生合作学习能力和思维能力。

步骤 3 学生阅读教科书中对于语言规划的分类，即语言地位规划（status planning）和语言本体规划（corpus planning）。

步骤 4 学生通过示例进一步辨析语言地位规划和语言本体规划。

教师展示例子：

status planning   e.g. mandarin & Chinese dialects

Corpus planning   e.g. French efforts to rid the language of English words

设计目的

帮助学生进一步巩固语言规划的定义及分类。

2.3   语言规划的功能

步骤 1   学生通过头脑风暴列举语言规划功能。

设计目的

培养学生的思维品质，帮助学生初步理解语言和社会相互影响的关系。

步骤 2   学生分组阅读文献并互相分享所读文献的重点内容。

（1）李宇明，2010，国家外语规划的若干思考，《外国语》第 1 期。

（2）刘跃进，2011，国家安全体系中的语言文字问题，《语言教学与研究》第 6 期。

（3）Liddicoat, Anthony, 2008, Language planning and questions of national security：An overview of planning approaches. Current issues in language planning, 9 (2).

（4）沈骑，2014，非传统安全领域的语言规划：问题与框架，《语言教学与研究》第 5 期。

（5）戴曼纯，2011，国家语言能力、语言规划与国家安全，《语言文字应用》第 4 期。

设计目的

帮助学生在国家安全维度下初步体会语言规划在经济安全、文化安全、舆论安全、信息安全、教育安全等领域的重要作用。提高学生包括文献阅读能力在内的学术能力，提高学生的合作学习能力和反思能力。

步骤 3   学生通过教师介绍，了解新中国成立后汉语拼音方案的形成，并讨论其对于国家安全的重要作用。

设计目的

提升学生的反思能力。

帮助学生通过实例加深对语言作为文化载体的理解，增加文化自信。

进一步提升学生的国家安全意识。

3. 思考练习

（1）搜索资料，了解 1—2 个英语国家近代的语言规划政策及其演变过程。

（2）结合所学的语言规划相关理论和知识，了解我国的外语政策，并思考如何回应"取消英语主科地位"这样的提议。

（3）通过 1）阅读孙春颖、杨书俊，2011，《青海玉树救灾中的语言障碍与语言援助》，载《中国语言生活状况报告（2011）》，商务印书馆；2）观看新闻报道《抗击疫情：老年患者方言太重，医疗队编写方言手册学习》，思考在突发事件中普通话与方言之间的关系。

六、课后反思

1. 教师反思

2. 学生反思

作者：文旭、唐瑞梁   学校：西南大学

"研究方法与学术写作"课程思政教学设计样例

Chapter Eight　Writing a Research Proposal

电子教材样章

一、课程总览

1. 课程名称：研究方法与学术写作

2. 课程类型：英语专业核心课

3. 课程目标 [①]：

通过本课程的学习，学生能够

（1）增进对中国语言文化的认同感，能积极完成重综合、重体验、重践行的教育课程体系学习。

（2）了解科学研究的标准与特点，具备学术伦理道德意识，能按照英语学术论文撰写的格式和规范进行英语论文写作。

（3）具备一定的人文社会科学研究方法，能用问卷、访谈、观察等研究方法收集一手数据并进行整理、分析、呈现。

（4）具备较好的信息素养，能利用信息工具检索文献，并对相关文献进行鉴别、判断与述评。

（5）具备成长型思维与思辨能力，能从多维度、多层次进行自我反思、分析并解决问题。

4. 教学对象：英语类专业高年级本科生

5. 学时：32

6. 教材：《学术英语写作与研究方法（第二版）》（全人教育英语专业本科教材系列），刘承宇主编，中国人民大学出版社，2021年

二、"开题报告"单元主题写作教学目标

"开题报告"单元主题写作教学目标为：

1. 认知类目标：学生通过教材阅读与搜寻"开题报告"相关资料，以课堂展示、交流、讨论的方式，了解开题报告的结构形式、文体要求、写作流程，理解开题报告在学术论文写作中的重要意义。

2. 价值类目标：学生能尊重事实、谨慎判断、敏于探究，提升思考力、行动力、沟通力，遵循学术规范、恪守学术道德、坚守学术诚信。

3. 方法类目标：学生基本能按要求完成《贵州师范大学本科毕业论文（设计）开题报告》，对选题能有理有据进行论证，能选取恰当的研究方法、合理安排好时间、并注重参考文献的规范性。与此同时，学生能根据师生、生生互评的反馈意见，进行写作文稿修订。

---

① 基于《普通高等学校本科外国语言文学类专业教学指南》（2020）与《普通高等学校本科专业类教学质量国家标准》（2018）并结合本校实际情况拟定。

三、"开题报告"单元主题写作教学内容、重点和难点

1. 教学内容：

（1）开题报告的形式与意义；

（2）选题的价值与意义；

（3）研究思路与方法；

（4）总体安排与进度计划；

（5）参考文献规范。

2. 教学重点：

学生们在了解开题报告概念及意义的基础上，完成一份完整的开题报告撰写任务。

3. 教学难点：

（1）选题过大、过泛或过小、过窄。

（2）语言表达、内容要求、格式体例不符合规范与要求；

（3）研究方案不具备可操作性。

四、"开题报告"单元主题写作的教学方法

本案例采用合作式、问题式、讨论式、启发式、发现式、案例式、任务型、过程性写作教学方法。具体表现为：

1. 学生自由组合为 3—4 人的小组，他们分领任务后进行课后阅读、资料收集，然后做成 PPT 到课堂上进行汇报展示。

2. 以学生碰到或提出的真实问题为驱动，师生在课堂上进行开放性讨论，教师会聚焦课堂生成的典型案例，启发同学主动思考搜寻新的线索去解决现有的问题，让同学们做到脑、手、心结合，知、行、意合一去完成写作任务。

3. 课堂采取"想—写—改"三位一体的过程性写作教学模式，以课堂深度讨论促进学生的反思能力、写作能力以及发现问题、解决问题的能力。

五、"开题报告"单元主题写作教学过程

图 1 是"开题报告"单元主题的"想—写—改"过程性写作教学模式，具体分成"小组课堂展示""课堂讨论答疑""课后写作任务""课堂评阅反馈"等四个步骤或环节。"小组课堂展示""课堂讨论答疑"属于写前活动（pre-writing activities），解决学生写作素材准备的问题；"课后写作任务"属于写中活动（while-writing activities），此环节采取了学生撰写开题报告、教师在线答疑指导学生写作的教学辅导方式；"课堂讨论答疑"属于写后活动（post-writing activities），在此环节，解决学生写作文本反馈与修改的问题，师生在课堂上进行有针对性并具开放性的互评互议活动。

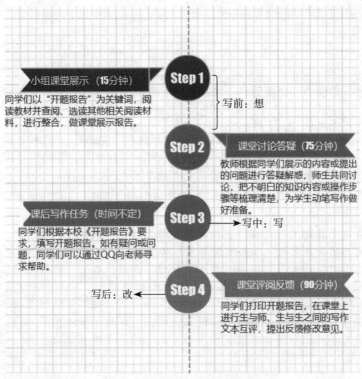

图1 "开题报告"写作教学过程

步骤1：小组课堂展示

学生课外阅读《学术英语写作与研究方法（第二版）》第八章"Writing a Research Proposal"并查找其他相关书籍、学术期刊、网络资源等进行拓展补充。学生将搜集到的资料进行归纳、总结，并制作成PPT在课堂上进行严格限时15分钟的展示汇报。教师在"What（开题报告是什么样的）""Why（为什么需要开题报告）""How（如何撰写开题报告）"三个层面引导学生思考并制作PPT。

设计目的

启发学生从"是什么""为什么""怎么样"三个层面主动思考"开题报告"的形式、意义与具体的写法，帮助学生学会整理素材与写作思路。与此同时，培养学生的信息素养，让学生能利用工具检索文献，并对相关文献进行判断、梳理、总结与述评。

步骤2：课堂讨论答疑

小组汇报结束后，其他同学对汇报内容进行反馈、评价，指出汇报的优缺点、谈论自己对该主题仍存有的疑问或说说其他任何引起自己新思考的信息点或知识点，师生一起对学生提供的自选题与相关研究思路、方法进行讨论与分析。教师联系本节课的目标、内容、重难点等进行小结，对课堂生成的问题进行答疑或课堂产出的其他相关小议题进行强调或延伸。

设计目的

通过头脑风暴研讨，学生解决目前具体的写作问题，同时养成全面、发展的眼光去认识开题报告的内涵以及写作要求。师生一起对学生自己的选题进行开放式的讨论，把学生不明白的知识内容或操作步骤等梳理清楚，以便学生更好地在课后完成"开题报告"写作任务。

步骤3：课后写作任务

学生按照《贵州师范大学本科毕业论文（设计）开题报告》要求撰写开题报告，具体包括"选题的理论意义或应用前景""研究思路、方法技术路线""总体安排、进度计划""主要参考文献"
等部分。

设计目的

培养学生的写作能力、问题意识、文体意识，规范学术写作行为、坚守学术诚信。

步骤4：课堂评阅反馈

学生将"开题报告"习作打印带到课堂上供全班阅读、修改、讨论，文本反馈者或修改者
需要带上笔一边阅读一边在纸质稿上进行标注、批阅，写下自己的意见与看法。教师、学生均
同时参与纸质互评。最后，教师根据互阅互评的情况组织讨论、总结。

设计目的

鼓励阅读者与写作者进行对话，重构写作过程，让同学们充分体验、感受、理解、分析
作者与读者之间真实存在着的认知差或信息差，从多维度了解文本、作者、读者（或评阅者、
反馈者、修改者）之间的关系。同时，教师也针对"开题报告"写作任务的实施做进一步的
指导，让学生领悟写作在现实生活中是一个不断修改的过程，明白"好文章是改出来"的
道理。更为重要的是，此活动的设计是为了让学生知晓写作文本修改的层面不应该仅局限于
词汇、语法等语言形式方面，还应该关注语义、语用、逻辑等多方面的问题，写作修改也不
仅有评阅者阅读文本后进行书面反馈、修改的方式，还有作者与他者（the others）面谈讨论
（conferencing）的方式（如图2所示）。

图2　师生课堂写作互评互阅

六、课后反思

1. 教师反思

这种基于真实语境的"想—写—改"交叉渐进式英语写作教学能促进学生思考、写作的同
步运转，同时也促进师生与生生间的深度交流，使课堂教学不再只是传授写作知识与技能，而
是采取全方位、全过程育全人的方式去基于内容教学（content-based teaching and learning），它
整合了语言的输入与输出，加强了学生语言运用、思辨能力、学习能力的培养。它能在考虑课

程目标的同时对同学们进行针对性、个性化、走心式的育人导向，让师生一起的课堂时间更高效、更有价值，师生形成了学习共同体，彼此敞开心扉、坦诚相待，成为信任的伙伴，双方都变成了课堂上的合作者、共进者及文化协同创建者。

在写前活动中，有学生就提出了为什么会使用"research proposal"与"thesis proposal"两种不同的英文词组表达"开题报告"一意。教师根据学生的疑问展开，分析强调了"research""paper""thesis""dissertation""project"等词的内涵，给学生们做出了学术写作中用词如何精准的示范与说明，使课堂延展与讨论的内容更丰富、更有深度。根据同学们收集到的"MLA, APA, Chicago, Harvard, and Chinese standard referencing style GB/T 7714"等信息，教师带领同学们了解不同的参考文献要求。根据小组展示提供的"进度计划"（如图3所示），教师引导全班一起讨论学术论文写作过程中时间安排与管理的重要性，促进了同学们元认知策略的培养。

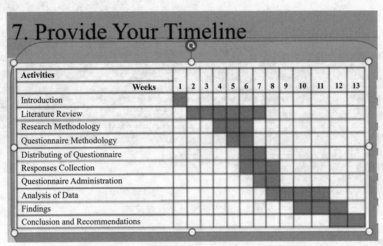

图3　小组引用的"进度计划"表

在写中在线答疑活动中，学生会问出写作任务要求类的问题（如图4所示），但他们的文字难免会出现表意不清、语气不妥、交际策略不当的情况。通过这种基于学生真实问题出发的交流，教师不仅能对具体的英语写作任务进行指导，还促进了学生汉语交际能力的提升。

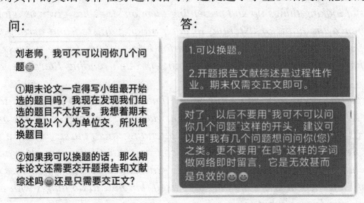

图4　同学提出的写作任务要求类问题及教师答疑

在写后活动中，学生的文本会出现随意加粗、字体字号不统一的情况。有些学生的打印稿还出现了表格接近整页空白的情况。这样的"互阅互检"评阅实操活动使学生能立即看到彼此的相同与不同，胜过了课堂上教师单方的"千言万语"，学生的参与度也很高：他们有更多的话语要陈述、有更多的问题要咨询。在互阅互评活动中，学生除了能指出彼此文稿中的语言知识、体例排版等不足之处以外，还能指出同伴提纲写作的内在逻辑、文献资料中的中英比例、研究计划的总体安排与进度的不合理情况以及参考文献不规范等问题（如图5所示）。

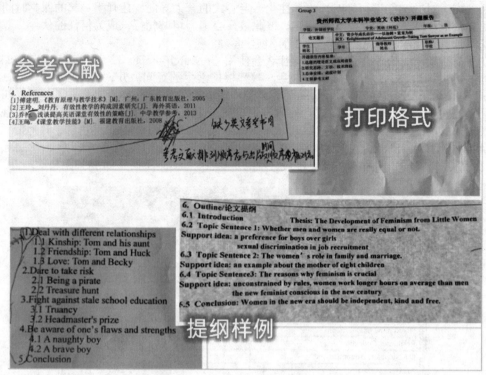

图5　师生课堂互评互阅文本

2. 学生反思

在本课学习中，学生们更加认识到了独立思考、小组合作、时间管理、真实表达、信息搜寻的必要性与可行性，能以点见面、以言（文）成事、有理有据进行谈话或行文，也更加明白语言、思维、行动之间的紧密关系，能做到整体思维与细节把握，他们不仅局限于知道"是什么""怎么做"，还会主动探寻"为什么"，他们对本课的评价与反思有[①]：

"*The process of looking things up and presenting them on stage has given us a lot of improvement. We have strengthened the habit of listening to each other, adjusted and arranged our time more rationally, and speeded up the speed of searching for information. In the process of searching for information, we have learned more or less viewpoints through reading literature, and enriched our thinking.*"

"*Second, I realise importance and value of my time and I need to give each task a limited and reasonable time. What is the most impressive is that when I assess others' works and presentations, I should see merits of these. Third, I really enjoy attending this course, because you let everyone express our ideas freely. Through this course, I have courage to articulate my ideas and understand the importance of fluency and logic of speaking and using exact words in order to express my ideas.*"

"*I think what I have learnt is not the language itself, but how to do things with English, and ways of thinking. I think this is also what the teacher said about personal ability. Now, I treat a question deeper, broader, and more inclusive.*"

"*I think I have gained a very important skill in this lesson, which is logical thinking in writing.*"

"*I have deeply realized the importance of balancing independently thinking and cooperatively learning. Last but not the least, everything small I am doing is worthy and significant as it is going to be the great thing in the future. So, that's enough to do the smallest the best.*"

"*I have gained some ways of thinking that make me more mature. First and foremost, I learned to*

---

① 反思时同学们可以自由选择中文或英文进行表达，所有文字均为同学们的原始表达，引用时未做更改。

change to single-dimensional goals."

"This course is not only helpful for writing a graduation thesis, but also about many other abilities, such as the meticulousness of doing things, the ability to find the resources, the ability to integrate, process and analyze, etc., which can be applied to life in many aspects. Then I want to mention the importance of group cooperation, which is conducive to enhancing team awareness."

"论文特别注重严谨性和科学性,刚开始没注意那么多,导致写开题报告的时候漏洞百出,后面在打出来小组互评的时候,才发现好多细节问题,特别是后面文献参考那里,好多中英文符号,空格的问题。自己仔细想想其实这些如果自己当时仔细检查几遍,是肯定不会有错的。"

"经过课上老师的指导,我知道我这个选题至少对现在的我来说还是太大了,因为我身边没有这样的样本供我研究,所以我想的就是如果我以后有机会出国再去看看这个现象研究的可行性。总的来说就是我们在仰望星空的同时,也应该学会脚踏实地地走好每一步。所以我觉得我们的学习更深层次了,深层次体现在我们不仅仅是要知道它怎么写,还要知道它为什么这么写,我们自己也要能写。能关注到文章里面的细节与严谨,这些才是抛开单纯写论文这个目的之外,我们学到的能力。"

"在我处于混沌的时候,老师的点拨让我顿悟了好多事情,这是课程分数什么的绝不能比拟的。人生似乎是一场修行,当你的认知和思维能够涵盖整个社会的形形色色时,分数、财富、人与人之间的复杂的关系,好像变得也不那么重要了。"

"同学们PPT上的内容很专业,希望展示的同学们能用自己的语言解释给在座的同学们,不要照着很学术的内容进行朗读。"

但是,由于课程采用了学生高参与度讨论的方式,个别学生觉得占用了老师"解释"的时间,老师讲少了,内心存在担忧:

"I personally like this way, which can exercise our thinking, but I am also a little worried, because after all, the teacher's explanation part is relatively small, so I am afraid that I cannot learn the basic method of paper writing very well."

总的说来,教师在课堂上鼓励学生真实表达自己,不害怕犯错,让"学"真正在他们的身上发生,使学生们能将学习、思考、情感合为一体,用"我手写我思、写我见、写我心"的方式表达自己、传递信息,使他们成为有意识、自觉的写作者,同时也培养他们成为具有深度思考能力的阅读者、评价者与表达者。学生们学会在真实情境中对大脑摄入的信息进行蕴含理性、情感、价值、文化等的自主深度加工后(段茂君,郑鸿颖,2021),再去面对这个信息、知识垂手可得的年代,守着独立中正、知行合一去与他人沟通理解、对社会做出贡献、为世界创造价值,立德树人的根本教育目标也就达成了。

李赋宁先生说过"Every course is a writing course"(胡壮麟,2011),由此可见,英语写作有多重要。但是,在写作教学过程中,如何平衡中文与英文的关系、提高课堂讨论的参与度与深度、培养学生批判性与成长型思维,让学生产出形式、意义、语用三合一的高质量英文文稿,使学生相信理性、尊重事实、谨慎判断、敏于探究、持之以恒,提升他们的思考力、行动力、沟通力、合作力、原创力、信息力,让他们在立足中国的同时放眼世界,为人类命运共同体贡献自己的力量,这是教师面临的挑战,也是新时代赋予课程教育的历史使命。

参考文献

[1] 段茂君,郑鸿颖.深度学习:学习科学视域下的最优整合[J].电化教育研究,2021,42(6):34-39,59.

[2] 胡壮麟.谈中国外语教育30年[J].天津外国语大学学报,2011,18(4):1-7.

作者:刘春霞   学校:贵州师范大学

"英语演讲与辩论"课程思政教学设计样例

Unit 9　Refutation

电子教材样章

一、课程总览

1. 课程名称：英语演讲与辩论

2. 课程类型：专业核心课

3. 课程目标：

通过本课程的学习，使学生达到以下目标：

（1）了解和熟悉公共演讲与辩论的一般规则，能够就某一话题广泛收集素材，撰写演讲稿并脱稿进行演讲，能参与主题发言、抗辩、问题挑战、总结陈词等环节的辩论。【知识＋技能】

（2）培养学生的跨文化沟通能力、思辨能力与说服能力，通过各种理论与技巧的学习和训练，打破传统思维模式，培养基于可靠证据与严谨逻辑的沟通与思辨能力。【能力】

（3）通过演讲与辩论训练学生在公共场合克服紧张情绪，调整即时心态，锻炼心理抗压能力，改正个人表达的不良习惯。学会在辩论中遵守辩论规则，尊重对手，铸就坚毅果敢、处变不惊、胜不骄败不馁的人格。【态度＋价值观】

（4）拓展学生的知识面和信息贮备，注重跨学科知识积累，帮助学生积累对复杂议题的全方位、多角度的考察和理解，构建丰富完整的学科知识体系。引导学生理解各国文化内涵，比较异同、汲取精华、尊重差异，提高跨文化意识，树立远大理想和抱负，培养学生的人文情怀、国际视野和民族自信。【知识＋价值观】

4. 教学对象：英语类专业二年级本科生

5. 学时：线下 36

6. 教材：《新编英语演讲与辩论》，顾国平、张娟主编，中国人民大学出版社，2018 年

二、本单元教学目标

1. 认知类目标：能够辨识并自主分析逻辑谬误，包括证据的可靠性、信息来源的可信度、事实和数据与辩题的相关性、逻辑推导的合理性等；熟悉驳论三步法，并能在实际辩论中使用；在文献阅读的基础上，深度理解和掌握美国持枪权利的历史与现状以及围绕这一辩题的不同观点，拓展学生的知识面和信息储备，积累跨学科知识。

2. 方法类目标：能辨别和分析对方论点不同的逻辑谬误，并使用驳论三步法进行反驳；能通过深度的文献阅读、合作式讨论等方法，实现对相关辩题正反双方观点多角度的掌握，能够在辩论中熟练使用这些观点，并能够切换立场开展辩论。

3. 价值类目标：通过参与和实践基于可靠证据支持和逻辑推导的驳论，培养具有思辨能力、理性的学生个体；通过参与基于规则的团队合作，培养学生的合作学习能力、团队精神和规则意识；从保障人民生命财产安全的维度帮助学生明白美国枪支权利这一议题的历史演变、当前困境和社会危害，全方位、有深度地掌握该辩题的正反双方观点，使学生在获得跨文化意识和国际视野的同时，深刻认识持枪权对社会安全的危害，加强对我国政策与社会的认同。

三、本案例（单元/话题等）教学内容、重点和难点

1. 教学内容

（1）逻辑谬误：证据误用类、逻辑推导类；

（2）驳论的概念、方法与呈现。

2. 教学重点

（1）逻辑谬误的类别；

（2）逻辑谬误的分析与识别；

（3）驳论的方法与呈现：三步驳论法；

（4）美国持枪权利辩题的驳论练习。

3. 教学难点

（1）逻辑谬误的辨识、同一论点中不同逻辑谬误的重合与混合现象；

（2）三步驳论法的运用；

（3）美国枪支权利背景信息的历史纵深与多种视角。

四、本案例（单元/话题等）教学方法

1. 讲授驳论、逻辑谬误的概念；通过演示法和案例法，帮助学生熟悉逻辑谬误的类别和分析逻辑谬误的方法。

2. 采用学生小组讨论和个人展示的课堂实践操练，熟悉驳论三步法，并能在实际的辩论中使用。

3. 通过文献阅读，让学生了解、熟悉相关辩题（美国持枪权）正反两方面的观点，在辩论中可以做到切换立场。

五、本案例（单元/话题等）教学过程

1. 论点中的逻辑谬误 Fallacies in arguments

1.1　逻辑谬误案例 Cases of fallacies

步骤 1

学生分成 3 人或 4 人一组，阅读下列 4 组论据，讨论分析其中的逻辑问题；每组学生推选一位代表发言，分享本组讨论的结果。

(1) My opponent himself owns a car and constantly uses it. How can he argue for restricting the purchase of private cars?

(2) Women have a right to choose whether to have an abortion or not, so abortion should be allowed.

(3) Surgeons have X-rays to guide them during an operation and lawyers have briefs to guide them during a trial, so students should be allowed to look at their textbooks when sitting an examination.

(4) Two men were waiting on a platform for a train to arrive. The older, middle-aged man was dressed in a conservative business suit and carrying a briefcase. The younger one was dressed in jeans and a sweatshirt, and was carrying a backpack. The older man glanced at an expensive gold wristwatch. Seeing this, the younger man asked: "What time is it, sir?" The older man didn't answer; in fact, he didn't even seem to notice the question. "Excuse me, sir," the younger man asked again, "Could you please tell me the time?" Again, there was no answer. After a pause, the younger man continued: "Hey, I saw you look at your watch. I don't have one. I asked you politely for the time. Why can't you tell me?" Finally, the older man turned to the younger one. "Look," he said, "if I tell you the time, we'll strike up a conversation. We'll get to know each other and become friends. I'll invite you to my house one evening for dinner. You'll meet my lovely unmarried daughter who is just about your age. You'll ask her

out on a date and end up falling in love with her. She'll also return your feelings since you're just her type. You'll ask her to marry you, and she'll accept. The two of you will get married." The older man stopped talking at that point. "Assuming that all that happens as you say," the younger man replied, "what would be so wrong with that?" "I don't want my daughter marrying a man who can't afford a watch!"

设计目的

用实际的案例引出逻辑谬论的概念，让学生进入小组合作学习，作为课程开始的热身。四个案例中的逻辑谬误相对容易辨识，也是辩论中经常发生的问题，它们涵盖逻辑谬误的两大类型，有助于激发学生对逻辑谬误现象的兴趣，并为后面抽象概念的出场做好铺垫。

步骤 2

学生举例一则广告用语，分析其中的逻辑谬误。

设计目的

广告词是逻辑谬误的重灾区。很多广告为了吸引和说服潜在顾客，突出产品特点，夸大产品性能，因此是寻找逻辑谬误的绝佳素材。通过分享广告，使学生熟悉生活中的逻辑谬误现象，训练学生对逻辑谬误的敏锐性。

步骤 3

介绍逻辑谬误的两大类别：证据类和逻辑推导类，罗列与讲解常见的逻辑谬误概念。查验对手论点中的证据是辨识逻辑谬误的重要方法，没有证据支撑、使用不相关或者不可靠的证据都是逻辑谬误的表现。查验对手论点中的逻辑推导是辨识逻辑谬误的第二个重要方法，使用类比论证、将时间先后顺序或关联性关系等同于因果关系等都可能导致逻辑谬误的发生。

证据误用类 Misuse of evidence：

1) Missing evidence
2) Excluded evidence
3) Begging the question
4) Straw man
5) Red herring
6) Ad hominem attack
7) Appeal to the people
8) Argument from ignorance
9) Hasty generalization
10) Accident

逻辑推导类 Faulty links：

1) False analogy
2) Post hoc ergo propter hoc
3) Confusing correlation with cause
4) Single cause
5) Slippery slope

设计目的

对逻辑谬误的识辨是培养逻辑分析能力和思辨能力的重要手段。通过讲解抽象概念与展示鲜活、常见谬误实例的结合，帮助学生熟悉逻辑谬误的类型和不同逻辑谬误的概念与特点，培养学生发现逻辑谬误的敏锐嗅觉和独立分析逻辑谬误的实际能力。学生通过在本课程接下来的教学内容中接触更多逻辑谬误案例，再加上课内和课后的反复训练，能够逐渐做到自主分析论点中的逻辑问题，提高论证和辩论的质量，切实提高思辨能力。

2. 驳论 Refutation and rejoinder

2.1 定义

介绍驳论的概念，解释反驳时的注意事项。驳论是辩论中互动性很强的环节，既包括对对方观点的反驳（refutation），也包括后续辩手对反驳的反驳（rejoinder）。前者是为了推翻或削弱对方的论点，后者具有双重目的，既辩驳对方的论点，又维护己方原来的论点。在辩论中不应该也无法反驳对方的每一条论点，辩手需要学会挑选所要反驳的论点。课程前半部分枚举的各种逻辑谬误的案例为学生提供了挑选所要反驳的对方论点的切入点。

Refutation is an interactive process wherein debaters critically examine one another's arguments by comparing them to other arguments deemed to be cogent, or by subjecting them to various tests of strength.

Refutation is the act of refuting an argument raised by the other team in order to weaken, disprove, discredit or invalidate it.

Rejoinder is the refutation of a refutation with the dual purpose of weakening and invalidating the refutation and defending and rebuilding the original argument.

设计目的

帮助学生理解驳论的概念及其在辩论中的重要性。在没有驳论的辩论中，辩手各行其是，各抒己见，没有互动，没有观点的交锋，不是真正的辩论。高质量的辩论就像一场乒乓球赛，包括发球、回球、进攻、反击，有来回有交锋，这样才能触及辩论的核心要义，切实提高学生的辩论水平。

2.2 驳论的方法 Refutation strategies

步骤 1

学生 2 人一组，在有提示的前提下尝试反驳范例中的论点，感知和探索驳论的基本要素和正确方法。

Argument: Standardized tests are generally good at measuring students' knowledge, skills, and understanding because they are objective, fair, efficient, and comprehensive. For these reasons, they are used for decisions about admission to colleges, graduate programs, and professional schools as well as qualification and licensing for many skilled occupations and demanding professions such as law and medicine.

Hint: Scores of standardized tests are not the same as student achievement.

设计目的

通过"标准化考试的利弊"这一学生相对熟悉的辩题让学生自己感知和摸索有效反驳的基本要素和环节。这一教学环节不仅旨在让两名学生通过讨论确定该论点的主要问题在于标准化考试是否能够客观、全面地衡量学生的表现，更为重要的是让学生自己探索驳论最合理的呈现方式，由此自然引出接下来的课程教学内容：三步驳论法。

步骤 2

介绍三步驳论法：第一步确定反驳的对方论点；第二步反驳对方论点，阐释反驳的理由；第三步总结反驳的重要性。同时介绍 Robert Trapp 的四步法，[①]与三步法参考对照。两种方法形式不同，实质相同。本课程统一要求学生采用三步法。

Three-step strategy

Step 1: Identifying the argument

Step 2: Critiquing the argument

Step 3: Explaining the significance of the refutation

Robert Trapp 的四步法：

---

① （美）罗伯特·崔普（Robert Trapp）等：《思辨精英：英语辩论——构筑全球视角（English Edition）》，外语教学与研究出版社，2016 年，第 134 页.

"They say..."

"But I say..."

"Because..."

"Therefore..."

设计目的

帮助学生熟悉和掌握驳论三步法，并能在辩论中自如使用。三步法是驳论的主要方法，看似比较机械，但能够帮助学生严谨、缜密地组织反驳中的关键要素，实现高效的交流。尤其是对于辩论的初学者，三步法能够帮助训练学生严密的思维习惯，在辩论中更快上手，在与对手的有效互动中锻炼组织观点的能力，收获信心。

步骤 3

要求学生使用三步法模板重新组织和呈现对步骤一范例论点的反驳。

Identifying the argument:

In their argument for standardized tests, our opponent claims that standardized tests are good at measuring students' knowledge, skills, and understanding.

Critiquing the argument:

But this claim is problematic in that it equates students' performance in standardized tests with their achievement. In fact, standard tests do a poor job of measuring student achievement. The scores don't provide very much useful information for evaluating a student's achievement, a teacher's competency, or the success of a particular school or program. Additionally, because of the small sample of knowledge that is tested, standardized tests provide a very incomplete picture of student achievement. They fail to measure such important attributes as creativity and critical thinking skills.

Explaining the significance of the refutation:

Since the argument offered by our opponent is wrong, their claim is questionable. There exists no ground for believing that standardized tests effectively measure student achievement.

设计目的

这是一个理论与实践相结合的环节。要求学生使用刚刚传授的驳论三步法重新组织之前学生自己刚刚尝试过的反驳练习，活学活用，体验进行有效、严谨辩论的成就感，并逐渐在以后的驳论练习中强化使用三步法的意识，建立使用驳论三步法的习惯。

3. 驳论范例 Gun rights: pros and cons

步骤 1

学生基于前一堂课布置的有关美国枪击案件的报道和反对与支持持枪权利的正反双方不同观点的阅读任务，总结提炼出持枪权利正反双方的主要论点。

学生阅读任务包括但不限于教师推荐的如下材料：

（1）教材第 70–74 页文章：Smith P. "Guns in America: The tragedy in Las Vegas has reignited the debate over America's gun laws." *Junior Scholastic/Current Events*, Nov. 20, 2017.

（2）学校图书馆电子数据库 Gale-Opposing Viewpoints Resource Center 中 "Gun Control" 和 "Guns and Violence" 主题下的相关文章。

设计目的

通过对辩题相关材料的深度阅读，帮助学生了解美国枪支权利问题的历史演变和当前困境，全方位、有深度地掌握该辩题的正反双方观点，为接下来针对这一辩题的正反双方驳论练习做好知识储备。没有课前全面深入的材料阅读，有意义的课堂辩论就难以展开。

步骤 2

围绕美国持枪权利的驳论练习。组织学生以一对一或二对二围绕这一辩题开展驳论练习，要求学生使用驳论三步法组织语言和论点。选取两组学生向全班展示其驳论实践。

以下是围绕该辩题的三个论点的驳论案例，未按驳论三步法严格组织语言，但可作为教师

课堂教学的参考:

Motion: This House calls for stronger gun control laws.

Argument 1: Stronger gun control laws would save lives. The more people who carry weapons, the more likely it is that someone will use one to kill. Statistics shows that increased gun ownership leads to higher levels of crime, suicide and other negative outcomes.

Refutation 1: Guns can make society safer by giving people the power of self-defense. A well-armed citizenry prevents crime and that stronger gun control laws would increase the crime rate by making law-abiding citizens vulnerable to those who choose to disregard the law.

Rejoinder 1: There is a fundamental difference between guns and other weapons, for instance, knives, in terms of the mortality of the harm they inflict. Guns cause more irrevocable harms and death than other weapons.

Argument 2: Gun right is an anachronism. The fact that gun right was sanctified in the U.S. Constitution should be situated in the very specific context of the American War of Independence in which the militia armed with guns played an essential role. But the situation has changed. Now the United States has the most powerful military in the world. There is no need for ordinary citizens to possess guns to protect the state.

Refutation 2: Our opponent has a flawed understanding of the sanctity of guns in America. Privately held guns not only helped the colonists rise up against the British, they are also necessary for the protection of our liberties by making government tyranny less likely. Gun right is not an anachronism. It is an essential right in ensuring freedom and democracy for this country.

Rejoinder 2: The key to protecting our liberties and our democracy is not in having armed citizens, but informed ones. By being individually armed, we cannot stand up to a regime of control. Instead, it encourages an extreme individualism, not a coherent community—since we are not asking for a select group of trained individuals to be the only and trusted bearers of arms, but *everyone*. This makes it easier to take control, since instead of a large opposing group, you have many disparate, self-regarding opponents. Thus, instead of aiding liberty against a powerful state, it aids a powerful state in taking more liberty.

Argument 3: The nature of modern arms, with the introduction of more advanced technologies unimaginable in the Founding Fathers' time, has made guns more dangerous when used.

Refutation 3: This is not a relevant argument for the abolition of gun right. It is about the regulation of gun laws. To reduce accidents in gun use, a great number of measures have been introduced, such as safety lock and background check of gun buyers.

Rejoinder 3: Guns are not safe. In spite of those safety measures introduced, there are still too many accidents involving children playing with guns or accidental discharges due to careless or inexperienced adults. Only through a complete gun control can these accidents be avoided.

设计目的

基于对辩题材料的深度学习,同时使用课堂上传授的驳论方法进行辩论训练,是辩论中最具挑战性也是最重要的环节。美国宪法第二条修正案规定的持枪权利导致美国社会枪击泛滥,这不仅是美国社会的痼疾,也是撕裂美国社会的话题。让学生全方位地了解美国持枪权利的历史演变和当前危害,有助于学生积累这一领域的知识,也能帮助他们增强对我国政策的认同。

4. 思考与练习

(1)如何确定对手的哪些论点值得反驳?

(2)整理和总结学习本堂课后掌握的有关逻辑谬误和驳论的重要知识,反思还有哪些不懂或不熟悉的内容。

(3)学生2人一组,就"This House believes standardized tests do more good than harm"这一辩题进行模拟辩论。学生甲列出最少3个论点,学生乙逐一反驳,学生甲再进行下一轮的反驳与辩护。

(4)选择一份报纸的社论,2人一组,学生甲尝试对社论中的观点开展反驳,学生乙尝试反驳学生甲的论点。

六、课后反思(教师反思＋学生反思)

作者:顾国平　　学校:北京第二外国语学院

"英语演讲与辩论"课程思政教学设计样例

Chapter 2　Speaking Confidently and Ethically

一、课程总览

1. 课程名称：英语演讲与辩论

2. 课程类型：英语专业核心课

3. 课程目标：

通过本课程的学习，使学生达到以下目标：

（1）学生能够掌握英语演讲的选题、撰写及输出技巧，以及英语辩论的基础知识、准备内容和策略方法。

（2）夯实口语表达能力，形成较强的思辨能力和逻辑分析能力，培养学生的语言素质、文化素养、心理素质、思辨能力、审美能力、交际能力和道德修养。

（3）树立用英语讲好荆楚故事和中国故事的信心，培养参与国际议题、传播中国声音的责任感。

（4）使学生成为新时代具有国际视野和国际竞争力的复合型人才，为国家国际化转型服务。

4. 教学对象：英语类专业二年级本科生

5. 学时：线下 32；线上 12

6. 教材：*The Art of Public Speaking*（《演讲的艺术》第十三版），Stephen E. Lucas 主编，外语教学与研究出版社，2021 年

《英语演讲之路》，周红兵主编，清华大学出版社，2022 年

《新编英语演讲与辩论》，顾国平、张娟主编，中国人民大学出版社，2018 年

二、本案例（单元 / 话题等）教学目标

1. 知识目标：学生能掌握并使用言语及非言语手段来克服公众演讲时的怯场和不自信；能够知晓演讲剽窃的语言特征，进而避免此类不道德行为。

2. 技能目标：学生能够评判并批判性分析公众演讲中的道德准则，并且合理使用及应用他们的语言、观点和理论。

3. 价值目标：学生能够理解公众演讲中的怯场和紧张；能够积极应对怯场，并将之转化为自信表达；能够批判性分析如何成为一个有道德的公众演讲者；能够遵守公众演讲的道德准则，践行社会责任；能够在国际平台上，自信地演绎讲述中国文化。

三、本案例（单元 / 话题等）教学内容、重点和难点

1. 教学内容

（1）演讲者如何在英语公众演讲中克服紧张，自信表达；

（2）演讲者如何规避潜在的违反道德准则的语言及行为方式。

2. 教学重点

（1）紧张的定义及原因；

（2）处理紧张的方法和策略；

（3）剽窃、引用、转述之间的关系。

3. 教学难点

（1）自尊与紧张之间的关系；

（2）认识自我，了解自我；

（3）演讲者不仅是信息的传播者，更是信息的验证者。

四、本案例（单元／话题等）教学方法、手段

依托教育技术手段，课程采取线上线下混合式教学方式，将思政教育有机融合于英语语言知识与技能的教学之中。

（1）课前

线上预习课程视频、线上完成课程测试、线上完成交互阅读。

（2）课中

语言知识技能：演讲中的自信与道德；

思政教育：线上学习内容思政＋课堂教学内容思政合二为一。

（3）课后

线上践行英语演讲传播中国文化；

线下团队协作项目提供学生互助支架思政实践。

五、本案例（单元／话题等）教学过程

1. 课前：线上预习课程视频、线上完成课程测试、线上完成交互阅读。

步骤 1

学生线上慕课视频学习、完成课程测试。

设计目的

学生通过国家一流线上本科课程"英语演讲艺术"慕课视频及测试材料，掌握公众演讲中的自信及道德准则。教师总结学生学习记录，教师利用反馈结果，提炼出语言知识与技能，以及思政教育的重难点；

步骤 2

学生线上完成一则英语新闻报道的交互阅读，并讨论回答价值判断相关问题。

相关问题参考如下：

1) When you refer to other people's ideas, do you copy all the words from that person?

2) When you use some data in your speech, do you double-check the accuracy and the source of the data?

3) When you cite other people's ideas in your speech, do you point out the people who you are referring to?

Nation to boost reach of credit tracking system

By Liu Yukun | China Daily | Updated: 2019-03-12 10:46

"Creating fake fan followings can have negative public influence," said Zhang Kaili, a well-known actress and CPPCC National Committee member.

"But public reaction on such misconduct has proved to be a more serious deterrent, though there is no regulatory punishment," she said.

Zhai Tianlin, an actor, was charged with plagiarizing his academic dissertation during his graduate studies at Beijing Film Academy. This drew online criticism and even triggered public anger especially from those who are still struggling to get a doctoral degree. In the past, "highly educated" was one of Zhai's labels to attract a large fan base.

Recent reports revealed that Zhai's business and filming opportunities have been hurt by the scandal. The Beijing Film Academy said in February that Zhai's suspected plagiarism was under investigation.

Hou Guangming, the Party secretary of Beijing Film Academy and a CPPCC National Committee member, said that higher education of film professionals should be more comprehensive and go in parallel with the ongoing efforts to boost acting and direction talent.

设计目的

通过真实且丰富的多模态资源,如视频、图片、新闻报道(知名人士论文剽窃事件或学术不端行为)等,展示学术剽窃行为的危害,引导学生对诚信品格的认同;另外交互阅读任务激发学生进行同伴支架思政,在完成阅读任务的过程中互为支架,增加对诚信品格的认同感。

2. 课中

2.1 课程导入

步骤 1

通过手机 APP 发布随堂测试(1 分钟,5—8 道选择或判断题),基于课前测试,学生两人配对比较并讨论自信的演讲者应具备的特征。

设计目的

了解演讲者的自信及怯场特征的英语表达方式,并且知晓公众演讲中的怯场及焦虑并非罕见,增强演讲者口头交流中的表达自信。

步骤 2

小组讨论演讲焦虑的成因并口头报告本组讨论成果。

设计目的

适时调整,怯场及焦虑亦可为我所用,帮助演讲者自信从容地传播正面价值观。

2.2 第一部分自信演讲(Speaking Confidently)

步骤 1

学生观看有关怯场的视频短片(奥巴马第一次就任美国总统宣誓视频中忘词)并回答问题,教师引导总结克服演讲怯场的 PPP(Prepare, Posture and physicality, Pander to your audience)原则。

设计目的

家校认同感或同理心原理，让学生明白"Nervousness is common for everybody."，发自内心的家校认同或者感同身受的同理心可以帮助克服演讲中的怯场和焦虑；

同时引导学生意识到准备工作以及演讲经验的储备对克服演讲紧张和焦虑的积极作用。

步骤 2

学生总结归纳《国王的演讲》视频片段所体现的克服演讲中怯场、紧张和焦虑的原则。(说话音量适中、肢体语言适当、眼神交流适度)

设计目的

学生了解分析公众演讲中如何用非言语特征传达自信；演讲前要让自己的身体得到充分放松，而且身心最好皆处在最佳状态；另外，充分的准备及反复的训练也是获得自信的有效途径。让学生明白，功夫不负有心人，没有人能随随便便成功的道理。

步骤 3

学生展示：学生中的湖北大学校史宣讲团成员介绍湖北大学抗击新冠疫情的平凡英雄人物。其他学生判断其手势及肢体语言的内涵。

设计目的

朋辈引领，来自身边的例子就是最好的榜样。学习身边的优秀榜样，将克服怯场的原则应用于文化展示中，学以致用；让学生明白公众演讲中的自信源自对演讲语言及文化的自信。同时也体现了当代青年学子之担当：新冠肺炎疫情之下，平凡青年英雄人物的表率作用，启发青年学生热爱生命，敢于担当。

2.3 第二部分演讲道德准则（Speaking Ethically）

步骤 1

学生课前线上学习测试任务反馈；教师据此总结重难点。

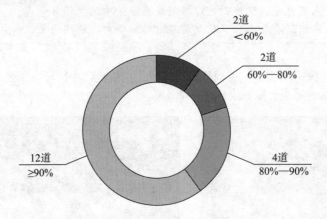

设计目的

精准施教，对学生线上学习的痛点和难点进行分析整理，课堂上进行分析讲解，进一步帮助学生知悉英语公众演讲的道德准则。

步骤 2

基于重难点以及课前交互阅读任务结果，教师展示词汇云图，学生讨论剽窃行为的后果。教师引导，学生总结演讲的道德准则及演讲中如何杜绝剽窃。

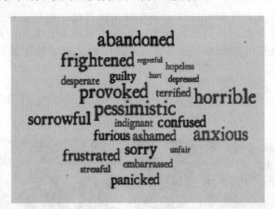

设计目的

帮助学生运用道德准则分析公众演讲；同时促使学生深刻意识到剽窃有违诚信原则及职业道德，演讲者应规避剽窃行为。

步骤 3

案例分析：希特勒的公众演讲违背了哪些道德准则？造成了哪些后果？

设计目的

帮助学生掌握在公众演讲中规避反人类、反科学的等不道德行为。同时让学生明白演讲道德是文化传播的先决条件：不道德的演讲者仅传播与之匹配的负面价值观。最后给出结论 "A good person speaks well."。

2.4 第三部分转化实践任务

步骤 1

线上投票：学生阅读一则关于美国前总统的大会发言的新闻评论，基于该演讲的道德问题进行线上投票。

道德问题围绕以下四个维度：

(1) Make sure the goals of the speech are ethically sound;

(2) Be fully prepared for the speech;

(3) Be honest in what the speaker says;

(4) Put ethical principles into practice.

设计目的

帮助学生了解英语新闻评论的基本结构及特征。

步骤 2 教师公布投票结果，并且做出反馈。

设计目的

运用道德准则评论、分析公众演讲。践行道德准则，传播文化气韵：演讲者的文化身份认同通过演讲道德来构建并传播。无论是文化传播者，还是知识传播者，对于演讲者而言，信守道德准则进行传播是最基本的底线。

3. 课后课外自主学习任务

步骤 1

制作湖北省非物质文化遗产宣讲视频、学校校史或专业历史宣讲视频。

设计目的

积累演讲经验，鼓励学生摸着石头过河（Cross the river by feeling the stone），敢于尝试。灵活运用演讲中的文化及道德自信表达方式：言语及非言语表达；展示数字素养（如何收集数据、运用数据到自己的演讲中）。

步骤 2

完成下一单元的线上视频学习任务和班级论坛任务。

设计目的

为下次课的线下教学提供教学方向，同时为线下实操和实践做一些预热。

六、课后反思

1. 教师反思

基于本课程团队的课程教学经验，思政教学在"英语演讲与辩论"课中有强大的生命力。本课程已经成为思政教育在英语专业课程中的主战场，因而，本课程团队不遗余力地研究并实践如何将课堂主渠道的育人功能实现最大化。经过反思，本课程的思政教学可以从以下几个方面进一步提高：

本课程思政生态系统的其他环节，如作为利益相关方的社会，可为思政教育提供更多方位多角度的实际支持。例如，本课程团队长期致力于帮助英语专业师范生在"英语演讲与辩论"课程的第二课堂中挖掘、争取更多的社会资源支持。湖北大学校史宣讲团及武汉军运会志愿者服务团队等，都为思政教育提供了强大的实践土壤，能让学生在"学中做、做中学"，以英语演讲为翼，成为中国文化传播更高更远的"有声力量、有形力量"。

线上线下混合式教学模式能为思政教育提供更为可靠的时间、空间支持。在移动碎片化学习盛行的现代大学校园，学生应不受时空限制，在混合式教学模式的带领之下，让"隐性"的思政教育"现形"于学生专业学习与生活的每个角落。

多模态思政教学资源构成思政教育生态中的重要一环。教师在思政教学材料的搜集、选取及应用中，应着力考虑多模态资源的真实性及其思政元素的挖掘。"说教灌输"的思政模式已为本教学团队摒弃，基于多元读写教学法进行思政教学是更为有效的利用多模态资源的课堂教学方式。

2. 学生反思

本课程的思政生态中结合思政教育的多元读写教学法、以学生为中心的线上线下混合式教学模式，改变了传统教学行为，充分调动学生的主体作用；摒弃以"说教与灌输"为主导的"一言堂"思政教育模式，转向以大学生喜欢的表达方式，同时利用多模态教学资源，着力培养学生成为拥有正面价值观、思辨能力、分析与解决问题能力的外语卓越人才，让广大学生成为中国文化国际传播的最佳"有声力量"。

另外，本课程根据单元主题，设置不同思政教育活动，能够提升广大学生对正面价值观的认同，更加明确指导学生进行价值推理预判断，并在转化实践之中自觉接受并践行、传播中国文化。突破原有纯英语语言学习框架，设置活动，融语言学习于实际正面价值观体验活动之中，"学中做、做中学"的以产出为导向的教学理念特别能够激发学生的参与感和互动感。

作者：周红兵、陈培　　学校：湖北大学

"英语新闻阅读与思辨"课程思政教学设计样例

Unit 2　Economy
Text C　Solving America's Inequality Puzzle

电子教材样章

一、课程总览

1. 课程名称：英语新闻阅读与思辨

2. 课程类型：英语专业核心课

3. 课程目标：

通过本课程的学习，使学生达到以下目标：

（1）培养学生阅读英文原版报刊和英文网络新闻，并从中快速提取有用信息的能力，并且在阅读英文新闻和研讨相关问题的过程中，帮助学生提高新闻文体意识、思辨能力和跨文化沟通能力，培养学生的全球视野、人类命运共同体意识和爱国主义情操。【技能＋态度】

（2）扩大有关政治、教育、艺术、体育、社会、娱乐、健康、经济、科技、环境、旅游、历史等方面的词汇量，丰富学生在相关领域的知识，从而为独立阅读各种英语新闻打下良好的基础。【知识】

（3）通过有目的、较系统地阅读国内外英语报刊文章和网络新闻，了解一些主要英美报刊的历史、特点、政治立场和观点等。【知识】

（4）学习英语报刊的标题、导语和语篇语言的语法特点、措辞特点和语篇结构特点，学习英语硬新闻的金字塔结构，以及时效性较弱的软新闻的结构特点。【知识】

（5）认识英语新闻中体现的西方媒体言论自由旗号掩盖下的冷战思维，并通过中国媒体的新闻报道，正面介绍中国在科学技术、经济建设方面所取得的重大成就，树立民族自信心和自豪感。【价值观＋知识】

4. 教学对象：英语类专业低年级本科生

5. 学时：线下 32

6. 教材：《英语报刊阅读教程（第二版）》（全人教育英语专业本科教材系列），张剑、李京廉主编，中国人民大学出版社，2021 年

二、本案例教学目标

1. 认知类目标：通过阅读本篇新闻报道，了解所谓美国梦的定义以及美国梦所包含的主要社会和经济指标，比如收入、社会流动性、较高的受教育水平以及有保障、幸福值高的退休生活，也了解美国的经济现状以及美国的发展前景。

2. 价值类目标：本篇新闻报道揭露美国梦给美国人民留下的镜花水月般的承诺，帮助学生们认清他们在美国经济强大的光环效应下被扭曲的对美国的认识，树立民族自豪感，振奋通过努力奋斗超越西方强国的信心，坚定实现中华民族伟大复兴的中国梦。

3. 方法类目标：针对新闻报道的各个部分围绕虚假的美国梦提出一些关键的问题，让学生通过阅读来找到这些问题的答案，并用数据来说明美国梦已不再是大多数美国人民触手可及的

梦想，揭露美国贫富差距的扩大以及美国普通人的子弟拥有更少的机会进入常春藤大学以及美国的社会保障方案的不可持续性，最后用数据来说明美国人对美国未来发展信心的缺失以及对美国政客的不信任。

三、本案例（单元/话题等）教学内容、重点和难点（300 字左右）

1. 教学内容

（1）美国梦的定义；
（2）美国梦所包含的主要经济指标。

2. 教学重点

（1）用文章提供的大量数据来说明美国梦已经与美国人民渐行渐远；
（2）美国梦所包含的所有主要指标；
（3）美国的经济现状以及美国的发展前景。

3. 教学难点

（1）难度较大的词汇和表达法；
（2）有关美国梦的背景知识。

四、本案例（单元/话题等）教学方法、手段

1. 采用填空法

补充一篇有关中国航天成就的 CNN 的视频报道。中国的嫦娥四号在月球背面软着陆的新闻报道中有 20 多个填空。要求学生根据所听内容填空。

有关中国航天成就的报道既提高了学生的民族自豪感，也帮助他们积累了谈论相关话题所需要的词汇。这不仅仅是一个听力训练。CNN 的新闻报道播报语速快，这样可以训练学生进行快速阅读。

2. 采用提问法

针对课文的各个部分提出大量的与虚假美国梦相关的问题，引导学生对课文的主题进行思考，要求学生在课堂通过阅读本篇报道，提供相应的答案，而这些问题的答案就勾画出了江河日下的美国以及空头支票的美国梦。

3. 采用略读法

要求学生快速阅读一篇补充的 600 字左右的英文新闻报道，然后翻译 15 个常见的中文表达法，而这些中文表达法的英文翻译可以在这篇文中找到。这篇补充短新闻是对中国 2022 年《政府工作报告》的简介。这样可以帮助同学们了解中国的大政方针。

五、本案例（单元/话题等）教学过程

1. 填空练习

步骤 1
在观看航天新闻的视频之前将本篇文章的主要难点提前发给学生。

月背登月注释

1. rover 探测器，即月面巡视探测器(巡视器)
2. far side of the moon 月球背面
3. solar wind 太阳风

4. space power 太空强国
5. Chang'e 4 嫦娥四号
6. close-up image 特写图像
7. to-do list 任务清单
8. gravity 重力，地心引力
9. deep space 外太空；外层空间（等于 outer space）
10. electromagnetic /ɪˌlektrə(ʊ)mægˈnetɪk/ 电磁的
11. relay satellite 中继卫星/ˈriːleɪ/
12. a point of national pride 关系到民族自豪感的事
13. probe 航天探测器
14. exclusive 独家的
15. bar sb. from doing sth. 禁止某人做某事
16. space force 太空部队
17. the stage is set for sth. 戏台已经为……搭好
18. arena（竞争）舞台
19. manned flight 载人飞行
20. predict 预言
21. gear up 准备好 /gɪə/

设计目的

（1）帮助同学们更好地理解文章的大意。作为阅读正式课文之前的热身训练不宜太难，所以提前把难点交代给大家。

（2）嫦娥四号成功在月背软着陆彰显了中国的综合国力和在科技方面取得的长足进步，使学生们为祖国的发展感到自豪。

步骤 2

播放这篇有关中国航天成就的 CNN 的视频报道。

设计目的

CNN 新闻的高速播报可以训练学生进行快速阅读。

步骤 3

借助已经提供的航天报道的难点，要求学生根据所听内容填空。

Far Side of the Moon

CARL AZUZ: Three countries, the United States, Russia and China have landed _____ on the moon. But China just became the first to put a rover on the far side of the moon. Some call it the dark side of the moon but scientists say it _____ gets the same amount of _____. We just can't see it from Earth. Science _____ and studying _____ are part of this mission but _____ say it's also about China's desire to be seen as a leading space power.

MATT RIVERS, CNN CORRESPONDENT: Chinese State Media _____ a first in the history of _____ announcing China's Chang'e 4 mission successfully landed a _____ rover on the far side of the moon. And these are the first two _____ images of the ground the rover sent back. This is the first time any country will explore the far side of the moon on the ground. China's _____ rover faces a long _____. Like observing whether plants will grow in the low _____ and exploring whether water or other _____ lie at the moon's poles.

It will also be able to listen more clearly to the sounds of deep space because here there is no _____ _____ from Earth. The far side of the moon is the _____ that never faces Earth. It's been mapped _____ but never visited. Mainly because it's not possible to communicate directly to Earth from there. China launched a _____ to solve that issue.

It's a big step forward for China because _____ it's space program really _____ the U.S. and Russia but now it's a huge point of _____. So displays like this one here at the National Museum help _____ a sense of wonder and _____ amongst ordinary Chinese people that when it comes to space, anything is now possible. Kind of like the U.S. was back in the 60's and 70's. China has already launched two space stations and by 2022 hopes to launch another _____ capable of _____ the aging International Space Station.

A _____ to Mars is set for launch in 2020 and in 2015 CNN got _____ access to training _____ used by Chinese astronauts where we saw first hand how China is planning to send more people into space. And it's because of all that that some people wonder whether it will be China and not the United States that will _____ space exploration in the near future. The U.S. Congress bars NASA from working with China due to national _____ concerns and with the Trump _____'s plan to create a military space force. The stage is set for competition in both the _____ and military arenas.

Trump has also directed NASA to return astronauts to the moon and they might not be alone. Between China's Chang'e's missions and it's _____ programs, many experts _____ Beijing is _____ to send it's own astronauts to _____ a Chinese flag on the moon as soon as possible.

Matt Rivers, CNN, Beijing.

设计目的

有关嫦娥四号的报道帮助学生了解中国航天人在航天科技方面的努力进取，提高学生的民族自豪感，也帮助他们积累谈论相关话题所需要的词汇。

2. 阅读《英语报刊阅读教程（第二版）》（中国人民大学出版社）第二课 C 篇。

Solving America's Inequality Puzzle

Mortimer Zuckerman

步骤 1

聚焦难点。阅读本文前将所有的有难度的表达法和主要的背景知识发给学生。

unit 2 Text C

1. alienation 疏远 /ˌeɪlɪəˈneɪʃn /
2. article of faith 信条
3. civic religion— 公民宗教
4. Jason DeParle 美国《纽约时报》资深记者，两度普利策奖获奖者
5. median—【统计学】 中位数的，中值的
6. budge— /bʌdʒ/（使某物）稍微移动, 动一动
7. disruptive 颠覆性的
8. underemployment 不充分就业
9. predicament 窘况/prɪˈdɪkəmənt/
10. social mobility 社会流动，而非社会阶层固化（如穷人永远贫穷）
11. sorely 极度地
12. Pew Research Center 皮尤研究中心（美国调查机构）
13. compound— 使恶化, 加重 /kəmˈpaʊnd/
14. Race to the Top 美国"力争上游"教改计划
15. initial benefits 退休初始福利
16. anomaly 反常现象，异常
17. inexorably 势不可当地
18. eligibility age 具备……资格的年龄
19. entitlement 政府福利计划
20. solvency—/ˈsɒlvənsi /偿付能力
21. cap 税额上限
22. long odds 极小的可能性

设计目的

这篇关于美国梦的新闻报道难度比较大，有很多相关背景知识和有难度的表达法。学生掌握相关背景知识和表达法，有助于提高阅读效率。

步骤 2

按照段落顺序逐页播放 PPT，展示针对课文的各个部分所提出的与虚假美国梦相关的问题。

Unit 2 Economy

Text C Solving America's Inequality Puzzle

PPT-1

Para. 1
- Do all Americans still believe in American dream?
- What does American dream mean?
- What effect does it have on poor people?

PPT-2

Paras. 2,3
- Do people still believe what Obama said about American dream?
- Is American dream still true? Use two figures to show that.
- What are the main features of the era that we are in?
- Why is poverty growing in the US?

PPT-3

Para. 4
- Can American dream be easily restored to Americans?
- What are the main measures to restore it?

Para. 5
- Is the US making progress in social mobility and income equality?
- Are the top ten percent of Americans getting poorer?
- Compared with 1966, the bottom 90% of earners or the top 0.01% of earners, whose income increases faster in 2011?

PPT-4

Para. 6
- What is the best way to predict someone's future financial prospect?
- Who is more likely to enter the universities like Harvard and Yale, the rich or the poor?

Para. 7
- Is the income gap between a high school graduate and a college graduate narrowing?

PPT-5

Para. 8
- What is the purpose of *Race to the Top*?
- Does Congress play an important role in improving education?

Paras. 9,10
- Is increasing a retiree's initial benefits faster than inflation a good thing for the US?
- Is Paying $180,000 in lifetime but getting back $664,000 in benefits a good thing for the US?

PPT-6

Paras. 11,12
- In order to generate more taxes to increase entitlements, the government should increase investment in education and infrastructure. But now is the government increasing investment in education and infrastructure?
- What is the right way to protect Social Security?

Para. 13
- According to the author, what does equality mean?
- Why should we not just increase taxes on the rich?
- What should be done to increase social mobility?

PPT-7

Para. 14
- Does the US have a bright economic future?
- Will the middle class be affected?

Para. 15
- Are Americans confident about their future?
- Do they trust in Congressmen?
- Are big businesses more trusted than small businesses by Americans?

PPT-8

设计目的

通过提出问题，引导学生思考中国年轻人以往对美国梦的正面印象是否源于我们对美国社会现状的认知缺乏，引导学生认清美国梦的虚幻。

步骤 3

按照 PPT 逐页展示针对课文的各个部分提出的与虚假美国梦相关的问题，要求学生在课堂阅读本文，并根据本文回答 PPT 所提出的关于本篇报道的不同段落的问题。

（1）展示 PPT-2，请学生回答 PPT-2 所示课文第一段的三个问题，从中了解美国梦的定义和美国梦在美国工人阶级的生活和移民的生活中曾经起到的积极作用。

如果学生没有给出正确答案，教师指出本文提供的答案：

A. 有关美国梦定义的文本：

Anyone who works hard and plays by the rules can get ahead.

（任何努力工作并遵守规则的人都可以事业有成。）

B. 有关美国梦在美国工人阶级的生活和移民的生活中曾经起到的积极作用的两处文本：

文本一：It sustained hope that bad times would end.

（美国梦让人们对糟糕的日子会结束抱有希望。）

文本二：The belief drew millions of immigrants whose energies and talents helped to make it morning in America again and again.

（美国梦的信念吸引了数以百万计的移民，他们的精力和才华帮助他们在美国一次又一次地迎来成功的曙光。）

（2）展示 PPT-3，请学生回答 PPT-3 所示第二段和第三段的四个问题，从中了解到美国底层人民的生活水平停滞不前，甚至发生倒退，也了解了导致倒退的直接原因。

如果学生没有给出正确答案，教师指出本文提供的答案：

A. 有关美国底层人民的生活水平停滞不前的文本：

Today, roughly 50 million people, or 1 in 6 Americans, live at or below the poverty line, while median annual household income has virtually not budged in the last decade.

（现在，大约有 5 000 万人，也就是六分之一的美国人生活在贫困线以下，而家庭年收入中位数在过去十年几乎原地踏步。）

B. 有关导致美国经济停滞或倒退的直接原因的文本：

We are living in a different era, one of globalization, international trade, and revolutionary and disruptive technological innovations that have eliminated too many lower- and mid-level jobs. The result is higher levels of long-term and perhaps even permanent unemployment and underemployment, all of which have been intensified by the longest recession and the weakest recovery since the end of World War Ⅱ.

（我们生活在一个不同的时代。这个时代盛行全球化、国际贸易，以及革命性和颠覆性的技术创新，而这些创新淘汰了太多的中下层就业机会。其结果是长期，甚至可能是永久性的失业和就业不足水平上升，这一切都因第二次世界大战结束以来持续时间最长的衰退和最弱的复苏而加剧。）

（3）展示 PPT-4，请学生通过回答 PPT-4 所示第四段的两个问题，从中可以了解到恢复美国人民对美国梦信心的主要措施，以及人民群众失去对美国梦的信心的问题已经积重难返。

如果学生没有给出正确答案，教师指出本文提供的答案：

A. 有关恢复美国人民对美国梦信心的主要措施的文本：

Reduce income inequality; increase social mobility; invest in education and infrastructure—now, before we are bankrupted by the looming Social Security crisis; revive growth, and widen America's door to skilled immigrants.

（减少收入不平等；增加社会流动性；投资教育和基础设施——就在我们因着迫在眉睫的社会保障危机破产之前；恢复经济增长，并向技术移民敞开国门。）

B. 有关人民群众失去对美国梦的信心的问题已经积重难返的文本：

The top 10 percent of Americans now account for half of the national income, compared to one-third a number of years ago.

（最富有的 10% 的美国人现在占了全国收入的一半，而几年前这一比例仅为三分之一。）

（4）至（10）各个部分均照着以上的做法，要求学生找到问题的答案所对应的英文文本。

（4）继续展示 PPT-4，请学生回答 PPT-4 所示第 5 段的三个问题，可以了解到美国阶层固化的严重，以及美国富人越富、穷人越穷两极分化的社会境况。

（5）展示 PPT-5，请学生回答 PPT-5 所示第 6 段的两个问题，可以了解到美国寒门子弟进入高等学府，特别是常春藤大学的概率越来越低。享受优质教育资源已经是美国富人的特权。

（6）继续展示 PPT-5，请学生回答 PPT-5 所示第 7 段的一个问题，可以了解到美国的高中生毕业以后的薪资水平与大学毕业生的薪资水平的差距已经越来越大。

（7）展示 PPT-6，请学生回答 PPT-6 所示第 8 段的两个问题，可以了解到美国在最近教育改革方面加大投资，但是成效甚微。

（8）继续展示 PPT-6，请学生回答 PPT-6 所示第 9 段、第 10 段的两个问题，可以了解到美国在提高退休人员福利方面制定的方案是不可持续的，也就是说，美国的退休人员退休生活的质量是没有保障的。

（9）展示 PPT-7，请学生回答 PPT-7 所示第 11、12、13 段的五个问题，可以了解到作者所认为的人人平等的内涵是什么，而且了解作者提出的如何缩小贫富差距的措施。

（10）展示 PPT-8，请学生回答 PPT-8 所示第 14 段和第 15 段的五个问题，可以了解到美国经济发展的前景暗淡，中产阶级的生活水平下降，人民对美国未来的信心减弱，而且越来越多的美国人不信任自己的政府和议会。

设计目的

这些问题的答案就为学生勾画出了江河日下的美国以及空头支票或海市蜃楼的美国梦，通过对美国梦的主要经济和社会指标逐一分析，帮助学生认识到美国梦是如何支离破碎的。

3. 略读训练

步骤 1

要求学生快速阅读一篇补充的 600 字左右的英文新闻报道。这篇补充短新闻是对中国 2022 年《政府工作报告》的简介。

CHINADAILY

Govt to focus on stabilizing economy

China will focus on stabilizing its economic fundamentals this year, setting its GDP growth target at around 5.5 percent, as the world's second-largest economy strengthen measures to shore up growth against possible strong headwinds.

Premier Li Keqiang made the announcement in the Government Work Report delivered at the opening of the fifth session of the 13th National People's Congress on Saturday.

As part of broader steps to ensure people's well-being, the government will also strive to create at least 11 million jobs in urban areas and keep the surveyed urban unemployment rate below 5.5 percent.

The government has set the deficit-to-GDP ratio for 2022 at around 2.8 percent, down from last year's target of around 3.2 percent, in a move to boost fiscal sustainability, while the special-purpose bonds for local government will total 3.65 trillion yuan ($580 billion), Li said.

China will maintain the increase of its consumer price index, a key gauge of inflation, at around 3 percent, and keep its annual grain output at over 650 million metric tons for this year, he said.

He pledged that the implementation of the prudent monetary policy will be stepped up, saying that the government will expand the scale of new loans and keep the macro leverage level generally stable.

The exchange rate of the yuan will also be kept generally stable at an adaptive, balanced level, he said. "A comprehensive analysis of evolving dynamics at home and abroad indicates that this year our country will encounter many more risks and challenges, and we must keep pushing to overcome them," Li said. "The harder things get, the more confident we must be, and the more solid steps we must take to deliver outcomes."

In stabilizing growth, the premier stressed the importance of front-loading policy measures and deploying the policy tools in reserve in a timely manner.

Li announced a new package of tax refunds and cuts totaling 2.5 trillion yuan this year, including a temporary exemption on value-added tax payments to small taxpayers and a measure to halve the corporate income tax for micro and small businesses with an annual taxable income of 1 million to 3 million yuan.

The package also included VAT refunds targeting primarily small and micro businesses and those in the manufacturing sector totaling 1.5 trillion yuan.

According to Lan Qingxin, a professor at the Academy of China Open Economy Studies of the University of International Business and Economics and president of UIBE's Yangtze Delta Region Trade Institute, China has already achieved significant progress in expanding high-level opening-up, and in the next stage, it is expected to take more steps to align itself with high-level international economic and trade rules, and work to establish a more market-oriented, law-based and international business environment.

China is also likely to exert more efforts to promote the high-quality and joint construction of the Belt and Road Initiative, as well as play a bigger and more active role in the formation of international economic and trade rules, especially in the low carbon economy.

Dan Brindle, president of Novartis Group China, expects China to become the company's second-largest market by 2025. "We have benefited from China's ongoing economic reforms and opening-up policies," he said.

根据文本，翻译以下表达法
1. 稳定经济基本面
2. 政府工作报告
3. 城镇调查失业率
4. 赤字占 GDP 的比重（即财政赤字率）
5. 地方政府专项债券
6. 消费价格指数
7. 通胀关键指标
8. 全年粮食产量
9. 稳健的货币政策
10. 宏观经济杠杆水平
11. 前期吃重的政策措施
12. 增值税返税
13. 将企业所得税减半
14. 小微企业
15. 低碳经济

设计目的

帮助同学们了解中国的大政方针，了解中国政府面对新冠肺炎疫情蔓延、世界政局动荡和经济环境恶化所采取的一系列重大举措，坚定信心，共克时艰。

步骤 2

根据本文，翻译 15 个常见的中文表达法，而这些中文表达法的英文翻译可以在这篇文章中找到。要求同学们在正文中用下划线标出这些表达法的翻译。

步骤3

揭晓答案：

1. 稳定经济基本面	stabilize economic fundamentals
2. 政府工作报告	Government Work Report
3. 城镇调查失业率	the surveyed urban unemployment rate
4. 赤字占 GDP 的比重（财政赤字率）	the deficit-to-GDP ratio
5. 地方政府专项债券	the special-purpose bonds for local government
6. 消费价格指数	consumer price index
7. 通胀关键指标	a key gauge of inflation
8. 全年粮食产量	annual grain output
9. 稳健的货币政策	prudent monetary policy
10. 宏观经济杠杆水平	the macro leverage level
11. 前期吃重的政策措施	front-loading policy measures
12. 增值税返税	value-added tax payments
13. 将企业所得税减半	halve the corporate income tax
14. 小微企业	micro and small businesses
15. 低碳经济	the low carbon economy

设计目的

提高学生阅读英文报刊的能力，通过这篇《中国日报》的新闻报道了解中国政府的重大方针政策，并且积累相关的表达法，以便在相关交流中以及相关的翻译实践中可以得到有效使用。

六、课后反思

1. 教师反思

2. 学生反思

反思焦点：

美国世界第一的国民生产总值和综合国力的光环效应是否扭曲了我们对美国社会现状的认识？

作者：弓军　　学校：北京理工大学

"综合商务英语"课程思政教学设计样例

Unit 2　Coffee Culture Comes to Coffee-growers

一、课程总览

1. 课程名称: 综合商务英语

2. 课程类型: 商务英语专业核心课

3. 课程目标:

通过本课程的学习,使学生达到以下目标:

(1)具备扎实的商务专业知识:掌握商务英语语言知识;掌握商务活动的基本工作内容和运行机制;熟悉商务组织治理结构、战略规划、运营管理等方面的基本理论和基础知识;了解国际商务领域的规则和惯例,以及国际商务活动中的相关环境因素。【知识】

(2)具备良好的商务运用能力和跨文化商务沟通能力;能够有效进行团队合作;具有基本的商务分析、决策和实践能力;具有自主学习、终身学习和思辨创新的能力。【能力】

(3)拥有中国情怀和国际视野,具有良好的道德品质、职业精神、商业伦理意识和社会责任感。【价值观】

4. 教学对象: 商务英语专业二年级本科生

5. 学时: 64 学时(讲授 48 + 实践 16)

6. 教材:《体验商务英语(综合教程4)(第二版)》, David Cotton & David Falvey & Simon Kent 著,高等教育出版社,2012 年

《综合商务英语(第 4 册)》,周红红、王建荣、王小娟主编,中国人民大学出版社,2018 年

二、本案例教学目标

1. 认知类目标: 掌握国际市场营销的定义、优劣势以及重要性;掌握消费者特征的概念、构成和分析步骤;了解星巴克的发展历史、品牌特点及其全球扩张策略。

2. 价值类目标: 了解咖啡文化,理解欧洲、美洲和拉丁美洲咖啡文化的异同,与中国茶文化进行比较,培养跨文化意识,增强人文素养;通过对比星巴克与国内企业"出海"的国际市场营销策略,引导学生理解中国企业"走出去"的途径、必要性和重要性,了解中国企业的责任担当,唤醒学生的责任意识,培养家国情怀。

3. 方法类目标: 文献阅读帮助学生掌握国际市场营销及消费者特征概念,正确运用相关术语及常用表达方式进行商务陈述;通过填图任务分析和归纳拉丁美洲、美洲和欧洲消费者特征的差异;模拟创建国际商务环境,运用 4P 理论分析相关商务案例,组织学生围绕国际市场营销主题进行小组讨论、辩论等课堂活动,提升学生分析问题、解决问题的商务英语实践能力;对比国内外企业的全球营销战略,培养学生的国际视野。

三、本案例教学内容、重点和难点

1. 教学内容

（1）国际市场营销：定义、优劣势和重要性；

（2）消费者特征：定义、构成和分析步骤；

（3）星巴克：发展历程、品牌特征和国际营销策略；

（4）4P 理论：要素、运用。

2. 教学重点

（1）国际市场营销的优劣势；

（2）消费者特征的分析；

（3）星巴克进入拉丁美洲的必要性和营销策略；

（4）4P 理论的案例分析。

3. 教学难点

（1）从消费者偏好、生活方式和消费模式等切入分析拉丁美洲、美洲和欧洲的消费者特征；

（2）中外地域文化差异对国际营销策略的影响；

（3）运用 4P 理论分析具体案例。

四、本案例教学方法、手段

1. 通过文献阅读法，让学生掌握国际市场营销、消费者特征等基本概念以及星巴克的发展与国际营销策略。

2. 运用手绘地图辅助教学，帮助学生分析地域文化差异，建立文化和地域概念之间的关联。

3. 对比教学法让学生了解中外企业国际营销策略，思考中国企业"走出去"的必要性和重要性。

4. 情景模拟教学法及案例教学法分析引导学生运用 4P 理论等解决实际问题，并提出切实可行的方案。

5. 以"产出法"为导向，以不同阶段的任务帮助学生完成阅读理解，驱动（直播讨论、图片展示、视频观看）、促成（多项选择、信息填图、翻译、头脑风暴、案例分析）和评价（学生互评、教师评价），达成整个单元产出的目标。

五、本案例教学过程

1. 课前任务

学生收集国内外咖啡品牌，并查阅该品牌所属的地区或国家。

设计目的

做好课前预习；了解国内外知名咖啡品牌，培养跨文化意识；培养学生收集信息和整理信息的能力。

2. 课堂任务

引入部分：学生首先观看视频，了解国际营销，总结国际营销与国内营销的区别。

Domestic & International Marketing
(Differences)

Basis for comparison	Domestic Marketing	International Marketing
Meaning	Domestic marketing refers to marketing within the geographical boundaries of the nation.	International marketing means the activities of production, promotion, distribution, advertisement and selling are extend over the geographical limits of the country.
Area served	Small	Large
Government interference	Less	Comparatively high
Business operation	In a single country	More than one country
Use of technology	Limited	Sharing and use of latest technology
Risk factor	Low	Very high
Capital requirement	Less	Huge
Nature of customers	Almost same	Variation in customer tastes preferences.

2.1 国际营销的基本概念

步骤

教师引导学生进行文献阅读，讲解国际营销的内涵，区分国际营销和国内营销；开展直播讨论，学生列举国际营销的优势和劣势。

（1）定义：International Marketing is the performance of business activities that direct the flow of a company's goods and services to consumers or users in more than one nation for a profit.

（2）优势，如：

Grow faster	reduce the labor cost
find more suppliers	lengthen product lifecycles
reach more customers	integrate global knowledge

（3）劣势，如：

Tariff barriers	administrative policies
Language barriers	consumption habits
Political environment	Cultural differences
Managing global teams	Currency exchange and inflation rates

设计目的

考察学生课前预习情况；了解国际营销的内涵和优劣势；思考经济全球化背景下，国际营销对于公司发展的重要性。

2.2 咖啡文化

步骤

同学根据图片，说出咖啡品牌所属的地区或国家。

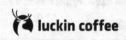 

http://www.dayanzai.me/top-10-global-coffee-brands.html

设计目的

考察学生课前预习情况；视频引出课堂主题，激发学生学习兴趣；了解国内外知名咖啡品牌，拓展学生的国际视野；以咖啡文化，引出中国的茶饮品牌，如喜茶、奈雪的茶、茶颜悦色，进行对比分析，培养学生的跨文化意识。

2.3 星巴克的历史

步骤

学生观看视频，总结星巴克的发展历程，说出下列数字的具体含义。

(1) 1971　　　(2) 1378　　　(3) 3907　　　(4) 437　　　(5) 1180

设计目的

了解星巴克的历史、品牌特点以及全球扩张策略。

2.4 星巴克进入拉丁美洲的必要性

步骤

要求学生 5 分钟快速阅读全文，完成多项选择题

Why should Starbucks like to enter into Latin America?

A. saturate its home market　　　　B. unhappy experience in Japan

C. security concern　　　　　　　　D. anti-globalization movement

设计目的

强化快速阅读的速度，提高搜索能力，以最快速度从文章中找到相关信息；理解星巴克进入拉丁美洲只是其全球扩张的一部分。

2.5 消费者特征

步骤 1

教师介绍消费者特征的定义和构成；学生阅读文献，掌握消费者特征分析的具体步骤。

（1）定义：Customer profiling is the practice of organizing customers into specific groups possessing similar goals or characteristics. A customer profile can be based on a number of identifiers including demographics, location, hobbies, preferred social media channels, likes/dislikes, buying patterns, psychographics and credit background.

https://www.techtarget.com/searchcustomerexperience/definition/customer-profiling

（2）消费者特征的分析步骤

STEP ONE Identify Scope of Messaging	STEP TWO Research Target Market	STEP THREE Create a Realistic Persona	STEP FOUR Map Out Important Characteristics	STEP FIVE Design and Display Profile
Determine what your company or organization needs to communicate, to whom, and why. Are you trying to create web content that will appeal to a particular demographic? Are you promoting a new product or service? Are you trying to reach an audience that hasn't been visiting your business as much as you would like? It's critical you know why you are communicating before you can identify the characteristics of your audience.	Recognize who your potential audience(s) is/are based on the scope you just identified. Research this audience to learn the following information, which will help you to know how they think, feel, behave, and react. **Demographics** (age, sex, income, nationality, religion, etc.) **Geographics** (geographical location) **Pyschographics** (attitudes, aspirations, and values) **Behavioristics** (habits, patterns, ways of behaving)	Using the information you gathered from your target market analysis in step two, determine what a typical person in this description would look like. Create a realistic (albeit not real) sketch of a person that falls into your audience. Determine age, race, and style, then find a photo of a person that is representative of that group. Give the photo a realistic name. The goal here is to develop a very realistic person that you can imagine communicating to.	Develop features of your newly created persona that bring the person to life. Determine their personality traits and life experiences. Create realistic quotes and scenarios from their life. Determine what motivates them; to purchase or act; what discourages them from purchasing or acting; what their fears are; what they value; and so forth. There is not just one right way to do this, but be as thorough and descriptive as possible, while keeping the profile to a single page.	Design a one-page profile that will be accessible to your team. Often, companies will have several consumer profiles that hit on different types of people within their target market. Use the profile when making decisions about marketing collateral, website content, social media posts, and so forth. Imagine you are talking directly to the person you identified as representative of your audience.

(https://thevisualcommunicationguy.com/2018/01/30/how-to-create-a-consumer-profile/)

设计目的

了解消费者特征的基本概念，明白如何进行消费者特征分析。

步骤 2

学生阅读课文 1—8 段，获取文章的细节信息，用画图或表格形式描述课文提到的国家或区域的消费者特征，并归纳其差异。

设计目的

培养阅读理解综合能力，提升分析能力和归纳能力。

步骤 3

教师向学生展示手绘地图，引导学生从消费者偏好、生活方式和消费模式等方面分析秘鲁、智利、阿根廷、巴西以及美国和欧洲等国的消费者特征。

设计目的

深入了解咖啡文化，理解欧洲、美洲和拉丁美洲咖啡文化的异同。

步骤 4

再次阅读 1—8 段，完成相应的翻译练习。

（1）将下面的短语翻译为英语。

速溶咖啡 现煮咖啡

一杯满是泡沫的卡布奇诺 一杯振奋精神的意式浓缩

一杯拿铁 完整的或磨碎的咖啡豆

（2）将下面的长句翻译为汉语，注意双重否定的用法。

Even the most subtle differences in the consumer profile of a Colombian and a Venezuelan **will not have been lost** on Starbucks, one of the fastest-growing global brands.

设计目的

　　掌握咖啡文化的一些英文表达法；更好理解长难句，扫清阅读障碍；学习正反译法，通过翻译加深对原文的理解。

2.6 4P 营销理论

步骤 1

介绍 4P 理论的基本要素

(https://www.hausmanmarketingletter.com/marketing-strategy-4ps-marketing/)

设计目的

　　掌握 4 个要素的概念，加深对 4P 理论的认识。

步骤 2

教师设计国际商务模拟情景，开展头脑风暴，学生进行角色扮演，运用 4P 理论分析星巴克采取的国际营销策略，并在课文中找到相应出处，支持自己的观点。

产品：Starbucks sells coffee tailored to different needs. Even the most subtle differences in the consumer profile of a Colombian and a Venezuelan will have been found. (Line 15)

In addition, Starbucks has become successful on the concept that it's a little like having coffee in your own home to create a warm and comfortable environment. (Line 97)

价格：Starbucks sets price high to separate itself from others and reinforce the premium image of its brand and products since it opens stores in the upmarket districts of the capitals of some countries in Latin America. (Line 38)

促销：Starbucks opens its new stores in Lima and Santiago without conventional advertising. (Line 27)

渠道: Since Mexico is the closest to Latin America both geographically and culturally, Starbucks launched its first store, located beside the US embassy. (Line 140)

And then Starbucks opened 24-hour stores in the upmarket districts of capitals of Peru and Chile. (Line 38)

Moreover, mini-outlets are found in airline offices, sports stadiums, airports, hotels and bookshops. (Line 105)

设计目的

深入理解和分析原文，了解作者的论证思路，学会用例证支撑观点；培养学生的分析能力和思辨能力。

2.7 案例分析

步骤1

学生分组阅读文献，每个小组选一位代表总结文献的重要观点。

（1）马鸿. 2015. 中国服装品牌走出去策略研究. 时代经贸（30）.

（2）王瑾等. 2007. 中国建筑企业国际化市场营销策略研究. 土木工程学报（10）.

（3）张伟. 2013. 浅析我国中小企业国际市场营销模式. 中国外资（A07）.

（4）李缓缓. 2021. "海底捞"品牌营销策略与特征探析. 经济研究导刊（34）.

设计目的

引导学生思考全球化背景下，中国企业"走出去"的必要性和重要性；了解中国企业的全球营销战略，培养国际视野；提高学生的文献阅读能力，增强学术修养；培养学生的小组协作能力和口头表达能力。

步骤2

学生列举一些国内或本地区知名企业和品牌，小组讨论中国企业如何"走出去"，线上提交小组作业。之后，教师和学生共同参与评价和讨论，其中同伴互评占60%，教师评价占40%。

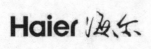   

设计目的

同伴互评引导学生辩证看待其他小组的作业，培养思辨能力；引导学生关注国内和本地区经济的发展，认识中国企业的责任担当，唤醒学生的责任意识。

5. 思考练习

（1）观看视频"How Starbucks failed in Australia?"，总结星巴克"败走"澳大利亚的原因？

（2）比较中国茶文化与西方咖啡文化的特点和差异，选取其中一个自己最感兴趣的点，写一篇小短文，为下次的课堂报告做准备。

（3）完成本单元的案例分析，运用课堂所学分析西班牙的食品饮料公司 Zumospa，如何将自己的一款产品 Zumo 打造为国际品牌。

六、课后反思

1. 学生反思

一是快速抓取信息的能力尚可，但精读能力仍需加强，涉及一些深层次、理解性的问题就无法解决。二是，长句仍然是阅读理解的"拦路虎"，精读时常常因为长句分析有误，导致对原文的误解。三是跨文化意识比较薄弱，对日常生活中的文化现象关注较少，缺乏对比和反思。此外，案例分析时往往从宏观上谈直观感受，没有提出一些切实可行的措施。四是对国内或本地区经济发展关注度不够，对国内或本地企业的国际营销策略了解不多。

2. 教师反思

一是设计不同题型帮助提升学生的阅读综合能力，掌握外刊的基本文体结构和论证理路。二是讲授基本的翻译技巧，通过翻译帮助学生更好地理解长句。三是培养学生的跨文化意识，提升人文素养。四是案例分析需结合具体例证，做到论证有理有据，说理性强，提高学生分析问题和解决问题的能力。五是教学内容应多联系国内或本地经济、民生和民情，帮助学生更多认识国内和本地区经济的发展，增强使命感和责任感。

作者：姚璐璐、肖娴　　学校：重庆理工大学

"国策与省情"课程思政教学设计样例

第一讲 《新时代要有新气象，更要有新作为》

一、课程总览

1. 课程名称： 国策与省情

2. 课程类型： 翻译硕士专业核心课

3. 课程目标：

通过本课程的学习，使学生达到以下目标：

（1）引导学生全面了解中国国策和甘肃省情，了解国家方针政策、熟知《习近平谈治国理政》中的文化用典、甘肃省概况等，帮助学生掌握国策省情相关内容的翻译策略、方法、注意事项等。【知识】

（2）通过教师讲授、课堂讨论、小组报告现场教学等，树立学生主动学习中国国策和甘肃省情的意识，夯实学生的百科知识；通过翻译鉴赏、对照阅读、翻译练习等活动，提高学生的翻译能力。【态度＋技能】

（3）发展以中国特色词汇为基础的翻译能力，培养发现问题、分析问题、解决问题的能力。【知识＋技能】

（4）通过研读《习近平谈治国理政》（中、英文版），提升学生政策水平，增强中英文本的对比能力，提升翻译能力。【技能】

（5）通过让学生了解国策省情及翻译相关内容，激发学生爱国爱省的情感，使学生体会到将中国国策和甘肃省情译介出去的文化使命感和责任感。【价值观＋知识】

4. 教学对象： 翻译硕士（MTI）

5. 学时： 总计 36 学时／学期。课堂教学 26 学时（含现场教学 8 学时）；线上教学 10 学时

6. 教材：《习近平谈治国理政（第三卷）》，习近平，外文出版社，2020 年

二、本案例（单元／话题等）教学目标

1. 认知类目标： 学习中华文化典故。深刻理解《习近平谈治国理政》第三卷中文版《新时代要有新气象，更要有新作为》的用典（65—68 页）"不要人夸好颜色，只留清气满乾坤"（67 页），英文版 *"Xi Jinping: The Governance of China Ⅲ"*：New Era, New Initiatives, New Achievements（pp.87–90）"Not bent on praise for its bright colors, but on leaving its fragrance to all"（p.90）的深刻含义；理解中国文化典故的历史渊源；掌握典故的基本概念，能够简要分析中国文化典故的基本内容。

2. 价值类目标： 在习近平新时代中国特色社会主义思想指导下，增强关注中国关键词的意识，深刻理解《新时代要有新气象，更要有新作为》的内涵，建立文化自信；在国际传播维度深刻理解语言、翻译、传播三要素的互动关系，体会国策话语、国策翻译、国策传播等微观或宏观的翻译行为在跨文化传播、国际传播以及讲好中国故事的重要作用，提高讲好中国故事的自觉意识。

3. 方法类目标： 以小组为单位，阅读学习《习近平谈治国理政》第三卷中的《坚持和完

善中国特色社会主义制度、推进国家治理体系和治理能力现代化》（118—130 页），英文版 *Xi Jinping: The Governance of China III* 中的 "Uphold and Improve the Chinese Socialist System and Modernize State Governance"（pp.143–156），找到习近平总书记讲话中的用典与典故出处；对比分析中国特色表达的英文翻译；撰写学习心得，交流学习经验，制作多媒体课件，准备小组报告。

三、本案例（单元／话题等）教学内容、重点和难点

1. 教学内容

（1）中国文化典故："不要人夸颜色好，只留清气满乾坤"（Not bent on praise for its bright colors, but on leaving its fragrance to all.）；

（2）每日中华文化专词双译：黄河。

2. 教学重点

（1）习近平总书记用典；

（2）学习中国文化典故的渊源、特征与内涵，**参见**王冕的《墨梅》；

（3）习近平总书记用典的内涵解析；

（4）文化典故的英译。

3. 教学难点

（1）文化典故的准确理解；

（2）文化典故的准确翻译；

（3）文化典故在具体语境下的内涵解读。

四、本案例（单元／话题等）教学方法、手段

1. 教师介绍《习近平谈治国理政》第一、二、三卷（中、英文版）出版背景、主要内容和语言特色；讲授《新时代要有新气象，更要有新作为》中，习近平总书记用典；通过演示法，讲授王冕《墨梅》的创作背景，帮助学生理解习近平总书记使用该典故的深刻政治文化内涵。

2. 采用小组学习法、合作学习法，引导学生学习《习近平谈治国理政》第三卷的《坚持和完善中国特色社会主义制度、推进国家治理体系和治理能力现代化》（中文版）（118—130 页），"*Xi Jinping: The Governance of China III*: Uphold and Improve the Chinese Socialist System and Modernize State Governance"（英文版）（pp.143–156），找到习近平总书记在讲话中的用典与出处；对比分析中国特色表达的英文翻译；撰写学习心得，交流学习经验，制作多媒体课件，准备小组报告。

3. 通过教师讲授、学生展示、著作阅读，使学生掌握中国关键词基本翻译技巧，熟悉中国文化典故，准确理解并传播国家治理的大政方针，提升学生讲好中国故事的技能。

五、本案例（单元／话题等）教学过程

【本课程样例时间为 100 分钟，2 学时内容】

导语
教师介绍《习近平谈治国理政》

《习近平谈治国理政》第一卷收入了习近平总书记在党的十八大闭幕后至 2014 年 6 月 13 日期间的重要著作，共有讲话、谈话、演讲、答问、批示、贺信等 79 篇，分 18 个专题。《习近平谈治国理政》第二卷收入了习近平总书记在 2014 年 8 月 18 日至 2017 年 9 月 29 日期间的重要著作，共有讲话、谈话、演讲、批示、贺电等 99 篇，分为 17 个专题。《习近平谈治国理政》第

三卷共收入习近平总书记在 2017 年 10 月 18 日至 2020 年 1 月 13 日期间的报告、讲话、谈话、演讲、批示、指示、贺信等 92 篇，分为 19 个专题。

1. 中国文化典故（一）

步骤 1

学生举例并思考一首咏颂梅花的诗歌，例如：

王冕的《白梅》： 冰雪林中着此身，不同桃李混芳尘。忽然一夜清香发，散作乾坤万里春。

或陆游的《梅花绝句》： 闻道梅花坼晓风，雪堆遍满四山中。何方可化身千亿，一树梅花一放翁。

设计目的

用中国咏梅的诗句引出"不要人夸好颜色，只留清气满乾坤"用典，从习近平总书记用典的深刻内涵，引导学生理解中国传统文化的魅力。

步骤 2

教师举例，学生研习习近平总书记讲话用典的语言特色与翻译技巧。

教师课件呈现（1）：

> 不要人夸好颜色，只留清气满乾坤。
>
> ——摘自《习近平谈治国理政》第三卷，第 67 页

> "Not bent on praise for its bright colors, but on leaving its fragrance to all."
>
> —Quoted from *Xi Jinping: The Governance of China* Ⅲ, p.90

教师讲解

> 原文如下：
>
> 俗语说，百闻不如一见。我们欢迎各位记者朋友在中国多走走、多看看，继续关注中共十九大之后中国的发展变化，更加全面地了解和报道中国。我们不需要更多的溢美之词，我们一贯欢迎客观的介绍和有益的建议，正所谓"不要人夸颜色好，只留清气满乾坤"。
>
> ——摘自《新时代要有新气象，更要有新作为》，这是习近平在中共十九届中央政治局常委同中外记者见面时讲话的一部分。
>
> ——《习近平谈治国理政》第三卷，第 67 页

> 译文如下：
>
> As a Chinese saying goes, it is better to see once than to hear a hundred times. We encourage members of the media to visit and see more of China. We hope that after this congress, you will continue to follow China's development and changes, and acquaint yourselves with and report on more dimensions of China. We do not need lavish praise from others. But we do welcome objective reporting and constructive suggestions, for this is our motto, "Not bent on praise for its bright colors, but on leaving its fragrance to all."
>
> —Quoted from "New Era, New Initiatives, New Achievements." This is part of the speech at the press conference by members of the Standing Committee of the Political Bureau of the 19th CPC Central Committee.
>
> —*Xi Jinping: The Governance of China* Ⅲ, pp.89-90

教师课件呈现（2）：

中华文化专词双译

　　黄河是中国第二大河，发源于青藏高原，自西向东流经青海、四川、甘肃、宁夏、内蒙古、陕西、山西、河南、山东 9 个省（自治区），注入渤海，全长约 5 464 千米，为世界著名大河。

　　Originating in the Qinghai-Tibet Plateau, the Yellow River is the second longest waterway in China, flowing eastward through the provinces of Qinghai, Sichuan, Gansu, the Ningxia Hui Autonomous Region, and the Inner Mongolia Autonomous Region, as well as the provinces of Shaanxi, Shanxi, Henan, and Shandong before emptying into the Bohai Sea. With a total length of 5,464 kilometers, the Yellow River is one of the major waterways in the world.

　　　　　　　　　　　　　　　　　　　　　　　　　　　【引自"学习强国"学习平台】

《登鹳雀楼》
王之涣
白日依山尽，
黄河入海流。
欲穷千里目，
更上一层楼。
Climbing the Guanque Tower
Wang Zhihuan
The setting sun beyond the mountains glows,
the Yellow River seaward flows.
Going to the top of the pavilion,
and you will have a panoramic river view reaching the horizon.

　　　　　　　　　　　　　　　　　　　　　　　　　　　【引自"学习强国"学习平台】

设计目的

　　学生赏析中国文化典故、古诗、中华文化专词的内涵、智慧和情韵，培养学生的语言审美能力；同时，引导学生准确理解和把握中文原文和英语译文的特色，准确理解、翻译和使用中国文化典故。

　　活动 1：展示三江源——黄河发源地图片。

　　活动 2：2019 年 8 月 21 日，习近平总书记来兰州考察，称赞"黄河之滨也很美"。播放习近平总书记在兰州考察黄河治理项目视频。

　　步骤 3

　　学生预习《坚持和完善中国特色社会主义制度、推进国家治理体系和治理能力现代化》，通过学习，在课堂上以小组为单位，由小组代表发言。

　　小组代表课件内容结构：

名词术语、特色表达、英汉句型差异对比、总结

（1）名词术语：
中共十九届一中全会 The First Plenary Session of the 19th CPC Central Committee
两个一百年奋斗目标 Two Centenary Goals
国家治理体系 the state governance system
中华民族伟大复兴 the rejuvenation of the Chinese nation
中华人民共和国 PRC (the People's Republic of China)
中国共产党 CPC (Communist Party of China)
精准扶贫 targeted poverty reduction

（2）特色表达

亲人善邻，协和万邦的外交之道

——《习近平谈治国理政》第三卷，第120页

the principle of good neighborliness and harmony in relations with all other countries

—Xi Jinping: The Governance of China Ⅲ, p.145

制度的生命力在于执行。

——《习近平谈治国理政》第三卷，第128页

The vitality of a sysytem lies in its implementation.

—Xi Jinping: The Governance of China Ⅲ, p.154

（3）英汉句型差异对比

全面建成小康社会，一个也不能少；共同富裕路上，一个也不能掉队。

《习近平谈治国理政》第三卷，第66页

This is a society to be enjoyed by each and every one of us. On the march towards common prosperity, no one would be left behind.

Xi Jinping: The Governance of China Ⅲ, p.88

- 省译"小康"
- 拆分句子
- 汉语惯用主动语态，而英语常用被动语态，在汉译英过程中常将主动句转为被动句。

（4）总结

翻译领导人著作或讲话时要有的三种基本意识

设计目的

　　通过教师讲解，帮助学生理解习近平总书记用典内涵，学生查找相关典故与出处，深刻理解翻译责任，培养国际传播意识。

步骤4

　　学生通过小组活动，预习习近平总书记讲话，深入理解讲话精神，对比讲话的中英文本的特色与差异。在教师指导下，提交学习心得，制作课堂发言课件。教师进行课堂点评。

设计目的

　　每个小组通过名词术语、特色表达、英汉句型差异对比、总结活动，深入把握国策内涵，培养政治站位、政治立场，为日后进入翻译职场做好职业准备。

2. 中英文本解析与对比

步骤 1

教师讲解（课件呈现）：

> **出处：**
> 该典故出自元代王冕《墨梅》。
> （出处：《习近平谈治国理政》第三卷，第 68 页）
> This allusion is from Wang Mian: "Ink Plum" (Mo Mei).
> （Quoted from *Xi Jinping: The Governance of China Ⅲ*, p.90）

设计目的

教师讲解典故的详细出处，带领学生回顾中国优秀传统文化的传承。学生通过听课、讨论，进一步熟悉中国文化典故的精髓。开始思考典故翻译的准确性对国际传播的重要价值。

步骤 2

> **解读：**
> 此诗约作于元顺帝至正九年至十年。这是一首题画诗。诗人赞美墨梅不求人夸，只愿给人间留下清香的美德，实际上是借梅自喻，表达自己对人生的态度以及不向世俗献媚的高尚情操。开头两句"吾家洗砚池头树，朵朵花开淡墨痕"直接描写墨梅。画中小池边的梅树，花朵盛开，朵朵梅花都是用淡淡的墨水点染而成的。"洗砚池"，化用王羲之"临池学书，池水尽黑"的典故。三、四两句盛赞墨梅的高风亮节。它由淡墨画成，外表虽然并不娇艳，但具有神清骨秀、高洁端庄、幽独超逸的内在气质；它不想用鲜艳的色彩去吸引人，讨好人，求得人们的夸奖，只愿散发一股清香，让它留在天地之间。
> 【出处】
> 中华诗歌网，http://www.jnswdx.cn/gsc/27246.html
> 古诗文网，https://so.gushiwen.org/shiwenv_82fd6027caf3.aspx

设计目的

教师详细解析典故的具体出处、历史背景与内涵，帮助学生理解在具体语境下，典故使用的精妙与文化意蕴。通过师生互动、小组讨论，使学生进一步熟悉中国文化典故的精髓，思考典故翻译的准确性对国际传播的重要价值。

步骤 3

> **重温典故（师生共同）：**
> 最后，让我们重温习近平总书记引用的这句典故：
> 不要人夸颜色好，只留清气满乾坤。
> Not bent on praise for its bright colors, but on leaving its fragrance to all.

设计目的

回顾典故相关知识，引导学生深刻领会讲话精神，切实扛起翻译责任，理解好、翻译好、使用好中国文化典故。

步骤4

学生速读材料 *Xi Jinping: The Governance of China* Ⅲ (Excerpts, p.144)

Uphold and Improve the Chinese Socialist System and Modernize State Governance

Our ancestors said, "A state system must be established when founding a country." A well-founded system is the biggest strength a country has, and competition in terms of systems is the most essential rivalry between countries. A country cannot remain stable without a sound system. The fundamental reason that the Chinese nation has stood up, become better off and grown in strength over the seven decades since the founding of the People's Republic of China in 1949 is that the CPC has led the people in establishing and improving the Chinese socialist system, in forming and developing systems for Party leadership, the economy, politics, culture, society, eco-civilization, the military, and foreign affairs, and in enhancing state governance.

—Quoted from "Uphold and Improve the Chinese Socialist System and Modernize State Governance." This is part of the speech at the second full assembly of the Fourth Plenary Session of the 19th CPC Central Committee.

基于上述文献，学生分组讨论"凡将立国，制度不可不察也"，认真思考制度对于一个国家的重要性。

提问：

(1) How do you understand the significance of the allusion "A state system must be established when founding a country"?

(2) Where is the allusion from?

设计目的

学生反思制度建设对于一个国家的重要意义，反思制度建设对于国家建设的重要意义。

3. 思考练习

（1）检索阅读资料，查找《坚持和完善中国特色社会主义制度、推进国家治理体系和治理能力现代化》中的其他典故"听言不如观事，观事不如观行""千磨万击还坚劲，任尔东西南北风""万物得其本者生，百事得其道者成"，查找出处，对比典故中英文本的特色与差异。

（2）结合所学的文化典故，了解新时代中国发展的新气象新面貌，并思考青年学生应该有怎样的新作为。

（3）登录"学习强国"学习平台"传播中国"栏目，观看本课程团队录制的《习语"典"读——习近平总书记用典双语解读》，或登录"国家高等教育智慧教育平台"，注册学习《习语"金"典百句百讲》。

六、课后反思

1. 教师反思

2. 学生反思

作者：曹进、陈霞、孙贝、魏欣　　学校：西北师范大学

"英语语音"课程思政教学设计样例

第八单元　音韵之美

一、课程总览

1. 课程名称： 英语语音

2. 课程类型： 英语专业选修课

3. 课程目标：

通过本课程的学习，使学生达到以下目标：

（1）了解语音学理论知识，理解并掌握英语元音、辅音的基本概念和发音方法。掌握单词重音、句子重读、连读、节奏和语调方面的发音规则，并能够使用正确得体的英语语音语调表达思想，保证交际的有效性。【知识＋技能】

（2）了解并能够分辨英式英语和美式英语在语音和音标方面的区别，并至少掌握其中一种发音方式。【知识＋技能】

（3）了解英语和汉语在节奏和韵律方面的主要差异，树立正确的语言观。通过英文歌曲、诗歌以及中国古典诗词的英文翻译学习与鉴赏，增强英语学习的兴趣，体验文化，陶冶情操，提高对英汉语音音韵之美的鉴赏力和审美情趣。【态度＋价值】

4. 教学对象： 英语类专业一年级本科生

5. 学时： 线下 60；线上 32（一学年）

6. 教材：《21 世纪大学英语语音教程》，郭玺平主编，复旦大学出版社，2020 年

《英语朗读与复述教程》，田朝霞主编，中国人民大学出版社，2016 年

二、本案例（单元／话题等）教学目标

1. 认知类目标： 通过英文歌曲和诗歌的学习，巩固前面所学的音段和超音段两个方面的语音知识，理解英文歌曲和诗歌中的语音现象，如连读、弱读、重读、韵律与节奏等。

2. 价值类目标： 激发英语语音学习的趣味性和创造性，体验和鉴赏英文歌曲与诗歌的音韵之美，将语音学习上升至审美高度。通过中英诗词音韵之美的互学互鉴，树立"各美其美，美人之美，美美与共，天下大同"的美育思想观念。

3. 方法类目标： 能够运用已学知识，从语音层面（音段和超音段两个方面）对英文歌曲和诗歌进行解析，学会欣赏英文歌曲与诗歌的音韵之美。

三、本案例（单元／话题等）教学内容、重点和难点

1. 教学内容

英语语音第八单元音韵之美

（1）英语歌曲：《五百英里》《传奇》《只因我爱你》；

（2）英语诗歌：《当你老了》《雪夜林边驻足》。

2. 教学重点

（1）通过歌曲和诗歌的形式学习英语发音，并突出英语语音之美；

（2）学唱英文歌曲，朗诵英文诗歌；通过英汉诗歌的互学互鉴，增强文化自信，提高审美情趣。

3. 教学难点

（1）英语单词重音、句子重音与英文歌曲强弱拍的关系；

（2）英语之"音"与"义"的关系；

（3）中英文古典诗歌在其语音韵律之美方面的异同。

四、本案例（单元 / 话题等）教学方法、手段

本案例采用"线上线下混合式教学方法"，强调语音的实操性，注重引导学生将所学理论用于实践，通过实践培养学生分析问题、解决问题的能力，从而使课程达到最佳的教学效果。本课程采取的教学方法主要有：

1. 学生线上学习。教师课前发布学习任务，要求学生自学学习通"英语语音"SPOC 课程以及教材第八单元内容，并在平台讨论区发布学习笔记以及学习过程中的问题、疑难点等。

2. 教师线下讲解。教师在面授课通过小测验和现场提问环节检查学生课前学习效果，就学生讨论区的学习笔记和疑问进行反馈和解答；同时，教师针对本单元的重点和难点进行讲解。同时教师弹奏乐器，教授学生学唱英文歌曲。

3. 学生小组汇报 / 展示。学生以小组的形式向全班同学讲授一首英文诗歌或歌曲，从发音的角度讲解学习时应该注意的重难点，突出音韵之美。之后同伴和教师进行反馈点评。

4. 教师引导学生阅读相关文献。

五、本案例（单元 / 话题等）教学过程

1. 学生线上学习

步骤 1

教师课前发布任务，要求学生在学习通平台观看"英语语音"第八单元第五节教学视频：英文歌曲《五百英里》《传奇》《只因我爱你》，以及英文诗歌《当你老了》《雪夜林边驻足》，并自学教材第八单元前三节内容（与教学视频一致），完成课后"巩固与强化"练习一、二、三。

步骤 2

要求每位同学学唱这三首英文歌曲，同时诵两首英文诗歌。并在学习通平台讨论区发布学习笔记以及学习过程中的问题、疑难点等。

> **设计目的**
>
> 培养学生的自主学习能力，主动探究学习问题，养成做笔记的良好习惯。

2. 教师线下讲解

2.1　教师督查反馈

步骤 1

教师在学习通督学平台查看学生学习进度，对未完成学习任务的学生通过邮件、微信等方式进行督促。教师在讨论区查看学生学习笔记、心得体会及所有提问，有针对性地准备面授课。

步骤 2

教师在面授课上通过小测验和现场提问环节检查学生课前学习效果，就学生讨论区的学习笔记和疑问进行反馈和解答。

步骤 3

教师对学生的学唱英文歌曲和背诵诗词进行抽查。

设计目的

方便教师在面授课前了解学生的学习情况及相关疑问，做到面授课有的放矢。抽查学生唱歌和背诵英文诗歌，督学之余，能够增加课堂教学的趣味性，培养学生发现并欣赏歌曲和诗歌中的音韵之美。

2.2　教师重点讲解

步骤 1　语音与音乐的相通之处

音乐是世界的语言，语言作为抒发感情的一种手段与音乐亦有相通之处。英语是重音计时性节奏模式（stress-timed rhythm pattern），总体特征是延绵不绝、抑扬顿挫，相当于钢琴曲中的联奏；而汉语是音节计时性节奏模式（syllable-timed rhythm pattern），讲究铿锵有力、字正腔圆，类似于钢琴曲中的断奏；教师通过示范演奏葫芦丝，讲解连读与滑音的相通之处。教师携带口琴、电子琴为学生学唱英文歌曲伴奏，之后以歌曲《五百英里》为例，重点讲解英语中的单词重音和句子重音在英文乐曲中都落在强拍上这一现象。例如，第一句，If you miss the train I am on, you will know that I am gone 中的 miss、on、know、on 四个词都在强拍上，并且所占拍数时值相对较长；再如，miss 一词占一拍半，而后面的 the 一词只占半拍（如下图所示）。这和我们日常生活中讲这句话的句重音和词重音是一致的。If you miss the train I am on, you will know that I am gone.

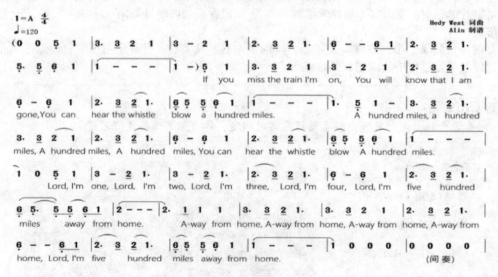

教师通过文献（卜友红，1995）来进一步阐述这一问题，如下图所示：

英语语音教程

observing many English songs, Bu (1995: 149) made a significant discovery that the stressed syllables tend to fall on the strong beat and the unstressed syllables on the weak beat. This is not just a coincidence, but a natural adjustment for words to keep the proper rhythmic balance with music. Take the song *Home on the Range* written by Higley, B. and composed by Kelley, D. as an example:

5 | 5   1   2 | 3 −   1   7 | 6· 4   4 | 4 −
Oh, 'give me a 'home where the 'buf- fa- lo   'roam,

4   4 | 5− 1 1 | 1   7   1 | 2 − − | 2 −
Where the 'deer and the 'an- te- lope 'play

5   5 | 5− 1   2 | 3− 1   7 | 6· 4   4 | 4 −
Where 'sel- dom is 'heard a dis- 'cour-ag-ing 'word

4   4 | 3· 2   2 | 7   1 2 | 1 − −| 1 − ‖
And the 'skies are not 'cloud-y all 'day

The musical rhythm of the song is composed of **S-W-W** (strong-weak-weak) pattern, similar to that of waltz, a ballroom dance in triple time with a strong beat on the first. In accordance with the music, the stressed words of the song always fall on the strong beat. The strong beat sometimes is lengthened and strengthened by a pause or a dot, and in turn, the vowels of the stressed syllables are intensified with a louder and longer quality, leaving the unstressed syllables much weaker and shorter than usual.

设计目的

教师通过讲解英汉两种重音节奏模式，让学生明白二者的主要差异，并在练习英语发音时努力避免汉语负迁移现象的发生；教师将大家喜闻乐见的乐器、乐谱和唱歌等音乐元素融入英语语音教学中，寓教于乐，旨在帮助学生理解英语和音乐的相通之处，并体验英文歌曲中的节奏感和韵律美。

步骤 2 语音和语义的密切关系

教师讲解《雪夜林边驻足》中有关"音"和"义"的知识点：首先，头韵和重复。头韵（alliteration），指两个单词或两个单词以上的首字母相同，形成悦耳的读音。该诗多处运用了头韵，例如：his 与 house（第一节第二行），see 与 stopping（第一节第三行），watch、woods 与 with（第一节第四行），he、his 与 harness（第三节第一行），sound's 与 sweep（第三节第三行），dark 与 deep（第四节第一行）。这些词蕴含了语言的音乐美和整齐美，具有很强的艺术表现力和感染力。另外，该诗使用了重复（repetition）的手法。比如，"I"一词在诗中重复出现了五次，"woods"重复出现四次，"think"、"house"和"he"均重复出现两次。这些词在诗中的反复出现，增强了诗歌的音乐效果和艺术魅力，在读者心中产生强烈的反响。其次，元音和辅音之妙用。集中使用清辅音是该诗的又一大特点，比如，第二节的第一诗行共 7 个单词，有 5 个以辅音结尾（little，horse，must，think，it），其中后 4 个均为清辅音；第二行的 6 个单词中，有 3 个单词（stop，without，farmhouse）以清辅音结尾；第三节第二行的 7 个单词中，以清辅音结尾的单词有 4 个（ask，if，is，mistake）。这些清辅音的巧妙使用，貌似有声却无声，犹如有形无声、飘飘洒洒的雪花，意境深远，引人遐思。

元音的使用也非常巧妙。第一节结尾处的 snow 和第四节中的 go，均发张大嘴巴的双元音 /əʊ/，颇具象征意味。前者象征纷纷飞扬的雪花之大，后者象征安睡前路途遥远，责任重大；而将 sleep 一词置于诗尾，长音 /iː/ 似乎象征着死后长眠不得再生，读来意味深长，韵味幽远。

Stopping by Woods on a Snowy Evening

By Robert Frost

Whose woods these are I think I know.

His house is in the village though;

He will not see me stopping here,

To watch his woods fill up with snow.

My little horse must think it queer,
To stop without a farmhouse near
Between the woods and frozen lake
The darkest evening of the year.

He gives his harness bells a shake
To ask if there is some mistake.
The only other sound's the sweep
Of easy wind and downy flake.

The woods are lovely, dark and deep,
But I have promises to keep,
And miles to go before I sleep,
And miles to go before I sleep.

设计目的

让学生了解英语的"音美"、"形美"和"意美"，将英语语音教学升华至美育高度。

步骤 3 课外拓展

（1）教师引用文献分析课外英文诗歌"Those Winter Sundays"中清辅音 /k/ 的妙用。"That percussive, consonant-cooked vocabulary is like a melodic map into how to read the poem, linking the fire, the season, the father and his son."（张世民，2016）

（2）教师引用文献分析中国古典诗词杜甫《登高》中的"无边落木萧萧下，不尽长江滚滚来"两句及其英文译文，让学生体会英汉两种语言在各自"音美、形美、意美"方面的不同之处。原诗的音美自不必说，对仗工整，读来朗朗上口，气势磅礴；形美也是一绝——无边落木的"木"后面接"萧萧"，两个草字头，草也算木；不尽长江的"江"后面"滚滚"而来，三个三点水。这种字形、视觉上的冲击，能够翻译出来吗？许渊冲先生在前人翻译的基础上，给出了肯定的答案：

The boundless forest sheds its leaves shower by shower;
The endless river rolls its waves hour after hour.

原诗的草字头就用重复 sh（shed，shower，shower）翻译，三点水则用重复的 r（river，rolls，hour）体现，再者，"萧萧下"和"滚滚来"分别对应的翻译方法为 shower by shower 和 hour after hour，音义双绝，美妙绝伦。

（3）教师要求学生搜集资料，了解许渊冲文学翻译"三美论"及其唐诗、宋词、元曲经典译文。并将优秀的论文和译文发到线上讨论区内。

设计目的

通过英汉诗词对比英语和汉语的"音美"、"形美"和"意美"，帮助学生深刻理解"各美其美，美人之美，美美与共，天下大同"的美育思想。

3. 学生小组汇报 / 展示

将全班学生分成若干组（3—4 名一组），学生以小组的形式向全班同学讲授一首英文诗歌或歌曲，从发音的角度讲解学习时应该注意的重难点和歌曲（诗歌）中的音韵美。要求汇报时制作 PPT，每组汇报 5—8 分钟。之后同伴和教师进行反馈点评。

设计目的

通过学生的实操示范汇报展示，培养学生合作互助、文献查阅、PPT制作、示范教学等多方面的能力，并在整个过程中体会英汉双语诗词、歌曲的音韵之美，陶冶情操。

---

4. 教师总结反馈

本单元为语音教学最后一个单元，在学期末，教师对本门课程开设的总体教学情况做总结，并重申第一节课提出的语音学习六要素：

(1) Listen first

(2) Be sensitive

(3) Slow down

(4) Do it step by step

(5) Repeat at least 100 times

(6) Blurt out

设计目的

教师通过反思总结，现身说法，让学生学会在学习中不断反思和总结；另外，教师通过语音学习六要素，教授学生学习方法，帮助学生理解学习方法的重要性和终身学习的理念。

六、课后反思

1. 教师反思

2. 学生反思

作者：郭玺平　　学校：内蒙古师范大学

"英美诗歌选读"课程思政教学设计样例

Chapter 10　Robert Burns

Part 2　Robert Burns and His Poem "My Heart's in the Highlands"

一、课程总览

1. 课程名称：英美诗歌选读

2. 课程类型：专业方向课（文学方向）

3. 课程目标：通过本课程的学习，使学生达到以下目标：

（1）用英美诗歌作为英语学习材料，比较英汉语言的差异，扩大知识面，提高语言学习技能。**【知识＋技能】**

（2）增强学习和研究英美诗歌的兴趣，了解英美诗歌的基本要素，提高理解、欣赏和评论诗歌的能力，提升文学素养，形成文理渗透、文史相通的跨学科意识，改善知识结构。**【态度＋知识＋技能】**

（3）比较中外诗歌，加深对外国文化的认知，体会中西文化异同，并树立文化自信，促进跨文化交流与世界文明互鉴，兼具家国情怀和国际视野。**【价值观＋技能】**

（4）比较不同译文，提高翻译鉴赏水平，敢于质疑权威，有理有据指出不足，尝试自主翻译，提高翻译实践能力，培养思辨创新思维。**【技能】**

（5）从诗歌中获得伦理教诲和情感体验，汲取人生经验和做人道理，树立正确的世界观、人生观、爱情观和价值观。**【价值观＋技能】**

4. 教学对象：英语类专业高年级学生

5. 学时：每学期 32 学时（可利用中国大学慕课相关课程，线上学习和线下教学相结合）

6. 教材：《英美诗歌欣赏》（国家精品在线开放课程配套教材），李正栓主编，清华大学出版社，2021 年

《英语诗歌名篇鉴赏》，代显梅编著，中国人民大学出版社，2020 年

二、本案例（单元/话题）教学目标

1. 认知类目标

了解罗伯特·彭斯的生平、作品、地位，以及对浪漫主义文学的影响；格律、结构、意象和主题思想等几大诗歌要素；欣赏 "My Heart's in the Highlands" 的艺术特色和文学魅力。

2. 价值类目标

感悟该诗歌中的家国情怀；体会诗人的生态关怀；感受诗人对国家英雄的敬仰之情；培养学生对大自然、家乡和国家的热爱。

3. 方法类目标

（1）通过高声朗读和背诵，加强对该诗歌格律的理解；

（2）通过简析、评论和鉴赏，加深对诗歌的主题思想、中文翻译与艺术特色的理解，提高

思考、语言表达和写作能力；

（3）通过列举同类主题的中文诗与歌，加强中外文学和文化的比较学习，树立文化自信；

（4）通过讨论或辩论，对诗歌或译文提出质疑或批判，培养思辨能力和批判性思维；

（5）通过诗歌翻译实践，提高语言运用能力，实现诗歌知识再生产；

（6）通过文献阅读法或视听学习法，加强对诗歌的理解，提升学术研究能力和文学修养。

三、本案例（单元/话题等）教学内容、重点和难点

1. 教学内容

（1）罗伯特·彭斯的生平、作品、地位和影响；

（2）这首诗的格律、主题思想和艺术特色；

（3）这首诗的价值观、生态观和家国情怀。

2. 教学重点

（1）作为英国前期浪漫主义诗人，彭斯对英国浪漫主义文学的影响；

（2）赏析诗歌的格律、主题思想和艺术特色；

（3）探讨彭斯此类抒情诗的创作手法和规律；

（4）比较与鉴赏该诗歌不同版本译文，鼓励学生批判与创新。

3. 教学难点

（1）赏析诗歌的格律、主题思想和艺术特色；

（2）比较学习同类主题的中外诗歌，鼓励学生仿写诗歌；

（3）比较学习不同译文，引导学生提高翻译鉴赏和实践能力。

四、本案例（单元/话题等）教学方法、手段

1. 诵读法：要求学生高声朗读和背诵，体会诗歌的格律、思想与情感。

2. 讲解法：重点讲解该诗歌的选词用句、修辞手法，帮助学生理解该诗歌的主题思想与艺术特色。

3. 交互法：启发学生简析、讨论、点评与鉴赏该诗歌，线上课程恰有此诗，可要求学生在评论区发表评论，英汉语皆可。

4. 案例法：列举主题相似的中文诗与歌，激发学生对国家和家乡的热爱。

5. 翻译法：比较该诗不同版本的译文，引导学生对比学习中英语言和文化的异同，实现诗歌知识再生产。

6. 文献法和视听法：鼓励学生阅读相关的学术论文或欣赏该诗歌的音频和视频，提升学术研究能力与艺术修养。

五、本案例（单元/话题等）教学过程

1. 罗伯特·彭斯的生平、作品、地位和影响

步骤1

教师分享自己在苏格兰游访彭斯故居和翻译彭斯诗歌的经历。

Thoughts on Translating Burns
Li Zhengshuan

Strong wind blows with sound sad and shrill;
There are birds warbling, delighted and still;
For translating Burns to the old country I came
To pick up ancient feelings former and same.

(tr. Li Zhengshuan)

译彭斯诗有感

疾风劲吹声凄厉，
仍有鸟鸣乐不疲。
为译彭斯来旧国，
昔日情怀今日拾。

李正栓，2015

设计目的

用丰富生动的图片和教师真实鲜活的感悟激发学生兴趣，引导学生对彭斯其人其作有感性认识；引导学生认识到"读万卷书不如行万里路，行万里路不如自己领悟"。

步骤 2

介绍苏格兰诗人彭斯的生平、主要作品、地位和影响；组织学生讨论彭斯的特别之处，学生会自然而然地关注"农民诗人"的特殊身份，其低微出身与崇高成就的反差。

- 罗伯特·彭斯（Robert Burns, 1759 — 1796），苏格兰著名诗人及民歌作家，英国浪漫主义诗歌先驱之一，公众心目里富有传奇色彩的大地之子。他出生于苏格兰普通农民之家，从小随父务农，终身贫困潦倒，自幼喜爱诗歌，靠自学终成大器。彭斯15岁时开始写诗。他常一边劳动，一边酿诗，他的作品大概分为：（1）抒情诗；（2）讽刺诗；（3）动物诗；（4）叙事诗；（5）诗札。他37年的短暂一生却留下632首诗作，被人们亲切地称为"农民天才诗人"。

- 1787年，彭斯应邀到苏格兰北部高原旅行，凭吊历史上苏格兰人民抗击英格兰入侵者的古战场，在这两次的出行中诗人走访了苏格兰的古战场和当地近代民族独立运动的发源地，北部高原地区既是英雄辈出之地，又是民间歌谣的源泉。在目睹历史积淀后的古迹后，诗人不禁文思泉涌，写下了这首深刻怀念故国和家园的抒情诗《我的心呀在高原》，抒发自身强烈的民族自豪感，和对故土深深的思念之情。

设计目的

引导学生形成正确的"农民观",自古高手在民间,不要轻视农民,农民诗人更难能可贵,不去远方也能把眼前的苟且写成诗。任何人,即使出身低微,通过学习和努力也能改变命运。

步骤 3

提问:Can you talk about some poems by "peasant poets" in China?

教师分享全国各地农民作家和写作爱好者数量显著增长,中国也涌现出很多优秀的农民诗人,如臧克家、20 年来中国诗集销量最大的"农民诗人"余秀华、河南"放羊诗人"李松山等,引导和鼓励学生关注并阅读"全国十佳农民诗人"的一些诗作。

设计目的

让学生认识到中国农民已今非昔比,他们的文学素养有了很大提升,通过中外"农民诗人"比较,树立文化自信。

2. 学习诗歌 "My Heart's in the Highlands"

2.1　欣赏该诗的结构与格律美

步骤 1

展示诗歌原文,播放该诗歌的朗诵和歌曲音频,讲述这首诗是彭斯根据一首苏格兰民谣重新填词,很多演奏都采用苏格兰特有的乐器,如苏格兰风笛等,使之充满民族风情和异域情调。

> **My Heart's in The Highlands**
>
> My heart's in the Highlands, my heart is not here,
> My heart's in the Highlands a-chasing the deer.
> A-chasing the wild deer, and following the roe;
> My heart's in the Highlands, wherever I go.
>
> Farewell to the Highlands, farewell to the North
> The birth-place of Valour, the country of Worth;
> Wherever I wander, wherever I rove,
> The hills of the Highlands for ever I love.
>
> Farewell to the mountains high cover'd with snow;
> Farewell to the straths and green valleys below;
> Farewell to the forests and wild-hanging woods;
> Farwell to the torrents and loud-pouring floods.
>
> My heart's in the Highlands, my heart is not here,
> My heart's in the Highlands a-chasing the deer
> Chasing the wild deer, and following the roe;
> My heart's in the Highlands, wherever I go

设计目的

让学生体悟英语诗歌的音韵、节奏和诗情之美,感受苏格兰民歌的独特魅力。

步骤 2

学生分组查找并阅读与该诗相关的文献,完成三项任务:

(1) to find out the background of this poem

(2) to identify the rhyme scheme of this poem

(3) to identify the rhetoric devices in this poem

学生通过展示，弄清该诗的结构、音步和押韵知识，得出以下答案：

（1）彭斯在 1787 年曾两次游历苏格兰北部高原，产生了强烈的民族自豪感和故土之思，有感而作。

（2）全诗每诗行 11 个音节（第三行除外），每两行押同样的韵脚，形成 aabb 的韵式。彭斯复活并丰富了苏格兰民歌。诗歌追求音乐性，这首诗富有音律性和音乐美，可以歌唱，既能自由地抒发情感，又能通过节奏变化，控制情感的释放。这些影响了后来的浪漫主义诗歌。

（3）诗中"My heart's in the Highlands"反复咏唱，类似中国《诗经》中的"重章复唱"，既增加了诗歌的音律美感，又增强了诗人对故土的爱恋。

> ∗ Background of "My Heart's in the Highlands"
>
> ∗ This is one of the best-known poems of Burns. In this poem, he pours out his deep love for the Highlands. It shows the poet's pure patriotic feeling. Burns is such a genius in language that he has admirable faculty of expressing himself with passionate emotion in simple and musical verse. This poem is characterized by its appealing musical quality. Burns uses alliteration, repetition and many parallel constructions to stress his sentiment for his homeland.

设计目的

加深学生对"民族的才是世界的"认知；引导学生认识每个国家和民族都有自己的文化特色，文化无优劣之分。

步骤 3

基于中英诗歌格律的异同，组织学生展开小型辩论会：

正方："英语诗歌更美，英诗格律甚至比中诗的限制还多，但还能写出自然流畅又饱含深情的诗作，还能歌唱，更加难能可贵。"

反方："中国诗词更博大精深，不仅要讲格律，注意押韵兼顾平仄，形式多样，宋词也可以歌唱……中诗更简洁，却内涵丰厚。"

教师总结：每种文化都有各自的魅力，它山之石可以攻玉，要学会洋为己用。美国诗人庞德（Ezra Pound）就曾从中国古典诗歌、日本俳句中生发出"诗歌意象"理论，在美国掀起了意象派诗歌的热潮。

设计目的

引导学生认识到中英诗歌各有千秋，一方面要传承中国优秀的思想文化，另一方面要尊重并汲取他国优秀文化的养分。文明因交流而多彩，文明因互鉴而丰富。

2.2 理解该诗的内容思想与感情

步骤 1

请学生分析该诗的意象，体会诗歌中的爱乡爱国之情。

彭斯选用的都是苏格兰高原常见的自然景物，让这首诗成为一幅生动的自然画卷：高原、鹿群、野鹿、狍子、高山、积雪、峡谷、大树、瀑布。意象的简单枚举呈现了家乡的美丽形象。诗人通过"我的心呀在高原"反复咏叹倾注了对北方高原深沉的依恋，赋予自然独立的生命美感和感染力。尽管这首诗的意象和感情表达都很简单，却永远不失魅力。

设计目的

引导学生感悟诗人与故土的一景一物一草一木物我相融的感情，这体现了彭斯的生态伦理观，人与自然是生命共同体。

步骤2

请学生通过头脑风暴列举包含中国"天人合一"思想的诗词美句：

（1）天地与我并生，万物与我为一。——庄子《齐物论》

（2）愿你在尘世获得幸福，我只愿面朝大海，春暖花开。——海子

（3）采菊东篱下，悠然见南山。——陶渊明

（3）绿水青山就是金山银山。——习近平

……

设计目的

通过中英比较，引导学生理解和树立科学发展观，尤其要统筹人与自然和谐发展，处理好经济建设、人口增长与资源利用、生态环境保护的关系。

步骤3

请学生列举并比较同类主题的中国诗与歌，如山东学生唱《谁不说俺家乡好》；山西学生会诵读"人说山西好风光，地肥水美五谷香……"来自不同区域的学生纷纷产生浓浓的思乡之情和对家乡的自豪之感。其中下面两首歌简单铺陈自然景物的意象，且情感充沛，与该诗有异曲同工之妙。

《呼伦贝尔大草原》	《天堂》
* 我的心啊在天边	* 蓝蓝的天空
* 天边有一片辽阔的大草原	* 清清的湖水　哎耶
* 草原茫茫天地间	* 绿绿的草原
* 洁白的蒙古包撒落在河边	* 这是我的家　哎耶
* 我的心啊在高山	* 奔驰的骏马
* 高山深处是巍巍的大兴安	* 洁白的羊群　哎耶
* 云海茫茫云雾间	* 还有你姑娘
* 矫健的雄鹰俯瞰着草原	* 这是我的家　哎耶
* 呼伦贝尔大草原	* 我爱你，我的家
* 白云朵朵飘在我心间	* 我的家，我的天堂
* 呼伦贝尔大草原	
* 我的心爱我的思念	
* ……	

设计目的

引导学生移情，爱家乡是人类一种淳朴、感恩的情怀。家是最小国，国是千万家，家国共情怀！好好学习，以后让家乡让国家更美好。

步骤4

重点分析第二节，提问："The birth-place of Valor, the country of Worth"中的 Valor 和 Worth 为什么大写？有什么用意？学生简要分析。

诗行中的单词大写，一般是表示强调或拟人。诗人对苏格兰高原直抒胸臆的赞美只有这一句，却大大提升了诗歌的思想深度。"你是品德的家园、壮士的故乡"，这是诗人特别看重的品质，也是苏格兰人赖以争取民族自由的品质。诗人讴歌高原的英雄历史，赞美有德有勇的英雄。实际上，很多苏格兰文学作品都呈现出对英雄的敬畏和尊崇。

设计目的

引导学生做学问要注重细节，学会在不疑处有疑；告诫学生对英雄心怀敬畏，帮助学生树立正确的英雄观。

步骤 5

让学生列举几个当下解构、否定，甚至诋毁英雄的社会现象。

联系实际讨论并反思郁达夫的名言："一个没有英雄的民族是不幸的，一个有英雄却不知敬重爱惜的民族是不可救药的。"

设计目的

英雄烈士不受诋毁，是每个民族的情感底线。请学生了解《英雄烈士保护法》，引导学生提高思想觉悟，形成崇尚英雄、尊重英烈的价值取向。崇尚英雄才会产生英雄，捍卫英雄才会有更多人争做英雄，争做英雄才能英雄辈出。

3. 对比赏析不同版本的译文

步骤 1

让学生对比王佐良与李正栓两个译文，并指出其中的不足。

<table>
<tr><td align="center">《我的心呀在高原》</td><td align="center">《我的心啊在高原》</td></tr>
<tr><td>

我的心呀在高原，这儿没有我的心，
我的心呀在高原，追赶着鹿群，
追赶着野鹿，跟踪着小鹿，
我的心呀在高原，别处没有我的心！

再会吧，高原！再会吧，北方！
你是品德的国家、壮士的故乡，
不管我在哪儿游荡、到哪儿流浪，
高原的群山我永不相忘！

再会吧，皑皑的高山，
再会吧，绿色的山谷同河滩，
再会吧，高耸的大树，无尽的林涛，
再会吧，汹涌的急流，雷鸣的浪潮！

我的心呀在高原，这儿没有我的心，
我的心呀在高原，追赶着鹿群，
追赶着野鹿，跟踪着小鹿，
我的心呀在高原，别处没有我的心！

（王佐良 译）
</td><td>

我的心啊在高原，我的心不在这里；
我的心啊在高原，追逐着鹿群，
追逐着鹿群，跟踪着野狍，
我的心啊在高原，不管我在何处飘摇。

再见吧，高原！再见吧，北方！
你是品德的家园，是勇士的故乡，
不管我流浪何处，不管我何处浪迹，
高原的群山永远在我心底。

再见吧，银装素裹的高山；
再见吧，绿色山谷与河滩；
再见吧，参天的森林和丛生的野树，
再见吧，奔腾的激流和轰鸣的流瀑。

我的心啊在高原，我的心不在这里；
我的心啊在高原，追逐着鹿群，
追逐着鹿群，跟踪着野狍，
我的心啊在高原，不管我在何处飘摇。

（李正栓 译）
</td></tr>
</table>

教师讲述自己翻译 roe 时，注意到之前有不同的译名"牝鹿""獐儿""小鹿"等，为避免出现科学知识方面的错误，特意请教几位生物学专家，并翻查词典大量考证，最终确定译为"野狍"。此外，"the country of Worth"一句，王佐良译为"你是品德的国家"，但教师认为，highlands（高原）只是苏格兰的部分地貌和区域，将 country 译为"国家"不妥，斟酌后译为："你是品德的家园"。

设计目的

引导学生认识到翻译没有最好只有更好，启发学生做翻译做学问都要严谨，要敢于质疑权威，学会思辨。

步骤 2

鼓励学生在现有译文的基础上改译，或尝试自己重新翻译该诗。教师发现自己的译文中同一诗行使用了相同的字，如"流浪"与"浪迹"、"激流"与"流瀑"，从音韵与忠实原文的角度来说都不算上乘的译文，将在以后的版本中修订，精益求精。

设计目的

引导学生用翻译检验自己对原文的理解；用工匠精神对待自己的专业，做翻译和做学问都要力求精益求精，要谦逊，多自省。

4. 布置作业

（1）背诵"My Heart's in the Highlands"，并仿写一首诗歌描绘自己的家乡。
（2）观看电影《勇敢的心》，感悟苏格兰人民为自由奋战的民族性。
（3）搜索并阅读至少 3 篇与彭斯或该诗相关的学术论文。

六、课后反思（教师反思 + 学生反思）

1. 教师反思

基本完成教学目标。学生了解了彭斯的生平和该诗的创作背景，在文本细读中对格律、结构、意象和思想感情等艺术特色理解透彻、感悟深刻；通过中英诗歌比较，学生深化了对中英语言和文化差异的认识，开阔了视野；通过对比不同译文，学生提升了翻译鉴赏水平，掌握了一定的诗歌翻译技巧。

了解学生的兴趣点和心理认知，能为教学提供更合时宜的切入点，因此要更多了解学生的思想动态和学习特点，以更新教学素材，更好地教学相长。

2. 学生反思

更深入地了解了"农民诗人"彭斯，明白了人的出身并不重要，只要足够努力就会有所成就；感受到"My Heart's in the Highlands"的意象之美，人与自然和谐共存才是人类的终极浪漫；通过比较中英诗歌，认识到不同民族的文化各美其美，要注重文明互鉴，美美与共；通过译文对比和教师的翻译经历，认识到做翻译和做学问都要力求严谨，敢于质疑并创新。

作者：李正栓　　　　　　　　　学校：河北师范大学

作者：叶红婷　　　　学校：河北师范大学、荆楚理工学院

"西方思想经典导读"课程思政教学设计样例

Lesson Twenty-five　Base and Superstructure in Marxist Cultural Theory

电子教材样章

一、课程总览

1. 课程名称：西方思想经典导读

2. 课程类型：专业方向课（比较文学与跨文化方向课程）

3. 课程目标：

通过本课程的学习，使学生达到以下目标：

（1）通过学习西方人文思想经典，同时学习英语语言文学知识，使学生既能获得丰厚的人文社会科学知识，又能掌握扎实的英语语言文学基础知识。

（2）课堂教学将人文思想知识研读与英语语言文学基础知识学习相结合，将人文知识讨论与言语技能训练相结合。

（3）在人文经典知识研读中培养学生的批判性思维能力、英语语言实践能力。

（4）持续提升作为人文学科英语专业学生人文知识水平和英语实践能力，培养能适应国家和社会各领域需求的热爱国家和人民的综合型、创新型精英人才。

4. 教学对象：英语类专业高年级本科生

5. 学时：线下 34；线上 14

6. 教材：《西方人文经典阅读教程》，陈世丹主编，中国人民大学出版社，2021 年

二、本案例教学目标

1. 认知类目标：学习、了解西方人文经典思想理论，通过与中国古典、现代、当代文化理论比较研究，吸收借鉴西方人文经典思想中积极的、进步的要素，为繁荣发展我国的政治、经济、社会、文化、生态文明建设服务，从而加强我们的中国特色社会主义道路自信、理论自信、制度自信、文化自信。

2. 价值类目标：学懂、掌握西方当代人文经典中后现代主义文化理论和后人文主义思想中承认差异、尊重他者、建构最低限度后现代伦理共同体、人类与自然、人类与非人物种和谐共生的主张，可用于文学批评和社会实践。

3. 方法类目标：学会将文学在内的文化形式的考察置于大的历史语境和社会生产关系背景中进行，以科学地认识世界和解释世界。

三、本案例教学内容、重点和难点

1. 教学内容

西方各时期人文经典文献：

（1）古代经典：公元前柏拉图的《理想国》、亚里士多德的《诗学》、贺拉斯的《诗艺》、公元一世纪朗基努斯的《论崇高》等；

（2）现代经典：马克思和恩格斯的《共产党宣言》、什克洛夫斯基的《作为技巧的艺术》、艾略特的《传统与个人天赋》等；

（3）后现代经典：杰姆逊的《后现代主义与消费社会》、威廉斯的《马克思主义文化理论中的基础与上层建筑》、鲍曼的《后现代伦理观》、N.凯瑟琳·凯尔斯的《成为后人类意味着什么？》等。

2. 教学重点

（1）现代经典：马克思和恩格斯的《共产党宣言》、什克洛夫斯基的《作为技巧的艺术》、艾略特的《传统与个人天赋》等。

（2）后现代经典：罗兰·巴尔特的《作者之死》、米歇尔·福柯的《什么是启蒙？》、赫伯特·马尔库塞的《单向度社会》、马丁·海德格尔的《人诗意地栖居》、弗雷德里克·杰姆逊的《后现代主义与消费社会》、斯蒂芬·格林布拉特的《走向一种文化诗学》、伽亚特丽·斯皮瓦克的《三部女性文本与帝国主义批判》、雷蒙德·威廉斯的《马克思主义文化理论的基础与上层建筑》、N.凯瑟琳·海尔斯的《后人类意味着什么？》、查琳·斯普瑞特奈克的《20世纪90年代的划时代的隆隆声》、齐格蒙特·鲍曼的《后现代伦理学》、N.凯瑟琳·凯尔斯的《成为后人类意味着什么？》等。

3. 教学难点

难点（1）以马克思主义为立论依据，用主张变革、创新和彻底多元化的后现代主义、后现代伦理学和后人文主义文化理论批判、否定和颠覆现代性，批判资本主义、帝国主义和霸权主义，追求和实现社会公正，建构人类命运共同体。难就难在：作为资本主义、帝国主义和霸权主义思想基础和整个人类世界各种危机根源的追求中心性、普遍性、一致性和整体性的现代性文化理论，自文艺复兴以来统治人类社会长达500多年了，至今仍居于文化领域的主导地位，是本门课批判的对象。

难点（2）在研讨西方经典过程中，克服某些文化理论者在理解和阐述马克思主义文化理论时的混乱、机械与片面，以及因时代发展变迁而日益明显的理论自身的局限性，因此，要用具有中国特色的中国化、时代化、大众化的马克思主义文化分析方法来理解和阐述西方经典文化理论。

四、本案例教学方法、手段

1. 通过对典型的复杂的长句、复合句进行句法分析，帮助学生学会快速正确地分析句法结构，快速正确理解句意，因为每一个单词在某个句子中的意义只有一个，是句法结构决定的。

2. 将英语语言基础知识学习与人文思想经典知识研究相结合，将人文知识的讨论与言语技能的训练相结合。

3. 将教师对重点段落和核心观念的精讲与学生的创新思考和发言讨论相结合。

五、本案例教学过程

1. 难句解析 Grammatical Analysis of Difficult Sentences

（1）He (Marx) is opposing an ideology that had been insistent on the power of certain forces outside man, or, in its secular version, on an abstract determining consciousness.

句法解析：在这个主从复合句中，主句中的宾语"an ideology"跟有一个修饰它的定语从句"that had been insistent on..."。其中形容词短语"insistent on"意为"坚持"。

参考译文：他在反对一种意识形态，这种意识形态一直强调人之外的某种力量，或者这种力量世俗的版本：一种抽象的决定性意识。

讨论：马克思自己的命题为何明显地否认这种意识形态？

（2）Now there is clearly a difference between a process of setting limits and exerting pressures, whether by some external force or by the internal laws of a particular development, and that other process in which a subsequent content is essentially prefigured, predicted and controlled by a pre-existing external force.

句法解析：这是一个结构复杂的主从复合句，在介词"between... and..."连接的两个名词短语中，第一个名词短语"a process of setting limits and exerting pressures"带有两个由表示让步的连词"whether... or..."连接的介词短语"by some external force"和"by the internal laws of a particular development"，而第二个名词短语"that other process"则跟着一个定语从句"in which a subsequent content is essentially prefigured... by..."。

参考译文：目前，在不论通过某种外部力量还是通过一种特殊发展的内部规律设置限制和施加压力的过程与另一随后内容基本被一种先已存在的外力所预示、预测并控制的过程之间，明显存在一种差异。

讨论："另一随后内容基本被一种先已存在的外力所预示、预测并控制的过程"指的是一种什么样的过程？为什么我们要建构中国特色的社会主义理论体系？

（3）The simplest notion of a superstructure, which is still by no means entirely abandoned, had been the reflection, the imitation or the reproduction of the reality of the base in the superstructure in a more or less direct way.

句法解析：这个句子主句主语部分含有一个修饰主语"The simplest notion of a superstructure"的定语从句"which is still by no means..."。谓语部分的两个介词短语"in the superstructure"做主语"the base"的定语，而"in a more or less direct way"则是做谓语动词的方式状语。

参考译文：仍未被完全抛弃的上层建筑最简单的概念一直是，以或多或少直接的方式，反思、模仿或再现上层建筑中基础的现实。

讨论：根据本文的观点："我们必须将'上层建筑'定义为文化实践的相关范围，而不是一个被反映的、被再生的，尤其是依赖性的内容"，如何理解"上层建筑""以或多或少直接的方式，反思、模仿或再现上层建筑中基础的现实"？

（4）And, crucially, we have to revalue "the base" away from the notion of a fixed economic or technological abstraction, and towards the specific activities of men in real social and economic relationships, containing fundamental contradictions and variations and therefore always in a state of dynamic process.

句法解析：句子很长，但它是一个只有一个主谓结构的简单句，"the specific activities of men"（"人的特定活动"）有三个定语，一个是介词短语"in real social and economic relationships"（"人类真实的社会和经济关系"），另一个是现在分词短语"containing fundamental contradictions and variations"（包含着基本的斗争与变异），第三个是介词短语"in a state of dynamic process"（处在运动过程状态中）。

参考译文：关键是，我们必须将"基础"从固定的经济或技术抽象物观念中抽出，而推向人类真实的社会和经济关系，其中包含着基本的斗争与变异，因而成为总是处在运动过程状态中的特定活动。

讨论：根据这个论断，落后的经济基础可否变为先进的经济基础？中国四十多年的迅猛发展，从世界第八大经济体成为现今的第二大经济体，说明了什么？

（5）For while it is true that any society is a complex whole of such practices, it is also true that any society has a specific organization, a specific structure, and that the principles of this organization and structure can be seen as directly related to certain social intentions, intentions by which we define the society, intentions which in all our experience have been the rule of a particular class.

句法解析：这是一个复杂的多重主从复合句，主句部分"it is also true that... and that..."含有两个主语从句"...that any society... and that the principles..."，第二个主语从句中含有两个修饰同位语"intentions"（意图）的定语从句"intentions by which we define..."和"intentions which in all our...". 位于句首的 "while it is true that any society is a complex whole of such practices" 是一个让步状语从句（"因为虽然说任何社会都是由那些实践组成的一个复杂整体，这一事实是真实的"）。

参考译文：因为虽然说任何社会都是由那些实践组成的一个复杂整体，这一事实是真实的，但同样真实的是，任何社会都有一个具体的组织，具体的结构，该组织和结构的原则可以看成直接与某些社会意图相联系，我们通过意图界定社会，在我们所有的经验中，意图已成为特定阶级的规则。

讨论：根据这个观点，我们如何理解我们的"国之大者"，我们的"初心"是什么？

（6）But in many areas of social and political thought—certain kinds of ratifying theory, certain kinds of law, certain kinds of institutions, which after all in Marx's original formulations were very much part of the superstructure—in all that kind of social apparatus, and in a decisive area of political and ideological activity and construction, if we fail to see a superstructural element we fail to recognize reality at all.

句法解析：此主从复合句有三个介词短语 "in..."。在第一个介词短语 "in many areas of..." 中有一个修饰其先行词 "theory, law, institutions" 的定语从句 "which after all in... were very much part of..."，第二个介词短语实际上修饰或限制前一个介词短语里的名词短语，而第三个介词短语与第一个并列一起做主句 "we fail to recognize..." 谓语动词的地点状语。在主句 "we fail to recognize..." 前还有一个条件状语从句 "if we fail..."。

参考译文：但是在社会和政治思想的许多领域，如某些种类的认同理论、某些种类的法律、某些种类的机构，毕竟在马克思原初的公式化中构成了上层建筑的绝大部分——在所有这些社会形态中，并在政治和意识形态活动和建设的决定性领域中，如果我们看不到上层建筑的因素，我们就根本不可能认识现实。

讨论：根据这个观点，我们应该对我们国家上层建筑里的因素（理论、法律、机构）有怎样清楚的认识？

（7）Their existence within the incorporation is recognizable by the fact that, whatever the degree of internal conflict or internal variation, they do not in practice go beyond the limits of the central effective and dominant definitions.

句法解析：在做方式状语的介词短语 "by the fact..." 中有一个具体说明 "the fact" 的同位语从句 "that... they do not ..."，其中 "they" 指上一句中的 "incorporated modes"（"并入模式"）："In the practice of politics, for example, there are certain truly incorporated modes of what are nevertheless, within those terms, real oppositions, that are felt and fought out"（"在政治实践中，存在一些确实的并入模式，这些并入模式属于那些观念中经过感知和较量的真正对应面"）。这一同位语从句里面含有一个做让步状语的介词短语 "whatever the degree of..."，这样主句 "Their existence within the incorporation is recognizable..." 的意义就十分清楚了。

参考译文：它们在联合体中存在的可认知性建立在如下的事实上：无论内部冲突和内部变异激化到什么程度，它们实际上都不能超越核心的现行主导定义的限制。

讨论：为什么我们要在新时期建构有中国特色的社会主义文化理论体系？

（8）The facts of alternative and oppositional forms of social life and culture, in relation to the effective and dominant culture, have then to be recognized as subject to historical variation, and as having sources which are very significant, as a fact about the dominant culture itself.

句法解析：主句中的主语 "The facts of alternative and oppositional forms of social life and culture" 加上做其定语的介词短语 "in relation to the effective and dominant culture" 显得很长，其谓语部分含有两个 "as" 引导的做方式状语的介词短语 "be recognized as subject to historical variation, and as having sources which are very significant, as a fact about the dominant culture itself"，在第二个 "as" 介词短语中含有一个修饰 "sources" 的定语从句 "which are very significant..."。

参考译文：与现行主导文化相联系，社会生活和文化的另类的、对立的形式的事实，就必须看作从属于历史变异，并具有与主导文化本身的事实一样非常重要的来源。

讨论：我们为什么要在建构中国特色社会主义文化理论体系的同时，警惕不同文化形式的负面影响？

设计目的

（1）通过引导学生分析句法结构，让学生学习确定关键动词和名词意义的科学方法；（2）引导学生在完成句子的语法分析之后，尝试准确翻译每一个难句，进行翻译实践；（3）本节重点指导学生通过讨论，完全懂得：在主流马克思主义本身的发展中，决定性的基础和被决定的上层建筑的命题，到目前为止，已被普遍地看作马克思主义文化分析的关键。

2. 重要段落分析、翻译和讨论

Paragraph 1

Any modern approach to a Marxist theory of culture must begin by considering the proposition of a determining base and a determined superstructure. From a strictly theoretical point of view this is not, in fact, where we might choose to begin. It would be in many ways preferable if we could begin from a proposition which originally was equally central, equally authentic: namely the proposition that social being determines consciousness. It is not that the two propositions necessarily deny each other or are in contradiction. But the proposition of base and superstructure, with its figurative element, with its suggestion of a definite and fixed spatial relationship, constitutes, at least in certain hands, a very specialized and at times unacceptable version of the other proposition. Yet in the transition from Marx to Marxism, and in the development of mainstream Marxism itself, the proposition of the determining base and the determined superstructure has been commonly held to be the key to Marxist cultural analysis.

分析：本段的第一句 "Any modern approach to a Marxist theory of culture must begin by considering the proposition of a determining base and a determined superstructure"（"任何对马克思主义文化理论的现代理解都必须从考察关于决定性的基础和被决定的上层建筑的命题开始"）提出了本段要讨论的主题 "基础与上层建筑"，可称为本段的主题句（或话题句）。中间的四个句子是支撑句，指出关于这个命题，存在着不同的看法，甚至是不可接受的看法。最后一句 "Yet in the transition from Marx to Marxism, and in the development of mainstream Marxism itself, the proposition of the determining base and the determined superstructure has been commonly held to be the key to Marxist cultural analysis"（"然而在从马克思到马克思主义的转换中，在主流马克思主义本身的发展中，决定性的基础和被决定的上层建筑的命题，到目前为止，已被普遍地看作马克思主义文化分析的关键"），对本段做了总结，所以被称为结语句。

翻译：

任何对马克思主义文化理论的现代理解都必须从考察关于决定性的基础和被决定的上层建筑的命题开始。从严格的理论角度来说，这实际上不是我们选择的起点。要是我们从原本同样重要、同样真实的一个命题，即社会存在决定意识的命题开始，说不定在许多方面会更可取。这两个命题并非必然互相否定或处于冲突之中。但是基础与上层建筑命题，因其比喻性的因素以及它固定而明确的空间关系的暗示，起码在某些人手中会构成对另一命题的非常专门化的有时不可接受的看法。在从马克思到马克思主义的转换中，在主流马克思主义本身的发展中，决定性的基础和被决定的上层建筑的命题，到目前为止，已被普遍地看作马克思主义文化分析的关键。

讨论：在主流马克思主义中，基础与上层建筑之间的关系是什么？

Paragraph 2

Superstructure: Qualifications and Amendments

......

These qualifications and amendments are important. But it seems to me that what has not been looked at with equal care, is the received notion of the base. And indeed I would argue that the base is the more important concept to look at if we are to understand the realities of cultural process. In many uses of the proposition of base and superstructure, as a matter of verbal habit, "the base" has come to be considered virtually as an object, or in less crude cases, it has been considered in essentially uniform and usually static ways. "The base" is the real social existence of man. "The base" is the real relations of production corresponding to a stage of the development of material productive forces. "The base" is a mode of production at a particular stage of its development. We make and repeat propositions of this kind, but the usage is then very different from Marx's emphasis on productive activities, in particular structural relations, constituting the foundation of all other activities. For while a particular stage of the development of production can be discovered and made precise by analysis, it is never in practice either uniform or static. It is indeed one of the central propositions of Marx's sense of history that there are deep contradictions in the relationships of production and in the consequent social relationships. There is therefore the continual possibility of the dynamic variation of these forces. Moreover, when these forces are considered, as Marx always considers them, as the specific activities and relationships of real men, they mean something very much more active, more complicated and more contradictory than the developed metaphorical notion of "the base" could possibly allow us to realize.

分析：本段中，第二个句子 "And indeed I would argue that the base is the more important concept to look at if we are to understand the realities of cultural process"（"而且我认为，如果要理解文化过程的现实，'基础'是更重要的需要考察的概念"）是本段的主题句。在随后八个支撑句中，三个排比句 "'The base' is the real social existence of man. 'The base' is the real relations of production corresponding to a stage of the development of material productive forces. 'The base' is a mode of production at a particular stage of its development"（"'基础'是人类真正的社会存在。'基础'是与物质生产力发展阶段相对应的真正的社会关系。'基础'是发展的特定阶段的生产模式"）强有力地阐述了"基础"的实质意义和决定性力量。但作者马上指出了当代马克思主义对这类命题的强调与马克思对生产活动的强调，尤其是对构成所有其他活动基础的结构关系的强调是不同的，"For while a particular stage of the development of production can be discovered and made precise by analysis, it is never in practice either uniform or static"（因为生产发展的一个特定阶段可以通过分析得以发现并具体化，但实际上它从来既不规范也不静止）。最后，本段的结语是："Moreover, when these forces are considered, as Marx always considers them, as the specific activities and relationships of real men, they mean something very much more active, more complicated and more contradictory than the developed metaphorical notion of "the base" could possibly allow us to realize"（另外，和马克思的观点一样，当这些力量被看作真实人类的特定活动和关系时，它们意味着的活跃、复杂和冲突的程度比已经成型的关于"基础"的隐喻性观念所能允许我们意识得到的程度强烈得多）。

翻译：

上层建筑：界定与修正

这些界定和修正是重要的，但在我看来，对普遍接受的"基础"观念并没有得到同样仔细的考察。而且我认为，如果要理解文化过程的现实，"基础"是更重要的需要考察的概念。在基础与上层建筑的命题的许多用法中，因为语言习惯的问题，"基础"逐渐被基本看成一个客体，或在经过修饰的实例中，被几乎千篇一律地经常静止地看待。"基础"是人类真正的社会存在。"基础"是与物质生产力发展阶段相对应的真正的社会关系。"基础"是发展的特定阶段的生产模式。我们制造和重复着这类命题，但其用法却非常不同于马克思对生产活动的强调，尤其是对构成所有其他活动基础的结构关系的强调。因为生产发展的一个特定阶段可以通过分析得以发现并具体化，但实际上它从来既不规范也不静止。在生产关系及以后的社会关系中存在着尖锐冲突，这确实是马克思的历史感的核心命题。由此，这些力量的活跃变异的连续可能性也得以成立。另外，和马克思观点一样，当这些力量被看作真实人类的特定活动和关系时，它们意味着的活跃、复杂和冲突的程度比已经成型的关于"基础"的隐喻性观念所能允许我们意识得到的程度强烈得多。

讨论：何谓基础？何谓上层建筑？我国新时期的基础和上层建筑分别是什么？如何理解"人民对美好生活的向往就是我们的奋斗目标"？

Paragraph 3

Base and Productive Forces

So we have to say that when we talk of "the base," we are talking of a process and not a state. And we cannot ascribe to that process certain fixed properties for subsequent deduction to the variable processes of the superstructure. Most people who have wanted to make the ordinary proposition more reasonable have concentrated on refining the notion of superstructure. But I would say that each term of the proposition has to be revalued in a particular direction. We have to revalue "determination" towards the setting of limits and the exertion of pressure, and away from a predicted, prefigured and controlled content. We have to revalue "superstructure" towards a related range of cultural practices, and away from a reflected, reproduced or specifically dependent content. And, crucially, we have to revalue "the base" away from the notion of a fixed economic or technological abstraction, and towards the specific activities of men in real social and economic relationships, containing fundamental contradictions and variations and therefore always in a state of dynamic process.

分析：本段的主题句就是第一个句子"So we have to say that when we talk of 'the base,' we are talking of a process and not a state"（"所以，我们必须说，当我们谈到'基础'时，我们指的是一个过程，而不是一个状态"），后面的五个支撑句子阐述了"基础"是一个没有固定特征的过程，是"a variable processes"（多变的过程），上层建筑也是一个多变的过程。因此"We have to revalue 'determination' towards the setting of limits and the exertion of pressure, and away from a predicted, prefigured and controlled content"（"我们必须把'决定'重新定义为设定界线和施加压力，而不是某种内容被预告、预示和控制"）。这里的"决定"指"基础"决定"上层建筑"的"决定"。而且，"We have to revalue 'superstructure' towards a related range of cultural practices, and away from a reflected, reproduced or specifically dependent content"（"我们必须将'上层建筑'定义为文化实践的相关范围，而不是一个被反映的、被再生的，尤其是依赖性的内容"）。因此，最后的结论就是："And, crucially, we have to revalue "the base" away from the notion of a fixed economic or technological abstraction, and towards the specific activities of men in real social and economic relationships, containing fundamental contradictions and variations and therefore always in a state of dynamic process"（"我们必须将'基础'从固定的经济或技术抽象物观念中抽出，而推向人类真实的社会和经济关系，其中包含着基本的斗争与变异，因而成为总是处在运动过程状态中的特定活动"）。

翻译：

基础和生产力

所以，我们必须说，当我们谈到"基础"时，我们指的是一个过程，而不是一个状态。而且，我们不能赋予这个过程一些固定的特征，以免随后转移给上层建筑的多变过程。大多数想使这普通的命题变得更为合理的人都集中精力对上层建筑观念进行推敲。但我得说命题中的每一个术语都必须在明确的方向上进行重新估量。我们必须把"决定"重新定义为设定界线和施加压力，而不是某种内容被预告、预示和控制。我们必须将"上层建筑"定义为文化实践的相关范围，而不是一个被反映的、被再生的，尤其是依赖性的内容。关键是，我们必须将"基础"从固定的经济或技术抽象物观念中抽出，而推向人类真实的社会和经济关系，其中包含着基本的斗争与变异，因而成为总是处在运动过程状态中的特定活动。

讨论：根据这一原理，如何理解"中国特色的社会主义道路"是正确的？

Paragraph 4

Uses of Totality

Yet, because of the difficulties of the ordinary proposition of base and superstructure, there was an alternative and very important development, an emphasis primarily associated with Lukàcs, on a social "totality." The totality of social practices was opposed to this layered notion of a base and a consequent superstructure. This totality of practices is compatible with the notion of social being determining consciousness, but it does not understand this process in terms of a base and a superstructure. Now the language of totality has become common, and it is indeed in many ways more acceptable than the notion of base and superstructure. But with one very important reservation. It is very easy for the notion of totality to empty of its essential content the original Marxist proposition. For if we come to say that society is composed of a large number of social practices which form a concrete social whole, and if we give to each practice a certain specific recognition, adding only that they interact, relate and combine in very complicated ways, we are at one level much more obviously talking about reality, but we are at another level withdrawing from the claim that there is any process of determination. And this I, for one, would be very unwilling to do. Indeed, the key question to ask about any notion of totality in cultural theory is this: whether the notion of totality includes the notion of intention. For if totality is simply concrete, if it is simply the recognition of a large variety of miscellaneous and contemporaneous practices, then it is essentially empty of any content that could be called Marxist. Intention, the notion of intention, restores the key question, or rather the key emphasis. For while it is true that any society is a complex whole of such practices, it is also true that any society has a specific organization, a specific structure, and that the principles of this organization and structure can be seen as directly related to certain social intentions, intentions by which we define the society, intentions which in all our experience have been the rule of a particular class...

分析：本段在作为话题句的第一个句子"Yet, because of the difficulties of the ordinary proposition of base and superstructure, there was an alternative and very important development, an emphasis primarily associated with Lukàcs, on a social 'totality'"（"至此，由于基础和上层建筑一般命题的诸多困难，就出现了另一个非常重要的发展：主要与卢卡奇有关的对于社会'整体'（totality）的强调"）中，提出了关于社会"整体"（totality）这个核心观念。经过八个支撑句的讨论，关于"整体观念"的讨论就来到了"整体观念"是否包括"意图的观念"（the notion of intention）——这一马克思主义的内容。最后的结论是："For while it is true that any society is a complex whole of such practices, it is also true that any society has a specific organization, a specific structure, and that the principles of this organization and structure can be seen as directly related to certain social intentions, intentions by which we define the society, intentions which in all our experience have been the rule of a particular class..."（"因为如果说任何社会都是由那些实践组成的一个复杂整体，这一事实是真实的，那么，同样真实的是，任何社会都有一个具体的组织，具体的结构，该组织和结构的原则可以看成直接与某些社会意图相联系。我们通过意图界定社会，在我们所有的经验中，意图已成为特定阶级的规则"）。

翻译：

整体观念的作用

至此，由于基础和上层建筑一般命题的诸多困难，就出现了另一个非常重要的发展：主要与卢卡奇有关的对于社会"整体"（totality）的强调。社会实践的整体反对基础及其作为结果的上层建筑这种分层的观念。这个实践整体的概念与社会存在决定意识的观念相容，但并非必然地按照一个基础和一个上层建筑来理解这一过程。现在整体范畴已变得平常，而在许多方面，确实它比基础与上层建筑的观念更易于接受。不过，有一个非常重要的保留，整体观念非常容易排空它的主要内容：原有的马克思主义命题。因为假使我们说社会是由组成一个具体的社会全体的大量社会实践组成，如果我们给予每一个实践以某种特定的认识，只要它们以一种非常复杂的方式互相作用、联系、结合，那么我们一方面正更明显地谈论现实，但另一方面正从现实中有决定的过程这一主张中撤离。而对我来说，我十分不情愿这样做。事实上，关于文化理论的任何整体观念的最重要问题是：整体的观念是否包括意图的观念（the notion of intention）。如果整体仅仅是具体的，仅仅是对大量同时发生的形形色色的实践的认识，那么它就完全抽空了可以称为马克思主义的内容。意图及意图观念恢复了关键问题，或者说关键性的强调。因为如果说任何社会都是由那些实践组成的一个复杂整体，这一事实是真实的，那么，同样真实的是，任何社会都有一个具体的组织，具体的结构，该组织和结构的原则可以看成直接与某些社会意图相联系。我们通过意图界定社会，在我们所有的经验中，意图已成为特定阶级的规则。

讨论：根据"整体观念"包括"意图观念"的原理，讨论为什么我们党反复强调"国之大者""不忘初心"？"国之大者"和"初心"分别指的是什么？

Paragraph 5

The Complexity of Hegemony

It is Gramsci's great contribution to have emphasized hegemony, and also to have understood it at a depth which is, I think, rare. For hegemony supposes the existence of something which is truly total, which is not merely secondary or superstructural, like the weak sense of ideology, but which is lived at such a depth, which saturates the society to such an extent, and which, as Gramsci put it, even constitutes the limit of common sense for most people under its sway, that it corresponds to the reality of social experience very much more clearly than any notions derived from the formula of base and superstructure. For if ideology were merely some abstract imposed notion, if our social and political and cultural ideas and assumptions and habits were merely the result of specific manipulation, of a kind of overt training which might be simply ended or withdrawn, then the society would be very much easier to move and to change than in practice it has ever been or is. This notion of hegemony as deeply saturating the consciousness of a society seems to be fundamental. And hegemony has the advantage over general notions of totality, that it at the same time emphasizes the facts of domination.

分析： 作为主题句的第一个句子，"It is Gramsci's great contribution to have emphasized hegemony, and also to have understood it at a depth which is, I think, rare"（"强调了霸权并且以在我看来如此罕见的深度理解霸权，是葛兰西做出的巨大贡献"），提出了本段要讨论的一个重要概念 "hegemony"（"霸权"）。在下面的三个支撑性句子中，作者通过指出和强调霸权的复杂性，来证明为什么说葛兰西"强调了霸权，深度理解霸权"是做出了巨大贡献。最后，在结语句中，作者有理据地强调了霸权的 "the facts of domination"（"主宰的事实"）。

翻译：

霸权的复杂性

强调了霸权并且以在我看来如此罕见的深度理解霸权，是葛兰西做出的巨大贡献。因为"霸权"假定真正的完整的事物存在，它不仅仅是次等的、上层建筑性的，如微弱意义上的意识形态，它存活在一种深度中，并以如此程度渗透于社会。按葛兰西的说法，它甚至构成了在其控制之下的多数人常识的内容及局限，所以它比任何源于基础和上层建筑公式的观念清晰得多地对应于社会经验的现实。因为如果意识形态仅仅是某一套抽象的、强加的观念，如果我们的社会、政治和文化的观念、假定和习惯都仅仅是特定的控制，以及一种外在的可以轻易废止和取消的训练的结果，那么，社会将比在实践中的任何时候都容易得多地进行运动和变化。在我看来，深深渗透进社会意识的霸权观念非常根本。霸权观念比一般的整体观念更有优势，因为同时，它还强调了主宰的事实。

讨论： "霸权"观念如何有深度地渗透进社会意识？如何用后现代主义理论、后现代伦理学理论和后人文主义理论来批判、否定和颠覆以现代性为理论基础的霸权主义？

设计目的

（1）教师通过启发性的精讲，帮助学生理解段落中的每一个句子，找到段落中的主题句（或话题句）、支撑句和结语句，引导学生讨论段落所表达的主要观点，从而在整体上把握雷蒙德·威廉斯唯物主义文化分析的思想理论。

（2）通过讨论，使学生们完全懂得当代马克思主义关于"基础"、"决定"和"上层建筑"的定义："基础"必须从固定的经济或技术抽象物观念中抽出，而推向人类真实的社会和经济关系，其中包含着基本的斗争与变异，因而成为总是处在运动过程状态中的特定活动；"决定"是设定界线和施加压力，而不是某种内容被预告、预示和控制；"上层建筑"属于文化实践的相关范围，而不是一个被反映的、被再生的，尤其是依赖性的内容。

3. 思考练习

（1）根据相关文献的阅读，进一步深刻理解马克思主义的辩证唯物主义和历史唯物主义原理。

（2）根据雷蒙德·威廉斯的文化分析方法论的三个原则：以基础与上层建筑命题为理论基础，坚持文化分析的实践性以及文化的历史发展性，来理解和阐述：中国特色的社会主义理论是对马克思主义历史唯物主义理论的发展。

六、课后反思

1. 教师反思： 如何在课程思政教学中坚持文化分析的实践性以及文化的历史发展性？

2. 学生反思： 如何借鉴雷蒙德·威廉斯的文化分析方法论的三个原则来认识现实和进行创新实践？

作者：陈世丹　　学校：中国人民大学

"英语教学法"课程思政教学设计样例

Chapter 4　Professional Development

电子教材样章

一、课程总览

1. 课程名称： 英语教学法

2. 课程类型： 英语专业方向课（英语学科教学方向）

3. 课程目标：

通过本课程的学习，使学生达到以下目标：

（1）能掌握语言教学中语音教学、词汇教学、语法教学这三种语言知识的教学侧重点，了解英语听、说、读、写这四种语言技能的基本教学方法；认识并了解二语习得、社会语言学、心理语言学、教育学等学科与英语教学法相关的最新研究成果。【知识】

（2）掌握以科学理论为基础、教学实践为导向的英语教学方法；分析信息技术给外语教学带来的变革和发展，掌握新型的外语教学手段；培养发现问题、分析问题、解决问题的能力，提升自主学习、主动探索、同僚协作的能力，为外语教学奠定基础。【技能】

（3）形成正确的语言观和语言学习观，认识并理解学习者的个体差异，树立以学生为主体的教学理念，通过有效的教学方法促成师生良性互动的信念，培养科学的外语教师专业发展理念。【态度】

（4）通过研学外语教学法的主要流派和中国当下的外语教学模式，形成融会贯通、与时俱进的外语教育理念；通过对学习者自身需求和特点的关注，创新教学手段、完善育人方式；通过聚焦外语教师的专业发展，塑造外语教师可持续的职业发展观，培养业务能力精湛、有广博视野和宽阔胸怀的新时代英语教师。【价值观】

4. 教学对象： 英语类专业高年级本科生

5. 学时： 线下 32；线上 10

6. 教材：《实用英语教学法教程》，徐锦芬、刘文波主编，中国人民大学出版社，2019 年

二、本案例（单元 / 话题等）教学目标

1. 认知类目标

理解外语教师专业素养的内涵；理解外语教师专业发展的概念及其重要性；了解促进外语教师专业发展的核心因素及途径。

2. 价值类目标

增强对外语教师的职业认同感；增强教师教书育人的信念感；明确教师专业化发展的自主性和长期性；培养团体合作意识、创建教师发展共同体。

3. 方法类目标

能建立框架说明优秀外语教师所拥有的特质及其相互关系；能简析何谓外语教师专业发展及其必要性；能掌握开展专业发展活动的方法；能根据需求自主设定自己的专业发展目标。

三、本案例（单元／话题等）教学内容、重点和难点

1. 教学内容

（1）外语教师专业素养；

（2）外语教师专业发展：定义、意义、要素、方法。

2. 教学重点

（1）外语教师专业素养内涵；

（2）外语教师专业发展途径。

3. 教学难点

（1）新时代教育背景下教师专业素养的内涵；

（2）教师专业发展的多种途径与方法。

四、本案例（单元／话题等）教学方法、手段

1. 借助视频和在线工具，让学生反思、讨论自己的学习经历，引导学生将自身经历和理论研究结合，明确教师特质的具体分类。

2. 采用演示法引导学生聚焦专业发展内涵，通过练习巩固学生对概念的认知并强化对教师专业发展重要性的理解；采用列举法具体呈现重要的教师专业发展途径。

3. 通过任务教学，即小组完成已给案例中"教师专业发展活动"的阅读和查找，引导学生主动发现常见专业发展途径，接着采用案例分析法阐述其中两种发展途径，为学生后续自主拓展提供范本。

4. 结合资料搜索、情境分析和自我反思等多种课后任务，实现课上课下自然衔接以及理论向实践的有效过渡，形成对学生学习效果的综合评价。

五、本案例（单元／话题等）教学过程

1. 优秀外语教师应具备的专业素养 Professional qualities of a good language teacher

步骤 1

视频导入：教师播放时长 2 分 29 秒，题为 "What makes a good language teacher?" 的视频后，请学生结合自己的学习经历，回忆自己学生生涯中遇到的喜爱的英语老师，并写下这些教师身上令人激赏的特质（尽量以形容词的方式给出）。

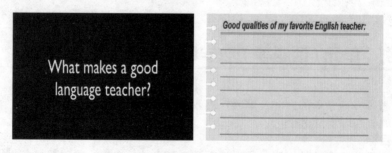

设计目的

视频话题与本单元主题密切相关，能迅速激发学生学习兴趣，同时也为接下来的教学内容进行了有效铺垫。学生在视频内容的启发下，回顾自己的英语学习生涯，总结出那些在人格、品德、修养、学识等方面启发学生的优秀外语教师所特有的品质，以此在情感上激励学生汲取榜样的力量。

步骤 2

学生分享写好的教师特质，教师借助在线工具生成词云并引导学生将这些形容词进行分类并命名。在此基础上，引导学生围绕优秀教师特质的不同方面展开讨论。教师引入以下视频中的案例，请学生谈谈该英语教师在课堂内外的行动如何体现他的教学观和职业观，同时鼓励学生补充其他具体的实例，并说明这些优秀的教师特质如何对学生产生具体的影响（可以是自己的亲身经历，或在书籍影视作品中得到的启示）。

(https://news.cgtn.com/news/2019-08-01/Retired-Chinese-teacher-92-offers-free-English-lessons-for-19-years-INNNOExDfa/index.html)

设计目的

通过将形容词进行分类，启发学生思考教师特质的内涵。明确教师的特质包含多个方面，如崇高的职业道德、卓越的专业能力、深厚的专业知识、独特的人格魅力等，且每个方面缺一不可，互为补充。小组讨论的过程中，学生反思教师言传身教的重要性，意识到教师的外在行为、精神世界、态度作风等无一不深深影响着学生，作为教师应以身立教，以德树人。同时，优秀外语教师在每一堂课的日常教学中，每一次与学生的接触互动中，用自己的语言观、教学观、职业观、自我学习与发展观影响着学生，不断给学生思考与启迪。

步骤 3

学生进一步讨论和提炼语言教师应具备的专业素养。教师在学生总结的基础上，分享教材中提到的六大领域（如下图），并逐一介绍。

设计目的

学生经过前两个活动的铺垫，已能部分总结出优秀外语教师应具备的专业素养，但欠缺用更加专业的语言进行概述的能力。教师通过介绍教材中提炼的六大板块，结合该领域重要的研究成果，使学生了解不同学者对语言教师专业素养的界定。学生进一步明确新时代的外语教师不但要涵养德行，润己泽人，还要精通专业知识，成为学术典范。

2. 外语教师专业发展及其重要意义 Professional development and its role in language teaching

步骤 1

演示"专业发展"的学术内涵，引导学生围绕其中的核心词展开讨论，使学生充分理解其定义。

● Professional development is the **professional growth** a teacher achieves as a result of **gaining increased experience** and **examining his or her teaching systematically**. (Glatthorn, 1995)

● Professional development is **an ongoing process of teachers' training**, aiming to support teachers' efforts to **understand and form their teaching practices**. (Darling-Hammond & McLaughlin, 1995)

● Professional development is about **teachers learning**, learning how to learn, and transforming their knowledge into practice **for the benefit of their students' growth**. (Avalos, 2011)

学生结合新时代教育背景，根据自己的理解对"专业发展"进行定义并围绕教师为何要进行专业发展展开讨论。

● Define the term "professional development" in your own words.

(1) Professional development is _____ that _____.

(2) Professional development can be defined as _____.

● Why is it important to pursue professional development?

设计目的

利用相关研究中的学术经典开启学生对教师专业发展内涵更深层次的理解。同时，帮助学生找到不同时代、不同国家、不同民族背景下对专业发展的普遍认知，让学生了解教师专业发展的重要性。

引导学生多层面多维度地思考新时代背景下专业发展的内涵，使学生了解专业发展不仅具有普遍性，还具备强烈的时代特征；帮助学生了解精通专业知识、适应时代变革、增强竞争力以及保持对教学的热情都是专业发展的重要原因，但不局限于此，更多的原因有待学生持续探索。

步骤2

学生通过检索、讨论等方式了解一些具有中国特色的教师专业发展模式，并进行分享，教师进行总结与补充。列举：

（1）短期专题研修班（如小学外语教师发展、初中外语教师发展、高中外语教师发展等专题。）

（2）专业学习共同体（如：校内、跨校或跨院系教师共同学习，基础教育教师和高等教育教师合作研究等。）

（3）虚拟专业学习共同体（如：利用网络研讨会、共建共享文档等新型互动形式开展学习和研究等活动。）

设计目的

学生了解当下我国教师专业发展的已有实践模式，区分不同模式的优缺点。帮助学生聚焦主动学习、合作学习、持续学习的重要性，鼓励学生在未来专业发展道路上不断倾听国内外同行的声音，并让学生当即开始思考已关注到的发展途径。

3. 发展专业素养 Developing professional qualities

3.1 促成外语教师专业发展的四大核心要素

步骤1

向学生提问问题1后，学生进行小组讨论并汇报小组观点。教师介绍教材本章节所提到的四大要素（自我激励、诚实互信、共同发展、优化教学）后，请学生回答问题2。

（1）What are the factors that might contribute to language teachers' successful professional development?

（2）Among the four key ingredients mentioned in the textbook, which do you think is the most significant one and why?

设计目的

学生首先在已有的认知和经验基础上进行讨论，然后再融合课本上的观点深入思考，以有效衔接旧知识与新知识。学生了解促进外语教师专业发展的四大要素，明确教师专业发展的最终目的之一是更好服务课堂教学，教师作为课堂上最终的决策者和执行者，通过不断更新学习，在理论与实践上更好地武装自己，切实帮助学生提高语言技能。教师在教学生涯的不同阶段都可能面临不同的挑战，不论是作为新手时的紧张不安，抑或是职业中期时的倦怠期，自我激励都是不可或缺的关键因素。与此同时，教师在专业发展的道路中，应建立教师发展共同体，在一个诚实互信的积极氛围里促进外语教师的个体发展和群体发展。

3.2 外语教师专业发展途径

步骤1

学生以头脑风暴的方式列举外语教师实现专业发展的方法，教师引导学生从外部途径与内部模式两方面思考。之后学生阅读一名语言教师记录自己专业发展的独白（如下），找出该教师在文内提到的各类专业发展活动。

Vignette

I have been interested for some time in the affective dimension of my classes and decided to carry out an action research project to explore this issue. My research was prompted by the fact that I felt my classes of teenage learners were sometimes becoming predictable and that students' attention seemed to be lagging. To address this issue I decided to investigate the effects of introducing a number of changes into my classes. These consisted of one or more of the following: (a) playing calm music at intervals during the lesson (a 2-minute "music break"); (b) stopping the lesson to play a short game, to break up the lesson; (c) playing a short Total Physical Response-type activity. After trying these strategies for a number of weeks, I asked the students to complete a questionnaire, telling me whether they enjoyed my classes more. I found that most students thought the lessons were now more interesting; a few thought they didn't make much difference, and no one objected to them. One thing I have learned from this is the importance of experimenting with different teaching and motivational strategies on a regular basis and asking students for their impressions of their usefulness.

Robert Dickey

（摘自 Richards & Farrell, 2005）

设计目的

通过提供鲜活的案例，使学生迅速进入文中教师的角色；通过文中交代的背景和前因后果，学生更能理解教师采取每项活动的原因与目的。

步骤2

学生分享从上述案例中找到的各类教师发展活动，并以小组为单位通过协商后提交一个完整的清单。将清单与教材中的常见活动列表（如下）进行比较，将同时提到的活动打钩，未提及的补充到表格中。

Table 4.1 Activities for professional development

Individual	One-to-one	Group-based	Institutional
Self-monitoring	Peer coaching	Case studies	Workshops
Journal writing	Peer observation	Action research	Action research
Critical incidents	Critical friendships	Journal writing	Teacher support groups
Teaching portfolios	Action research	Teach support groups	
Action research	Critical incidents		
	Team teaching		

设计目的

相比教师直接把常见的教师专业发展活动清单呈现给学生，让学生自己通过案例阅读、查找、综合比较的方式自制教师专业发展活动清单，更能加深学生对这些活动的认识和理解。

步骤 3

引导学生提炼以上活动所具备的一个共性特征——反思。教师挑选两个具有代表性的反思活动（反思日志和行动研究）进行更具体深入的分析。首先学生阅读一名教师的课后反思日志，并与小组成员一起讨论这种记录对于该教师的发展有什么帮助。反思日志如下：

Example: Journal writing
As for the topic, I chose "how to talk about our favorites" which I thought students would be interested in because I believed that every student must have their favorites and they hoped to get the right way to express their fondness. For the next step, I thought about my teaching procedure to make sure that all learning activities are well-arranged and easy to follow. In my opinion, we must start from the easy tasks and then move to the difficult ones. Accordingly, I divided the teaching content into two parts. The first part was "how to talk about our favorite sports" while the second part was "how to talk about our other favorites." During the class, I found students were enthusiastically involved in the speaking activities. To some extent, this lesson has helped students master the way to talk about favorites.

设计目的

通过对真实日志的研读和讨论，学生能了解教学反思日志的基本记录范式，并认识到该方式的作用。让学生意识到养成写教学日志的习惯是培养自身"育人能力"的重要途径。

步骤 4

学生阅读教材中对行动研究的介绍后将行动研究的步骤进行排序，并在下文提供的真实教学案例中定位行动研究开展的每一步。

A. Evaulate results of intervention

B. Take action to make changes (intervention)

C. Reflect and repeat the cycle if necessary

D. Identify a problem

E. Collect relevant data

Vignette
I have been interested for some time in the affective dimension of my classes and decided to carry out an action research project to explore this issue. My research was prompted by the fact that I felt my classes of teenage learners were sometimes becoming predictable and that students' attention seemed to be lagging. To address this issue I decided to investigate the effects of introducing a number of changes into my classes. This consisted of one or more of the following: (a) playing calm music at intervals during the lesson (a 2-minute "music break"); (b) stopping the lesson to play a short game, to break up the lesson; (c) playing a short Total Physical Response-type activity. After trying these strategies for a number of weeks, I asked the students to complete a questionnaire, telling me whether they enjoyed my classes more. I found that most students thought the lessons were now more interesting; a few thought they didn't make much difference, and no one objected to them. One thing I have learned from this is the importance of experimenting with different teaching and motivational strategies on a regular basis and asking students for their impressions of their usefulness.

Robert Dickey

（摘自 Richards & Farrell, 2005）

> **设计目的**
>
> 让学生掌握行动研究的步骤，并在真实案例中强化理解与应用。学生通过该练习进一步明确教师的另一身份是研究者，面对不同的教材、学生对象、教学环境等，要有不断发现问题、反思、改进、解决问题的批判精神。

4. 思考练习

（1）文献检索阅读：请检索与教师专业发展相关的一篇文献，阅读并总结所思所得。

（2）情境分析：如果你所在的学校或者城市目前需要进行教学改革，你最可能以下列哪些方式应对，为什么？

A. 参加暑期进修班，提高自己的专业认知。

B. 研究自己的课堂，看看哪些方面可以改进。

C. 与同事、同行分享自己的教学理念。

D. 查阅本学科权威期刊文献，了解发展动态。

（3）结合本节课所学内容，为自己规划一个专业发展蓝图，具体从两方面展开：1）谈谈自己想成为一名怎样的英语教师，为什么。2）接下来将通过哪些专业发展活动塑造自我，以成长为一名优秀的外语教师。

> **设计目的**
>
> 三个不同类型作业的设计，有助于教师根据自己的教学需求进行不同类型的教学评价。其中作业一可以让学生初探学术前沿，通过补充阅读对课堂教学进行延伸和反思；作业二的情境分析有利于学生面向社会，培养学生预设问题、突破困难的能力；作业三则培养学生形成自我规划意识，提早为未来发展做准备。

六、课后反思

1. 教师反思：高素质教师是人才培养的基石。通过本单元的教学，我旨在向立志成为外语教师的学生注入一个核心的观念：教师的自主专业发展是成为优秀教师的必经之路，它是一个不断学习、反思、探索和实践的终生发展过程，贯穿于整个教师职业生涯之中。为达到此目标，我从引发学生思考优秀外语教师应具备的品质导入，着重探讨教师的专业素养，提出专业发展的必要性和实现途径。对于还未正式走上讲台的学生而言，这一章节的学习是他们职前教育的重要铺垫，为学生树立高远教育理想、确定专业发展目标、制订专业发展计划奠定了基础。

2. 学生反思：上中学的时候知道教我的老师一到寒暑假就会奔赴到外地进修，上了这节课才知道，原来除了寒暑期进修之外，还有这么多专业提升的方式。尤其是读到那名英国老师对自己教师之路的真实记录，我更加认识到了专业提升的重要性。接下来与同学们一起找出他参加过的教师发展活动也很有意思，因为大家对于这些活动的看法都是不一样的，有人觉得有益，有人又觉得可能不适合自己。这位教师以反思日志的方式记录自己的经历对我来说也是一个非常大的启发，我想以后我如果走上了教师岗位，也需要实时记录自己的课堂，既可以帮助自己发现问题，也可以为我的课堂教学留下一个真实的记录！但是就像这位老师说的，不仅要记录，也要学会"review and analyze"，我在未来的专业发展中也要坚持不断分析、不断反思。这堂课让我深受启发，希望自己能成长为一名优秀的外语教师。

Sources and suggestions for further reading

Baily, K. M., Curtis, A. & Nunan, D. (2001). *Pursuing Professional Development: The Self as Source*. Beijing: Foreign Language Teaching and Research Press.

Borg, S. (2011). "Language teacher education" in Simpson J. (Ed.) *The Routledge Handbook of Applied Linguistics*. Abingdon: Routledge.

Burns, A. (2011). *Doing Action Research in English Language Teaching: A Guide for Practitioners*.

Beijing: Foreign Language Teaching and Research Press.

Farrell, T. S. C. (2013b). *Reflective Practice: Reawakening Your Passion for Teaching*. Beijing: Foreign Language Teaching and Research Press.

Kwangsawad, T. (2017). Stakeholders' perceptions of effective EFL teachers. *Journal of Education* 11(4): 155-174.

Lange, D. E. (1990). "A blueprint for teacher development" in Richards, J. C. and Nunan, D. (Eds.) *Second Language Teacher Education*. New York, NY: Cambridge University Press.

Leung, C. (2009). "Second language teacher professionalism" In Burns, A. and Richards, J. C. (Eds.) *The Cambridge Guide to Second Language Teacher Education*. Cambridge: Cambridge University Press.

Richards, J. C. & Farrell, T. S. C. (2005). *Professional Development for Language Teachers: Strategies for Teacher Learning*. Cambridge: Cambridge University Press.

作者：徐锦芬　　学校：华中科技大学

作者：江琳　　　学校：华中师范大学

作者：李莹捷　　学校：江汉大学

作者：刘文波　　学校：华中师范大学

"外语教育学"课程思政教学设计样例

Unit 1　Foreign Language Pedagogy

Section A　History of Foreign Language Pedagogy in China

一、课程总览

1. 课程名称： 外语教育学

2. 课程类型： 英语专业方向课（英语学科教学方向）

3. 课程目标：

通过本课程的学习，学生能够达到以下目标：

（1）**基础目标：** 通过外语教育学方法研究、外语教育目的、外语教育与研究史的学习，帮助学生理解与掌握外语教育学的定义、内容、性质、方法、目的与意义。同时，宏观把握外语教育学的学习与研究方法、中国外语教育政策、规划等知识。

（2）**知识目标：** 学习与掌握课程、教材、传授、学习、测评、教师和教育技术等知识与技能。

（3）**实践目标：** 学习与掌握外语教育实践的组织、评估、管理等知识与技能。

4. 教学对象： 英语类专业二年级本科生

5. 学时： 线下 36 学时

6. 教材： 《英语教学法教程（第二版）》，王蔷主编，高等教育出版社，2011 年

《实用英语教学法教程》（全人教育英语专业本科教材系列），徐锦芬、刘文波主编，中国人民大学出版社，2019 年

二、单元教学目标

1. 认知类目标

帮助学生了解外语教育和教学方法演变的历史时期和发展阶段，理解外语教育和教学方法的变迁与历史、国情原因的互动关系。

2. 价值类目标

通过对比国内外外语教育的历史发展，帮助学生分析中国外语教育的特征；学生通过理解并认识外语教育和教学方法与历史、国情之间的互动关系，建立中国外语教育的理论自信。

3. 方法类目标

帮助学生通过历史、国情原因与教学方法变迁的互动关系分析，学会运用历史视角分析问题；学会通过外语教育学的历史发展，认识并掌握我国外语教育的发展规律。

三、课堂教学内容、重点和难点

1. 教学内容： 作为《英语教学法教程（第二版）》第三章第一节的深化和补充，本课主要组织学生共同梳理、研究与探讨中国外语教育史简介与教学方法发展阶段特征。

2. 教学重点： 通过对比国内外外语教育发展历史阶段，明确外语教育和教学方法的变迁与

历史的关系，解释外语教育和教学方法变化的历史和社会文化原因。

3. 教学难点：通过例举典型外语教育现象与教学方法的分析，反映历史文献梳理与挖掘对外语教育学的影响与意义。

四、课堂教学方法

1. 基本方法：翻转课堂与任务型教学相结合，以启发思维和深度探究为目标。

2. 课本阅读与文献搜索：课前分组，安排学生每组 4—5 人进行搜索、梳理与对比关于中外，尤其是中国外语教学发展史专著与文献，体验获取知识的方法与历史的回顾。

3. 小组探讨与小结：在教师的引导下，学生自发组织小组探讨，发现中国外语教育发展的历史背景和理解外语教育变迁的原因。

4. 问题探讨与总结：在教师的鼓励下，例举典型外语教育发展变迁的分析，探讨史料学习对外语教学发展的意义等。

五、本案例（单元 / 话题等）教学过程

1. 课前预备

传统的外语教学法课程一般注重国外教学法的介绍与理解，较少深入研究中国外语教育发展史。因此，请同学们参看"课前推荐选读内容"进行小组文献搜索与梳理。如下样例特别为准备不足的小组提供思路。大家可按照中国外语教育发展的六个历史时期，体会中国外语教育发展的历程。全班分为 6 小组，每组 4—5 人，学术阅读能力较强的同学做组长，每组对应一个具体历史时期，具体阅读任务如下：

（一）旧中国外语教育（第 1 组）

1）中国早期的外语教育 1840 年以前

2）中国近代外语教育（1840—1919 年）

3）新中国成立前出国留学以及外国人在华办学对我国外语教育的影响（1870—1949 年）

4）新中国成立前 30 年的外语教育（1919—1949 年）

（二）除旧立新调整发展时期（第 2 组）

5）以俄为师的外语教育（1949—1956 年）

6）外语教育的调整发展（1957—1965 年）

7）外语教育七年计划（1964—1966 年）

（三）"文化大革命"至拨乱反正前期（第 3 组）

8）"文化大革命"时期的外语教育（1966—1976 年）

（四）恢复发展时期（第 4 组）

9）外语教育的恢复和改革（1977—1991 年）

（五）面向 21 世纪时期（第 5 组）

10）外语教育的快速发展（1992—2000 年）

（六）21 世纪发展初期（第 6 组）

11）外语教育的转型和跨越（2001—2011 年）

12）外语教育进入新时代（2012 至今）

课前推荐选读内容：

A. P. R. Howatt & Richard Smith (2014). *The History of Teaching English as a Foreign Language, from a British and European Perspective*, Language & History, 57: 1, 75–95.

陈琳.（2018）. 40 年来中国外语教育的发展和对今后的展望. 英语学习（9），17–20.

付克.（1986）. 中国外语教育史. 上海外语教育出版社.

李传松.（2009）. 新中国外语教育史. 旅游教育出版社.

王定华，曾天山.（2019）. 民族复兴的强音——新中国外语教育 70 周年. 外语教学与研究出

版社.

王蔷.（2006）.英语教学法教程.第 2 版.高等教育出版社.

文秋芳，常小玲.（2021）.中国共产党百年外语教育与中华民族伟大复兴.外语教育研究前沿（2），7–19，89.

文秋芳.（2019）.新中国外语教学理论 70 年发展历程.中国外语（5），14–22.

文秋芳.（2019）.新中国外语教育 70 年：成就与挑战.外语教学与研究（5），735–745，801.

设计目的

教师通过课前分组学术探究阅读与脉络梳理，组织学生进行第一轮的预习与了解中国外语教学发展的六个重要时期，帮助外语专业学生树立基本的中国历史观念。因为阅读量较大，分组拼图阅读有助于提高课内合作学习的效率。

2. 课前强化

以下内容是关于国内外外语教学方法理论发展的简表，供大家进行更深入的分析与探讨时借鉴。请仔细体会国内外外语教学方法发展的时间、变革，尤其是历史特征，并进行更加详细的阅读与思考，进一步理解中国外语教育教学方法发展的历程。

（1）国外外语教育历史阶段与教学方法概要回顾

历史阶段	第一阶段： 欧洲现代语言教学（1750—1920）		第二阶段： 欧洲内外的英语教学（1920—2000+）	
具体时期	古典时期 1750—1880	改革时期 1880—1920	科学时期 （1920—1970）	交际时期 （1970—2000+）
核心问题	效仿古典语言教学	口语教学	教学科学依据	以真实交流为目标
相关教学方法	语法翻译法 古典方法	各种改革方法 自然法 贝立兹法 直接法	口授法 方法的多途径 情景法 口语法 听说法	交际语言教学 任务型语言教学

（2）中国外语教学理论 70 年发展历程

历史阶段	引入时期	教学方法	背景/特征
引进改造	1949 年初	课文中心法	改造过苏联的精、泛读教学法。词句段篇反复背诵，精读、泛读教法界限不清。
	1960 年代	听说法	以结构主义语言学和行为主义心理学为基础，把句型作为最基本的教学单位，要求学生口头替换，反复操练，直到熟练掌握为止。
	1978 年后期	交际法	要把学生置于尽可能真实的交际情景中；交际是一种活的过程；交际活动必须由学生本人去经历；语言形式的掌握必须见于交际当中。
	2001 年后期	任务型教学法	以学生"能做某事"的描述方法设定各级目标要求。教师应避免单纯传授语言知识的教学方法，尽量采用"任务型"的教学途径。
	20 世纪 90 年代中期	内容依托法	语言作为获取信息的手段而非学习目标时，学习的效果更好；内容型教学更能满足学生学习第二语言的需求。
扎根本土	张正东（1989）	外语立体化教学法	教学主体（学生）、教学客体（语言）和教学环境（教师、教材、手段、条件等）影响和制约着外语教学。本方法将三要素结合起来，形成一个以经济需要为底、以文化交流为顶的立体，体现整个外语教学及其各个要素的活动规律，并产生出应有的效能。
	张思中（1993）	"十六字"外语教学法	适当集中：对语言知识和技能的集中处理。 反复循环：利用同一语言知识的高复现率，采用多种记忆法。阅读原著：学生在集中学习语言知识后，及时大量阅读。 因材施教：根据学情、教情和教材的不同，采取不同方法。
	包天仁（2006）	"四位一体"教学法	本教学法以知识为基础、学习为中心、质量为导向、素养为目的和以"循序渐进、阶段侧重、精讲精练、五技并举"为教学原则。

（续表）

历史阶段	引入时期	教学方法	背景/特征
扎根本土	赵金铭（2010）	汉语综合教学法	以结构为主，将结构与功能有机结合。注重词汇和语法教学，主张字不离词，词不离句，词汇和语法有机联系。科学系统合理安排语言点的教学，循序渐进，循环往复，既有连续性，又有阶段性。重视语音教学，即在初学阶段集中力量打歼灭战。综合法已经用于多套教材的编写。
	马承（2011）	英语三位一体教学法	"字母、音素、音标三位一体教学"打破了传统的英语语音教学模式，解决了英语教师教授语音的困惑，而且简化了英语语音的学习，激发了学生英语学习的兴趣和主动性。
	章兼中（2016）	英语十字教学法	"情境、情意、结构、交际、策略"强调情境认知，凸显语用能力；基于情意系统，强调内省学习；重视语言结构，凸显语言能力；注重过程管理，强调学习参与；强化策略意识，注重学习建构。
融通中外	王初明1990年代末	"写长法"到"续"论	"以写促学"，避免了先开口的情感障碍，以量为先，以量促质。从"以写促学"到"以续促学"，再到"续"论，从"续写"到"续说、续译、续改"，这些"续"活动就是将"输入"与"输出"有机融合的手段，从而提高外语学习效率。
	文秋芳（2015）	产出导向法	体系包括：教学理念，教学假设，和以教师为主导、师生共建的教学流程三部分。教学理念决定着教学假设、教学流程的方向和行动目标；教学假设受到教学理念的制约，同时也决定教学流程的理论依据，是教学流程检验的对象；教学流程体现教学理念和教学假设，并作为实践为检验教学假设的有效性提供实证依据。

设计目的

中外外语教学方法理论发展简表可以为学生提供较为明确的学习框架与阅读方法，帮助其更深入了解中国外语教学方法的背景与内容，提高其课堂内合作探讨的效率和深度。

3. 小组汇报

完成第一步和第二步后，请各组继续深入学习，在下列表格的提示下，更加深入与细致地分析与探讨中国外语教育变迁的历史特征与国情原因。各组汇报过程中，请其他组员做好笔记，随时更新自己对教育和历史的认知，并参与探讨。（35分钟）

中国外语教育历史发展阶段	社会历史背景	外语教育的变迁
1）中国早期1840以前	国际经济文化交往自秦汉开始。陆上和海上"丝绸之路"促进亚非欧友好往来。汉朝起外国学生来中国留学。国际贸易发展，经济文化交流频繁。宗教传入和经书翻译占显著地位。元朝"回回国子学"是教授波斯语的语言文字学校，为官府培养译员。明代"四夷馆"负责培养译员与精通外语的官员。清代俄罗斯文馆培养译员和外交以及商务官员。	缺乏具体史料可查。
2）中国近代（1840—1919）	鸦片战争以后，帝国主义列强向中国发动系列战争。外语课广为开设，为培养人才，加强交涉，为振兴，为培养通才。1862京师同文馆开始多语种教学，后来各地兴办此类新式外语学校。	循序渐进、由浅入深、由文及理；注重翻译实践。洋务运动期间的各类学堂由外籍教师外语授课，以传授技术为目的。张之洞提出"中学为体，西学为用"的教育主张。
3）新中国成立前出国留学以及外国人在华办学对我国外语教育的影响（1870—1949）	帝国主义列强接受我国学生留学，只为培植各自的在华代理人，以控制中国社会进程，并最大化各领域的利益。	留学生学到活的语言，大量外文图书的带回、编写和期刊的开办丰富了教材开发。留学生归国投身外语教育，为翻译和文化对比做贡献。

（续表）

中国外语教育历史发展阶段	社会历史背景	外语教育的变迁
4）新中国成立前30年（1919—1949）	新中国成立前我党创办的外国语学校，在政治思想教育、外语教育、学校管理、师资队伍和教学行政干部队伍的建设等方面，都积累了极其宝贵的经验，为一批新型的、革命化的俄文专科学校和外国语学校的迅速建立和发展奠定了基础。国民党统治下的外语教育采用"新学制"，由模仿日本转为模仿英美。	我党创办的外国语学校紧密结合培养目标，根据实际和工作需要，强调听说读写译的实践训练，实用性较强，能做到学用一致。外教采用直接教学法，中教讲解语法。国民党统治时期的外语教育初中阶段注重听、说、读、写全面发展，高中阶段重视阅读培养。同时，介绍和研究西方语言学和语言教学方法，如直接法、功能语法、交际功能。英文原版教材与社会英文接触比较广泛。
5）以俄为师（1949—1956）	新中国成立初期由于国家政治斗争需要和国际环境的逼迫，我国实行"一边倒"的外交政策，全面学习苏联，大力推广和发展俄语教育和人才培养。	全面实施和加强俄语教育，培养翻译人才、俄语师资。成立俄语教育院系，制定全国俄语教学大纲，在中学实施俄语教育，兼顾其他语种，举办俄语广播讲座。
6）调整发展（1957—1965）	1955年万隆会议后，多语种人才匮乏。中央决定在巩固俄语教育同时，加强其他语种的教育。为实现向科学进军，国家扩大外国语教学，扩大外国重要书籍的翻译工作。根据"必须扩大外国语的教学"的指示，高等教育部制定了1956—1967年人才培养计划，恢复与开设英德法等语种。同时，中俄关系走低，全国俄语教育收缩。	改变俄语独大格局，形成多语种发展的新局面。高校外语教材建设发展显著。研制与颁布高校外语专业教学方案和大纲。召开高等外语院系教学工作会议。外语院校实现转型发展。设立外国语学校，实施"一条龙"教学。中小学外语课程、教材、教学建设成就喜人。
7）七年计划（1964—1966）	1964党和国家同意印发五个部门联合上报的《外语教育七年规划纲要》。该纲要指出目前高校外语人才数量和质量不能满足国家社会主义建设和外事工作，国家外语教育基础不适应国家需要。要改变学习俄语和其他外语人数的比例，扩大外语教育规模。	专业外语教育与共同外语教育并重。学校外语教育和业余外语教育并重。大力调整高等学校和中等学校开设外语课的语种比例，同时注重质量。基础好的学校应着重培养高水平外语师资和高级翻译。系统总结我国外语教育经验，批判地吸收外国教学经验，逐步编写适合各种程度的教材。
8）"文化大革命"时期（1966—1976）	1966年"文化大革命"开始，《外语教育七年规划纲要》中断，高校外语院系停招5年之久。	大批外国古典文学作品被封存。近现代的外国文学作品停止进口，外刊外报、外文电影和外台广播被停止阅读、放映和收听。
9）恢复和改革（1977—1991）	1977年邓小平关于教育的一系列重要讲话为新时期包括外语教育在内的中国教育改革发展指明了方向。	外语教育迎来春天。做好高校外语教材和公共外语教材的编审。外语专业教学大纲、教材建设和教学改革稳步推进。成立外语研究学术团体，推动外语学术交流和研究。恢复和发展研究外语教育，从公共外语教学转变为大学外语教学。外国语学校"一条龙"外语教育取得进展。全面加强中小学外语教育，对外汉语教学崭露头角。
10）快速发展（1992—2000）	1992年邓小平南方讲话，把改革开放推向新阶段。1993年中共中央和国务院印发《中国教育改革和发展纲要》。1999年中共中央和国务院印发《关于深化教育改革全面推进素质教育的决定》，向全党全社会发出了振兴教育事业、为实现党的十五大确定的社会主义现代化建设宏伟目标而奋斗的号召。	提高教学质量，培养外语人才。开展外语教学调查。出台外语专业本科教育改革文件。完善四、六级考试，修订大学英语教学大纲。召开中学外语教学座谈会，推进中小学外语教育。《走遍美国》广受欢迎，体现了最新的交际式教学法。社会英语培训机构快速发展。
11）转型和跨越（2001—2011）	1999年召开的全国教育工作会议和高校扩招开启了我国高等教育大众化进程。2001年全国基础教育工作会议召开，教育部颁布了《基础教育课程改革纲要（试行）》等一系列政策文件，正式启动了新一轮基础教育课程改革，对中小学外语教育产生了深远的影响。2010年发布的《国家中长期教育改革和发展规划纲要（2010—2020年）》提出，要适应国家经济社会对外开放的要求，培养大批具有国际视野、通晓国际规则、能够参与国际事务和国际竞争的国际化人才。	加强国际交流与合作，提高我国教育国际化水平。成立外语专业教学指导委员会，深化外语专业教学研究。提高大学外语教育质量，改革大学英语四、六级考试。颁布基础教育英语课程标准，全面推行中小学英语改革。社会外语教育需求旺盛，外语培训机构发展迅猛。

（续表）

中国外语教育历史发展阶段	社会历史背景	外语教育的变迁
进入新时代（2012至今）	党的十八大、十九大都强调要把教育事业放在优先位置，落实立德树人的根本任务，培养德智体美劳全面发展的社会主义建设者和接班人。在2018年9月10日召开的全国教育大会上，习近平总书记强调，新时代新形势，改革开放和社会主义现代化建设、促进人的全面发展和社会全面进步对教育和学习提出了新的更高的要求。在这样的新时代背景下，外语教育面临大有可为的历史机遇，也肩负起了更多的时代任务。	服务"一带一路"建设，构建人类命运共同体。制定外语专业教学质量标准，促进主要语种教育专业化。制定《大学英语教学指南》，建立多元外语能力测试体系。以英语学科核心素养为中心，推进新时代中小学外语教育改革。外语教育步入信息化时代，信息技术与外语教育深度融合。外语教师立德树人意识增强，专业化水平不断提升。

设计目的

中国外语教育发展历史的背景与变迁的内容可以为学生提供基础性的探究与汇报样例，促成其课堂合作学习后更为深刻的思考与讨论，考察学生的思辨与创新能力。同时帮助学生理解我国外语教育发展与国情之间的关系，建立中国外语教育的理论自信。轮流汇报过程中，其他小组必须认真记录，参与探讨，保证分组研讨中的效率均衡分布。

4. 问题探讨（15分钟）

在前三个任务完成的基础上，请大家就中国外语教育变迁的社会历史展开更深入的思考，强化自己的历史观与价值观。例题如下：

（1）中国外语教学理论70年发展的典型案例与历史背景，比如"中国近代"时期的外语教育的国情与主要外语教育方法的关系。

（2）新时代中国外语教育的成果来之不易，比如"转型和跨越"时期的困难与挑战。

（3）反思自己阅读专著与梳理文献前后，对中国外语教育史的价值观发生的变化。

设计目的

通过三个问题分别鼓励学生从回顾中国外语教育发展的基本史实（what）、分析历史背景（how）和文献阅读的作用（why）三个层次来为学生增加理解记忆、实践应用和迁移创新的学习体验与内化过程。更多问题可根据学生现场表现来引导与增加。

5. 任务布置，分组探究，弹性设置

（1）请各组同学在本课学习的基础上，继续探究中国各个历史时期外语教育中师生面临的机遇和挑战。以小组书面汇报形式提交，字数300—500字。

（2）请各组同学研究分析中外典型外语教学方法的异同和历史背景。以小组书面汇报形式提交，字数300—500字。

设计目的

在课堂任务完成的基础上，教师继续鼓励学生深入教学发展史与中外外语教学方法的分析，为下一部分知识的学习打好基础，同时做好评价准备。

六、课后反思（教师反思＋学生反思）

课前任务（教师）： 第一，根据观察与理解，少数学习动机强的同学会积极投入课前分组的文献搜索、阅读与梳理工作，大多数同学在接受与充分发挥翻转课堂和具有不断提升难度的任务型教学过程中通常表现得比较迷茫与消极。因此，小组组长的学习、指导与领导能力均对教师的判断提出考验。第二，不同组员的理解能力不一，思维品质发展不均衡现状，课堂目标的达成效果将表现不一。第三，更加细致的任务分工与样例梳理应该提供给学生，以保证课堂效率。

文献梳理（学生）：部分同学存在基本遗忘课本关于中外外语教育的阶段、流派思想等知识，所以对比中外差异的难度会比预想的大一些。因此，多数同学的自主学习程度较低，仍然依赖教师提供系统资源。

小组汇报（学生）：因为前期阅读效率的差异，小组汇报的深度与广度受到不同程度的影响。消极被动的学习活动观是阻碍有效课堂改革的基本原因。习惯接受教师灌输知识的同学往往会认为翻转课堂与任务型教学属于浪费时间，因为当自己汇报完之后就无所事事。在翻转课堂模式下，少数同学受益颇多，多数同学迷茫失措的情况需要逐步改善，因为多数外语专业的学生阅读浅表性和思维表面化等问题是消极教学观的长期产物。

问题探讨（学生＋教师）：基于少数同学透彻分析，多数同学只会朗读文献的现状，有效的问题引导与教师干预在单纯翻转课堂中非常必要。

任务布置（教师）：少数同学积极应对和多数同学自主能力水平偏低的情况将长期为教师深度研究学生学习心理、学习背景、风格特征等因素提出挑战。

设计目的

正确、有效的反思活动与总结书写等创造性活动能帮助师生深化理解记忆和实践应用等知识模块。课程内容的理论性、系统性和创造性离不开师生对课堂教学长期、持续与深入的记录、反思与凝练。

作者：刘全国、丁礼明　　学校：陕西师范大学

"英语教学活动设计" 课程思政教学设计样例

Chapter 1　Introduction—How to Design a Reading Material?

电子教材样章

一、课程总览

1. 课程名称： 中学英语教学设计

2. 课程类型： 英语专业方向课（英语学科教学方向）

3. 课程目标：

"中学英语教学设计"课程以英语学科核心素养为基础、以高层次创新型人才培养为目标、以案例教学法和探究式教学法为基本教学模式、以"三全育人"理念为课程设计价值取向，充分发挥英语学科课程中的德育内涵，培育具有创新型、思辨型、实践型的中学英语教学后备军。通过本课程学习，学生能够达到以下目标：

（1）坚持立德树人信念，有强烈从教意识和奉献精神，具有崇高师德修养和道德品质，遵守中学教师职业道德规范，立志成为"四有"好老师；成为能够引导中学生形成正确人生观、世界观和民族自豪感的教师；能够将思政理念融入英语课堂教学各环节，凸显为国育人、为党育才的崇高信念。【师德修养】

（2）明晰中学英语教学设计是以国家英语课程标准和学生学情为设计依据；掌握教学目标设计基本理论和方法；扩大英语教学设计模式运用；科学评价教学设计及运用效果。【专业知识】

（3）提升逻辑思维能力、思辨能力和创造性能力。通过教学目标设计发展学生分析和探究问题的能力，以及跨文化举证能力和思辨能力；能够创造性开展基于内容六要素整合的英语课堂教学设计及单元整体教学设计能力。【专业能力】

（4）实践先进的教育理念，具有创新意识和批判性思维能力，能够分析和解决中学英语教学中实际问题；了解国内外基础教育改革动态，能够适应时代和教育发展需求，进行专业知识更新和职业发展，具有较强的信息技术运用能力和终身学习能力。【发展意识】

4. 教学对象： 英语类专业高年级本科生

5. 学时： 线下 32

6. 教材：《中学英语阅读教学设计与实践教程》，张海燕、汤红艳、鲁向利、张忆编著，中国人民大学出版社，2021 年

二、本案例（单元/话题等）教学目标

1. 认知类目标： 熟练掌握阅读教学的 PWP 模式，即 Pre-reading、While reading 和 Post-reading 的活动设计及原理；总结并描述阅读教学中常见的信息组织图模式、教学辅助图模式和课堂活动组织模式。

2. 价值类目标： 在阅读中提升自己的情感态度价值观；意识到英语阅读教学并不仅仅是语

言知识的教学和语言能力的锻炼，还应包含课程思政理念的融入。

3. 方法类目标：熟练运用英语阅读教学中常见的阅读策略，如略读获取大意，细读获取详细信息，信息组织图获取、梳理信息等策略；反推阅读教学中的活动设计意图；深刻领会阅读教学设计的精妙之处。

三、本案例（单元／话题等）教学内容、重点和难点

1. 教学内容

（1）阅读设计成分构成：主题语境、语篇类型、文本分析、设计理念、学情分析、教学目标、教学重难点、教学方法、教学资源、教学设计、教学反思；

（2）阅读教学 PWP 模式：Pre-reading，while-reading，post-reading；

（3）阅读教学模式拓展：信息组织图类阅读教学模式、教学辅助图类阅读教学设计、课堂活动组织形式设计；

（4）案例教学：阅读活动设计中如何关注思维品质培养、课程思政理念的融入；

（5）课程思政理念：结合单元主题开展"立德树人"教学活动设计。

2. 教学重点

（1）阅读教学目标分层设计；

（2）PWP 模式常见活动设计及设计意图阐述；

（3）常见阅读教学模式的灵活运用；

（4）课程思政理念的提取及在教学过程中自然融入。

3. 教学难点

（1）确保教学目标在"教—学—评"一体化教学设计中的达成；

（2）阅读设计思政教育资源的挖掘及学用一体化的实现。

四、本案例（单元／话题等）教学方法、手段

1. 体验学习法。通过文本设计，引导学生切身体验文本设计过程。

2. 案例教学法。通过优秀案例分析，带领学生深入了解阅读教学设计在课堂教学中的重要性，价值引领育人性及设计打磨的意义。

3. 小组合作法。通过开展小组合作学习，提高学生合作意识、倾听能力、表达能力和组织能力等社会适应力。

五、本案例（单元／话题等）教学过程

1. 导入

头脑风暴：If you were an English teacher and you were asked to teach a lesson, what would you do when you get a reading material?

> **设计目的**
>
> 设置情境，使学生能以一位英语教师的身份思考阅读教学设计步骤。从而引出阅读教学设计 PWP 模型。此环节能突破传统教师主讲地位，引发学生根据自己亲身经历概括阅读教学基本步骤。

2. 体验式学习

发给学生外研社版《高中英语必修五》"Module 6 Animals in Danger"单元中的阅读材料"Saving the Antelopes"。首先让学生分组思考 How to design a reading lesson? 以及在 PWP 模型中可能会使用到的阅读活动。

Now read the passage. Did you guess correctly?

Saving the Antelopes

On a freezing cold day in January 1994, Jiesang Suonandajie found what he was looking for — a group of poachers who were killing the endangered Tibetan antelope. Jiesang knew he had to move quickly. He shouted to the poachers to put down their guns. Although surprised, the poachers had an advantage — there were more of them. In the battle which followed Jiesang was shot and killed. When his frozen body was

at high altitudes. A shawl made from the wool (known as "shahtoosh", or "king of wools" in Persian) can sell for five thousand dollars. For poachers the profits can be huge.

Often working at night, the poachers shoot whole herds of antelopes at a time, leaving only the babies, whose wool is not worth so much. The animals are skinned on the spot and the wool taken to India, where it is made into the shawls. From there, it is exported to rich countries in North America and Europe. The business is completely illegal — there has been a ban on the trade since 1975. But in the 1990s the shawls came into fashion among rich people. A police raid on a shop in London found 138 shawls. About 1,000 antelopes — or 2 per cent of the world's population — had been killed to make them.

In the 1990s the Chinese government began to take an active part in protecting the

found hours later, he was still holding his gun. He had given his life to save the Tibetan antelope.

At the beginning of the twentieth century there were millions of antelopes on the Qinghai-Tibetan Plateau. By the 1990s the number had fallen to about 50,000. The reason is simple: the wool of the Tibetan antelope is the most expensive in the world. It is soft, light, and warm — the ideal coat for an animal which has to survive

antelopes in the Hoh Xil Nature Reserve — the huge national park on the Qinghai-Tibetan Plateau, which is the main habitat of the antelopes. Over the next ten years about 3,000 poachers were caught and 300 vehicles confiscated. Sometimes there were gunfights, like the one in which Jiesang Suonandajie was killed.

But today the government seems to be winning the battle. The number of poachers has fallen. The small group of officials who work in the reserve are helped by volunteers who come from all over the country, and who are ready for the difficult conditions of life at 5,000 metres. Meanwhile, in those countries where the shawls are sold, police are getting tough with the dealers. International co-operation seems to be working. Since 1997 the antelope population has slowly begun to grow again.

（1）Pre-reading Activities（阅读前活动设计）
　　① Predicting: title, vocabulary, T/F questions
　　② Setting the scene: cultural and social background knowledge to the text
　　③ Skimming: reading quickly to get the gist
　　④ Scanning: reading to locate specific information
（2）While-reading Activities（阅读中活动设计）
　　① Transition device
　　② Reading comprehension questions
　　③ Understanding references (understanding what referential words refer to)
　　④ Making inferences
（3）Post-reading Activities（阅读后活动设计）
　　① Role-play
　　② Discussion
　　③ Retelling
　　④ Writing

设计目的

　　通过详细介绍教材中阅读 PWP 模式及其相应活动设计，让学生详细掌握高中英语阅读教学基本模式，充分发挥学生主观能动性、创造性和小组合作精神。

3. 学生设计展示

每小组各派一位学生做基于"Saving the Antelopes"文本的教学设计展示，要求其余学生认真做好笔记，展示后让同学们就小组教学设计方案开展组间讨论，并得出最佳设计方案。

设计目的

让学生代表上台讲解本小组文本设计方案，既锻炼学生语言表达能力，又向全班呈现本组研讨结果，是真实任务展示。同课异构方式可以使学生更加深刻意识到设计的魅力所在，从而在今后设计中更加关注细节把握。

4. 教学复盘

引导学生反思步骤 3 中得出的班级最佳设计方案，并反推设计意图。

设计目的

此环节可引导学生深入思考教学活动设计以及对育人目标等教学目标的达成度。任何活动设计都不是随意的，一定要对标教学目的。

5. 案例教学

认真学习中国专业学位教学案例库入库案例《小 S 的思维品质教学出师记》（马瑞，冀小婷，2018），仔细揣摩前后两种教学方案设计中的异同，并能说出设计的巧妙之处。比较小 S 两次教学设计的异同以及步骤 3 中形成的班级最佳设计方案与小 S 第二次设计方案之间的差异。

小 S 的"思维品质教学"出师记·

摘要：思维品质是核心素养的重要内容，也是英语教学界的共同关注点。作为英语教师，我们亟待理解思维品质的内涵，掌握培养方法，将之作为显性的教学目标加以实现，从而将先进的前沿理论应用于教学实践。小 S 是一名新入职的中学英语教师，她聚焦思维品质培养的教学设计得到专家高度评价。跟随她的阅读教学磨课过程，我们可以领略她是如何在教学中凸显思维品质训练的。从她身上我们看到，教学不是搬运知识，而是启迪智慧。小 S 的成长也引领我们反思新课改形势下教师如何实现职业成长。

关键词：英语阅读教学；思维品质；职业成长；新入职英语教师

设计目的

案例教学法能充分调动师范生思考过程，通过比较小 S 的两次文本设计，感受设计的微妙之处以及小 S 如何在设计中关注中学生思维品质培养，有助于师范生设计能力的提升。

6. 模式拓展

基于教材《中学英语阅读教学设计与实践教程》（张海燕等，2021），了解更多阅读教学设计常见模式，从而扩大学生处理不同文本时可能会使用到的更有效的阅读设计模式。

设计目的

大部分学生基本掌握阅读设计常见的方法，如 skimming、scanning、matching、brainstorming 等，但有效的阅读教学设计模式还有很多。《中学英语阅读教学设计与实践教程》能打开学生阅读设计视野，掌握更多阅读设计模式，从而有效地将文本信息视觉化，加强学生对阅读材料的整体把握。

7. 课程思政理念提升

课程思政理念是紧扣单元主题提炼的，以基础教育阶段英语教材为抓手，引领学生挖掘每篇教学文本应提炼的课程思政元素，并简要说出设计活动和意图。如以人民教育出版社出版的普通高中教科书《英语》（必修第二册）为例，带领学生研究教材目录部分，每一单元都包含八部分，即 Listening，Speaking，Reading，Writing，Pronunciation，Structure，Project，Video Time。八部分都是围绕某一单元主题来设置的。因此，研读单元主题，把握整个单元的课程思政目标，才能把思政教育贯穿英语教学全过程。

CONTENTS

Theme	Listening	Speaking	Reading
UNIT 1 **CULTURAL HERITAGE** p. 1	An international youth project *Use context to guess words* Visiting interesting places	Starting a conversation	From Problems to Solutions *Make a timeline* Promoting Culture Through Digital Images New Discoveries from the Past

Writing	Pronunciation	Structure	*Project	*Video Time
A news report about cultural heritage protection	Consonant clusters: initial and final clusters	Restrictive relative clauses (3)	Learn about intangible cultural heritage	The Great Wall

以第一单元 Cultural Heritage 为例，单元题目为《文化遗产》，本单元的八部分内容都是围绕"文化遗产"来设计。

	项目名称	意义
Part 1	Listening and Speaking	"Take part in a youth project"，主要是以国际青年项目（international youth project）为背景，引出保护世界文化遗产话题。
Part 2	Reading and Thinking	通过阅读材料"From Problems to Solutions"使学生意识到"文化遗产"保护所面临的挑战及人们采取的行动。
Part 3	Discovering Useful Structures	解决本单元的主要语言结构问题。
Part 4	Listening and Talking	通过更多文化引入，锻炼学生听说能力。
Part 5	Reading for Writing	通过"Promoting Culture Through Digital Images"话题将读写能力结合，引导学生关注并掌握 News report 这一文体的写作特点。
Part 6	Assessing Your Progress	引导学生关注 intangible cultural heritage。
Part 7	Project	引导学生关注 intangible cultural heritage。
Part 8	Video Time	通过我国世界级文化遗产——The Great Wall 的视频展示，增强学生爱国情怀以及身为华夏子孙的荣耀。学生也可根据自己对主题的理解，进行单元重构，更好地促进学生探究语篇"思政"内涵，达到培养阅读技能，掌握文化知识的同时融入思政教育目的。

整个单元的课程思政目标应紧密围绕"文化遗产"展开，保护世界文化遗产是每个人不容推卸的责任，是世界公民的高尚品质。以"文化遗产"这一单元为例，能够更好地引发师范生关注课程思政育人理念，依据单元主题提取课程思政元素，开展单元重构。

设计目的

引导学生关注《中学英语阅读教学设计与实践教程》教材中的每个案例都蕴含着课程思政元素。课程思政元素一经提取则需贯穿整个文本教学，而不仅仅在 Post task 阶段才出现，只有真正融入课堂教学全过程的课程思政理念才会引发学生共鸣，发挥学科育人效果。

8. 总结

带领学生总结"中学英语教学设计"课程教学四个阶段，每个阶段都将以学生体验、自主设计为出发点，以案例教学为抓手，以模式拓展为方法，以课程思政理念融入为目标，科学开展基于教材文本、充分展示学科育人价值的阅读教学设计。

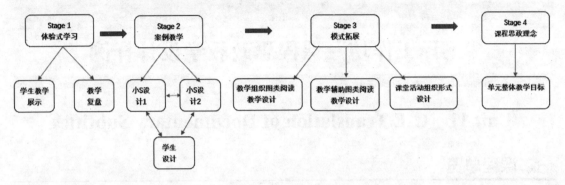

设计目的

总结"中学英语教学设计"这门课程的设计思路，体验基于教材文本的单元整体教学设计理念，领悟先进的阅读教学模式是思政教育落地的重要路径。

---

9. 作业

以人民教育出版社出版的普通高中教科书《英语》(必修第二册)Reading and Thinking 部分的阅读材料 "From Problems to Solutions" 开展教学设计，注意教学目标的设计、教学活动的设计和课程思政的融入手段。

作者：张海燕　　学校：集美大学

"笔译工作坊"课程思政教学设计样例

Unit 11　C-E Translation of Documentary Subtitles

一、课程总览

1. 课程名称：笔译工作坊

2. 课程类型：英语专业方向课（翻译方向）

3. 课程目标：

本课程要求学生依据不同文本类型自主构建翻译项目，并辅以教师提供的翻译材料来进行高强度翻译训练，通过翻译实践、协作翻译、反思翻译的方式，来培养学生在翻译过程中的团队协作能力、自主反思能力，最终提高其翻译能力和职业素养能力。具体课程目标细分如下：

（1）初步了解或掌握翻译项目管理的基本知识，包括翻译项目概念、项目管理流程和翻译项目中的技术应用等，了解翻译行业规则。【知识＋技能】

（2）在翻译过程中培养翻译技术能力，主要包括信息检索能力、语料管理能力、机辅翻译能力等。【技能】

（3）了解中外翻译理论知识，掌握并熟练应用翻译策略、方法和技巧，在翻译实践过程中培养学生发现问题、分析问题、解决问题的能力，以便今后更好地从事翻译实践。【知识＋技能】

（4）在翻译过程中，培养较强的团队意识、家国情怀和国际视野。通过汉译外来增强学生的"四个自信"，提升学生对中国文化、中国理念、中国价值的认知和传播能力。【价值观】

4. 教学对象：翻译硕士专业口笔译方向二年级学生

5. 学时：24

二、本案例（单元/话题等）教学目标

1. 认知类目标：理解字幕翻译与其他类型文本翻译的异同，掌握字幕翻译的特点、原则和方法。在对比翻译小组字幕译文和其他平行语料库的字幕译文过程中，增强学生对字幕翻译策略的认知，提高学生对现有影视字幕翻译从学理层面进行评价的能力。

2. 价值类目标：增强学生对中国传统文化，尤其是饮食文化的关注与理解，提高文化自信；在翻译项目小组成员分工合作、互助互评过程中，提升学生的团队意识和协作能力。

3. 方法类目标：能够检索有关字幕翻译的中外理论文献并进行研读，能结合实例讨论字幕翻译的原则、策略和方法；能够利用相关工具对语料进行转写，利用在线对齐工具制作平行语料库，同时利用相关在线工具进行协作翻译。

三、本案例教学内容、重点和难点

1. 教学内容

（1）纪录片：定义、类别、特点；

（2）字幕翻译：定义、分类、特点、原则、策略、方法；

（3）传统饮食翻译：菜名翻译、四字格翻译、流水句翻译。

2. 教学重点

（1）文本翻译与字幕翻译的异同；
（2）字幕翻译的多模态翻译策略；
（3）菜名翻译的原则和方法。

3. 教学难点

（1）文化负载词的翻译；
（2）字幕翻译的多模态协同重构；
（3）字幕翻译的质量评价。

四、本案例（单元／话题等）教学方法、手段

1. 以纪录片《舌尖上的中国》的字幕翻译项目为内容，采取同伴支架、组外互评、汇报研讨、教师反馈点评多种教学手段，开展线上线下相结合的混合式教学，培养学生在翻译过程中的团队意识，提升学生翻译策略应用能力。

2. 通过文献阅读和研讨，让学生了解纪录片字幕翻译的原则和方法，厘清字幕翻译和其他类型文本翻译的不同，进一步夯实学生翻译理论基础和应用翻译能力。

3. 采用平行语料库的方法，对比、观察、分析官方译文和学生译者译文的优缺点，反思中国饮食文化外译过程中，译者应该如何运用相关翻译理论和策略来有效消解因文化差异造成的理解与接受方面存在的问题。

五、本案例（单元／话题等）教学过程

在本教学案例中，任课教师秉承建构主义学习观，采取"项目驱动、主体行动、支架推动、线上线下互动"的方式来完成字幕翻译教学。所谓"项目驱动、主体行动"是指 MTI 学生成为翻译工作坊的主体。他们自行组建翻译团队，其中一人行使项目经理职责。翻译团队按照教师指定翻译模块，充分发挥主动性，通过多种方式收集影视字幕翻译材料，研讨并与教师沟通后，最终确定翻译内容，形成翻译项目。"支架推动、线上线下互动"是指在字幕翻译过程中，项目小组的成员首先共同商讨，交流反馈，互为支架，推动翻译任务按计划完成。另外，其他同学在线上同项目小组成员交流探讨翻译难点，点评、反馈字幕翻译的译文，以便项目小组做出适当修改。同时，这些同学在线上交流中也能构建并提升字幕翻译能力。在翻译小组课堂展示过程中，组内组外同学继续就字幕翻译的内容进行讨论。最后翻译小组完成译文终稿，撰写翻译实践报告，上交任课教师。在字幕翻译过程中教师主要承担监督、指导、交流、反馈和总结的角色。字幕翻译具体教学过程如下。

1. 课前相关准备

笔译工作坊共 12 周课，每周 2 课时，共 24 学时。前四次课，任课教师是主体，主要采取讲授加研讨的方式进行。任课教师主要梳理国内外相关翻译理论知识，复习上一学期所学的翻译技术的有关知识，重点讲解翻译项目相关内容。字幕翻译教学在第 10 周开展。该项目小组由 4 名同学组成，其中一名小组成员承担项目经理角色，负责规划、执行、监控整个翻译活动。在确定翻译项目后，项目经理主要按照"文件整理和转档、参考资料准备、翻译、审稿、完成译文、课上讨论、定稿排版、撰写反思报告"等步骤来实行进度管理，将进度安排报给任课教师，并与教师定期沟通相关事宜。总体来说，课前准备的内容主要包括以下四个重要方面。

1.1 项目内容选择

翻译小组用时两周选择翻译材料，选择标准有两条。首先，翻译材料必须是中国传统文化重要组成部分；其次，翻译材料有官方译文，便于进行译文对比分析。在第五周，翻译小组确定纪录片《舌尖上的中国》第一季的字幕为翻译材料。《舌尖上的中国》第一季共有七集，分别为：自然的馈赠、主食的故事、转化的灵感、时间的味道、厨房的秘密、五味的调和、我们的

田野。项目小组选择第四、五、六集作为翻译材料。

A Bite of China　舌尖上的中国

设计目的

　　发挥学生的自主性和团队协作能力，寻找适合本次翻译任务的汉语翻译材料。在讨论纪录片影像和研读字幕内容的同时，增强学生对中国传统饮食文化的理解，提升学生的文化自信。

1.2　文献资料准备

　　确定翻译材料之后，翻译项目负责人进行分工，指定 1 名小组成员查阅与材料有关的背景知识，以 Word 文档格式保存，并通过中国知网 CSSCI 来源期刊和图书馆 WOS 核心数据库，检索下载字幕翻译的相关研究论文，以 PDF 文件格式保存。另外，确定字典工具、相关术语和参照语料。根据学生收集的文献情况，任课教师适当补充相关文献。项目小组成员阅读文献，通过线上进行集体研讨，确定翻译的原则和方法。

设计目的

　　培养学生的"搜智"，提升学生文献检索能力；同时，通过阅读文献和研讨，帮助学生了解其他类型文本翻译与字幕翻译的异同，掌握字幕翻译的多模态翻译策略和菜名翻译的原则和方法，提高学生包括文献阅读能力在内的学术能力，以便更好地完成翻译任务。

1.3　翻译工具应用

　　首先，翻译小组负责人将只有中文字幕的纪录片视频导入"人人译视界"翻译软件（见下图），并导出源语字幕文本，进行整理后，以 Word 文档格式保存。然后，将带有中英双语字幕的纪录片导入软件后，导出双语字幕。最后，利用 ABBYY Aligner 对齐软件，建成双语平行语料库，便于后期与学生译文进行参照对比。然后负责人分配翻译任务，小组成员在该软件中完成人工翻译工作。

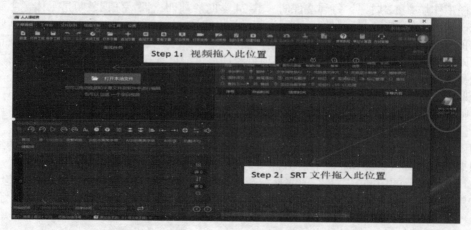

设计目的

充分利用翻译技术工具，能够保证翻译任务按照既定进度完成。在翻译实践过程中，能够进一步拓展学生应用翻译工具的有关知识，提升学生的翻译技术应用能力。

1.4 开展线上讨论

项目组长分配翻译任务，按照项目进度安排监控翻译任务的执行情况。同时将翻译材料、纪录片网站链接以及相关翻译论文资料上传至班级钉钉群。其余同学需要选择翻译资料中500—1 000字来翻译，并在指定时间上传至钉钉作业平台。在这一过程中，项目组长配合教师一同组织线上讨论。

线上讨论采取两种方式进行，一种是翻译项目小组成员的内部讨论，包括对各自译文的批注（要求保留批注痕迹，完成后上交给任课教师）；另一种是钉钉群里进行的全班讨论，主要在课前一周内进行，老师负责记录每位同学的参与情况。钉钉群里的讨论以项目小组提出问题为主，同学们给出意见和反馈。讨论内容主要以翻译过程中译者碰到的难点为主，包括纪录片中四字格翻译、流水句翻译、菜名翻译等。

设计目的

该环节能够保证全班同学都参与到翻译中来，实现在"翻译中学习""讨论中提升"的目的，最终提升学生的翻译能力。组内讨论、同伴互评可增强学生的自主反思能力，提高团队的协作意识和学生的职业素养。

2. 课堂展示讨论

项目小组成员用40分钟进行翻译内容展示。在展示阶段，要求汇报者首先介绍翻译项目的设定和执行情况，陈述小组对字幕翻译的认识和理解，然后结合官方译文和小组译文进行对比分析，主要汇报翻译中的重点和难点及解决方案。其间，其他同学和老师可以随时提问或对小组成员的译文给出建议和意见。

设计目的

线下汇报和讨论的参与性更广，通过头脑风暴，更容易帮助学生加深对字幕翻译的定义、分类、特点和原则等的理解，增强学生对传统饮食文化的认知以及相关翻译技巧的了解，有利于培养学生的反思意识和团队意识。

3. 教师点评总结

在学生展示和讨论结束后，任课教师用50分钟做总结点评。主要按照以下三个步骤进行。

步骤1 点评翻译项目小组的工作

点评内容包括项目的选择、分工协作过程、互评和网上讨论情况、课堂展示情况、其他同学参与情况等。肯定成绩，指出不足，为其他小组翻译项目的执行提供参考和借鉴。

步骤2 讲授字幕翻译的理论知识

重点总结、讲解字幕翻译的多模态翻译策略，具体的翻译方法和技巧，分析饮食文化中的文化负载词和传统菜名的翻译，同时讲解字幕翻译质量评价的标准。

步骤3 课上字幕翻译的实践练习

播放2021中文版城市形象宣传片《幸福吉林 壮美长春》。视频时长约为12分钟并带有中文字幕。观后，下发字幕材料。选取包括视频名称在内的5个典型的字幕语句进行课上翻译，然后讨论、点评并讲解。

长春城市形象宣传片《幸福吉林 壮美长春》中文版

这里是长春

设计目的

教师通过讲解，可以提升学生的理论反思能力，帮助学生通过翻译实例练习加深对字幕翻译原则和标准的理解，同时增强学生们对省市政治、经济、文化的了解，进一步提升学生的道路自信、理论自信、制度自信和文化自信。

4. 上交译文终稿

根据课堂讨论结果，再次修改译文。使用 ABBYY Aligner 对齐工具，将原文和译文用 Word 文档保存，由项目组组长统一收齐，上交终稿。

设计目的

终稿译文的质量和形式规范是评价此次翻译任务完成情况的重要指标。任课教师会基于学生期末上交的翻译实践报告，结合整个翻译过程的执行情况，并参考上交的终稿译文，对每位项目组成员的学习效果做出客观评价。

5. 课后思考练习

（1）中国影视剧作品已成为中国文化对外传播的重要渠道，查询相关研究文献并结合所学的理论和知识，思考中国影视剧作品字幕翻译对我国文化海外传播的助力作用。

（2）完成 2021 中文版城市形象宣传片《幸福吉林 壮美长春》的字幕翻译，并与官方译文进行对比分析。

六、师生课后反思

1. 教师反思

主要反思成绩与不足。

2. 学生反思

要求撰写 4 000 单词以上的翻译实践报告。报告由封面、中英文摘要、关键词、正文、参考文献等部分组成。要求学生从原文的文本类型、文体风格、语言特点、文化因素等角度加以分析，确定翻译的原则或标准、基调和风格。另外，概述翻译过程，重点反思翻译难点以及提出的解决方案，并举例说明。

（本教学案例是东北师范大学思政工作建设项目"新时代翻译硕士课程思政建设的价值内蕴与践行路径"的阶段性成果。）

作者：金胜昔　　学校：东北师范大学

第二部分
大学英语课程

2

- 大学综合英语
- 综合英语
- 大学英语听说
- 大学英语拓展课

"大学英语"课程思政教学设计样例

Unit 3　Friendship
Text: Why Do Friendships End?

一、课程总览

1. 课程名称： 大学英语 Ⅱ

2. 课程类型： 公共基础课

3. 课程目标： 通过本课程的学习，学生达到以下目标：

（1）知识目标：培养学生英语听、说、读、写、译基本功及英语知识综合运用能力，使学生能够熟练使用英语开展正常的学习、生活及社会交往活动。

（2）能力目标：培养学生的思辨能力、自主学习能力、跨文化交际能力以及学术英语表达能力，使学生能够辨析英语信息的意义及观点、进行自主学习、开展跨文化交际活动以及掌握基本的学术英语写作技巧。

（3）价值观目标：培养学生形成积极向上的核心价值观，使学生能够形成善良、诚信、求真等优秀品质和勇于探索、开拓创新的精神。

在上述目标的指引下，期望学生通过本课程的学习，能够达到《中国英语能力等级量表》的五级水平："能理解不同场合中一般性话题的语言材料，把握主旨，抓住重点，明晰事实、观点与细节，领悟他人的意图和态度。能在较为熟悉的场合就学习、工作等话题进行交流、讨论、协商，表明观点和态度，就一般性话题进行较有效的描述、说明或阐述，表达准确、连贯、得体。"

4. 教学对象： 普通本科法学专业大学一年级学生，班级规模约为 30 人。该班级学生英语程度在我校属于中等偏上水平。

5. 学情分析： 班级学生为大学一年级学生，年龄在 18—20 岁，为英语中级学习者，主要特点如下：

知识技能方面

- 对语言学习兴趣较高，但学习方法较为单一低效
- 侧重词汇知识的学习，忽视谋篇布局的内在逻辑
- 可以撰写简单的说理段落，但写作技巧较为匮乏
- 语言资源相对匮乏，缺乏深入某一话题的交际能力

情感认知方面

- 有比较明确的学习目标和合作学习的积极意愿，但在知识的综合运用和思辨能力方面还可进一步提升
- 不了解友谊发展的客观规律，缺乏应对朋友间冲突和变化的知识和经验
- 有基本的价值判断，但可能缺乏以客观、发展的眼光的看待问题的意识

6. 课程学时： 16 个教学周，每周 4 学时，总教学时长为 64 小时

二、本单元教学目标

1. 认知类目标：能够充分理解人与社会类主题语篇内涵，拓展主题相关词汇与结构；对比、辨析、评价不同文化背景的民族和国家对友谊界定的差异及原因。

2. 价值类目标：塑造积极的友谊观：（1）友谊是宝贵的；（2）认识到友谊不是静止的，具有发展变化的一般规律；（3）通过类比如何让园中的花朵保持鲜活，了解怎样呵护和维系友谊；（4）正确看待朋友间的矛盾，矛盾并不影响友谊带给我们的美好收获。

3. 方法类目标：理解并运用关联词的结构提示作用；能够区分类比与比较、对比；能够识别并列举出类比法的实例，在语言输出类活动中应用类比法。

三、本案例（单元 / 话题等）教学内容、重点和难点

1. 教学内容：

素材简介：本课时教学内容来自教材第二册中的第三单元"友谊"，文本《友谊为何会走向终结？》是一篇说理短文，作者以畅销书作家的身份，回答读者提出的问题"Why do friendships end?"，进而探讨如何维系友谊，使之坚固和持久。

谋篇布局：通过学习全文，掌握经典的总—分—总式的论说结构。全文共分为六个自然段，第一自然段开宗明义简述写作意图，提出问题。第二、三、四、五自然段分别指出友谊终结的可能原因，如朋友所处的生活环境发生变化、朋友间产生了矛盾和分歧等，第六段总结全文，得出结论：无论友谊持续长短，皆能丰富我们的人生。

读写技巧：全文约 700 单词，长度适中，结构清晰，表述平实又不失变化。一方面，几乎每个段首句都使用了关联词，为学生了解篇章结构、梳理逻辑关系提供了很好的帮助。另一方面，文章主要应用了类比（analogy）的写作方法，将维系友谊比作照料花园，深入浅出地回答了较为抽象的问题，既有助于深化读者对问题的探究，也有利于学生丰富英文写作技能。

情感任务：本文作为一篇说理短文，并不是对友谊的简单颂扬，而是客观地指出友谊存在终结的风险，探究这一现象的深层原因。通过本文的学习，学习者能够正视友谊中可能存在的问题，了解友谊有其产生、发展、深化抑或是终结的内在原因和规律，培养应用发展的眼光看待问题；同时理解任何友谊无论长短都有其价值，终结的友谊也是人生的重要组成部分，培养批判思维的能力。

2. 重点：

（1）阅读技巧段首句关联词的使用；

（2）写作技巧类比的识别、理解和应用；

（3）友谊终结的原因和维系友谊的方法。

3. 难点：

（1）类比与比较、对比的写作技巧的区别；

（2）类比与明喻、暗喻的区别与联系；

（3）正视友谊和友谊的终结。

四、本案例（单元 / 话题等）教学方法

1. 任务教学法：在整个课堂给学生布置不同的任务，个人任务、小组任务结合，将课堂内容分为多个重点任务，学生在一一完成任务的过程中，始终具有参与感地完成整堂课的学习。

2. 交际教学法：英语课堂要注重学生表达能力的提高，培养学生口语交际的能力。在课堂的各个环节安排学生师生互动、生生互动，通过交流和讨论，不仅提高学生学习兴趣，还能培养学生合作、交流的能力。

五、本案例（单元/话题等）教学过程

整个课时教学程序具体设计为：

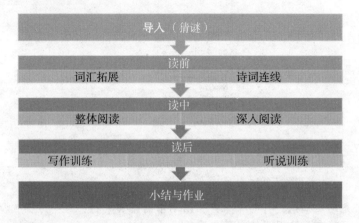

1. 话题导入

教师逐条展示线索，学生进行谜语竞猜。不同的线索从具体到抽象，从浅层到深层，最终引出单元话题，同时说明了友谊的宝贵。

-Most people want it.（大多数人都想要拥有它。）

-If you have it, you are lucky.（拥有它的人是幸运的。）

-It is not built by objects, but built by minds.（它不是由物体建造的，而是由头脑建造的。）

-It costs nothing, but is worth everything.（它不花一分一毫，却是无价之宝。）

-It weighs nothing, but can last a lifetime.（它轻如鸿毛，却可持续一生。）

-One person can't own it, but two or more can share it.（一个人无法拥有它，但两个人可以分享它。）

-It is a ship that can be made to ride the greatest waves.（这是一艘可以助你在人生中乘风破浪的船。）

学生可能会列举出诸如"money""love"等答案，但随着线索的逐一展示，尤其是最后一个构词的线索 ship 的抛出，认识到正确答案。教师可针对学情，对 -ship 后缀和相关构词法做适度展开。

> **设计目的**
>
> 激发学生学习的兴趣，点明友谊的珍贵价值，兼考查特殊后缀 -ship 的构词法知识点。

2. 读前任务

步骤1

词汇练习：以 friend 这一基础词汇发散关联不同的具体词汇。

运用学生耳熟能详的多种"朋友"形象（如中国古典名著中的人物、时下电视剧的主角、西方动漫中的形象等）进行英语单词匹配练习，丰富"朋友"这个概念的多种说法。

其中既涉及词汇使用的范畴，如口语中频频出现的男性朋友（buddy）和女性朋友（bestie），也涉及猜词策略如通过字面含义推测词义：fair-weather friend（只能同甘不能共苦的朋友）、表面和睦但是内心反感的 frenemy（友敌），以及词汇来源和发音知识：confidante（知己，来自法语），BFF（毕生好友，best friend forever 的缩写）等，妙趣横生，学生喜闻乐见。

在该环节中，教师通过图片提示，鼓励学生应用猜词策略，师生合作拓展主题相关词汇，教师介绍相关语用知识。

Word-net: friends

What kinds of friends can we have?

- BFF
- Bestie
- Buddy
- Confidante
- Fair-weather friend
- Frenemy
- Bosom friend
- Soul mate

设计目的

一方面，补充词汇知识，作为未来产出活动中的语言素材；另一方面，提示学生朋友的种类有很多，学习时应关注词汇的内涵与外延。

步骤 2

诗词连线：阅读并为中文诗歌名句选择对应的译文，唤醒文化意识。针对不同程度的学生，也可将本任务调整为填空、翻译等。

A. 相知无远近， 万里尚为邻。 ——张九龄《送韦城李少府》	(　　) *I invite you to drink a cup of wine again;* *West of the sunny pass no more friends will be seen.*
B. 海内存知己， 天涯若比邻。 ——王勃《送杜少府之任蜀州》	(　　) *If you have friends who know your heart, distance cannot keep you apart.*
C. 桃花潭水深千尺， 不及汪伦送我情。 ——李白《赠汪伦》	(　　) *Fear not you have not admirers as you go along,* *There is no connoisseur (鉴赏家) on earth but loves your song.*
D. 劝君更尽一杯酒， 西出阳关无故人。 ——王维《送元二使安西》	(　　) *Distance cannot separate true friends who feel so close even when are thousands of miles apart.*
E. 莫愁前路无知己， 天下谁人不识君。 ——高适《别董大》	(　　) *The Lake of Peach Blossom is a thousand fathoms deep,* *But not so deep as the friendship Wang Lun and I keep.*

设计目的

一方面，教师可以通过提示，为课文理解埋下伏笔：友谊中难免经历变故，聚散是人生常事，引导学生正视"分离"，有助于之后的课文理解。另一方面，通过阅读、翻译和对比，唤醒文化意识，提高学生的文化自信，增强民族自豪感。

3. 读中任务

3.1　整体阅读

步骤 1

学生阅读练习选项，尝试根据关联词的使用，推测出文章的大意并排序。

Global reading: cohesive words

1. Put the following sentences in order and share your answer with your partner:

a) Conflicts can <u>also</u> cause the end of friendships.

b) <u>Nevertheless, while</u> we can rarely predict at the outset which ones will last, most friendships do enrich us for however short or long they're a part of our lives.

c) <u>My simple answer</u> is that friendships end because the situations friends are in or even the friends themselves change.

d) <u>Second,</u> the friends themselves may change.

e) There are <u>other</u> reasons why friendships end.

f) <u>First,</u> the situations friends face may change.

c f d e a b

设计目的

通过整体阅读，考察学生预习情况；培养学生关注关联词使用和语篇的衔接，把握篇章结构和逻辑关联，实现文章的解构。

步骤 2

学生分组进行快速阅读练习和讨论，将影响友谊的四个因素填入表格，针对不同因素提出可能的解决方法。

Global reading: text organization

2 Pair work: The main body of the text consists of four insights the author offers as to why friendships end. Now complete the table and compare notes with your partner.

	Paragraphs	Summaries of the insights
1	Para. 2	The situations friends face may change.
2		
3		
4		

设计目的

考察学生对篇章内容和结构的整体把握，探讨友谊终结的原因和维系友谊的方法。

3.2 深入阅读

步骤 1

阅读与问答：

首先，学生深入阅读第四自然段并完成填空练习。

其次，观察作者是如何在照料花园和呵护友谊之间展开对比的，并口头回答。

最后，教师指出本段的论述建构在比较的基础上，并带领学生回顾比较（comparison）与对比（contrast）的区别与联系。即对比（contrast）多关注事物的差异性，比较（comparison）则更关注相似性。

Detailed Reading: Analogy

4 ...Friendship is often compared to a flower garden .

Flowers	Friendship
• don't get exposed regularly enough to sunlight and don't get watered enough • wither and even die	• taking a friendship for granted • even the closest of friendships • cease to have a reason to exist

A comparison-contrast essay emphasizes how two things are alike and/or how they differ.

设计目的

通过对文段的深入阅读，识别类比的写作技巧在文中的应用，即用花儿生长中遭遇的问题类比朋友间产生矛盾的原因；同时，通过类比如何让园中的花朵保持鲜活，了解怎样呵护和维系友谊。

步骤 2

猜谜：在教师的启发下，学生根据提示猜谜填空。

之后，教师引出类比（analogy）的概念，即在关注事物相似性的同时，主要使用简单、清晰的方法解释较为抽象或艰深的原则、思想。

A Puzzle

 blue : color vs. circle: shape

words: writing vs. notes: music

An analogy is a comparison between things that have similar features, often used to help explain a principle or idea.

设计目的

通过实践引出类比的概念，以及类比与比较的异同。

步骤 3

句子拼图：教师可使用教具或用幻灯片，将句子打乱，让学生分组比赛连词成句。根据实践，使用教具（如用吸铁石将纸卡片吸附在黑板上）效果可能更佳。结合学情，可将句子拆分成长短不同的语义群。如拆分成单个单词，学生需要更长的时间摸索从而完成拼图。

Jigsaw

Put the words into a sentence.

- *Life is like a box of chocolates; you never know what you're going to get.*

设计目的

实践应用类比技巧。

步骤4（可选作）

拓展阅读知名作家的类比，分组讨论辨别类比的应用和文句的深意。

-I am to dancing what Roseanne is to singing and Donald Duck to motivational speeches.（用唐老鸭的演讲水平类比舞技和歌喉的拙劣）

-If you want my final opinion on the mystery of life and all that, I can give it to you in a nutshell.（用坚果壳类比观点的简单明了）

-Writing a book of poetry is like dropping a rose petal down the Grand Canyon and waiting for the echo.——Don Marquis（用将玫瑰花瓣投入深谷以听回声类比写作诗集的漫长、艰辛和精妙）

设计目的

实践应用类比技巧。

步骤5

文段重塑：学生通过深入阅读，识别第五段中的类比，并通过分组口语练习完成课文重建，检查对课文的理解和类比的产出能力。根据学情可设置不同难度结构的提示。

Text Rebuilding

A: Conflicts can cause the end of friendships.

B: I agree. Friendship is often compared to...
If..., it may...

Flowers
• a fledgling plant/ one blow/ kill
• a flourishing flower/ take extra care/ revive
• a flower/ gets repeatedly trampled on/ eventually break

A: Sure. Life is like a box of chocolates; you never know what you're going to get. That's why we should cherish our friendship.

设计目的

类比技巧和口语产出练习；正确看待朋友间的矛盾，矛盾并不影响友谊带给我们的美好收获。

4. 读后任务

步骤1

用有趣的类比，完成句子并抢答

-Fish is to water as bird is to air.

-Office is to working as kitchen is to cooking.

-Inside is to outside as upside is to downside.

-Just as the Earth revolves around the Sun, an electron revolves around the nucleus.

-Just as sword is the weapon of a warrior, pen is the weapon of a writer.

-A doctor's diagnostic method is similar to a detective's investigation.

-What a general is to an army, a CEO is to a company.

-What a note is to a singer, a word is to a writer.

-Just as a caterpillar (毛毛虫) grows out of its cocoon, so must we grow out of our comfort zone.

Building your own analogy

1. Fish is to water as bird is to air.
2. Office is to working as ▊▊▊▊ is to cooking.
3. Inside is to ▊▊▊▊ as ▊▊▊▊ is to downside.
4. Just as the Earth revolves around the ▊▊▊, an ▊▊▊▊▊ revolves around the nucleus.
5. Just as sword is the weapon of a ▊▊▊▊, pen is the weapon of a writer.
6. A doctor's diagnostic method is similar to a detective's ▊▊▊▊.
7. What a general is to an army, a ▊▊▊ is to a company.
8. What a ▊▊▊ is to a singer, a word is to a writer.
9. Just as a caterpillar(毛毛虫) grows out of its ▊▊▊▊, so must we grow out of our comfort zone.

note	Investigation
CEO	warrior
kitchen	electron
cocoon	upside
outside	Sun

设计目的

写作技巧应用拓展，完成较高要求任务。

步骤2

讨论与回答

应用之前学生作业中的趣味小对话进行知识拓展：类比、明喻和暗喻。教师播放视频，引导学生比较斜体的两句话与 Asking my sister for help is like asking a devil for it 的异同。

Challenge Yourself: Analogy, Metaphor or Simile?

My sister is a devil.

My sister is evil like a devil.

Asking my sister for help is like ...

A: It is cold. Can you hug me, sister?

B: No. But you can stand there, at the corner?

A: Why?

B: Because it is 90 degrees there.

A: Oh, *my sister is a devil. She is evil like a devil.*

设计目的

应用课前学生原创素材，探讨类比与明喻、暗喻的区别与联系，尝试更高要求的任务，将学与用、练与思有机融合起来。

步骤 3

听听力，记笔记，提出自己的看法：（Note-taking: Hugo's questions）

-What is a friend?（何为朋友？）

-Is a friend someone like you?（朋友都是相似的吗？）

-How can you find a friend?（如何交朋友？）

-Does friendship last forever?（友情是永恒的吗？）

-Does friend always make you happy? If not, is she/he still your friend?（伤害了你的朋友还是朋友吗？）

Homework: Listen, Discuss and Present

1. Hugo's questions
- Are there applications of analogy, metaphor or simile in the cartoon?

2. Pair-work
- Write a paragraph about friendship using analogy.

设计目的

锻炼听记能力的同时，切换不同侧面，客观探讨友谊的其他相关问题，提升思维品质，促进价值目标的达成。

5. 小结与作业

教师带领学生总结回顾本节所学内容，布置相关作业，检查各项目标的达成情况。

（1）应用类比法写作一个关于友谊的段落，探讨如何正确看待友谊和分歧。

（要求使用表示转折的句型，Despite the fact that a friend can usually make us feel..., he / she may sometimes...）。

（2）阅读 Reading 1 材料，并结合网络资源，就下列问题开展小组讨论：a. 不同文化对友谊的界定是否存在差异，b. 中国文化背景下，我们如何界定友谊，并在下次课上完成课前展示（presentation）。

设计目的

写作技巧的应用和实践产出；对比、辨析、评价不同文化背景的民族和国家对友谊的界定的差异及原因。

六、课后反思（教师反思 + 学生反思）

1. 教师反思

2. 学生反思

作者：王东兰、张军民、刘国兵　　　学校：河南师范大学

"综合英语"课程思政教学设计样例

Unit One　College Education

Section A　Why College Is Important for You

电子教材样章　　样章音视频

一、课程总览

1. 课程名称：大学综合英语

2. 课程类型：公共基础课

3. 课程定位：公共外语教学为艺术类人才国际化教育服务

基于中戏"双一流"建设提出的艺术类人才国际化与专业化的办学目标，公共外语教学旨在服务学院的培养目标，以培养具有国际交流能力的高水平艺术人才为导向，通过不断提高和强化学生的英语能力，逐步提升艺术人才在其专业领域的国际话语权和影响力。

4. 课程目标：

"大学综合英语"课程为通识教育必修课，学生入学后需进行为期两年的学习。随着国际化进程的加剧，英语作为一种交际工具的重要性凸显。学生要通过学习掌握基本的听说读写技巧，并能够进行必要的交流。课程所选教材的每个教学单元都围绕和大学生切身相关的主题展开，在教学过程中，教师不仅传授语言知识，培养学生的语言技能，同时结合单元主题对学生进行人生观、世界观和价值观的引导。

通过本课程的学习，使学生达到以下目标：

（1）知识目标

语言知识：围绕主题进行词汇拓展与运用；按照"结构即意义"的理念梳理语法体系，加深对语法知识的理解与运用。

语篇知识：了解相关主题文章的语篇特点，语篇的逻辑、衔接与连贯。

文化知识：了解文学、哲学、历史等人文常识，深化对西方文化发展的历史背景、制约因素和模式特点的认识，感知中国文化的优越性。

（2）能力目标

综合英语应用能力：围绕教学单元主题，通过听、说、读、写、译等语言技能训练，增强学生英语基本技能。

跨文化交际能力：通过比对中西文化，探讨两种文化的异同，提高学生跨文化交际能力，培养学生讲好中国故事的能力。

逻辑思辨能力：扩大阅读面、锻炼学生逻辑思维能力、培养其创新意识和人文意识。

（3）素质目标

思想道德：增强学生对我国社会主义制度的认同与信心，坚定"四个自信"，树立为中华民族伟大复兴而努力奋斗的坚强决心。

人文素养：导入文学、哲学、历史等人文元素，将语言教学与人文教学有机结合，培养学生传承中国优秀传统文化及价值理念。

专业素质：通过将语言教学与艺术专业课程进行有效融合，侧重弥补学生在专业术语和文献阅读能力等方面的欠缺，培养学生在参与国际艺术文化交流时需要具备的陈述和表达能力。

5. 教学对象：艺术类院校一、二年级学生

6. 学时：72

7. 教材：《新思路大学英语综合教程第一册（第四版）（数字教材版）》，侯晓锦、姚静主编，中国人民大学出版社，2022 年

二、本案例（单元／话题等）教学目标

1. 认知类目标：

（1）学习和掌握有关学科专业、学生社团，以及其他跟大学教育相关的英文词汇和表达；

（2）能够进行简单的日常会话，能够用所学的相关词汇描述新鲜的大学生活；

（3）学习"比较与对比（Compare and Contrast）"的语篇结构；

（4）能够完成简单的学术写作练习，如写一篇文章概要。

2. 价值类目标：

（1）能够认识到批判性思维在外语学习和大学教育中的重要性，并在学习中培养思辨的能力；

（2）能够认识到学习英语对于向外弘扬中国文化的重要作用。

3. 方法类目标：

（1）能够围绕"大学与教育"进行主题延伸拓展阅读，把握文章主旨，掌握篇章结构；

（2）学会运用"比较与对比"的语篇结构讨论大学生活和高中生活的异同之处；

（3）能够运用批判性思维思考教育的意义。

三、本案例（单元／话题等）教学内容、重点和难点

1. 教学内容

（1）以"大学教育（College Education）"为主题的词汇拓展学习；

（2）以"大学教育（College Education）"为主题的语篇阅读与分析；

（3）以"大学教育（College Education）"为主题的视听说训练；

（4）以"大学教育（College Education）"为主题的听说训练。

2. 教学重点

（1）围绕"大学教育（College Education）"这一主题的词汇拓展；

（2）"比较与对比"的语篇结构。

3. 教学难点

（1）"比较与对比"结构在口语和写作中的运用；

（2）培养激发学生的家国情怀。

四、本案例（单元／话题等）教学方法、手段

1. 教学方法

采用混合式翻转课堂的教学模式：教师围绕单元教学目标与思政元素选取与当下实际相结合的教学补充材料，要求学生课前自主学习和单元主题相关的英语视听和文本材料。学生在输入了这些语料的基础上，思考教师留给他们的问题，然后带着收获和思考来到互动课堂。互动课堂的主要任务是让学生进行语言输出。

（1）讲授法

教师简要讲授词汇与语法结构的用法。

（2）主题讨论法

教师发起诸如"大学应该怎么读""未来学业及职业展望"等主题讨论，鼓励学生主动思考并大胆发表看法，引导学生正确对待学习，养成良好的学习习惯，寻找有效的学习方法，思考

当代大学生的社会责任。

（3）案例分析法

选取钟南山、张文宏等抗疫英雄大学阶段的学习情况、"三钱"学成归国、优秀大学生国家奖学金获得者的事迹和经验等作为案例，培养学生的家国情怀。让学生们充分认识到学习既是为小家也是为大家，只有国家昌盛了，小家才能安定，大学生作为青年一代的杰出代表，应具备相应的社会责任感和国家使命感。

（4）多媒体展示法

实际操作微信小程序和手机应用程序，让学生切实感受语言在未来的学习和生活中带来的益处。

2. 实施过程

课前布置自主学习内容，课上开展师生交流，课后安排相关练习予以巩固。

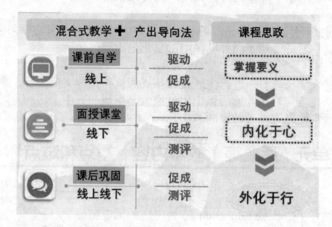

五、本案例（单元 / 话题等）教学过程

1. 课前自主学习

步骤 1　观看视频

要求学生在线上观看学校的英语介绍和"三钱"学成归国的视频，引导学生结合亲身体验谈论自己对学校的初印象，并对未来学业及职业进行展望等。

Topics for Discussion: What is your first impression about the university?

What is your expectation of college life?

步骤 2　查阅资料

查阅一些知名院校的校训，了解所在学校的校训，理解校训所蕴含的内涵，思考如何努力来与校风学风契合。

1) Look for both the Chinese and English versions of school mottos from some famous universities.

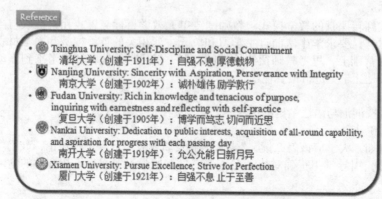

2) Find out the origin of these mottos.

> **Reference**
>
> The school motto of Fudan University "博学而笃志 切问而近思" is a sentence from *The Analects of Confucius*, emphasizing the uprightness of learning attitude, perseverance and diligent at thinking.
>
> The motto of Xiamen University "自强不息 止于至善" is also from an ancient text. "自强不息" comes from "天行健，君子以自强不息" in *The Book of Changes* while "止于至善" comes from "大学之道，在明明德，在亲民，在止于至善" in *The Great Learning*. "Great learning aims to foster moral integrity, forge close ties with the people and attain consummate virtue in both words and deeds." The virtue and knowledge are the main goals pursued by Chinese universities.

设计目的

安排学生课前查阅相关资料，让学生养成自主学习的习惯，找到有效的学习方法；同时对于自己所学专业进行规划，增强自己作为当代大学生的使命感和责任感。

课前自学部分	
思政融入点	用自己的专业知识服务国家和社会
思政元素	运用专业知识重塑文化自信，实现社会担当
思政内容	大学教育为青年实现其使命和责任提供了知识储备

2. 面授课堂

步骤 1　暖场活动（Warm-up）

看图片，学生简单描述自己大学第一天的感受和经历。

large and beautiful campus; friendly classmates and kind teachers; different cuisines in the school canteen

设计目的

用生活化的场景抓住大学生的注意力，引出大学教育的主题，激发学生作为一名祖国的大学生的荣誉感、责任感、使命感。

步骤 2　主题词汇的讲授与学习

学生浏览方框中的词汇词组，如果需要可以查字典。

> proceeding from one class to the next   breaks   in control of
> social group   newfound independence   choice and independence
> set schedules   take attendance   participation points
> anonymous student   networking   debates and discussions
> deadlines   textbook reading   class size
> specialized   a healthy work-life balance

设计目的

这些词汇与表达有助于拓宽思路，引导学生观察、思考和总结进入大学以后个人身份的变化。

步骤3　讲授与学习"比较与对比"的语篇结构

1) Pairwork & discussion: What are some of the differences between college life and high school life?

2) Ask students to read a sample answer, draw their attention to expressions and sentence patterns indicating comparisons and contrasts.

Sample Answer:

There are some very big differences between high school and college life. Both are fun in their own ways and both have unique experiences to offer you. But there is no denying that there are some fun and important differences between the two in terms of social life, academics, and sports. Finally, one of the biggest differences is how much more you are in control of everything. We'll go over all of these differences here, and get you the lowdown on high school vs. college life.

How Different Are College and High School?

In short, they are extremely different. In college, you can create your own future and your own identity. You get an entirely new social group and newfound independence. You are in full control of who you become.

College is unlike high school, where your identity and reputation have remained the same for a while. You choose your classes and can study anything and you are treated as an adult in those classes. So, say goodbye to cliques, set schedules, and mandatory classes, and say hello to choice and independence.

Welcome to college!

High School vs. College: Academics

From homework to class time to exams to teacher-student relationships, high school vs. college life has its differences.

1) Time Spent in Class and Attendance

Your professor likely won't be taking attendance, and even if they are, it's up to you if you want those participation points or not. Your involvement in the class is also voluntary. Your teacher will not call on you like they did in high school, and it's up to you if you want to do the bare minimum on projects and assignments or really take the time to learn and grow in a subject. Your relationship with professors is also up to you. You can choose to get to know them for networking, or choose to be an (almost) anonymous student in the crowd.

2) The Workload

Truthfully, college courses and materials will be more challenging than in high school. But that does not mean it is more challenging to succeed. Some even say college is easier than high school! Exams can be long, writing assignments are frequent, and there are more debates and discussions. Just study hard and be sure of what the teacher is assigning and you'll be fine.

3) Grades and Graduation

It is your sole responsibility to ensure that you are getting the grades you want. There will be no one to remind you of deadlines, or to push you harder. If you want a bit of a push, try to join a study group in your major or classes, but ultimately, it's still your choice whether to succeed or not in college. Graduating on time is also under your control. You need to make sure that you are both taking and passing the classes you need to graduate from your program on time.

4) Textbooks and the Readings

In high school, textbooks are given to you, but in college they are very expensive. However, you will definitely get your money's worth, because college is all about textbook reading. Expect to be assigned several chapters of a textbook per week, in addition to research papers, opinion pieces, and other types of books.

5) Class Size, Style and Variety

During college, you will be challenged, but in a good way. You will feel that your mind is being opened in a way that you enjoy, as there is much less rote work in college. In addition, you will finally be studying exactly what you want to study. In the first few years, you may find yourself in larger classes, but they will get smaller as courses become more specialized.

设计目的

促使学生思考如何度过这一长身体、长知识、长才干的重要人生积累阶段；指导学生学习和掌握比较与对比的语篇结构，学会富有条理和逻辑地表达自己的观点。

步骤 4　课文阅读

（1）课文导入：大学期间想要实现的目标

Ask students to make a list of 10 things they want to accomplish in college.

Examples:

✓ **Start building my own personal brand.**

✓ **Get internships that will help me to stand out among the crowd.**

✓ **Find a mentor who will be there for me to lean on during tough times.**

✓ **Join student organizations related to my interests.**

✓ **Have a part-time job.**

设计目的

帮助学生在上述反思的基础上，制订具体可行的目标计划。

（2）阅读技巧训练：寻找主题句

细读 Section A 的课文 "Why College Is Important for You"（p.5），找出重点段落的主题句。

设计目的

检验学生获取重要信息的能力。

（3）引导学生将自己制订的"10个目标"与课文中提到的大学教育的各个方面进行匹配，看看哪个方面的目标还需要进行补充与进一步明晰。

设计目的

帮助学生优化目标。

步骤 5 名言中的"大学"

（1）翻译学校的校训"求真、创造、至美"（translate the motto of the school）。

（2）基于学生课前的查阅，展开课堂讨论。

According to your pre-class research, do you think that most mottos of Chinese universities have the same focus? Discuss similarities of the mottos.

Reference

> It can be found that the mottos of Chinese universities are generally preferential towards the education of people's ideological and moral values and the pursuit of persistence and wisdom.
>
> The main content of the Chinese university mottos is to encourage students to study hard and pursue knowledge; to be independent in spirits and get self-improvement; to be good at thinking and to improve morality in life.
>
> In addition, those mottos encourage students to be broad-minded and adept at accepting, putting the national and collective honors first and keeping the dedication to mind.
>
> On the whole, the mottos of Chinese universities mainly show demands and hopes for people in several aspects such as morality, quality, learning attitude and philosophy of dealing with things. This is inseparable from the traditional Chinese Confucianism education.

（3）阅读下列经典话语，进行中英文对照学习，深化对大学的认识。

☆大学之道，在明明德，在亲民，在止于至善。——《礼记·大学》

Great learning aims to foster moral integrity, forge close ties with the people and attain consummate virtue in both words and deeds.

☆青年兴则国家兴，青年强则国家强。青年一代有理想、有本领、有担当，国家就有前途，民族就有希望。——中国共产党第十九次全国代表大会报告

A nation will prosper only when its young people thrive; a country will be full of hope and have a great tomorrow only when its younger generations have ideals, ability, and a strong sense of responsibility.

☆青年在成长和奋斗中，会收获成功和喜悦，也会面临困难和压力。要正确对待一时的成败得失，处优而不养尊，受挫而不短志。——习近平 2017 年五四青年节前夕在中国政法大学考察时的讲话

During one's growth and endeavor, the young may gain success and joy, but may also face difficulties and pressure. One should treat the success and failure at the moment with a correct attitude, not slack in prosperity and not lose faith in adversity.

☆坚定理想信念，站稳人民立场，练就过硬本领，投身强国伟业。——习近平 2020 年五四青年节前夕寄语新时代青年

Hold firm convictions, stick to the people's stance and develop genuine skills to devote yourselves to the cause of building a great country.

设计目的

通过名言名句，潜移默化地触发学生进行世界观、人生观和价值观的思考，让他们在思考中辨是非，学会责任与担当；让他们明白学习的不仅是知识，更多的是对人生、前途、社会乃至全人类的思考。

步骤 6 视听说训练：视觉中的"大学"

观看视频并回答问题。

Watch the video and answer the following questions.

Q: 1) What is a college like according to Zhang Ruizhe?

2) What do you expect to gain in college?

设计目的

学生在视听说训练中运用和巩固所学的词汇与语法知识。

步骤 7　听说训练与批判思维：听觉中的"大学"

(1) Listen to the materials and fill in the blanks.

(2) Read the new vocabulary and expressions out loud for the class to repeat and explain them one by one.

Xi said that a nation will be full of hope and a country will have a great tomorrow when younger generations have ideals, ability and a strong sense of responsibility. He urged young people to grow while serving the people, temper themselves through arduous work, increase their abilities in practice and continue to fight at their posts saving people's lives.

—— "学习强国"学习平台"头条英文播报"栏目

Youth is not a time of life; it is a state of mind; it is not a matter of rosy cheeks, red lips and supple knees; it is a matter of the will, a quality of the imagination, and a vigor of the emotions; it is the freshness of the deep springs of life.

Youth means a temperamental predominance of courage over timidity, of the appetite for adventure over the love of ease. This often exists in a man of 60 more than a boy of 20. Nobody grows old merely by a number of years. We grow old by deserting our ideals.

—— 散文诗 "Youth" Samuel Ullman

(3) Critical Thinking

Topic 1: The youth's value orientation decides the values of the whole of society. Therefore, it's very important to offer the youth some guidance. President Xi stressed that young people should "button right" in the early days of their life. Share your opinion about "the first button of life" with your classmates.

Topic 2: College offers many things to do and to learn, and each of them offers a different way to see the world. When selecting courses, what is your first consideration, what is the career prospect of your major, and what is your personal interest?

设计目的

补充与课文主题相关的听力材料与练习。青年人朝气蓬勃，好像早晨八九点钟的太阳。通过学习习主席对青年的寄语和塞缪尔·厄尔曼的散文诗《青春》，让同学们认识到自己身上肩负的重任，也对自己的未来有更加清晰的考量。青年们只有让自己变得更加强大，才能帮助祖国获得国际话语权，中华民族伟大复兴的中国梦终将在一代代青年的接力奋斗中变为现实。

面授课堂部分	
思政融入点	读大学是为了实现中华民族的伟大复兴
思政元素	实现中华民族伟大复兴的知识储备
思政内容	读大学小为家，大为国，青年人应该具备的社会责任感和国家使命感

3. 课后巩固

（1）拓展作业一：了解钟南山、张文宏等抗疫英雄在大学阶段的学习情况，搜索优秀大学生国家奖学金获得者的事迹和经验，了解所读专业在中国的发展趋势，熟悉本专业国内外的前沿研究，思考如何能让自己的行业在将来处于世界一流地位。

（2）拓展作业二：通过①阅读《习近平与大学生朋友们》、*China Daily*: "Xi Calls for Youth to Strive for National Rejuvenation" 和《人民日报》："2020—2021 学年度本专科生国家奖学金获奖学生"。②观看《薛其坤：做一个快乐的有责任的追梦者》，思考大学生可以怎样将个人奋斗的"小目标"融入党和国家事业的"大蓝图"。

（3）翻译练习：

Translate the sentences into Chinese:

① Once you choose a path to take, that decision comes with necessary next steps and responsibilities.

你一旦做出了某种选择，下一步就要制订各种计划，并承担各种责任。

② Sometimes just quitting a task because it's boring is the wrong thing to do, but thinking about where you want to be and if you need more education is good planning.

有时候，仅仅因为任务枯燥乏味而放弃并不是明智之举。但是思考一下你到底想要什么，或者是否需要深造，这不无裨益。

③ We've all hit that point where we can't figure out exactly what we really want to do with our lives. It can come when you're 18 or when you're 50, and it's always a difficult process to work through.

我们都经历过这样的时刻，一时弄不明白我们到底想要什么。这个时刻也许发生在我们 18 岁的时候，也许出现在我们 50 岁的时候，而且这样的时刻往往很难跨越。

④ Youth is the most active and vital force in society. The hopes of a country and the future of a nation lie in the hands of its young generation. Young Chinese have always played a vanguard role in the quest for national rejuvenation.

青年是一支最为积极、最有生气的社会力量，国家的希望在青年，民族的未来在青年。中国青年始终是实现民族复兴的先锋力量。

⑤ The Chinese Dream is a dream about history, the present and the future. It is cherished by all of the people, but even more so by the young. China's youth in the new era will keep on striving with boundless energy, to turn the Chinese Dream of national rejuvenation into reality.

中国梦是历史的、现实的，也是未来的；是广大人民的，更是青年一代的。新时代中国青年必将以永不懈怠的精神状态、永不停滞的前进姿态，在接续奋斗中将中华民族伟大复兴的中国梦变为现实。

⑥ In the new era, our young people should make it their mission to contribute to national rejuvenation and aspire to become more proud, confident, and assured in their identity as Chinese people, so that they can live up to the promise of their youth and the expectations of our times, our Party and our people.

新时代的中国青年要以实现中华民族伟大复兴为己任，增强做中国人的志气、骨气、底气，不负时代，不负韶华，不负党和人民的殷切期望！

设计目的

以润物细无声的方式将思政内容有机地融入围绕单元主题设计的各项练习，使得语言的学习不再空洞乏味。作业的设计紧扣教学活动，内容的选择贴近社会热点，关乎大学生的现实生活。

课后巩固部分	
思政融入点	引导学生结合自己的专业对未来做出研判，更好地投入到专业学习中去。
思政元素	更好地培养社会使命感和责任感。
思政内容	注重养成学生的批判性思维能力。在单元主题的学习外，要求学生进行相关主题的拓展。

六、课后反思

1. 教师反思

（1）课程思政为探索有效的语言教学方法提供了无限的可能；外语教师的职责重心已发生转移，成为传授知识和思想价值的引领者。

（2）课程思政要做到对学生友好：思政元素要落到实处、细处，润物无声，要注重显性教育和隐性教育的统一。

（3）英语课堂的课程思政在内容上要做到平衡中西方语料的比重，并运用中西对比的分析视角。

（4）教学环节的设计要注重知行结合，突出思辨能力的培养。

（5）本案例选取的教学单元以"大学教育"为主题，贴近学生的生活，也容易引起学生的共鸣，教师可以围绕该主题进行延伸拓展，如探讨学习目标与毕业后的职业目标，就业观念，等等，帮助学生深度挖掘单元主题。

2. 学生反思

略。

作者：侯晓锦、姚静、夏玮、何星莹、杨海珍、罗忻晨　　学校：中央戏剧学院

"大学英语视听说" 课程思政教学设计样例

Unit 7　Arts

电子教材样章　　样章音视频

一、课程总览

1. 课程名称：大学英语视听说

2. 课程类型：公共基础课

3. 课程目标：

本课程倡导"学用一体化"的教学理念，设计一系列融语言、文化、思维、思政为一体的英语视听说学习活动，通过自主学习、合作学习、探究学习等多种方式，帮助学生达到以下目标：

（1）结合各单元生动鲜活的视听语篇，包括多模态对话、新闻、短文等不同形式，鼓励学生综合运用诸如笔记、预测、推理、联想、转化、重组、总结等听力"认知策略"，全面提升学生知识水平与视听能力。【知识与技能】

（2）实施项目式教学，将视听多模态信息有效吸收并转化为不同形式的口头输出，培养学生对语言、文化差异的敏感性与人文素养，提升学生的表达能力、思辨能力和跨文化交际能力。【能力与素养】

（3）结合视听语料中的思政元素，融入社会主义核心价值观，围绕"文化意识""中国情怀""国际视野"等人文要素进行语言活动，增强"四个自信"，帮助学生树立正确的世界观、人生观和价值观。【价值观】

4. 教学对象：非英语专业一二年级本科生

5. 学时：32

6. 教材：《新时代主题大学英语视听说教程3》，方文开、朱义华主编，中国人民大学出版社，2021年

二、本案例（单元/话题等）教学目标

1. 认知类目标：理解艺术的不同表现形式与文化内涵；掌握与艺术相关的单词和短语，习得相关的视听说技能；以中国传统的艺术形式为主题开展以口头交际为主的语言输出活动。

2. 价值类目标：树立正确的艺术观与美育观，培养学生对不同传统艺术形式的鉴赏能力，促进学生艺术素养的整体提升；增强学生对中国传统艺术的保护、传承意识。

3. 方法类目标：学生通过笔记，尤其是速记技巧的掌握，学会迅速捕捉视听材料中主要信息的方法；通过资料查阅、视听练习、小组讨论等方法，将语言、文化、思维与价值观融为一体，学会对外介绍中国传统艺术的方式方法。

三、本案例（单元/话题等）教学内容、重点和难点

1. 教学内容

（1）对话：陶瓷首饰；惠山泥人；

（2）新闻：杨柳青木版年画展；流失文物马首铜像回家；

（3）短文：疫情后世界上 13% 的博物馆将不再开放；紫禁城的 600 年历史。

2. 教学重点

（1）语言输入：掌握常见的艺术术语及其中英文表述；

（2）视听技巧：听清数字，捕捉主要信息与掌握速记的技巧；

（3）内容载体：学会欣赏陶瓷首饰、惠山泥人、杨柳青木版画、雕塑等不同的中国传统艺术表现形式；

（4）语言输出：简要介绍某一中国传统艺术形式。

3. 教学难点

（1）如何通过英语视听能力的提升，帮助学生了解不同艺术形式的特点，培养其艺术鉴赏能力，促进艺术素养与美育素养的整体提升。

（2）如何通过口头任务的完成，帮助学生巩固视听技能，增强对中国传统艺术的保护意识与传承责任感。

四、本案例（单元 / 话题等）教学方法

1. 结合产出导向法与任务型教学法，设定情境，布置产出任务。以输出驱动和互动协同为理论指导，强调语言输入与输出的紧密衔接，以视促学、以听促思、以思促说。

2. 采用案例法，分析不同的艺术表现形式，如陶瓷、泥人、木版画、雕塑等，引导学生关注不同艺术形式的特点，掌握相关的术语与概念并鼓励学生在输出任务中学以致用。

五、本案例（单元 / 话题等）教学过程

1. Warm up

步骤 1

（1）学生思考并列举自己熟悉或了解的艺术形式，如陶瓷、雕塑、油画、工笔画、剪纸、皮影戏、刺绣等。

（2）学生讨论并简要介绍不同艺术形式的主要特点及其表现形式、代表人物、主要特点、原材料、发源地、代表作等。

设计目的

通过对问题的思考与互动，引导学生关注"艺术"话题，聚焦艺术的不同表现形式和主要特点等。

步骤 2

教师设定情境并布置产出任务：学生需录制一段 5 分钟的微视频，向我校的外国留学生介绍一种自己熟悉的中国传统艺术形式，涉及的内容可包括但不限于原材料、发源地、代表作、艺术特色、当前现状及发展前景等方面，可以是访谈，也可以是单人或多人的讲解。

> **设计目的**
>
> 通过设计真实的交际场景，激发学生的学习兴趣，帮助学生以产出任务为导向，了解完成产出任务需要掌握的知识、素养和技能，既帮助锻炼学生的外语应用能力，又促进学生艺术素养和鉴赏能力的提高。

2. Conversations

2.1 Wearing Ceramic Jewellery?

步骤 1

学生完成有关陶瓷首饰的对话听力，进行单项选择和摘要填空两种不同的听力练习，了解陶瓷首饰的制作过程及其常见呈现形式（如柿子、葫芦）在中国文化中的隐含意义。

It is _____ to make ceramic jewellery. One mistake at _____ of the process could ruin _____. Ceramic jewellery looks simple yet _____. It combines both _____ and traditional culture. *Hulu*, pronounced as _____, is a symbol of _____ in Chinese culture. *Shizi*, or _____ in English, is a kind of _____, which signifies _____.

> **设计目的**
>
> （1）通过完成单项选择题的练习，学生了解陶瓷首饰的制作步骤：Design the jewellery—Select the clay—Measure out the glaze—Control the temperature of the kiln，并学习表示制作流程的相关句型，如 the first step is ...；to make ..., I need to select ...。
>
> （2）通过完成摘要填空题的练习，学生提高其笔记能力（note-taking abilities）与提炼关键信息的能力，同时学习艺术作品中某些物品的特殊含义，提升美育素养与艺术欣赏水平。

步骤 2

学生进行结对讨论，举例说明中国艺术作品中特定物件的特殊含义，加深对传统文化的了解，提高艺术素养的同时进一步提升文化自信。

> **设计目的**
>
> 通过口语练习，增强学生合作学习能力和思维能力，强化语言输入对语言输出的反哺效应；通过有关艺术品背后文化因素的发掘提升文化育人功效；同时学生习得如何表达物品特殊含义的句式，例如：
>
> Gourd pronounced as *hulu* is a symbol of ... in Chinese culture.
>
> Persimmon is a kind of Chinese fruit, *Shizi*, which signifies ...

2.2 Making Huishan Clay Figurines

步骤 1

学生完成有关惠山泥人的对话听力，进行选择和简答两种不同形式的听力练习。

- What are clay figurines for?
- Why are clay figurines famous?
- What are "fine goods"?
- What are "coarse goods"?

设计目的

通过听力练习，帮助学生提高从听力材料中获取主要信息的能力；同时促进学生了解惠山泥人的历史、发源地和主要特点等，丰富学生的艺术知识，提升学生的艺术素养，并帮助学生掌握对比句型的灵活运用。例如：

"Fine goods" are elaborate. The inspiration mainly comes from cultural allusions and operas. While "coarse goods" are simple and general. They are just like the freehand brushwork paintings where artistic conception is very important.

步骤 2

学生进行小组讨论，结合前面听力所学，从历史、发源地和主要特点等方面简要回答：What kind of folk art are you interested in?

设计目的

通过口语练习，增强学生的合作学习能力和思维能力；同时激发学生对中国民间艺术的兴趣，提升其艺术鉴赏力。

3. News Reports

3.1 Woodblock Prints Celebrate Chinese New Year Online

步骤 1

学生完成有关木版画的新闻听力，进行判断题的练习。

(   ) Woodblock prints during the Chinese New Year are the most popular forms of artwork among Chinese families.

(   ) The online exhibition will run through the Spring Festival and some of the 20 prints on display were created in Yangliuqing of Tianjin.

设计目的

引导学生更好地关注新闻中的数字信息，提高听力的准确度；同时了解木版画的历史、代表作及艺术特点，丰富学生艺术知识，提升美育素养。

步骤 2

学生对本条新闻进行时长为一分钟的复述，要求包括新闻的基本要素（如 what, when, where, who, why, how）。

设计目的

通过对本条新闻进行口头复述，学生可以了解新闻语篇的特点，掌握英语新闻的叙事结构与呈现方式，同时熟悉本条新闻中有关木版画的词汇和表达，加深对木版画特征的了解，提升艺术审美能力。

3.2 Lost Treasure Returns Home

步骤 1

学生完成有关"马首铜像回国"的新闻听力，进行选择题的练习。

设计目的

通过听力练习帮助学生掌握新闻中的主要信息，促进学生了解中国文物流失的现状，激发学生对文物的保护意识，同时了解有关文物追溯的国际准则。

步骤 2

学生进行小组讨论，结合实际给出具体的建议：What should young people do to protect the various forms of art, be they traditional or modern?

设计目的

增强学生的合作学习能力和思维能力；通过理性思考，增强学生对文物、艺术品的保护意识与法规意识。

4. Passages

4.1　13 Percent of World's Museums May Not Reopen after Pandemic

步骤 1

学生完成有关"疫情后世界上 13% 的博物馆将不再开放"的短文听力，完成选择和摘要填空两种不同形式的听力练习，了解当前新冠疫情对于博物馆行业的影响。

Two studies report that _____ of museums worldwide have been forced to close and stop _____ operations during the crisis. Of _____ closed museums, an estimated 13 percent are at risk of _____ again because of heavy financial losses. The studies found that _____ of the museums in Africa and the Small Island Developing States (SIDS) were able to _____ to their visitors. And the pandemic has brought attention to the fact that _____ of the world's population lacks _____ to digital technologies. In the United States, the American Alliance of Museums estimates museums are losing _____ a day. Another estimate shows nonprofit arts and cultural organizations across the U.S. had lost more than $5.5 billion _____.

设计目的

学生通过听力练习，关注短文中的数字信息，掌握数字速记的技巧，同时了解新冠疫情对于博物馆行业产生的负面影响，加深对应急能力建设重要性的认识。

步骤 2

学生头脑风暴，进行结对讨论，口头回答：What can we do to help museums in the COVID-19 pandemic?

设计目的

增强学生合作学习的能力和解决问题的能力，鼓励学生思考突发状况下博物馆开放的应急处置机制与措施，培养他们探索博物馆可持续发展的意识与方法。

4.2　Forbidden City's 600-Year History

步骤 1

学生完成有关"紫禁城的 600 年历史"的短文听力，进行选择和简答两种不同形式的听力练习，了解紫禁城的发展与中国传统建筑文化。

1) Why is this exhibition special?

2) How does the Forbidden City reflect that different cultures come together?

3) Why were constructions of the Forbidden City the most splendid chapter in the history of ancient Chinese architecture?

4) What achievements has the Palace Museum made in recent years?

5) What will you learn about if you visit the Forbidden City?

设计目的

　　学生通过听力练习，关注短文中的数字和主要信息，了解紫禁城的发展历史及其所包含的建筑文化与所体现的艺术价值，增强传统文化艺术的熏陶，提升文化自信。

步骤 2

　　访问紫禁城的网址 https://en.dpm.org.cn/，查找并选择自己最感兴趣的一件展品，做一个 2 分钟的口头介绍，包括朝代、作者、艺术表现形式、主要特点等。

设计目的

　　通过引导学生查找官方网址上的信息，进一步加强学生对我国珍贵文物的认识，提升其文物保护意识；同时习得相关词汇，将视听信息有效吸收并转化为口头输出，培养学生的思辨能力和跨文化交际能力。

5. Task

- 查找视听资料，选取自己最了解的某一中国传统艺术表现形式及其代表作。
- 结合所习得的听力技巧，如关注数字、把握主要信息和笔记等，把视听材料中和选题相关的内容记录下来。
- 和同伴讨论，以访谈、单人或多人讲解的形式向外国留学生介绍该艺术形式，包括其历史、发源地、制作过程、主要特点、代表作、所隐含的特殊意义等方面。同时介绍该艺术形式的现状并给出建议"我们应如何保护并促进它的发展"。
- 就以上内容完成一段 5 分钟的微视频制作。

设计目的

　　通过完成真实情境中的产出任务，涉及查找资料、同伴讨论、话题陈述和视频制作等多个环节，帮助学生巩固本单元所需掌握的知识点、素养点和技能点，并在锻炼学生外语视听说能力与动手实践能力的同时，促进学生艺术素养和鉴赏能力的进一步提高。

六、课后反思

1. 教师反思

　　（1）是否能够帮助学生掌握常见的艺术术语及其中英文表述，并引导学生实现语言输入与输出的紧密衔接？

（2）是否能够提升学生的英语视听能力，特别是视听过程中的数字提取能力、主要信息捕捉能力与笔记技巧？

（3）是否能够通过本单元的教学帮助学生了解不同艺术形式的特点，培养其艺术鉴赏能力，促进艺术素养与美育素养的整体提升，增强对中国传统艺术的保护意识与传承责任感？

2. 学生反思

（1）是否能够掌握常见的艺术术语及其中英文表述，并在特定的语境下进行语言输出与运用？

（2）是否能够通过视听练习提高数字提取能力、主要信息捕捉能力与笔记技巧？

（3）是否能够顺利开展结对讨论和小组讨论，提升合作学习能力和知识迁徙能力？

（4）是否能够了解不同的艺术形式，增强艺术鉴赏能力，提升自身的艺术素养与美育素养，并增强对中国传统艺术的保护意识与传承责任感？

作者：王伟炜、朱义华　　学校：江南大学

"大学英语听说"课程思政教学设计样例

Unit 5 　Happiness

电子教材样章　　样章音视频

一、课程总览

1. 课程名称：大学英语听说

2. 课程类型：公共基础课

3. 课程目标：

根据《中国英语能力等级量表》《大学英语教学指南》《高等学校课程思政建设指导纲要》，以及学生已有的英语水平，本课程教学目标如下：

（1）听力理解：

1）能听懂语速正常、一般性话题的口头表达，获取要点和细节，明确其中的逻辑关系；

2）能在听音频材料时关注实词，听记要点。

（2）口语表达：

1）能就日常生活与他人交流，表达喜好、担忧、安慰、同意或部分同意，澄清疑惑，提出建议等；

2）能就一般性话题陈述观点，表达清楚、有层次、有条理。

（3）态度价值：

单元	主题	思政目标
1	大学	珍惜青春，树立理想和目标
2	亲情	爱亲人，报亲恩；中国孝道
3	友谊	待人真诚、友善
4	饮食	节约食物
5	幸福	正确理解幸福；笑对人生
6	购物	用金钱帮助他人
7	健康	保持健康
8	文化	增强跨文化意识

4. 教学对象：非英语专业一年级本科生

5. 学时：计划教学 15 周，每周 2 个学时，共 30 学时

6. 教材：《大学英语听说（第一册）》，王燕飞主编，中国人民大学出版社，2019 年

一、本单元教学目标

本单元教学目标是帮助学生做到以下三个方面：

1. 知识目标：

（1）了解词汇的意义可以通过词性、构词法及其所处的语境来决定；

（2）记忆表达部分同意他人观点、澄清疑惑的句型；

2. 技能目标：

（1）在听音频材料时通过词性、前缀、后缀、搭配、释解等线索猜测出生词大意；

（2）在听时运用大纲式记录法听记笔记，理解主旨大意，获取细节；

（3）复述故事要点；

（4）使用丰富的短语和句型来表达部分同意他人的观点；

（5）在与他人交流互动时用各种句型表达不解、澄清疑惑。

3. 价值目标：

（1）探寻自我对幸福的理解；

（2）认识自己的情绪，关注心理健康；

（3）正确看待金钱和幸福的关系，相信帮助他人、超越小我、服务社会是通向幸福的途径；

（4）积极面对学习和生活中的困难和压力，用微笑面对人生。

三、本单元教学内容、重点和难点

1. 教学内容

本单元共有 4 篇听力音频材料：

（1）故事：The Middle Path

（2）对话：When Sadness Comes Calling

（3）篇章：How Money Relates to Your Happiness

（4）报道：The Hidden Power of Smiling

主要教学内容包括：

（1）学会听懂故事要点，并复述；

（2）学会听时根据构词法和语境猜词；

（3）理解对话大意和细节，并讨论如何应对负面情绪，学会使用部分同意的表达；

（4）听篇章、报道时记大纲式笔记，获取要点和细节，并讨论"金钱与幸福"的名言，学会表达不解，并询问澄清；

（5）小组合作展示，探究实现自我价值的途径。

2. 教学重点

（1）听记大纲式笔记，听懂要点和细节；

（2）根据语境和词性、词缀等线索在听时猜测词义；

（3）表达部分赞同、不解和询问释疑；

（4）深化学生对幸福的认识，引导学生树立积极的人生观和正确的价值观。

3. 教学难点：

（1）将语言知识、语用能力和思政育人有机融合，溶盐于水；

（2）对"幸福"这一单元主题，遵循**探寻—认识—相信—行动**的认知逻辑，层层递进。

四、本单元教学方法、手段

1. 通过**基于内容的语言教学**，实现语言、能力、价值三位一体的教学目标；

2. 采用**任务教学法**，学生通过完成听力和口语任务提升语言理解和表达能力；

3. 重视合作学习，通过同伴分享、小组讨论、小组展示等，创造语言交流的课堂环境；

4. 采用**教—学—评一体化**的路径，通过学生对词汇准备、听力理解等练习的完成情况采取针对性教学，通过学生自评检查教学目标完成度，完善下一步教学设计。

五、本案例（单元/话题等）教学过程

Unit 5 Happiness

本单元共 2 课时，每课时 90 分钟，具体见下表：

	学习步骤	听力任务	口语任务	教学目标	时间
I	准备话题	听小故事 "The Middle Path"，理解要点	1.同伴复述 2.小组讨论：对"幸福"的认识	➤ 理解故事要点，并复述故事 ➤ 探寻自我对幸福的理解	15分钟
	探索话题1	1.完成词汇准备练习 2.学习猜词方法 3.听对话 "When Sadness Comes Calling"，完成问答和填空	小组讨论：如何应对同伴压力，讨论时使用表示部分同意的表达	➤ 掌握构词法和语境猜词，并理解要点和细节 ➤ 表达部分同意他人观点 ➤ 理解负面情绪是人之常情，学会接受压力，加强自身恢复力	30分钟
	探索话题2	1.完成词汇准备练习 2.听篇章 "How Money Relates to Your Happiness"，听记笔记	小组讨论：关于"金钱之于幸福"的名言	➤ 听记大纲式笔记，获取要点和细节 ➤ 表达不解、询问澄清 ➤ 正确看待金钱和幸福的关系，相信帮助他人、超越小我、服务社会是通向幸福的途径	40分钟
	布置作业	小组任务：海报展示		➤ 培养探究、合作精神	5分钟
II	项目展示	题目：大学生如何用自己的专业知识和技能帮助他人、服务社会，从而实现自我价值？		➤ 规划、践行帮助他人，超越小我，服务社会	20分钟
	探索话题3	1.完成词汇准备练习 2.听报道 "The Hidden Power of Smiling"，听记笔记 3.看视频：电影《肖申克的救赎》两个片段	1.小组分享： a)描述名画中人物的表情 b)讲述本周发自内心的一次微笑 2.小组讨论：蒙冤入狱的安迪如何能战胜环境？	➤ 理解要点和细节 ➤ 描述人物表情，欣赏微笑 ➤ 用微笑面对人生 ➤ 积极应对挫折	45分钟
	巩固话题	小组任务：列出并分享"幸福清单"		➤ 分享美好、追求幸福	20分钟
	评价反馈	学生填写本单元教学目标自评表			5分钟

1. 第一课时（90 分钟）具体步骤：

1.1　准备话题 Preparing for the topic

步骤 1：学生听两遍 Story: The Middle Path，获取大意，记录要点；

步骤 2：两位同学轮流根据笔记和短期记忆复述故事；

步骤 3：小组讨论：

（1）如何看待故事中智者提出的"中间路线"，对比中国儒家经典《论语》里的"中庸之道"；

（2）讨论对"幸福"的认识：

a) How do you define happiness?

b) How can you achieve happiness?

> **设计目的**
>
> （1）训练学习听记要点、复述大意的能力；
> （2）引导学生进行文化对比、互鉴；
> （3）引导学生探求自我对幸福的理解。

1.2　探索话题 1　Exploring the topic 1

步骤 1

学生完成词汇预备，教师根据学生存在的困难讲解猜词技巧；

步骤 2

听两遍 Conversation：When Sadness Comes Calling，并回答关于主旨大意的问题，做复合式听写获取细节；

步骤 3

小组讨论：Do you feel peer pressure? If yes, how do you cope with it?

在讨论中使用表示部分同意的表达，如"That's partly true, but""Let's agree to differ"。

设计目的

（1）帮助学生掌握在听力中通过词性、构词法、搭配等猜词的技巧；

（2）训练学生听时获取大意和细节；

（3）训练学生在讨论中如何表达部分同意他人观点；

（4）引导学生正确对待负面情绪，与同辈相互欣赏、相互学习。

1.3 探索话题 2 Exploring the topic 2

步骤 1

学生完成词汇准备练习；

步骤 2

小组讨论：每组从 4 个关于"金钱之于幸福"的名言中选取一个，讨论是否赞同及其原因，在讨论中学习表达不解及询问、释疑；

步骤 3

学生听三遍"Passage：How Money Relates to Your Happiness"，第一遍听取主旨大意，不做笔记；第二遍边听边记，大纲式记录法，记录中心论点和分论点，呈现原文金字塔式结构；第三遍，听记细节、论据，补充完善笔记，根据笔记复述和回答问题，学生笔记展示，教师点评，完善笔记。例如：

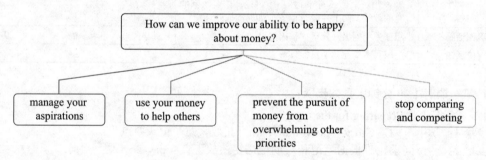

设计目的

（1）帮助学生厘清金钱与幸福的关系，引导学生树立正确的价值观，用金钱帮助他人，追求精神的富足，避免物质攀比；

（2）训练学生掌握听记大纲式笔记，获取要点和细节。

1.4 布置作业：小组海报展示

步骤 1

学生按专业分组，每组 3—5 人；

步骤 2

各组结合所学专业，以海报的形式准备小组展示报告。

Topic: How Can We Use Our Knowledge to Live a Fulfilling Life in Helping Others and Serving the Community?

2. 第二课时（90分钟）具体步骤：

2.1　小组项目展示

步骤1

两个小组一起相互进行海报展示讲解；

步骤2

教师总结拓展，对比中西文化中的"助人""利他""为公"精神：

（1）西方谚语里有"予人玫瑰，手有余香"，《圣经》中教导"施比受更为有福"；

（2）中国人常说"助人为乐"，《孟子》里说"独乐乐不如众乐乐"，雷锋说"将有限的生命投入到无限的为人民服务中去"，社会主义核心价值观强调"爱国、敬业"。

设计目的

（1）通过小组海报展示讲解，学生学会合作学习；

（2）思考并探寻如何发挥专业优势，服务他人，造福社会，将小我融入大我，从而实现人生价值和意义。

2.2　探索话题3　Exploring the topic 3

步骤1

学生完成词汇准备练习；

步骤2

同伴分享：两位同学一起欣赏名画，描述画中人物的表情，以及自己看到不同画面时的感受；

步骤3

听两遍"Talk: The Hidden Power of Smiling"，第一遍听取主旨大意，回答问题；第二遍，听取具体细节，完成复合式听写；

步骤4

小组分享：每人用一分钟讲述自己本周发自内心的一次微笑；

步骤5

欣赏视频：电影《肖申克的救赎》两个片段：

（1）安迪违规播放音乐给全监狱的狱友听，失意囚徒仿佛重获自由，安迪的脸上露出会心的微笑；

（2）安迪在信中鼓励狱中好友瑞德说："希望是美好的，也许是人间至善，而美好的事物永不消逝。"瑞德的脸上露出欣慰的笑容。

步骤6

小组讨论：蒙冤入狱的安迪为什么能战胜恶劣的环境笑对人生，且把积极正向的能量传递给身边的人？

步骤7

教师反馈：微笑是一种强大的力量，来自健全的心智及对未来永存的信心。安迪是一个强有力的榜样，激励我们爱人爱己、笑对人生。

（1）微笑首先来自对自身价值的肯定，就像安迪，不因含冤入狱就自暴自弃，而是坚守内心对正义和自由的信念；

（2）微笑还来自对美好事物的执着追求，雕刻石头物件、听音乐、下棋，正是这些兴趣爱好帮助安迪度过了监狱里的漫长岁月；

（3）微笑来自和他人融洽的关系，正如安迪，通过不懈努力扩建监狱图书馆、帮助年轻的狱友考取高中文凭等，安迪对他人的关爱也为自己收获了真诚的友谊。

设计目的

引导学生用微笑面对人生，以应对部分大学生内心脆弱、动辄抑郁的问题。

2.3　巩固话题　Consolidating the topic

小组任务：What Makes University Students Happy?

步骤1

每位小组成员说出 5 件让自己感到幸福的事；

步骤2

每个小组列出一个总的"幸福清单"；

步骤3

2 个小组的同学在一起分享"幸福清单"

设计目的

（1）训练学生提高口语交流能力；

（2）引导学生分享美好、追求幸福。

3. 学生自评 Self-assessment

步骤1：学生阅读下表，按照自己对教学目标陈述的同意程度打分

（1= 无法做到；2= 勉强做到；3= 能够做到；4= 容易做到；5= 轻松做到）

维度	序号	教学目标陈述	1	2	3	4	5
听力理解	1	我听音频材料时可以通过词性、构词法及其所处的语境猜测词义。					
	2	我会运用大纲式记录法听记笔记。					
	3	我可以理解音视频的主旨大意，并获取细节。					
口语表达	4	我能够听后根据笔记复述故事要点。					
	5	我能够表达部分同意他人的观点。					
	6	我能够在与他人交流时表达不解、澄清疑惑。					
态度价值	7	我明确自己对幸福的理解。					
	8	我可以处理自己有时出现的负面情绪。					
	9	我能够面对学习和生活中的困难和压力。					
	10	我能正确看待金钱和幸福的关系。					
	11	我相信帮助他人、超越小我、服务社会是通向幸福的途径。					
	12	我能够以微笑面对人生。					

步骤2：教师回收学生自评表，总结提炼反馈信息。

4. 教学反思

教师根据从学生自评表中得出的反馈，总结本单元教学目标的完成度，找出学生需要帮助提高的方面，指导下一阶段教学，如下图所示：

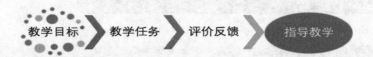

总之，大学英语听说课的课程思政教学设计以学生学习为中心，通过基于任务的课堂活动，使学生在做中学。此课堂教学设计的不足之处在于没有融入混合式教学范式，技术赋能的智慧教学是我们未来努力的方向。

课外补充学习资源：

视频片段 1：电影《肖申克的救赎》（1 小时 7 分 20 秒—1 小时 12 分 30 秒）

视屏片段 2：电影《肖申克的救赎》（2 小时 9 分 28 秒—2 小时 16 分 3 秒）

参考文献：

《中国英语能力等级量表》(GF 0018—2018) [EB/OL]，Retrieved from http://www.moe.gov.cn/jyb_sjzl/ziliao/A19/201807/W020180725662475781772.pdf，2018-07-25.

《大学英语教学指南》[EB/OL]，Retrieved from http://www.jyb.cn/rmtzcg/xwy/wzxw/202010/t20201021_367148.html，2020-10-21.

《高等学校课程思政建设指导纲要》，[EB/OL]，Retrieved from http://www.moe.gov.cn/srcsite/A08/s7056/202006/t20200603_462437.html，2020-06-01.

刘擎. 西方现代思想讲义 [M]. 北京：新星出版社，2021：30–35.

维克多·弗兰克尔. 活出生命的意义 [M]. 吕娜，译. 北京：华夏出版社，2018：134–136.

芭芭拉·明托. 金字塔原理 [M]. 汪洱，高愉，译. 海口：南海出版公司，2019.

王玲，袁田. 马克思主义幸福观对重构当代中国人文精神的价值 [J]. 贵阳学院学报（社会科学版），2021，16（2）：32–37.

作者：刘墨菊、张雅萍　　学校：中国人民大学

"大学英语报刊选读"课程思政教学设计样例

Unit 6　Space Exploration

Text A　Promoting the Peaceful Development of Space Will Benefit All

一、课程总览

1. 课程名称： 大学英语报刊选读

2. 课程类型： 公共选修课

3. 课程目标：

通过本课程的学习，使学生达到以下目标：

（1）能比较熟练地运用英语词汇、语法、句法等语言知识，能够在四级词汇基础上增加约600个外刊词汇并能熟练运用。【语言知识】

（2）能较好地理解语言难度中等、内容熟悉或与本人所学专业相关的口头或书面材料，理解材料内部的逻辑关系、篇章结构和隐含意义；能够以口头和书面形式较清楚地描述事件、物品，陈述道理或计划，表达意愿等。【语言技能】

（3）在与来自不同文化的人交流时，能够较好地处理与对方在文化和价值观等方面的不同，并能根据不同文化和价值观差异，在交际时较好地使用交际策略。【文化知识和技能】

（4）培养逻辑思维能力，以及发现问题、分析问题、解决问题的能力。【学习能力】

（5）通过了解中西方文化差异，传播中国社会主义核心价值观，培养建设美好中国的责任担当意识和勇气。【价值观】

4. 教学对象： 非英语专业大二学生（达到大学英语四级考试合格水平）

5. 学时： 线下 32

二、本案例（单元/话题等）教学目标

1. 认知类目标： 掌握航空航天相关话题的英语表达；掌握两个主要英文句型；了解中国在太空探索方面取得的瞩目成就；了解中国未来的主要太空计划以及在国际合作方面所做的贡献；了解中国航天精神的含义；

2. 价值类目标： 加强对中国航天梦和主要航天成就的了解，增强文化自信；了解中国在发展航天事业的过程中始终坚持维护世界和平以及加强国际合作，感受到中国的大国担当以及建立人类命运共同体的决心和实际行动，增强民族自豪感、责任意识和合作意识；

3. 方法类目标： 掌握阅读和写作中的例证法，能通过读懂例子从而分析出文章的主要写作意图，并能在写作中用例证法佐证观点；能通过文献阅读、讨论等方法理解航天事业对国家的重要作用。

三、本案例（单元 / 话题等）教学内容、重点和难点

1. 教学内容

（1）和中国航天事业相关的一系列阅读、口语和写作训练；

（2）中国主要的航天成就和为全人类谋福利的决心。

2. 教学重点

（1）和中国航天事业相关的词汇以及句型；

（2）阅读技巧——通过例证理解文章主旨；

（3）中国的主要航天成就以及和平发展航天事业的具体行动。

3. 教学难点

（1）课文中长难句理解和分析；

（2）掌握课文中的例子如何体现文章中心思想；

（3）中国发展成航空大国的方法和意义。

四、本案例（单元 / 话题等）教学方法、手段

1. 讲授课文主要内容、结构和主要语言知识；通过演示法，用丰富的图片和文字帮助学生理解中国航空成就和发展目标。

2. 通过课堂小组讨论，让学生思考中国大力发展航空业的意义以及如何回应国际社会对我国航天成就和高速发展的担忧甚至质疑。

3. 通过文献阅读，让学生了解中国的航天梦和航天精神的含义以及习总书记对年轻人的鼓励，感受中国建设航天大国的决心以及为人类和平做贡献的实际行动。

五、本案例（单元 / 话题等）教学过程

1. Before class

让学生查找资料，了解中国近年来主要的航天成就以及国际航天合作项目名称。

设计目的

让学生了解本单元话题，并在学习课文之前了解中国航天业相关背景知识，有助于学生对课文的理解。

2. In class

2.1　Lead-in

步骤 1

让学生在课堂上分享自己查到的结果，谈论中国航天成就以及国际合作项目的主要内容和名称。

设计目的

检查学生课前作业的完成情况，并且锻炼学生的归纳能力以及英语口语表达和交流能力。

步骤 2

展示四张图片分别代表一项中国的航天成就以及四个英文表达，要求学生把图片和文字进行匹配。

Task 3:
Match the pictures to the words.

A. Manned spaceflight
B. Tianwen 1 mission
C. Lunar exploration
D. Beidou Navigation Satellite System

设计目的

考查学生对中国航天成就的熟悉程度，让学生了解中国主要航天成就的英文表达，增强其文化自信和民族自豪感。

步骤 3

跟学生介绍中国几个代表性的国际航天合作项目以及主要内容和目标。布置任务让学生课后查阅更多相关资料（含图片和文字），上传至作业群。

In Class - Part 1 Lead-in

International cooperation in China's

- **Manned spaceflight:** international space science experiments on Tianhe (Germany, Italy and Russia)
- **Tianwen 1 mission:** China's first Mars exploration project (European Space Agency, Austria and France)
- **Lunar exploration:** Chang'e 4 mission (Sweden, Germany, the Netherlands and Saudi Arabia)
- **Beidou Navigation Satellite System:** satellite navigation cooperation (Pakistan, Saudi Arabia, Argentina, South Africa, Algeria, and Thailand)

设计目的

让学生感受到中国建立人类命运共同体的决心和在国际航天合作方面付出的具体行动。

2.2   Language Focus

步骤 1

介绍和讲解课文中主要的生词，并以例句说明其用法。

比如：

1. Key Vocabulary - leap 跨越

China has achieved a leap from cislunar to interplanetary exploration.

中国已经实现了从地月探测到行星际探测的飞跃。

(from *China's Space Program: A 2021 Perspective*)

设计目的

在教单词时除了讲解该词汇在课文中原句里的用法，还从官方英文版的《2021年中国航天白皮书》中摘抄含有该词汇的例句，让学生一方面加深对该词的认识和理解，另一方面了解中国航天事业的发展现状。

步骤 2

讲解课文中主要的句型结构，并让学生了解其含义和主要用法。
如：

2. Sentence Patterns

1) ...as... as + clause

The Chinese space program's ambition is as breathtaking as it is profound. (*Para. 7*)

中国太空计划所表现出的雄心壮志既令人惊叹，又意义深远。

设计目的

引导学生除了掌握这些句型的意思，同时通过例句掌握其主要用法，并且学会用该句型描述本单元与话题相关的内容，提高阅读理解能力和相关话题的表达能力。

步骤 3

讲解课文里长难句以及主旨句的含义，让学生理解如何划分长难句的句子结构，如何正确理解和翻译。比如：

Para. 1: China's Space Day, which fell on Sunday, betokens numerous opportunities ahead for the world in the country's peaceful development of its burgeoning space programs.

Tasks:

1) Translate the whole sentence into Chinese;

2) Find out two important messages that the sentence conveys;

3) Find in the text examples supporting the two messages.

学生进行思考和小组讨论之后，讲解几个任务的参考答案。

设计目的

训练学生长难句的理解和翻译能力，引导学生找到长难句中的关键信息，并且对于该信息进行深入的思考，寻找作者如何利用例证法证明此句的观点。

2.3　Culture Focus

先介绍课文中 Taikonaut 的含义。

"Taikonaut"是由中文"太空"的拼音和英语单词 astronaut 混成的拼缀词。目前该词也被牛津词典收录，意思为 Chinese astronaut（中国宇航员）。

实际上，作为仅有的三个独立载人航天国家，美国、俄罗斯和中国航天员的称呼各不相同。美国或其他国家的航天员名称一般是"astronauts"，俄罗斯航天员被称为"cosmonauts"，这个词源自俄语中的"宇宙"一词。

再介绍 Wentian & Mengtian（"问天"实验舱 &"梦天"实验舱）的含义。

最后，让学生课后观看 CGTN 重磅纪录片《探索无垠》。了解中国的航天发展史，如何从零发展到空间站，中国的载人航天工程如何在 30 年跑出中国速度，航天员们又经历过哪些刻骨铭心的生死瞬间。学生看完后于下节课分享观后感。

设计目的

帮助学生了解英文中的一个新词 Taikonaut 以及含义，牛津词典收录该词是因为中国在航天事业中所取得的瞩目成就，增强学生的民族自豪感。学生通过学习问天和梦天实验舱的相关信息，了解中国航天成绩的具体细节，进一步增强民族自信心和刻苦学习的决心。

2.4　Critical Thinking

介绍课文中一句表达作者观点的句子，引导学生对其进行批判性的思考。让学生借鉴已学的知识和生活中的实例来讨论自己对这句话的认同程度。

Para. 16

Judgments should be based on verifiable evidence, actions and deliverables in terms of space programs of China and any others going forward.

Task: To what extent do you agree or disagree?

学生课堂讨论之后，老师介绍自己的观点和原因。

设计目的

引导学生进一步理解文章的主旨和作者的主要思想，并培养其批判性思维。对于课文中表达主要观点的句子，不应人云亦云，不加思索就盲目接受，需要灵活运用所学知识和以往的经验来辨别其正确性，无论是赞同还是反对抑或是部分赞同，都需有理有据。

3. After class

作业分两部分，即本单元作业和常规作业。

本单元作业

（1）写一篇作文

Please write a composition of 150–180 words on "Significance of Developing Space Industry."

Write three paragraphs.

a. Introduce the topic.

b. Why is developing space industry worth money?

c. What is important in carrying out space programs?

Give examples of China's space exploration efforts to support your ideas.

设计目的

培养学生航天话题的书面表达能力，学会运用本单元已学的话题词汇、句型和主要信息，完成一篇大学英语六级难度的作文。学生通过此练习可进一步巩固例证法的写作要领，加强对中国航天事业发展的信心，以及为全人类服务的发展宗旨。

（2）学习一篇课外阅读文章

Groupwork: Read the article "Xi Addresses Nation's Youth."

Discuss:

a. What is the main idea of this address?

b. What is China's space spirit?

c. What should young people do to make our space dream come true?

设计目的

让学生学习习近平主席的回信内容，了解习主席对广大航天青年的勉励，发扬"两弹一星"精神载人航天精神，为航天科技实现高水平自立自强再立新功。

常规作业

让学生平时多观看 CGTN 的视频新闻练习听力，阅读 *China Daily* 的文章练习阅读，通过中国官方的政府文件（中英文）练习阅读和翻译，写出自己对所学内容的理解和思考以提高思辨和书面表达能力。

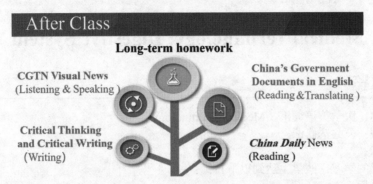

设计目的

引导学生养成每日学习英语的好习惯，通过国内优质的英文媒体学习英语，一方面提高英语语言水平，另一方面，了解国内的大政方针、政策及其英文权威翻译，培养爱国精神，增强文化自信，践行社会主义核心价值观。

作者：李勇忠、吴琼、夏云　　学校：江西师范大学

"医学英语词汇"课程思政教学设计样例

Medical Terminology: Digestive System

一、课程总览

1. 课程名称：医学英语词汇（Medical Terminology）

2. 课程类型：公共选修课

3. 课程目标：

通过本课程的学习，使学生达到以下目标：

（1）知识目标

掌握医学英语词汇的基本构词规律；基本掌握身体主要系统的基本医学英语词汇；了解医学英语词源及文化背景。

（2）能力目标

较好理解医学英语教材、科普文章、英文病历；基本理解医学专业英语文献阅读；基本顺畅地进行医患沟通以及医学英语写作。

（3）价值目标

通过术语学习提高专业能力，进而提升医学生的责任担当意识、科学思维意识。

充分认识到语言能力在未来医患沟通情境中的作用，并思考如何有效、得体地完成医患沟通目标。

加强对学生的医者仁心教育，培养堪当"健康中国"大任的卓越医学人才，实现全程全员全方位育人。

4. 教学对象：医学各专业本科生

5. 学时：线下 48 学时；线上 16 学时

6. 教材：《医学英语词汇进阶教程》，卢凤香、苏萍、李强主编，中国协和医科大学出版社，2018 年；

《医学英语词汇学习新途径》，卢凤香、谢春晖、苏萍主编，中国协和医科大学出版社，2013 年

二、本案例（单元 / 话题等）教学目标

1. 知识目标

（1）熟悉消化系统常见的词根、词缀及相关的疾病、诊断和治疗等专业术语；

（2）掌握描述疾病中常见的症状：疼痛（pain）不同类型及变化的相关用法。

2. 能力目标

（1）使用消化系统常见的词根和词缀分析理解病历中相关的医学术语；

（2）准确描述疾病中常见的症状：疼痛；

（3）根据医患情境，使用简单易懂的语言准确向病患传达信息，达到有效沟通。

3. 价值目标

（1）意识到医学术语使用要符合使用情境，即学术情境；医患沟通情境下用语要易懂。

（2）通过医学英语词汇的学习，理解医学既是科学，也是艺术。

（3）既要提高医学生基本语言技能和专业语言技能，也要拓展医学生医患交流、仁心仁术、同情同理等沟通能力。

三、本案例（单元/话题等）教学内容、重点和难点

1. 教学内容

（1）导入（2分钟）

医学词汇导入及医学词汇构词特点介绍

（2）词根词缀复习（15分钟）

1）消化系统组成和功能回顾（2分钟）

2）消化系统常用词根复习（7分钟）

3）消化系统常用词缀复习（5分钟）

4）思维导图总结词根、词缀和词汇（1分钟）

（3）医学英语术语讲解（5分钟）

病历（十二指肠溃疡）

（4）专业病历中的语言特点（11分钟）

疼痛表达的拓展

（5）思考（9分钟）

医患沟通语境的语言特点与医学学术语境的语言特点的不同

（6）教师总结（3分钟）

2. 教学重点

重点一：熟悉消化系统常见的词根、词缀及相关的疾病、诊断和治疗等专业术语。

（1）课前通过慕课自学消化系统的词根、词缀及相关词汇；

（2）图片展示人体消化系统，引导学生回顾消化系统的功能和结构，激活学生的背景知识；

（3）思维导图呈现消化系统中常见的词根词缀等，通过组合词根词缀，呈现相关的疾病、诊断和治疗等专业术语；

（4）病历呈现医学术语，通过分析理解词汇，加深对词根词缀的应用。

重点二：掌握描述疾病中常见的症状：疼痛不同类型及变化的相关用法。

（1）加粗病历中疼痛的表达（epigastric pain；back pain；tenderness；abate；exacerbate），引导学生注意疼痛表达在疾病描述中的重要性和复杂性。

（2）用问题启发学生，根据以上加粗表达，疼痛可按照类型和变化划分。学生头脑风暴，根据疼痛的感觉、位置、持续时间来描述不同类型的疼痛；根据疼痛加剧、减缓来拓宽疼痛变化的不同表达，引导学生完善对语言点疼痛的理解。

（3）思维导图总结疼痛不同类型及变化的相关用法。

3. 教学难点

难点一：根据医患情境，使用简单易懂的语言准确向病患传达信息，达到有效沟通的目的。

（1）设置具体的医患沟通场景：假设你是主治医生，需要跟患者及其家属沟通病历中的内容，你该如何解释。通过改写和患者及其家属沟通情境下医者的语言，体现医患沟通情境下医者用语的可理解性。

（2）学生小组讨论，根据病历设计医患对话，并进行角色扮演。

（3）用问题启发学生，考查患者及其家属是否理解医生表达中的术语（epigastric pain，hemorrhage，abate，exacerbate，tenderness，EGD），引导学生注意医者用语需要易于患者及其家属理解）。

（4）学生小组讨论，修改对话中医生的语言。

难点二：引导学生意识到医学术语使用要符合使用情境，即学术情境；医患沟通情境下用语要易懂。医者语言的准确性和恰当性体现了医学既是科学，也是艺术。

（1）设置医学英语术语词根词缀学习任务，补充针对疼痛不同类型的准确描述，体现专医者用语的专业性和精准性。

（2）设置医患沟通中医者语言的改写活动，体现医患沟通情境下医者用语的可理解性。

（3）引用首都医科大学首任校长吴阶平提出的医生的3项标准和美国医生特鲁多的墓志铭，引导学生注意医者语言的精确性和易懂性有助于体现医学的科学性和艺术性的特征。

四、本案例（单元／话题等）教学方法

1. 任务式教学法（TBLT）

本课以具有真实意义的交际任务作为抓手，即学生能够用得体的语言和患者及其家属沟通病历中的内容，通过设计不同认知难度的子任务，由浅入深、层层深入，引导学生最终完成交际任务，并意识到医学用语的精准性和恰当性原则。

根据医患沟通交际任务的难点，本课设计三大类子任务。任务一为掌握和运用消化系统常见词根和词缀；任务二为熟悉和运用疼痛的不同表达；任务三为角色扮演，进行医患沟通。通过完成前两类任务，学生能够充分理解病历的内容，包括其中的医学术语和疼痛的表达。但此时学生依然无法顺利完成医患沟通，主要原因是医学术语的使用并不适用于医患沟通的情境。通过完成第三类子任务，即讨论和改写医者的语言，学生最终意识到医学术语使用的情境特点，即学术情境。当处于医患沟通情境下，应使用易于患者及其家属理解的语言。

2. 问题教学法（PBL）

本课以学生为中心，教师为主导，围绕临床沟通中患者及其家属无法理解医者语言的问题，学习问题背后的医学术语和疼痛表达的知识，有效培养学生自主学习、终身学习、合作学习的能力，同时增强学生运用医学英语术语解决问题的能力。本课选取的临床真实情景为病历（十二指肠溃疡）和医患沟通。通过分析情境中的语言问题，确定相关的学习目标，激发学生学习词汇的主动性和积极性。

3. 启发式教学法（HTM）

本课通过展示消化系统的图片，引导学生回顾对应解剖词汇的词根，并启发学生结合词缀构建词汇，扩大医学术语网络。另外，通过阅读和分析病历，教师引发学生注意疼痛的不同表达方式，启发学生思考如何准确表达疼痛的不同类型及变化。通过改写医患沟通对话，启发学生意识到医患沟通中医者语言要易于患者及其家属理解。由此，教师通过层层步骤，启发学生应注意医学英语术语使用的情境特点，在不同情境下医者的语言应有所不同。

本课程采用**线上线下相结合的教学模式**。**课前学生线上"动"、课中教师面授"导"、课后师生共同"思考"**。课前教师通过在线平台发布学习任务，学生利用在线资源自主学习，发现问题，学生"动"起来；**课中教师听取汇报、组织学生讨论、答疑指导、知识点强化、总结反馈，教师面授"导"起来**；**课后师生共同深入"思考"**。该过程发挥教师引导、启发、监控学习过程的主导作用，又调动学生作为学习主体的主动性、积极性与创造性。

教学手段包括：

（1）多媒体展示：课件展示

（2）在线慕课资源平台：学堂在线

（3）雨课堂：课堂面授中助力设计师生、生生互动活动

（4）微信群：学习任务布置、提醒、答疑及沟通

（5）板书设计：知识结构展示

（6）思维导图：图示化处理词根、词缀及词汇，梳理知识体系，构建记忆网络

五、本案例（单元／话题等）教学过程

授课思路简述

本课以学习人体消化系统医学术语为依托，采用任务式、问题式及启发式教学方法，使用线上线下混合式教学模式。一方面设计任务引导学生学习消化系统常见的词根、词缀及相关医学术语，并通过理解病历中的医学术语，帮助学生运用词汇知识，以及拓展不同类型疼痛的准确描述，体现医者语言的专业性。另一方面，通过设计医患沟通场景，改写医者对话的任务，启发学生注意医者用语要易于患者及其家属理解，体现医者语言的艺术性。

医学既是科学，也是艺术，医者的语言是展现这一特征的载体。专业情境下医者使用医学术语和精准用语体现了医学的科学性；医患沟通情境下医者运用患者及其家属可理解的语言体现了医者对患者及其家属的关怀和医学的艺术性。

教学设计

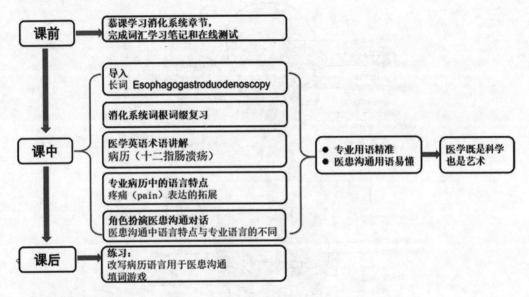

以下是具体教学内容与过程

1. 课前任务

1.1 学习慕课：

《医学英语词汇进阶教程》第四章：消化系统章节

1.2 完成任务：

（1）词汇笔记积累词根词缀和词汇；

（2）完成在线词汇测试。

> **设计目的**
>
> 利用线上慕课学习，引导学生学习消化系统常见的词根、词缀及相关医学术语，同时提升学生自主学习能力。

2. 课中任务

2.1 导入

步骤1

教师展示消化系统词汇，提问学生是否理解。

esophagogastroduodenoscopy（食管、胃、十二指肠镜检查）

步骤 2

教师**讲解**医学词汇的学习方法：掌握构词特点，即常见的**词根**（**root**）、**前缀**（**affix**）和后缀（**suffix**），并解释三者含义。

设计目的

教师通过展示 PPT，反馈课前任务学习情况，提问并讲授，创设问题引发学生思考，讲解词汇学习方法。

2.2　消化系统词根词缀复习

步骤 1

展示人体消化系统**图片和视频**，引导学生回顾消化系统的**组成和功能**。

消化系统的**组成**（图片）

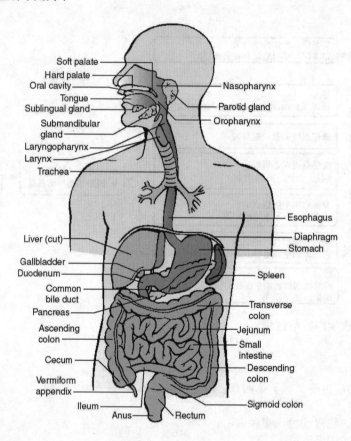

消化系统的**功能关键词**：ingestion 摄取，digestion 消化，absorption 吸收，elimination 排泄

设计目的

首都医科大学附属北京友谊医院是国家消化系统临床医学研究中心，该中心是国际最大的综合性消化疾病诊疗研究中心之一，该医院消化内镜中心获评"全球最佳内镜中心"。首医学子可以充分检索利用该中心的消化系统的图片和视频资源。一来激活学生相关医学背景知识；二来熟悉消化系统解剖词汇；三来增加专业自信心和院所自豪感。

步骤 2

教师**展示**消化系统中器官对应的**词根**，结合图片**提问**学生对应的词汇。讲解连接元音 combining vowel。

词根：

- **or/o; stomat/o** (mouth) 口
- **pharyng/o** (pharynx) 咽
- **esophag/o** (esophagus) 食管
- **gastr/o** (stomach) 胃
- **hepat/o** (liver) 肝
- **cholecyst/o** (gallbladder) 胆囊
- **pancreat/o** (pancreas) 胰腺
- **enter/o** (small intestines) 肠；小肠
- **duoden/o** (duodenum) 十二指肠
- **jejun/o** (jejunum) 空肠
- **ile/o** (ileum) 回肠
- **col/o; colon/o** (colon) 结肠
- **append/o; appendic/o** (appendix) 阑尾
- **rect/o** (rectum) 直肠
- **an/o** (anus) 肛门

设计目的

教师通过 PPT 展示，讲解并提问，帮助学生梳理消化系统常见词根。

步骤 3

教师**展示**消化系统中常见疾病、诊断及治疗方式的**后缀**，并利用**思维导图引导学生**基于后缀和词根构词。

后缀：

-itis: inflammation 发炎
-scopy: the examination of 镜检
-ectomy: the surgical removal of 切除

思维导图：

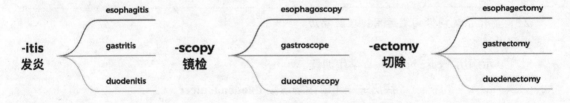

设计目的

教师通过 PPT 展示，讲解并提问，利用思维导图，帮助学生梳理消化系统常见后缀。

步骤 4

教师**展示**带有前缀的词汇，引导学生注意**前缀**的使用，并利用**思维导图引导学生**基于前缀和词根构词。

词汇：
epigastric
endoscopy
前缀：
epi-: above, upon
endo-: within

思维导图：

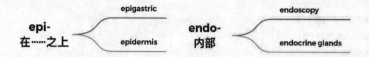

┌───┐
설计目的

　　教师通过 PPT 展示，讲解并提问，利用思维导图，帮助学生梳理消化系统常见前缀。
└───┘

步骤 5

教师利用**思维导图**总结消化系统常见词根和词缀，体现医学英语词汇的构词特点和链式扩充效应。

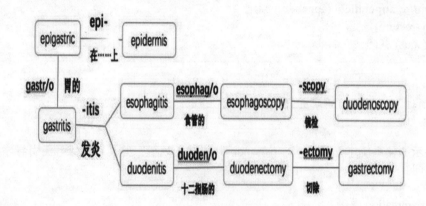

┌───┐
设计目的

　　利用思维导图，帮助学生概括总结常见词根和词缀。
└───┘

　　2.3　消化系统词根词缀运用：理解病历

步骤 1

教师**展示病历**（case history），学生**朗读**。

病历——十二指肠溃疡 duodenal ulcer

A 34-year-old man presents to the ED complaining of dark stools for the last 2 days. He has **epigastric pain** for 2 weeks that abates after eating and exacerbates at night. He has had nausea and a feeling of fullness after eating small amounts. He has not had difficulty swallowing or unintentional weight loss. He is a construction worker and takes naproxen several times a day for back pain. Vitals are notable for a heart rate of 100/min. On exam, he has mild tenderness when the doctor uses hands to check the **epigastrium**. The next step is performing the **EGD**.

┌───┐
设计目的

　　教师展示 PPT，学生朗读并熟悉医学术语在病历中使用的情境。
└───┘

步骤 2

提问学生病历中的加粗生词含义。

生词：

- **epigastric pain:** 上腹部疼痛 pain in the upper stomach
- **epigastrium:** 上腹部 the upper middle region of abdomen
- **EGD:** esophagogastroduodenoscopy 食管、胃、十二指肠镜检查

设计目的

教师展示 PPT 并提问，学生运用词根词缀知识理解病历中的术语。

2.4 专业病历中的语言特点：疼痛的讲解

步骤 1

教师**加粗**病历中关于疼痛的表达，指出疼痛是消化系统疾病及其他系统疾病的**常见症状**。

设计目标：

教师展示 PPT 并讲授，引起学生注意疼痛的不同表述。作为医者，能够准确且专业地描述疼痛，这对记录病情和与患者及其家属沟通至关重要。

粗体为疼痛相关表达：

病历——十二指肠溃疡 duodenal ulcer

A 34-year-old man presents to the ED complaining of dark stools for the last 2 days. He has epigastric pain for 2 weeks that **abates** after eating and **exacerbates** at night. He has had nausea and a feeling of fullness after eating small amounts. He has not had difficulty swallowing or unintentional weight loss. He is a construction worker and takes naproxen several times a day for back pain. Vitals are notable for a heart rate of 100/min. On exam, he has mild **tenderness** when the doctor uses hands to check the epigastrium. The next step is performing the EGD.

步骤 2

教师引导学生对疼痛的分类进行**头脑风暴**，引导学生注意疼痛可按照**感觉、位置、持续程度**来表达，讲解病历中生词 tenderness（压痛）。

（1）疼痛的感觉

severe pain 剧痛
dull pain 钝痛
pressing pain 压痛
tenderness 压痛
sharp pain 刺痛
piercing pain 戳痛
prickling pain 针扎似的痛
burning pain 烧痛
tearing pain 撕裂痛
colic pain 绞痛

（2）疼痛的位置

sore throat 喉咙疼
toothache 牙疼
chest pain 胸疼
muscle pain 肌肉疼
joint pain 关节疼
back pain 后背疼
headache 头疼
stomachache 胃痛

（3）疼痛的持续程度
acute pain 急性痛
continuous pain 持续痛
persistent pain 顽固痛

设计目的

教师展示 PPT 并讲授，学生讨论、梳理并补充疼痛不同类型的表达。教师帮助学生意识到精准使用术语非常重要。

步骤 3

教师进一步引导学生思考**疼痛的变化**如何表达，如疼痛的**加剧**、**减轻**等相关用法，并区分易混淆词：aggravate（加剧）和 alleviate（减轻）。

（1）疼痛加剧
aggravate
deteriorate
intensify
worsen
exacerbate

（2）疼痛减轻
alleviate
ameliorate
allay
assuage
abate
ease
soothe
wane

设计目的

教师展示 PPT 并讲授，学生讨论，梳理、补充疼痛变化的表达。提升学生精准掌握和使用术语的能力。

步骤 4

思维导图总结疼痛的不同表达。

设计目的

引导学生意识到作为医者，精准使用语言的重要性。

2.5 角色扮演医患对话：改写病历
步骤 1
教师**设置场景**，布置任务：
假设你是主治医生，你该如何跟患者及其家属解释病历中的内容。
步骤 2
教师**展示**医患沟通对话，请学生**角色扮演**，**朗读**对话。
Linda: Patient's daughter, a college student.
Dr. Chen: the doctor
Linda: Hey, doc. What happened to my father?
Dr. Chen: Because your father had dark stools and epigastric pain for two weeks, we doubt that

he had gastric ulcer or duodenal ulcer which leads to bleeding. Since the pain abates after meal and exacerbates at night, he is more likely to have duodenal ulcer. On exam, he had mild tenderness. For further check, he needs to do an EGD.

步骤 3

教师引导学生**分析**医生的语言，**加粗**难点，引导学生意识到专业术语会对患者及家属理解病情造成困难。

加粗的语言难点：

epigastric pain

abates

exacerbates

tenderness

EGD

步骤 4

学生小组讨论，**改写**医生的用词，以便于患者及家属理解。

修改后的医生语言：

Dr. Chen: Because your father had dark stools and **pain in the upper stomach** for two weeks, we doubt that he had gastric ulcer or duodenal ulcer which leads to bleeding. Since he **feels less painful** after meal and **feels worse** at night, he is more likely to have duodenal ulcer. On exam, he had mild **pressing pain**. For further check, we need to **place a tube with a camera into his stomach to find out** where the ulcer is.

修改用词（病历——医患沟通）

epigastric pain——**pain in the upper stomach**

abate——**feels less painful**

exacerbate——**feel worse**

tenderness——**pressing pain**

EGD——**place a tube with a camera into his stomach to find out**

步骤 5

教师总结：运用易于患者及其家属理解的语言对临床沟通至关重要。

设计目的

教师创设医患沟通场景，学生角色扮演，熟悉对话。教师引导学生意识到医生若过度使用医学术语，患者及其家属理解起来会很困难。学生小组讨论，**改写**医生的用词，以便于患者及其家属理解。医患沟通时，语言既要准确，又要易懂。此设计也旨在增强学生合作学习能力和反思能力。

2.6　教师总结：医者语言的重要性

（1）教师引导学生讨论**医学术语适用的情境：学术情境下**（病历撰写、医学论文写作、同行交流等）用语要精确。精确性既体现在医学专业术语的准确使用上，也体现在日常词汇疼痛的准确描述上。**医患沟通情境下，语言要在准确性的前提下，尽量简单易懂。**

（2）教师展示首都医科大学首任校长吴阶平提出的医生的 **3** 项标准和美国医生**特鲁多的墓志铭**。

吴阶平：

当一名好医生，应该有高尚的医德、精湛的医术、艺术性的服务，三者缺一不可。

特鲁多：

To cure sometimes，有时治愈

To relieve often，常常帮助

To comfort always. 总是安慰

设计目的

引导学生注意医学术语适用的情境：学术情境（病历撰写、医学论文写作、同行交流等）用语要精确专业。而在医患沟通情境，用语要简单易懂。引导学生注意医者语言的精确性和易懂性有助于体现医学的科学性和艺术性。作为医者，不仅需要拥有精湛的医术，还需要以人为本，生命至上，为患者及其家属考虑，使医学有温度。

2.7 拓展知识

课后阅读病历——慢性肝损伤，理解医学词汇，并改写为医患沟通对话。（病历见作业第一项）

2.8 课堂小结

（1）对照思维导图，总结消化系统词根、词缀及词汇；

（2）对照病历（十二指肠溃疡）

- 总结疼痛的不同表达方式（借助疼痛的思维导图）
- 提醒学生注意医者语言在不同情境下的区别。

2.9 预习任务与课后作业（含思考题、本课程重要英文词汇）

步骤1 预习任务

消化系统常见的词根词缀除了课上所讲，还有哪些？请用思维导图呈现。

步骤2 课后作业

（1）阅读以下慢性肝损伤病历，改写医者的用语以便适用于和患者及其家属沟通。

The patient has presented with ascites and probable esophageal varices resulting from chronic hepatic failure. Diagnosis of the varices involves esophagogastroduodenoscopy; however, this could further exacerbate the condition by causing further hemorrhaging. The prognosis for this condition at this stage is not favorable. The patient should have begun treatment several years ago.

（2）完成填词游戏 Crossword puzzle。（消化系统）

ACROSS
2. Pertaining to the jaw
6. Major portion of the large intestine: root
8. Mouth: combining form
9. Tooth: combining form
10. Small appendage to the cecum
12. Stomach: combining form
13. Inflammatory condition of the bowel (abbreviation)
14. Parenteral hyperalimentation (abbreviation)
15. Technique for viewing the accessory ducts (abbreviation)
17. Two, twice: prefix
18. Blind pouch at the beginning of the large intestine: root
19. Last portion of the small intestine: combining form

DOWN
1. 1/1000 of 1 liter (abbreviation)
2. Results in flatulence
3. Loss of appetite
4. Pertaining to the opening in the diaphragm that the esophagus passes through
5. Pertaining to the gallbladder
6. Bile duct: root
7. Enteric
11. First portion of the small intestine: combining form
16. Duct that carries bile into the intestine (abbreviation)
17. Down, without, removal: prefix

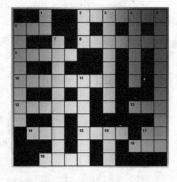

附：参考资料

大学英语教学指南. 北京：高等教育出版社，2020

保罗·内申、顾永琦.《外语词汇教学的方法》，北京：外语教学与研究出版社，2019

孙庆祥.《医学英语术语实用教程》，上海：复旦大学出版社，2020

Tao Le & James S.Yeh. (2013) *Cases for the USMEL Step 1*. 北京：北京大学医学出版社

Davi-Ellen Chabner. (2017). *Medical Terminology: A Short Course (8th edition)*. New York: Saunders

（3）参考网站

https://www.etymonline.com 词源查询

https://medical-dictionary.thefreedictionary.com/ 网络医学词典

https://www.youtube.com/watch?v=wfmSRPocxo4 病历分析

六、课后反思（教师反思 + 学生反思）

1. 教师反思

本课通过聚焦消化系统医学英语术语，拓展病历中语言点疼痛的不同表达，改写病历以适用于医患沟通情境等任务，层层递进，环环相扣，实现语言与育人的融合。本课具有以下四个教学特色：

（1）混合式教学理念的落实

本课中线上线下相结合的混合式教学模式有利于调动学生学习词汇的积极性，增强其运用词汇的能力、自主学习能力和反思能力。

- 课前，学生在线学习首都医科大学自主建设的慕课《医学英语词汇进阶》第四章消化系统，并完成词汇积累笔记和在线测试任务。
- 课中，教师首先对学生在线学习效果进行检测，通过提问、思维导图、病历等方式帮助学生掌握常见词根词缀，完善其对语言点疼痛的不同表述。设置医患沟通任务引导学生进一步意识到医学术语使用的情境特点。
- 课后，教师布置作业，巩固课上所学，并鼓励学生将听课中存在的困惑提交在线平台，以便教师下节课答疑。

本课课前、课中、课后认知强度逐渐递增，通过进阶性任务引导学生习得词汇知识、提升词汇应用能力、增强医患沟通素养，实现知识、能力和素养的融合培养，利用线上线下融合方式实现"立德树人"的目标。

（2）课程内容的专业针对性

本课通过引导学生学习医学英语术语构词规律，提升学生的医学英语术语能力，助力学生医学专业课程学习。掌握医学英语术语是医学生阅读国外教材、文献，进行国际会议交流的基础能力。医学英语词汇课有助于提升学生的医学专业素养，符合学校和国家对医学人才培养的需求，助力首都医科大学成为"国际一流研究型医科大学"，助力教育部"卓越医生教育培养计划 2.0"和"新医科"建设。

（3）医德医术培养与教学内容传授中的融合

本课教学内容和教学设计将知识传授、能力培养和价值引领有效结合，体现了立德树人的思想内涵。作为医学生，一方面要不断完善医学英语词汇知识体系，为日后的专业发展打下基础，另一方面，也要意识到术语使用的情境。医患沟通情境下，医者的用语要在科学性前提下，力求简单易懂，体现医者的医学人文素养。

（4）教学过程中学生主体作用的发挥

本课采用任务型、启发式等教学方法，利用线上线下混合式教学模式进行医学英语词汇教学，充分发挥学生的主体性。在教学过程中，教师不再是知识的传授者，而是问题的提出者、任务的设计者、学习的反馈者，充分调动学生在词汇学习中的主体作用。学生通过完成一系列任务，如匹配词根、词缀，理解病历术语，拓展疼痛表达，改写医患对话等，不断完善语言知识体系，并认识到语言使用的得体性，探索医学的科学性和人文性学科属性。

2. 学生反思

通过"医学英语词汇"课程的学习，我们掌握了医学英语词汇知识，培养了语言能力，也塑造了救死扶伤、仁心仁术的价值观，受益匪浅。我们特别喜欢这门课程线上线下混合式教学模式和思维导图的教学手段，帮助我们掌握了消化系统常见词根、词缀，拓展了疼痛的不同表述，培养了我们在医学情境下用语的专业性和精确性。通过设置医患沟通情境、布置角色扮演的任务，老师引导我们思考医学术语的使用情境，使我们进一步意识到医患沟通情境下用语要易于患者及其家属理解。医者语言的精确性和可理解性体现了医学既是一门科学，也是一门艺术。

作者：刘娟、卢凤香、陈欣怡　　　学校：首都医科大学

第三部分
公外研究生英语课程

● 研究生英语听说

● 研究生英语读写

● 学术论文写作

"研究生英语听说"课程思政教学设计样例

Unit 6　Festivals

电子教材样章　　样章音视频

一、课程总览

1. 课程名称：研究生英语听说

2. 课程类型：公外研究生公共基础课

3. 课程目标：

通过本课程的学习，使学生达到以下目标：

（1）以常见英语语言功能、常用语言话题和学术专题为主线，能听懂简短会话、谈话和讲座，抓住中心大意和要点；能进行日常会话和语言交流；能就听力输入内容做出回答和复述；能就日常话题和与专业相关的简绍性话题做口语陈述。**【知识】**

（2）在克服研究生入学英语科目考试听说部分缺失的反拨效应的前提下，再度重视听说技能，在态度上树立主动提高英语听说交际能力的意识。提高听力理解能力和口语交际水平，促进英语素质的全面发展，提高其在听力及口语方面的实际运用能力。**【态度】**

（3）能听懂英语国家人士的讲话和讲座，能基本听懂题材熟悉、篇幅较长的国内广播或电视节目，能够掌握一定的会话策略，表达个人观点、陈述事实，能就一般或专业性话题较为流利地进行对话或讨论，能在国际会议和专业交流中宣读论文并参加讨论。**【技能】**

（4）通过听力素材和口语主题的导入、学习和内化，培养学生的国际化视野，以科学的价值观和理性的态度认识英语国家的社会与文化，树立跨文化交际意识；通过对比中西文化，增强学生对中华文化的自信，在知识传授和能力培养的过程中弘扬社会主义核心价值观，传播爱党、爱国、积极向上的正能量。**【价值观】**

4. 教学对象：非英语专业一年级硕士研究生

5. 学时：线下 36 学时（每周 2 学时，共 18 周）

6. 教材：《研究生英语听说教程（提高级/第四版）（数字教材版）》，何福胜、罗立胜主编，中国人民大学出版社，2019 年

二、本案例（单元/话题等）教学目标

1. 认知类目标：熟悉中西方主要节日的名称、时间、地点、目的、相关活动及基本元素。节日庆祝仪式是民族学和人类学的重要研究对象，是人类多元文化的体现，是社会生活的一个重要组成部分，是地区习俗的反映和文化的缩影。

2. 价值类目标：理解不同的中外节日有不同的时间、庆祝意义和庆祝方式。众多的节日有不同之处，但也有文化相通之处。在尊重他国民族文化的同时，树立对自身民族文化的自信，并以弘扬中华文化为荣。

3. 方法类目标：通过自上而下（Top-down）的方法，用任务主题、图片或关键词对任务进行预测；鼓励学生通过已有相关知识理解主题。通过自下而上（Bottom-up）的方法能快速记录节日的名称、节日的时间和该节日庆祝的国家或地区；能有条理地记录在节日庆祝活动中人们主要的活动。通过产出导入法（Production-oriented Approach）熟悉和掌握节日庆祝的相关术语

和表达方式，介绍中国的传统节日。

三、本案例（单元/话题等）教学内容、重点和难点

1. 教学内容

（1）听力理解：节日的名称、地点、日期、主要活动，涉及地球日（Earth Day）、情人节（Valentine's Day）、感恩节（Thanksgiving）、愚人节（April Fools' Day）、亡灵节（The Day of the Dead）、独立日（American Independence Day）、开斋节（End of Ramanda）、圣诞节（Christmas）、犹太新年（Rosh Hashanah）、女儿节（Hina Matsuri）、劳动节（Labor Day）等；

（2）口语训练：中国与其他国家和地区（英国、美国、印度、墨西哥、日本、阿拉伯世界）重要节日的对比，介绍中国传统节日。

2. 教学重点

（1）节日名称的正确表述和日期的正确拼写；
（2）节日庆祝活动中的关键名词和动词短语；
（3）材料中人们对待节日所持的态度以及节日庆祝的共性与个性。

3. 教学难点

（1）不同节日的庆祝意义及所传递的文化特色；
（2）节日庆祝活动的各类文化元素；
（3）文化差异在同类节日庆祝中的不同体现。

四、本案例（单元/话题等）教学方法、手段

1. 以交际教学法（Communicative Language Teaching）为原则，不过多强调语法，注重学生课堂听说活动的互动性和交际性。

2. 以任务法（Task-based Language Teaching）为手段，以任务的完成为初级目标，各个任务的设计以使用方便、信息性强、激励学生参与活动为出发点。

3. 以产出导向法（Production-oriented Approach）为指导。从输出、促成、评价三个阶段，实现交际目标和语言目标。

五、本案例（单元/话题等）教学过程

1. 导入 (Lead-in) Get the learners interested in the topic and encourage them to predict the relevant contents.

Task 1 Speaking (Pair-work)

Directions: *People all over the world celebrate different kinds of festivals. What do you know about the important Chinese festivals? What do you know about the important festivals in other countries? Join a partner and make a list of both the Chinese and foreign festivals.*

Interview questions:
1) What is the name of the festival?
2) What is this festival for?
3) When does it take place?
4) How long does it go on for?
5) What do you know about its history?
6) What is special about it?
7) How do people celebrate it?
8) How does the festival end?

设计目的

通过展示图片（左图为中国春节、右图为西方圣诞节）和设置问题，引出本单元的节日主题。提示学生带着问题进行思考，在听力理解过程中定位信息，并逐一回答问题。对原有与节日庆祝相关的词汇、短语、句型及表达进行回顾，为进入下一步听力任务做好准备。

2. 听力活动
步骤 1
Task 2（02:00）

Listening: *You will hear the descriptions of four important festivals in other countries. Listen to the recording and complete the table below with the information you hear.*

Name of the Festival	Date	Main Activities

听第一遍，**定位各个节日名称和日期信息**：Earth Day, the weekend before and after April 22nd; Valentine's Day, February 14th; Thanksgiving; April 1st, April Fool's Day.

展示相关图片：

听第二遍，**定位主要活动信息**：plant trees, clean up parks; give each other cards, buy each other flowers and boxes of chocolates, have romantic dinner together; get together with family and friends for a big meal, eat roast turkey, potatoes, cranberry source and pumpkin pie; play tricks and yell "April fool."

设计目的

学生熟悉节日名称的表达方式和正确的拼写；复习日期表达方式和序数词及一年十二个月的拼写（这一基础点非常重要）；记录关键名词并以动词短语的形式记录节日庆祝的主要活动。

步骤 2

Task 3 (01:56)

Listening: *You will hear about three festivals around the world. The names of the festivals are provided below in the table. Listen to the recording and complete the table with what you hear about other information.*

Festival	Where is it?	When is it?	What happened?

听第一遍：定位节日名称、地点和日期信息

听第二遍：记录主要活动信息

The Day of the Dead: Mexico, November 1st, a big parade, wear strange costumes and masks, get candy in the shapes of skulls, singing and dancing, a big meal

American Independence Day: July 4th, have big parades, decorate things in the **colors of the flag (red, white, and blue), have outdoor picnics, watch fireworks**

The End of Ramadan: Islamic countries, the 1st day of the ninth month of the Islamic calendar, celebrate, go to the mosque, put on their best clothes, visit their family, give each other presents, a big meal, continue to eat all day long

---

设计目的

　　学生熟悉节日名称的表达方式和正确的拼写；复习日期表达方式和序数词及一年十二个月的拼写；以动词短语的形式记录节日庆祝的主要活动。在此任务中，由于真实性材料的特点，并未涉及第三个节日的时间和时期，教师可补充或提问分享，使得任务信息完整。

步骤 3

Task 5（03:25）

Listening: *You will hear an interview with four people. They are talking about how they celebrate Christmas. Listen to the recording and complete the chart below with what you hear.*

What do you do on ...	Christmas Eve	Christmas Day	Boxing Day	How do you feel about it?
1st speaker				
2nd speaker				
3rd speaker				
4th speaker				

听第一遍：熟悉材料主旨，定位不同被访者在三个时间点的活动及整体感受。

听第二遍：记录三个时间点的具体活动，关注主要动词短语及名词。

听第三遍：总结不同英国人（包括移民）对圣诞节的感受。

1st speaker: go to a party with some friends, get up late and go down the pub, come home, watch the Queen on the telly (the Queen's Speech), have dinner, watch telly—or go to sleep; watch a football match; great

2nd speaker: don't really celebrate it (Hindus), don't go to work, still give the children presents, put up decorations or have a Christmas tree, enjoy all the films and things on the telly

3rd speaker: go to church for the midnight carol service, children open their presents from Father Christmas, have lunch (turkey and Christmas pudding), open the family presents, play games or watch a film on TV, go out for a walk, go to see a pantomime, very nice for the children, but getting too materialistic

4th speaker: go on holiday over Christmas, can't stand it; I mean, eating and drinking too much; sending cards to people that you haven't seen for years, awful weather; No.

设计目的

记录同一个节日（圣诞节），四个被访者的活动及看法。共同之处是节日的庆祝，有圣诞前夜（Christmas Eve）、圣诞节（Christmas Day）、节礼日（Boxing Day）和对待圣诞节的感受（Views）。在此任务中，学生可以通过捕捉信息，发现对待传统节日肯定和否定的观点。

步骤 4

Task 7（02:57）

Listening: *You will hear someone talking about a special festival of Hina Matsuri in Japan. The talk is divided into four parts. Listen to the recording and complete the notes about each part.*

Part I

_____ festival

takes place on _____

dedicated to _____

Part II

dolls dressed in _____

dolls given to _____ by _____

Part III

dolls are put _____

_____ are offered to _____

Part IV

dolls are put _____

bad luck is _____ with the dolls

听第一遍： 依据教材任务设置的四个部分，泛听材料。

听第二遍： 以完成填空任务为目的，精听材料。

Part 1: It's a one-day festival, and takes place in Japan each year on March 3rd, dedicated to dolls.

Part 2: They are dressed in the most exquisite costumes. Girls are given a set of dolls by their grandparents.

Part 3: Families put the dolls in the best room of the house. Rice cakes (mochi) are offered to the dolls and then to the visitors.

Part 4: The dolls are put into boats and taken down to the sea; any bad luck or illness is taken away with the dolls.

设计目的

要使学生对主题节日感兴趣，认真分析任务四个部分的空格设置，预测其内容或可能的词性，找准切入点，精听和泛听结合，开启文化的听觉之旅。

步骤 5
Task 8 (02:32)

Listening: *You will hear a short lecture about five American holidays. Listen to the recording and take notes to complete the chart below.*

Holiday	Date or Time of Year	Things people do to celebrate it
1.		
2.		
3.		
4.		
5.		

教师导入： 美国节日的多样性。

Like all nations, the United States has many holidays that occur during the year. Besides the religious, traditional and patriotic celebrations, many American holidays are borrowed from around the world. This is a result of the large number of ethnic groups that make up the United States.

听第一遍： 泛听，掌握材料提及的四个节日，并定位节日名称和日期的相关信息。

听第二遍： 精听，最大限度地记录相关节日的庆祝活动。

Christmas, December 25, decorates homes and shops with colored lights and fresh-smelling Christmas trees, streets are filled with people shopping for presents for friends and family.

Rosh Hashanah (Jewish New Year): early Autumn, begins at sundown, blows a special horn

Independence Day: July 4th, celebrate America's independence from the British, set off fireworks at outdoor picnics and barbecues

Labor Day: the first Monday in September, honors the workers of the land; outdoor picnics and barbecues

设计目的

在听力信息捕捉方面和之前的任务一致，但关注一个国家的多个节日，体验文化多样性。

3. 口语活动

Task 12:

Speaking: Pair-work

Nowadays, a lot of Chinese people celebrate Western festivals. Some people are afraid that this would lead to the loss of Chinese culture. Play the following roles, using specific reasons or examples to support your idea.

Chinese culture will be ignored or even ruined by the invasion of Western festivals.	It is a part of cultural globalization. The Chinese celebrate Western festivals merely out of the wish to seek novelty, to find a new way to entertain themselves, or to express their identity.

通过小组（2 人对话活动）讨论"中国人庆祝西方节日"这一现象，时间长度在 3—5 分钟之内。一人的拟定立场为"Chinese culture will be ignored or even ruined by the invasion of Western festivals"，另一人的拟定立场为"It is a part of cultural globalization. Chinese celebrate Western festivals merely out of the wish to seek novelty, to find a new way to entertain themselves, or to express their identity."

设计目的

通过英语辩论的方式，做到在尊重他国民族文化的同时，树立对自身民族文化的自信，并以弘扬中华文化为荣。

4.课后作业

网络口语练习 Terms of China

China's Favorite Colors

Red	Yellow
• It is associated with happiness and good luck. • Chinese national flag is in red. • Good-luck money is in red envelopes. • Couplets hanging on both sides of the doors are written on red paper. • The bride and the bridegroom wear red clothes. The bedroom is decorated with red bedding. The word "double-happiness" is also in red.	• Yellow in traditional China signifies power and authority. • Yellow is also associated with earth and center. • The five elements of metal, wood, water, fire and earth are represented by five colors: white, green, black, red, and yellow. Yellow, as the predominant color, is situated in the center of the diagram.

Chinese Dragon

• Chinese dragons are legendary creatures in Chinese mythology and folklore.
• The dragon is a symbol of power, strength, and good luck.
• It was the symbol of the Chinese emperor for many dynasties.
• Chinese dragons traditionally symbolize potent and auspicious powers.
• In Chinese culture, excellent and outstanding people are compared to dragons.
• The dragon is one of the 12 animals in the Chinese zodiac.

设计目的

个人口语任务（individual work），选择自己喜欢的主题素材之一，进行不少于三分钟（180秒）的陈述，并通过平台上传录音。教师进行点评和意见反馈。

六、课后反思（教师反思＋学生反思）

1.教师反思：教师通过学生的口语作业，了解和掌握学生能够紧密围绕主题进行有效的陈述，不只在语音和表达方面关注学生的口语表现，更重要的是聚焦学生对中国文化的了解，和用英语将其呈现出来的能力。

2.学生反思：中西方节日有相同、相通也有不通的之处。通过进行有效的听力输入，才有做到口语产出的最大化。

作者：王文俊　　学校：云南大学

"学术英语写作"课程思政教学设计样例

Unit 6　People and the World

Passage A: A Christmas Sermon on Peace

电子教材样章

样章音视频

一、课程总览

1. 课程名称： 学术英语写作

2. 课程类型： 公外研究生公共英语选修课

3. 课程目标：

通过本课程的学习，学生将达到以下目标：

（1）通过大约4万词汇量的30篇文章的精读，掌握1 000个以上的大学英语六级以上的生词和词组，大幅度提升自己的英语阅读水平。【知识＋技能】

（2）通过线上线下混合式教学提供的各项训练，有效提升自己的翻译能力和英语写作水平。【知识＋技能】

（3）利用课内外的英语听说训练提升自己的英语听说能力，培养用英语讲好中国故事的能力和传播中国文化的自信、责任与担当。【技能＋价值观】

（4）发展以事实分析为基础的逻辑思维能力和批判性思维能力，培养发现问题、分析问题、解决问题的能力。【技能＋价值观】

（5）能融通中外文化，促进文明交流，传播中国声音、中国理论、中国思想，让世界更好地了解中国，为推动构建人类命运共同体贡献自己的一份力量。【技能＋价值观】

4. 教学对象： 非英语专业研究生

5. 学时： 线下32；线上30

6. 教材：《研究生英语读写教程（提高级）》，周红红、邓耘主编，中国人民大学出版社，2020年

二、本案例（单元／话题等）教学目标

1. 认知类目标： 掌握用英文发表演讲的技巧及演讲中的语音、词汇、语法、语义、语用和语篇规律；练习做一次简短的英文演讲，能用英文描述中国和世界上发生的重要事件。

2. 价值类目标： 了解马丁·路德·金的生平和他对争取美国黑人权益的斗争和贡献，了解美国黑人为消除种族主义而进行的不懈努力。对比中国的民族政策，认同社会主义核心价值观，培养家国情怀，坚定中国特色社会主义道路自信、理论自信、制度自信和文化自信。

3. 方法类目标： 能以事实求是的态度与方法分析和评论具体事件。

三、本案例（单元／话题等）教学内容、重点和难点

1. 教学内容

（1）学生查找并在课堂上介绍马丁·路德·金的生平（认知类目标＋价值类目标）；

（2）学生查找并在课堂上介绍非暴力主义（认知类目标 + 价值类目标）；

（3）学会如何用事实支持观点（认知类目标 + 方法类目标）。

2. 教学重点

（1）在课堂上介绍美国黑人反对种族主义的斗争（认知类目标 + 价值类目标）；

（2）课堂讨论：对战争的正确认知（认知类目标 + 价值类目标）；

（3）了解英语演讲的基本要素并学习和模仿马丁·路德·金的演讲，做演讲练习（认知类目标）。

3. 教学难点

（1）课堂讨论：讨论战争的本质（认知类目标 + 价值类目标 + 方法类目标）；

（2）马丁·路德·金说，"要想世界和平，我们就必须忠于芸芸众生，而不是忠于一隅。"讨论这句话的现实意义（认知类目标 + 价值类目标 + 方法类目标）。

四、本案例（单元 / 话题等）教学方法、手段

1. 简单讲授本单元 A 篇课文的篇章结构和语篇特点，用问答讨论的形式来保证全班同学对课文的生词和语法难点都有准确的了解和认知。

2. 采用任务式教学，请负责介绍课文背景的小组介绍马丁·路德·金和美国黑人反对种族主义的斗争。

3. 采用案例法，对比和反思美国的系统性种族歧视和中国的民族政策。

4. 通过报刊阅读，讨论俄乌战争和习近平主席所说的"百年未有之大变局"的含义，学会透过现象看本质，锻炼思辨能力，学会未雨绸缪和居安思危。

5. 采用任务式教学，请模仿马丁·路德·金的演讲撰写演讲稿，并做三分钟的小演讲。

五、本案例（单元 / 话题等）教学过程

1. 课文背景介绍

步骤 1

负责课文背景介绍小组的同学（5 人左右）分别介绍马丁·路德·金的生平和他对争取美国黑人权益的斗争和贡献，模仿马丁·路德·金的"I Have a Dream"演讲。

> **设计目的**
>
> 用课堂展示的方式导入课文学习，让学生对文章的作者和演讲的背景有所了解，便于更透彻地理解课文。

步骤 2

学生就下列图片展开课堂讨论：

设计目的

美国黑人弗洛伊德被美国警察暴力执法跪杀致死，引发美国大范围的"黑人的命也是命"（Black lives matter）的反对种族歧视的抗议示威，美国法院迫于压力终于在一年之后判定该警察犯了谋杀罪。美国总统拜登表示，系统性种族歧视是美国灵魂上的污点（Systemic racism is a stain on our nation's soul.）。让学生学会用英语陈述事件，了解美国种族歧视的现状以及美国黑人为争取平等和正义所进行的种种努力。

步骤 3

学生分享中国的民族政策，如云南独龙族的脱贫之路、中国壮族歌手韦唯和她的三个儿子。

设计目的

学生列举中国共产党领导各族人民互帮互助、共同发展的实例，中国民族融合、人民和谐相处的实例，感知汉文化和少数民族文化的多元性和共生共栖关系，了解国家的少数民族政策，引导学生对党和国家政策方针的政治认同、思想认同和情感认同，培养学生的制度自信和文化自信。

2. 课文内容学习

步骤 1

学生在线上预先完成课文的学习任务之后，在线下的课堂就自己学习中遇到的课文中的难点进行提问，之后全班同学可以尝试回答或进行讨论，教师可以设计小奖励条来鼓励提问和回答问题的同学。

设计目的

培养学生发现问题和解决问题的能力以及自评和互评能力。这个活动把枯燥的学习变成一种游戏，增加了学习的趣味性，提升了大家的学习兴趣。

步骤 2

教师就课文的重点和难点提问，要求同学回答或组织课堂讨论，在大家的回答和讨论中引出正确答案。本课文的重点和难点问题有：

(1) Para. 1: "There may have been a time when war served as a negative good by preventing the spread and growth of an evil force, but the very destructive power of modern weapons of warfare eliminates even the possibility that war may any longer serve as a negative good."

Q1: How do we understand and translate "a negative good"?

Q2: How do we interpret Russia's special military operation in Ukraine?

Q3: What is Cold War Mentality?

设计目的

引导学生认清冷战思维，从地缘政治角度看待俄乌战争，透过战争看到这场战争的始作俑者，美国的挑唆和北约东扩，看懂这场战争给美国带来的好处、给乌克兰人民带来的灾难和给世界经济带来的打击，更要看出美国对付了俄罗斯之后的下一个目标，大概就是中国。

附冷战思维链接：

冷战思维特指西方大国，特别是美国的保守势力妄图建立单极世界，推行霸权主义的一种意识与观念。具体包括：

1）对手思维。冷战期间美国对外战略的主要指向就是苏联，冷战结束后，美国在全球失去对手，对自己的行为感到无所适从，急于树立新的敌人。

2）绝对安全。自身已经是世界最强大的国家了，仍担心来自别国的威胁。

3）不理解别国的安全需要，把别国对安全的追求理解为对本国安全的威胁。

4）强权政治。总把自己的观点强加于别国，不尊重其他国家和民族。

5）用争霸史、挑战史来看待新兴国家，将它的发展视作对自己的挑战。

6）推行渔翁战术，总是挑起争端，以从中渔利。

这些方面综合起来就是一句话，一切为了本国，无视他国需要。

https://baike.baidu.com/item/%E5%86%B7%E6%88%98%E6%80%9D%E7%BB%B4/3702250?fr=aladdin

(2) Para. 3: "Now let me suggest first that if we are to have peace on earth, our loyalties must become ecumenical rather than sectional. Our loyalties must transcend our race, our tribe, our class, and our nation; and this means we must develop a world perspective."

Q1: How do we translate the sentence?

Q2: How do we interpret "ecumenical loyalties" and "sectional loyalties"?

设计目的

引导学生反思什么是忠于芸芸众生。中国的"一带一路"倡议给"一带一路"沿线国家和人民带来经济的繁荣和发展，互利互惠，是真正的"忠于芸芸众生"的体现；而美国前总统特朗普赤裸裸地提出"美国优先"，就是"惠泽一隅"最好的例证。美国靠着世界上最先进的武器和最强大的部队在全世界煽风点火，亲自参战或者发动代理人战争，目的就是维护美元霸权，利用武力和金融手段薅全世界的羊毛。

(3) Para. 6: "Now let me say, secondly, that if we are to have peace in the world, men and nations must embrace the nonviolent affirmation that ends and means must cohere."

Q1: What is the nonviolent affirmation, according to Martin?

Q2: How does Martin justify that ends and means must cohere?

设计目的

引导学生分析体会马丁·路德·金在"目的和手段必须一致"这一节的反证法和全文的"论题+支撑"的论证方式，掌握撰写议论文或演讲稿的基本方法。

3. 思考练习

（1）搜索资料，介绍1—2个世界上的弱势群体争取平等、公平、公正待遇的实例。

（2）搜索资料，思考并论证"战场上得不到的，不要期望在谈判桌上得到"这句话正确与否。

（3）阅读链接材料，思考为什么说冷战思维是对世界和平稳定的最大威胁。https://baijiahao.baidu.com/s?id=1729419702370579483&wfr=spider&for=pc

（4）了解并介绍甘地的非暴力主义，思考非暴力主义的现实意义。

（5）阅读链接材料，了解俄乌战争和战争对世界格局的影响。看看小视频，你是否认同小姑娘的类比。https://mp.weixin.qq.com/s/OXvU_meOjB_tPo6CRsiFcQ

六、课后反思

1. 教师反思

2. 学生反思

作者：周红红　　学校：北京交通大学

"研究生英语" 课程思政教学设计样例

Unit 11　Environment and Sustainability
Passage A: Three Challenges to Sustainability

电子教材样章　　样章音视频

一、课程总览

1. 课程名称： 研究生英语

2. 课程类型： 非英语专业研究生校级公共基础必修课

3. 课程目标： 通过本课程学习，使学生达到以下目标：

（1）通过对近三万词汇量的24篇文章的精读，理解性掌握5 000个左右常用单词及词组，复用性掌握其中1 500个左右大学英语六级以上词汇。【知识＋技能】

（2）通过对每单元阅读技巧的学习及有针对性的运用训练，真正掌握并运用所学技巧，全面提升学生的英语阅读水平。【知识＋技能】

（3）通过借助词典，对有相当难度的一般性题材进行英汉互译，理解正确，译文达意，无重大语言错误。【知识＋技能】

（4）通过写作技能学习，巩固基础级写作（句子与段落写作）技能并掌握应用文写作（图标作文、概要作文、申请函、简历、求职信等）技能。【知识＋技能】

（5）通过"听说结合，以听促说"为原则的听说训练，掌握在不同情境下的语言应用能力，提升跨文化意识与交际策略。同时，增强用英语讲好中国故事的能力，弘扬中国文化，坚定文化自信。【技能＋价值观】

（6）通过学习人文性与科学性相结合的英文素材，培养逻辑性思维、批判性思维和创新性思维能力，为提升人文素养和专业学习能力奠定基础。【技能＋价值观】

（7）通过学习，拓展国际和全球视野，培养具有家国情怀和时代责任感的国际创新型人才。【技能＋价值观】

4. 教学对象： 非英语专业一年级研究生

5. 学时： 线下52；线上30

6. 教材：《研究生英语读写教程（基础级）》，樊玲、唐军，中国人民大学出版社，2020年

二、本案例（单元／话题等）教学目标

1. 认知类目标： 掌握"朴门永续设计"的核心概念；掌握可持续发展的概念，了解其实施过程中所面临的挑战；了解可持续发展的实施途径，并简析环境保护与经济可持续发展的协调关系。

2. 价值类目标： 通过对环境保护及可持续发展相关话题的学习和讨论，让学生了解中国近年来在绿色发展、生态文明建设方面取得的巨大成就，提升文化自信，培养家国情怀，投身绿色发展的中国道路，牢固树立人类命运共同体意识。

3. 方法类目标： 掌握用实例作为论据支撑论点的议论文写作方法，并能将该方法运用到实际口语和书面表达中，提高鉴赏和写作英语议论文的能力。

三、本案例（单元／话题等）教学内容、重点和难点

1. 教学内容

（1）理解可持续发展的概念；

（2）探讨可持续发展的实施途径；

（3）学习如何用实例支撑论点。

2. 教学重点

（1）了解"朴门永续设计"理念；

（2）了解环境保护与经济可持续发展的协调关系；

（3）了解生态文明建设的中国故事。

3. 教学难点

（1）讨论可持续发展的实施途径；

（2）如何将所学知识及技能运用到实际场景中，发现问题、分析问题，最终提出可行性方案解决问题。

四、本案例（单元／话题等）教学方法、手段

1. 讲授本单元 A 篇文章的篇章结构，用问答和讨论的形式确保全体学生对课文中的生词、难句、语法都有正确的认知和理解。

2. 采用创设情景的方式，激发学生的学习兴趣，引导学生将所学知识运用到实际场景中，发现问题、分析问题、解决问题。

3. 采用案例分析的方法，让学生了解中国在生态文明建设和可持续发展方面所做的举措及取得的成就。

4. 采用启发探究法，让学生通过报刊阅读和视频观看、讨论环境保护与经济可持续发展的协调关系，进一步培养思辨能力。

5. 采用任务式教学、小组汇报形式，突出以学生为主体的教学思想，在小组活动中锻炼学生的合作精神和沟通能力。

五、本案例（单元／话题等）教学过程

1. 课文背景介绍

步骤 1　课前预习　成果汇报

课前布置学生就问题"What is Permaculture?"查找资料，进行自主学习。课上负责课文背景介绍的小组同学（5 人左右）就"Permaculture"（朴门永续设计）概念的起源、定义、发展历史、设计原则及其在社会生产生活中的实际运用做出汇报。过程中，教师根据学生汇报内容进行补充说明或归纳总结，让学生掌握朴门永续设计的主要精神所在就是发掘大自然的运作模式，遵循在地生态系统的特点及规律，再通过模仿其模式来设计农业系统及生活场景，使其生态系统拥有非单一化的丰富物种，满足人类的食物、能源、住所等各种需求，从而实现永续发展。朴门永续设计理念彰显出人与大自然的协调统一。

设计目的

通过学生课前对问题"What is Permaculture?"的探索及课堂汇报展示的方式，让学生对文章重要概念"朴门永续设计"有所掌握，并引出本课主题"可持续发展及其实施途径"，便于之后学生更透彻地理解课文。

步骤 2　创设情景　小组讨论

根据所掌握的"朴门永续设计"理念，结合本单元主题"可持续发展"，为学生创设如下两个情景进行小组讨论。学生可自由选择情景，教师将学生根据不同情景选择划分为不同小组（每组 6—8 人）：

情景 1：假设你是一位农场主，你会如何利用朴门永续设计理念规划农场的运作，从而实现永续发展？（提示 1：进行规划前你将从哪些方面观察并了解在地生态系统？提示 2：你会种植何种作物，养殖何种牲畜，如何规划土地使用？）

情景 2：假设你生活在城市社区，你会如何将朴门永续设计理念引入城市生活，创造城市农耕，建立都市生态社区？（提示 1：进行规划前你将从哪些方面观察并了解在地社区生态系统？提示 2：你将如何在城市居住环境中选择合适场地种植作物？提示 3：你将如何收集雨水、太阳能、厨余等天然能源创建循环型居所？）

同时教师为学生展示如下两张图片，启发学生思考：

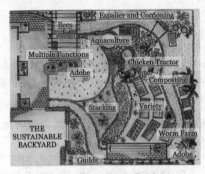

Permaculture Farm Design

The Rooftop Garden

设计目的

创设情景能让学生把已有知识运用到社会生活的相关实境中，通过切身参与，对文章主题建立知识与情感的链接，从而激发学生的学习兴趣；同时便于将学到的知识运用到实际问题的解决中，并为之后进行深入的话题讨论做出准备。

步骤 3　知识拓展　文化自信

通过对朴门永续设计概念的介绍，引入中国古代农耕社会"天、地、人、稼"和谐统一的思想观念。介绍中华农耕文明"天人合一"、"万物一体"与"和而不同"的生态哲学。并利用生态智慧案例"桑基鱼塘"，让学生进一步了解中国农耕文明顺天应时、取用有度、生态循环、多样平衡的实践智慧。

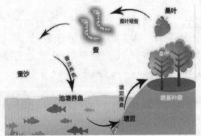

设计目的

通过讲解中华传统农耕文化对今天的生态文明建设和人类可持续发展仍有着宝贵的启示，让学生感知中国传统文化所散发的智慧与魅力，从而激发学生的文化自信。

2. 课文内容学习

步骤 1　提出问题　合作交流

学生在课前通过人大芸窗教学平台在线上预先完成了重点词汇和课文的学习任务之后，在线下课堂就自己在学习中遇到的课文中的难点提问。全班同学在老师的指引下开展讨论。

设计目的

培养学生发现问题和解决问题的自主学习能力并通过课堂讨论培养学生自评与互评的能力。

步骤 2　重点讲授　能力提升

教师就以下课文重点难点进行启发式提问，要求学生思考并讨论后做出回答，

（1）教师就课文第五自然段的重点内容："Things in nature don't expand forever. As an old system goes into decline, the opportunity, space and resources become available for something new to grow？" (Para. 5) 提出问题：

Q1. How shall we paraphrase this sentence?

Q2. What examples does the author use to support this argument?

Q3. Do you agree with the author's opinion? Please give some examples to support your idea.

设计目的

引导学生在正确理解该句意思后，学习用例证法支撑论点的写作方式。随后组织学生就作者的观点进行讨论，并将例证法运用到讨论中支撑自己的观点。

（2）教师就课文第七自然段的重点内容："The present economic system often rewards the most unsustainable practices, and by doing so, prolongs the pathology of the status quo, monopolize resources, maintains the power structure, and decreases the opportunity for new system to be designed and built that serves people and the environment in a sustainable and humane way." (Para. 7) 提出问题：

Q1. How shall we paraphrase this sentence?

Q2. What examples does the author use to support this argument?

Q3. What is your idea about genetically engineered foods?

在指引学生正确理解该句意思后，继续学习用例证法支撑论点的写作方式。引导学生就课文实例中提出的 "genetically engineered seeds" 概念展开讨论。让学生阅读《中国日报》双语资料：《中国的生物多样性保护》白皮书，了解中国在转基因生物安全管理方面所做的举措。

附资料连接：

https://language.chinadaily.com.cn/a/202110/09/WS6160edc1a310cdd39bc6dbe4.html

设计目的

通过讨论，帮助学生正确理解转基因的出现原因及其危害；通过学生阅读双语资料，让学生了解中国早在 1992 年就签署了联合国《生物多样性公约》并一直致力于转基因生物安全管理，维护生物多样性。最终，让学生了解中国在可持续发展中所展现出的大国担当，从而帮助学生树立国际视野，践行时代责任。

（3）教师就课文第十一自然段的重点内容："Our modern version of animal husbandry is CAFOs: concentrated animal feeding operations. These may be the most industrialized of all agriculture systems; their blind pursuit of yield and efficiency has resulted in increased disease among animals and people, inhumane conditions for the animals, an increase in greenhouse gasses, and antibiotic resistance." (Para. 11) 提出问题：

Q1. What is CAFOs?

Q2. What are the environmental impact and economic impact of CFAOs on communities?

Q3. Do you think that economic development should take priority over environmental protection?

帮助学生正确理解CAFOs（集中式动物饲养操作）概念及其对环境和经济的影响。随后，让学生阅读《中国日报》英语新闻，学习习近平总书记提出的"绿水青山就是金山银山"这一生态发展理念及其英文表达（Lucid waters and lush mountains are invaluable assets）。最后，引导学生就环境保护与经济可持续发展的关系进行讨论。

附新闻连接：

https://www.chinadaily.com.cn/a/202204/24/WS6265003ba310fd2b29e58f1c.html

设计目的

通过阅读新闻，学生了解习近平总书记的"绿色治理"观，深刻了解中国的生态价值观及坚持"既要绿水青山，也要金山银山"的可持续发展道路，拓展环保视野，思考生态文明建设的重大意义。同时，通过对环境保护与经济可持续发展关系的讨论，提升学生的思辨能力。

步骤3　归纳总结　主题升华

教师对文章结构和主题思想进行归纳总结，引出文章中心思想"This we know: The Earth does not belong to man, man belongs to the Earth. This we know: All things are connected."(Para. 4)，并让学生观看中国网双语视频。在这个视频中，时任联合国环境规划署执行主任的埃里克·索尔海姆赞扬了中国改革开放四十年来所取得的环保成果，指出了中国的举措与成效为世界环保提供了优秀范例，世界需要中国的引领来迈向全球生态文明建设的新征程。

附视频连接：

http://xitheory.china.com.cn/2018-12/21/content_55984854.html

设计目的

通过归纳总结和视频观看，引导学生认识到环境保护不仅是区域性议题，更是世界性议题，进一步提升学生的家国情怀，树立人类命运共同体的意识。

3. 思考练习知识拓展

（1）搜索资料，用英文介绍一到两个中国或其他国家可持续发展的成功案例。

（2）学生自由组成学习小组（每组6—8人），就如下情景，分设角色、搜索资料、展开讨论，并制作PPT对学习成果进行汇报：

Some claim that current food systems are unsustainable, and that we need to change the way food is produced, processed, sold, and consumed. Please give advice on how to make our food systems more sustainable from the following different perspectives: the government, the dealers, and the consumers.

六、课后反思（教师反思 + 学生反思）

1. 教师反思

2. 学生反思

作者：吴雯、邓耘　　学校：贵州大学

"学术论文写作"课程思政教学设计样例

Unit 7　Space Exploration

电子教材样章

一、课程总览

1. 课程名称：学术论文写作

2. 课程类型：公外研究生学术素养课

3. 课程目标：

（1）提高学生以学术文献阅读能力为主的学术英语听、说、读、写综合能力：听懂科技新闻；运用体裁分析方法，阅读、分析文献；撰写具有规范的篇章特征、地道的语言特征和流畅的意义的学术论文；用英语做学术演讲。【知识＋学术语言能力】

（2）以体现世界最新科技成果的科技新闻和研究论文为载体，提升学生的国际化视野；通过任务式产出训练，培养学生的国际学术交流意识。【国际视野】

（3）通过对范本的分析，学生掌握英语研究论文的体裁结构、语步功能及语言特征；通过自主性探究，学生掌握本专业的科技成果。【知识】

（4）运用关键词导图、衔接手段，辅以探究发现式教学模式和教材中的思维训练的任务，培养学生的思维能力和探究能力。【能力】

（5）通过对文章内容的选择，潜移默化培养学生的爱国精神、民族自豪感、历史使命感；通过探究式教学模式，培养学生的探究精神、协作精神；通过强化学术写作规范，培养学生的学术道德。【价值观】

4. 教学对象：非英语专业全日制硕士研究生

5. 学时：32

6. 教材：《硕博研究生英语综合教程》，郭巍、邢春丽、孙洪丽主编，中国人民大学出版社，2021 年

二、本案例（单元 / 话题等）教学目标

1. 认知类目标：了解不同学科领域学术论文研究方法部分写作的常见语步；掌握该部分的语言特点（如时态、语态、程式语等）；理解研究方法部分的学术规范。

2. 价值类目标：了解中国航天领域的突破性成果，培养爱国精神和民族自信心；了解不同学科领域的国际最前沿成果，拓宽国际视野，增强对全球热点问题的把控能力；培养发现问题、理性思辨、认真求证的探究精神和集智攻关的协作精神；在研究方法层面深刻理解学术道德的要求，增强学术规范意识。

3. 方法类目标：探究本专业论文研究方法部分的写作方法，理解、分析、总结本专业论文研究方法部分的结构、语言和伦理特征，构建自己专业的写作模型，并进行英文展示汇报，培养思维能力、探究能力、语言学习能力。

三、本案例（单元／话题等）教学内容、重点和难点

1. 教学内容

（1）学术论文研究方法写作的篇章特征；
（2）学术论文研究方法写作的语言特征；
（3）学术论文研究方法写作的学术道德与伦理。

2. 教学重点

（1）学术论文研究方法写作的常见语步；
（2）学术论文研究方法写作的程式语、时态和语态；
（3）学术论文研究方法的伦理性和写作的准确性。

3. 教学难点

（1）不同专业领域学术论文研究方法部分的篇章特点；
（2）不同专业领域学术论文研究方法写作的时态和语态特征及其功能；
（3）不同专业领域在研究方法层面的学术道德要求。

四、本案例（单元／话题等）教学方法

1. 采用多元融合的探究式教学模式，在以学生为中心、教师为引导的探究发现式教学的过程中，完成多元教学目标。在显性教学层面，实现从知识到技能的转化，学术英语听、说、读、写能力均得到训练；在隐性层面，思政元素贯穿教学全过程，利用教材范例开拓学生国际视野、培养爱国精神和合作精神，并通过对自己本专业的论文的自主性探究，实现探究和思维能力的提升（图1）。

图1　多元融合的探究发现式教学

2. 采用线上线下混合教学方式，通过课前、课中、课后三个环节，完成探究发现式教学：
（1）线上利用教材的数字平台（人大芸窗 http://www.rdyc.cn/）、慕课平台、公众号等资源，学生通过自主学习，以音频或者视频的形式，获取背景知识；（2）利用便利的媒体资源和手段，完成学生专业论文的探究。

3. 任务设计以支架理论为基本参照，吸收了产出性教学法、项目教学法、发现式学习等教学方法的精华，是一种教师引导的合作发现式学习过程（guided process of discovering）。所设计的任务，要求学生合作完成，在布置任务的同时，提供参考思路或引导性问题，为学生完成任务搭建脚手架。

五、本案例（单元／话题等）教学过程

（一）课前任务

1. 头脑风暴：中国航天大事你了解多少？

2. 在教材的数字平台（人大芸窗 http://www.rdyc.cn/）完成第七单元的听力：Exploring space。

3. 观看视频"如何撰写研究论文中的研究方法"，让一名同学进行课堂翻转，即以"How to Write the Method Section of a Research Paper"为主题进行课堂展示。另外，全体同学写学习成长记录档案袋，总结研究方法写作的基本知识和技巧，如体裁结构、语言风格、公式的书写和表达规则等。

> **设计目的**
>
> 课前任务为引导性探究（guided discovery learning）：（1）引导学生关注中国航天科技成果，了解主课文的背景知识，厚植爱国主义情怀；（2）微课视频为学生提供支架，引导学生初步探究研究方法的写作策略，同时训练听力和分析能力；（3）翻转课堂，以学生为中心，布置学生课堂展示任务，训练英语学术演讲能力；（4）档案袋是每周常规任务，学生记录自己探究的实际收获和体会，是学生自主学习的重要手段。

（二）课堂教学

1. 导入（Lead-in）：了解中国航天大事记

1. The first carrier rocket launch site 第一个运载火箭发射场	A. Chang'e 1　嫦娥一号
2. The first man-made satellite 第一颗人造卫星	B. Shenzhou 5　神舟五号
3. The first communications satellite launch site 第一个通信卫星发射场	C. Chang'e 3　嫦娥三号
4. The first meteorological satellite 第一颗气象卫星	D. Dongfang hong 1 "东方红一号"
5. The first manned space flight 第一般载人航天飞行	E. Fengyun 1　风云一号
6. The first lunar orbiter 第一颗绕月人造卫星	F. Xichang Satellite Launch Center 西昌卫星发射中心
7. The first soft landing on the moon 第一次月球软着陆	G. Shenzhou 13　神州十三号
8. The longest manned space mission 时间最长的载人航天飞行	H. Jiuquan Satellite Launch Center 酒泉卫星发射中心

【**Pair work**】学生讨论完成匹配练习：中国航天史大事件。

设计目的

回顾中国航天史大事件，引出本单元的话题：嫦娥四号实现了人类探测器首次月背软着陆，培养爱国精神和民族自豪感。

2. 阅读科技新闻（Research News）

步骤 1

【**In-class reading**】快速阅读新闻 "Digging into the Farside of the Moon: Chang' E-4 Probes 40 Meters into Lunar Surface"，并获得重要信息。

Digging into the farside of the Moon: Chang'E-4 probes 40 meters into lunar surface①

By Chinese Academy of Sciences Headquarters / Source | Feb. 27, 2020

A little over a year after landing, China's spacecraft Chang'E-4 is continuing to unveil secrets from the far side of the Moon.

The latest study, published in *Science Advances*, reveals what lurks below the surface.

Chang'E-4 (CE-4) landed on the eastern floor of the Van Kármán crater, near the Moon's south pole, on Jan. 3, 2019.

The spacecraft immediately deployed its Yutu-2 rover, which uses Lunar Penetrating Radar (LPR) to investigate the underground it roams.

"We found that the signal penetration at the CE-4 site is much greater than that measured by the previous spacecraft, Chang'E-3, at its near side landing site," said paper author LI Chunlai, a research professor and deputy director-general of the National Astronomical Observatories of the Chinese Academy of Sciences (NAOC).

"The subsurface at the CE-4 landing site is much more transparent to radio waves, and this qualitative observation suggests a totally different geological context for the two landing sites."

1. Research purpose:

2. Journal:

3. Research procedure:
a) Used LPR to

b) Developed

c) Combined

4. Researchers:

5. Findings:
a)

b)

设计目的

（1）新闻报道文风活泼，容易理解，可激发学生兴趣；（2）学生初步了解研究概况，降低第三部分研究论文阅读的难度；（3）训练学生采用体裁分析方法阅读，快速抓取关键性信息，养成良好的阅读分析习惯。教材边框的语步提示是为学生提供的学习支架。

步骤 2【**Pair work**】讨论问题：

- How many countries have landed on the Moon? What are they?
- How many times has China landed on the Moon?
- What is the breakthrough contribution of Chang'E-4 to space exploration?

设计目的

（1）讨论宇宙探索的中国贡献，激发爱国热情和自豪感，并启示学生专心科研，为祖国探月事业做贡献；（2）培养思维能力、分析能力。

3. 学术论文研究方法的写作（重点）

3.1　学术论文研究方法的结构 Rhetorical Moves of the Method Section

步骤 1

【**Flipped class**】翻转课堂，1 名学生课堂演示，翻转课前布置的任务（How to Write the Method Section of a Research Paper），其他学生点评，然后教师点评、扩展。

设计目的

　　本步骤采用翻转课堂的形式，针对研究方法部分写作的功能语步，进行引导性探究，其目的是：（1）以学生为中心，导入课堂教学的内容；（2）培养学生的学术英语综合能力，课堂翻转的同时，听、说、读、分析能力都得到了训练；（3）初步了解研究方法语步知识；（4）养成记录档案袋的习惯。

步骤 2

【**Pair work**】学生阅读研究论文"The Moon's Farside Shallow Subsurface Structure Unveiled by Chang'E-4 Lunar Penetrating Radar"的方法部分（Materials and Methods），完成教材 Task 4 的分析任务：

Task 4　**Learning the generic structure of the Methods**

Practice I

Directions: *You have learned the rhetorical moves of the Methods section in the previous unit. Now please match the sentences in the right box with their corresponding rhetorical moves in the left box.*

Moves:	Sentences:
1. Research aim 2. Subject and materials 3. Overview of the method 4. Data collection 5. Numerical analysis	A. The low-frequency system is equipped with two monopole antennas having a nominal central frequency of 60 MHz and 40- to 80-MHz bandwidth. B. to compute the average density at different depths, … C. LPR data were collected along the radar route, while the rover was traveling. D. The method, used to obtain the tomographic image shown in Fig. 3B, belongs to the set of migration approaches… E. The antennas are located at the bottom of the Yutu-2 rover, ~0.3 m above the ground (contactless), and are separated 0.16 m from each other. F. If the target has a size <0.1 λ (where λ denotes the probing wavelength), the reflection pattern is well approximated by a hyperbola.

184

设计目的

　　学生通过阅读真实的研究论文，掌握研究方法部分的语步结构，建立体裁意识，同时训练思维能力。

3.2　学术论文研究方法写作的语言特征 Language Conventions of the Method Section

步骤 1

【**Pair work**】学生阅读研究方法部分常用的程式语，识别其中的语步。

Practice 2

Directions: Read the following formulaic expressions in the box and write down their corresponding moves in which they mostly likely appear on the following lines.

---

1. CE-4 LPR is equipped with two distinct GPR systems. _____

2. To convert the two-way travel time into depth, … _____

3. Below 5.8 m, the density approaches a constant value, 1.90 ± 0.08 g/cm^3 according to Eq. 1 and 1.67 ± 0.07 g/cm^3 according to Eq. 2, where… _____

4. The high-frequency system is equipped with one transmitting and two... _____

5. During the first two lunar days from point X to LE210, the LPR worked 6 hours 28 min 53 s and collected in total 13,400 and 31,749 traces at low and high frequency, respectively. _____

6. We estimated the thickness of ejecta using the excavation depth of DHCs and non-DHCs. _____

设计目的

帮助学生掌握研究方法各个语步常用的程式语。更多参考，见 Academic Phrasebank | Describing methods Academic Phrasebank (manchester.ac.uk)

步骤 2

【Group work】以下段落选自本篇研究论文 Materials and Method 部分。学生不看原文、完成时态填空，然后与原文对比，小组讨论原文使用该时态的原因。

CE-4 LPR _____ (be equipped) with two distinct GPR systems. The low-frequency system is equipped with two monopole antennas having a nominal central frequency of 60 MHz and 40- to 80-MHz bandwidth. The monopoles（单极、磁单极子）have a length of 1.15 m and are spaced 0.8 m from each other. These antennas _____ (be installed) in the back of the rover and suspended 0.6 m above the ground. The high-frequency system is equipped with one transmitting and two receiving bowtie antennas（蝶形天线）(CH2A and CH2B), with a nominal central frequency of 500 MHz and 250- to 750-MHz bandwidth. The antennas _____ (be located) at the bottom of the Yutu-2 rover, ~0.3 m above the ground (contactless), and _____ (be separated) 0.16 m from each other. LPR data _____ (be collected) along the radar route, while the rover _____ (be travelling). The time intervals between two adjacent traces are 1.536 s at 60 MHz and 0.6636 s at 500 MHz. The velocity of the rover is ~5.5 cm/s, which gives an approximate step size of ~3.6 cm for the 500 MHz and ~8.5 cm for the 60 MHz. During the first two lunar days from point X to LE210, the LPR _____ (work) 6 hours 28 min 53 s and _____ (collect) in total 13,400 and 31,749 traces at low and high frequency, respectively. In the LPR commissioning phase from point X to A, several preliminary tests _____ (be performed), and therefore, we only _____ (use) LPR data collected along the route from point A to LE210 whose length is ~106 m.

设计目的

学生合作探究研究方法写作的时态特点，教师点评、总结与拓展。

步骤 3

【Group work】学生分析以下描述研究方法句子中画线部分的语态，分组讨论使用该语态的目的，并填写表格。

Sentences	Voice	Why is this voice used
These antennas are installed in the back of the rover and suspended 0.6 m above the ground.		
Low-frequency data have not been analyzed at this stage, as they need to be properly calibrated（校正）and accurately checked before confirming their reliability (10).		
We compared 500 MHz data collected by the LPR on board CE-3 and CE-4 (fig. S3) ... Such a comparison has been made using the same attenuation and maximum gain values...		
Individual targets buried in the subsurface produce different radar reflection features in the radar cross section.		

设计目的

学生合作探究研究方法写作的语态特点，教师点评、总结与拓展。

3.3 学术论文研究方法写作的学术道德与伦理 Ethical Conventions of the Method Section

步骤 1

【Group work】学生分组讨论以下研究新闻和研究论文句子中画线部分的语体差异，填写表格。

Task 3 Comparing the RN and the RA: stylistic features

Directions: Discuss with your partners the stylistic differences between the following extractions from the RN and the RA, respectively, with reference to the underlined words or phrases, and then write down their differences to complete the table.

Extractions from the RN	Extractions from the RA	Differences
Chang'E-4 (CE-4) landed on the eastern floor of the Van Kármán crater, 1) near the Moon's south pole, on Jan. 3, 2019.	On 3 January 2019, China's Chang'E-4 (CE-4) successfully landed on the eastern floor of Von Kármán crater 1) within the South Pole–Aitken Basin, becoming the first spacecraft in history to land on the Moon's farside.	1) _____
The spacecraft 2) immediately deployed its Yutu-2 rover, which 3) uses Lunar Penetrating Radar (LPR) to investigate the underground it roams.	The Yutu-2 rover, 3) equipped with the same dual-frequency Lunar Penetrating Radar (LPR) as CE-3, was successfully deployed to the surface about 2) 12 hours later.	2) _____ 3) _____
4) They concluded that the subsurface is essentially made by highly porous granular materials embedding boulders of different sizes.	4) We can conclude that the subsurface internal structure at the landing site is essentially made by low-loss, highly porous granular materials embedding boulders of different sizes.	4) _____

设计目的

通过对比研究新闻和研究论文的语体差异，直观理解研究论文写作的精确性（precision），确保研究方法可复制。

步骤 2

【Group work】以下句子描述了嫦娥四号的数据收集过程。学生不看原文，分组讨论，将下列句子重新按照学术规范排序。排序完成后，与原文对比，讨论数据收集过程中的注意事项。

a. The low-frequency system is equipped with two monopole antennas having a nominal central frequency of 60 MHz and 40- to 80-MHz bandwidth.

b. In the LPR commissioning phase from point X to A, several preliminary tests were performed.

c. CE-4 LPR is equipped with two distinct GPR systems.

d. Low-frequency data need to be properly calibrated（校正）and accurately checked before confirming their reliability.

e. Only LPR data collected along the route from point A to LE210 whose length is ~106 m were used.

f. The high-frequency system is equipped with one transmitting and two receiving bowtie antennas（蝶形天线）(CH2A and CH2B), with a nominal central frequency of 500 MHz and 250- to 750-MHz bandwidth.

g. Only the data collected by the second antenna (CH2B) were analyzed.

h. LPR data were collected along the radar route, while the rover was traveling.

设计目的

通过详细地梳理数据收集过程，引导学生关注数据收集的准确性和可靠性（如要考虑误差），深刻体会科学研究的严谨性。本活动以隐性的形式培养科学家精神和学术伦理。

3.4 不同领域学术论文研究方法写作探析 Exploring the Method Section across Different Disciplines

步骤 1

【Group work】选取教材其他单元的研究论文 4—6 篇（具体篇数由班上小组数决定），每组阅读 1 篇，并完成探究阅读卡（Exploratory Reading Card）。

Exploratory Reading Card

About the research

Discipline: _____

Subtitles of the Method Section :
_____
_____
_____

Background: _____

Research purpose: _____

Methods: _____

Language Conventions:
Formulaic expressions: _____

Results: _____

Tense: _____

Voice: _____

Discussion: _____

Academic ethics: _____

设计目的

本任务是**教材范例的横向探究**。教材中的研究论文均为权威期刊的前沿性研究成果，覆盖了计算机科学、航空航天、心理学、经济学、法学、伦理学、物理学等多个学科（包括一些交叉学科）。学生通过小组合作式探究式阅读，开拓国际视野，同时把握不同学科研究方法写作的语篇特征、语言特征及研究方法的学术道德与规范。

步骤 2

（Discovery-learning report; Teacher's evaluation and further extension）各小组汇报讨论结

果，教师点评，拓展不同学科领域的研究方法写作学术规范。

> **设计目的**
>
> 学生通过教师点评与拓展，反思探究学习成果，进一步了解研究方法写作学术规范。

4. 课后任务

【**Presentation**】两个产出任务（二选一）：

任务 1 为尚未取得研究数据的硕士研究生而设计，任务是分析三篇自己领域权威期刊上的研究论文的研究方法部分，总结规律，准备课堂展示；

任务 2 为已经有研究数据或论文初稿的硕士研究生而设计，任务是写出自己研究论文的研究方法部分，准备课堂展示。

> **设计目的**
>
> 本活动是完全自主独立的探究任务，其目的是巩固所学的学术论文研究方法写作策略，学以致用；在学生探究的过程中，学生的阅读能力，包括理解、分析、综合等要素的思维能力、探究能力、表达能力均可以一体化实现，同时拓宽国际视野，培养国际学术交流的意识和能力。

六、课后反思（教师反思 + 学生反思）

1. 教师反思：

经过几年的实践发现，我们实施的多元融合探究发现式教学模式是一个可行性比较好的教学模式，深受学生欢迎，课程在全校 100 门最受学生欢迎的课程中名列前茅，团队三人获得北航研究生课程教学卓越奖。几点体会：

（1）探究发现式教学模式是以学生为中心的，整个教学过程就是由一个一个的教学活动（activities）组成的，教师的任务是设计活动，并补充、扩展、评价学生活动（教材提供了大部分活动）。

（2）设计教学活动时要注意，活动需具有多元融合目标，即同时培养文献阅读能力、理解分析能力、概述总结能力、展示能力、表达能力、科学家精神、爱国精神、学术道德等。

（3）《硕博研究生英语综合教程》提供 10 个研究论文范本，一篇一篇逐一处理费时间，效果也不佳，建议根据教材的安排，每个单元有重点，聚焦研究论文的某一部分，效果更好。

（4）课程思政要以隐性的方式融入教学活动中，内容包括社会主义核心价值观、国际视野、科学家精神、自信、有责任担当等，要将学生培养成具有"大德"的国际化科研人才。

（5）教师的角色至关重要，任务布置，课前准备，环节的衔接，课上画龙点睛式的点评、扩展，都决定了教学是否有成效。

（6）本案例设计的内容偏多，使用时可以根据学生水平取舍。

2. 学生反思：

根据评教，学生对本课程的评价很好，优良率 95%，下面总结几条课程反馈：1）原来写论文不知道如何下笔，现在掌握研究论文的写作方法和学术规范，能写论文了；2）有两次课堂展示的机会，反复训练，学术表达能力大大提高，对演讲的兴趣和自信心大大提高；3）养成了分析性阅读的习惯，阅读速度大大提高；4）开拓了眼界，能够有意识地关注国内外科技前沿成果，并结合自己的研究方向，思考创新点。

作者：郭巍、申彤　　学校：北京航空航天大学、中国民航大学

第四部分
小语种课程

● 德语

● 日语

● 俄语

● 西班牙语

"跨文化交际导论"课程思政教学设计样例①

Lektion 8　Integrationsdebatte

一、课程总览

1. 课程名称：跨文化交际导论

2. 课程类型：德语专业核心课

3. 课程目标：

通过本课程的学习，使学生达到以下目标：

（1）学生能够掌握跨文化交际的基本概念，理解跨文化交际的含义，掌握跨文化交际的基本方法，提升批判性思维能力，进行初步的跨文化交际研究。【知识＋技能】

（2）学生能够通过对跨文化交际相关知识的学习，进一步理解中德文化差异及共同点，增强对两国文化的敏感性、宽容性以及处理文化差异的灵活性，能够将跨文化交际的知识运用到交流实践中去。【价值观＋技能】

（3）学生能利用相关学习资源进行和专业相关的初步的学术研究。【技能】

（4）能深刻感受和领会本课程所践行的"全人教育"理念，有意识地通过课堂学习和课后自主学习来拓展视野，增强知识积累，形成终身学习的意识。【价值观＋知识】

4. 教学对象：德语专业三年级本科生

5. 学时：32

6. 教材：《跨文化研究入门 Einführung in die interkulturelle Kommunikation für chinesische Germanistikstudierende》，巫莉丽主编，上海外语教育出版社，2018 年

二、本案例教学目标

1. 认知类目标：理解并掌握"融入 Integration""迁移 Wanderung"两个核心概念以及掌握"移民 Migration""移入 Einwanderung""移出 Auswanderung""国内迁移 Binnenwanderung"四个概念的含义及区别；理解相关概念所涉及的社会现象的背景和成因并能简析其影响；理解语言是文化的重要载体，了解欧盟一体化进程中所涉及的德国语言政策的特点。

2. 价值类目标：在马克思主义民族语言观指导下深刻理解文化具有平等性、差异性，进一步尊重世界文化的多样性；体会语言政策在区域文化中的重要作用，增强交际中的跨文化同理心，提升文化自信。

3. 方法类目标：能举出相关概念所涉及的实例；能简析当今德国语言政策制定的依据、原因和影响；能通过文献阅读、课堂汇报、讨论等理解人口迁移和语言政策对社会（及区域）融入的作用以及能依据调解文化分歧的方案，恰当处理跨文化交际中的差异。

① 本文系重庆市社会科学规划外语专项项目 2020WYZX18 研究成果。

三、本案例教学内容、重点和难点

1. 教学内容

（1）核心概念："融入 Integration""迁移 Wanderung"；

（2）基本概念："移民 Migration""移入 Einwanderung""移出 Auswanderung""国内迁移 Binnenwanderung"的含义及区别。

2. 教学重点

（1）"融入 Integration""迁移 Wanderung"两个核心概念的含义；

（2）欧盟一体化进程中的德国语言政策的特点。

3. 教学难点

（1）世界文化具有平等性、差异性和多样性；

（2）语言政策对社会（及区域）融入的重要作用；

（3）马克思主义民族语言观指导下的跨文化分歧调解。

四、本案例教学方法、手段

1. 简单讲授"融入 Integration""迁移 Wanderung""移民 Migration""移入 Einwanderung""移出 Auswanderung""国内迁移 Binnenwanderung"等概念；通过演示法，用文献资料帮助学生理解文化的差异性和解决融入问题的重要性。

2. 采用案例法和文献阅读观察并反思德国社会融入欧盟一体化进程中的语言实践，引导学生认识语言与文化、语言政策与国家身份认同的密切关系。

3. 通过讲授，让学生了解我国国内人口迁移的相关历史事件和社会现象，理解并反思文化对语言以及社会发展的重要影响。

五、本案例教学过程

1. 概念"迁移 Wanderung"

步骤 1

学生讲解动词 wandern 的含义，由此推导 Wanderung 的含义。

wandern:

> 1.*eine Wanderung, (1), Wanderungen machen:* gern, oft, viel w.; einen ganzen Tag [in den Bergen] w.; am Wochenende wollen, gehen, waren wir w.; dort kann man gut, schön w.; sie ist [durch den ganzen Odenwald] nach Heidelberg gewandert; diese Route bin ich noch nicht gewandert; mit dem Kajak w. *(eine Wasserwanderung machen)*; mit dem Fahrrad w. *(eine Radwanderung machen)*; <subst.:> zum Wandern in die Alpen fahren.

> 2.*ohne ein Ziel anzusteuern, [gemächlich] gehen; sich irgendwo ergehen:* [ziellos] durch die Stadt, die Straßen w.; im Zimmer auf und ab w.; schlaflos wanderte er durch die Wohnung; die Wolken wandern [am Himmel] (dichter.; *ziehen [am Himmel] dahin*); er ließ seinen Blick [von einem zum anderen] w.

3.*(nicht sesshaft, ohne festen Aufenthaltsort) umher-, von Ort zu Ort, zu einem entfernten Ziel ziehen:* sie wandern [als Nomaden] durchs Land; die Lachse wandern Tausende von Kilometern [weit], zum Laichen in die Flüsse; wandernde Handwerksburschen, Artisten, Mönche, Scherenschleifer; der Brief war von Hand zu Hand gewandert *(war von einem zum andern weitergegeben worden);* eine wandernde Düne *(Wanderdüne).*

4. (ugs.) *(zu einem bestimmten Zweck) an einen bestimmten Ort geschafft, gebracht werden:* etw. wandert in/auf den Müll, in den Papierkorb; für dieses Delikt wandert er ins Gefängnis *(wird er mit Gefängnis bestraft).*

Wanderung:

1. *längerer Weg durch die Natur, der zu Fuß zurückgelegt wird:* eine lange, weite, ganztägige W.; eine W. von vier Stunden; eine W. durch den Wald, durch das Watt, über einen Gletscher; eine W. machen, unternehmen.

2. *das Wandern (3)* : die -en, die W. der Nomaden, der Lachse, der Zugvögel, der Karibus, der Kröten.

3. a)*das Wandern (2)* : auf seinen abendlichen -en durch die Altstadt;

b)*Fußmarsch, Gang.*

设计目的

通过对该核心概念动词原形含义的讲解，推导出本单元所涉及的 Wanderung 的定义，让学生对该概念有更加直观、具体的理解。

步骤 2

学生在理解本单元 Wanderung 所指的"迁移"含义的基础上，采取课堂汇报的方式以德国 20 世纪以来的移民潮为例，进一步说明 Einwanderung 和 Auswanderung 的定义。

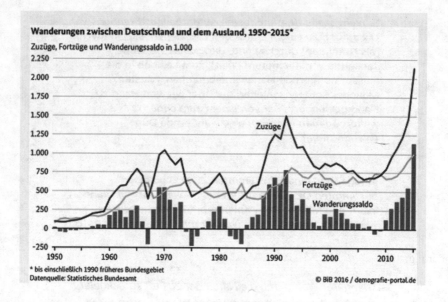

Wanderungen zwischen Deutschland und dem Ausland, 1950-2015*
Zuzüge, Fortzüge und Wanderungssaldo in 1.000

* bis einschließlich 1990 früheres Bundesgebiet
Datenquelle: Statistisches Bundesamt

© BiB 2016 / demografie-portal.de

设计目的

　　通过让学生课下自主查阅文献资料进行课堂汇报以及比较分析，帮助他们理解 Wanderung、Einwanderung 和 Auswanderung 几个概念的联系与区别。

步骤 3

　　教师简介普鲁士改革后德国农民由农村到城市的迁移，让学生讨论 Binnenwanderung 这一概念。

设计目的

　　让学生通过对历史事件的了解，进而更为直接、生动地理解 Binnenwanderung 的定义。

步骤 4

　　教师讲述中国历史上一次较大规模的人口迁移浪潮——湖广填四川，作为 Binnenwanderung 的另一实例，并概括讲解与此历史事件相关的川剧的由来以及四川方言中的个别词语，例如"解手""扯回销"的由来。

· Die Integration von

der Melodie der hohen Tonlage (*gaoqiang* 高腔) von *yiyang* 弋阳 der Provinz Jiangxi

kunqu 昆曲 der Provinz Jiangsu

pihuang 皮黄 (mit dem Saiteninstrument von *huqin* 胡琴) der Provinz Hubei

Tan-Oper (*bangzi* 梆子, aus *qinqiang* 秦腔) der Provinz Shaanxi

feste Form der
Sichuan-Oper

反剪双手的祖俗

各省移民怀揣着执照来到四川以后，四川当地政府根据执照验明正身，看这支移民队伍人数是否与执照上填写的相符，每个人是否能对号入座。在安排这些移民入籍四川的同时，也通过官方文书的方式通报移民原住地政府，意思是这批人已经平安抵达四川了，扯个回销，以便将原住地户口和人头税额调整注销。

设计目的

帮助学生深入理解概念，使学生认识到 Binnenwanderung 同 Ein-，Auswanderung 的区别，体会人口迁移和文化交融对社会、语言发展有着重要影响。

2. 概念"移民 Migration"

步骤 1

学生快速阅读 Text 4，思考 Gastarbeiter 的定义；教师提出问题"德国融入问题产生的原因是什么？"。

> **Text 4**
>
> ### Vielfalt der türkeistämmigen Bevölkerung in Deutschland
>
> *Jan Hanrath*
>
> Obwohl die türkeistämmige Bevölkerung in Deutschland sehr heterogen ist, wird sie häufig als geschlossene Gruppe wahrgenommen. Ihre Vielfalt wird anhand der Migrationsgeschichte, dem ethno-religiösen Hintergrund, dem Integrationsgrad sowie an Intragruppenkonflikten verdeutlicht.

设计目的

让学生通过阅读课文，理解 Gastarbeiter 的概念并回答和反思德国融入问题产生的原因。

步骤 2

由 Gastarbeiter 的概念引入 Migration 的定义。

> ▶ **Migration**
>
> (lateinisch *migrare*, „wandern", *migratio* „Wanderung") bezeichnet den „dauerhaften Wechsel des Lebensorts" – aus ökonomischen Gründen, für eine Partnerschaft, um Problemen im eigenen Land zu entgehen (Verfolgung). Die Einwanderer nennt man *Migranten*. Menschen, die ihr Land verlassen, weil sie dort (politisch, religiös etc.) verfolgt werden oder eine Verfolgung fürchten müssen, sind *Flüchtlinge*.

设计目的

让学生由浅入深地了解移民的定义。

3. 概念"融入 Integration"

步骤 1

学生阅读 Text 2，讨论 Integration 的含义和德国外来移民的融入困境及其根源，以及由此带来的社会问题；教师展示德国联邦移民与难民局关于融入政策的官方数据。

Ziel von Integration ist es, alle Menschen, die dauerhaft und rechtmäßig in unserem Land leben, in die Gesellschaft einzubeziehen. Dabei betrifft Integration uns alle - Alteingesessene ebenso wie Zugewanderte.

Am 1. Januar 2005 trat mit dem Zuwanderungsgesetz eine **Reform der Integrationspolitik** in der Bundesrepublik Deutschland in Kraft. Seit der damit verbundenen Einführung der Integrationskurse haben bundesweit fast 2,4 Millionen Menschen an 170.000 Kursen teilgenommen und so einen Zugang zu Sprache und Werten der deutschen Gesellschaft erhalten. Das **BAMF** (Bundesamt für Migration und Flüchtlinge) hat in den vergangenen 15 Jahren ein ausdifferenziertes Angebot an Kursen geschaffen, das stetig weiterentwickelt und den aktuellen Herausforderungen angepasst wird.

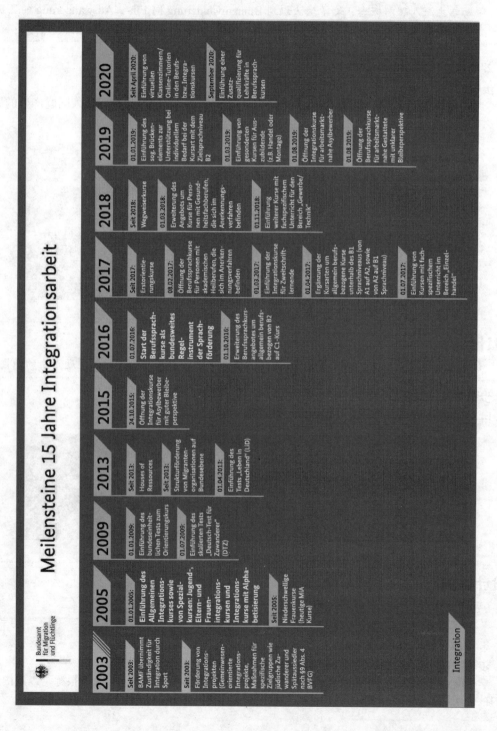

设计目的

让学生通过阅读和讨论，了解德国融入问题的由来和评价外来移民是否融入移民国家的三个基本标准；让学生了解德国针对外来移民实施的融入政策，尤其是语言融入方面的政策；使学生理解尊重文化差异和正确处理文化隔阂的重要性。

步骤 2

教师讲述中华文明多元一体、兼容并包的特点。

设计目的

引导学生感受中国社会和谐统一的根源，提升学生的文化自信。

步骤 3

阅读相关文献资料（节选如下），分小组汇报欧盟的外语教育政策和德国的语言政策。

Deutschland —— **41**

2 Die Europäische Charta der Regional- oder Minderheitensprachen

2.1 Implementierung

2.1.1 Zeitlicher Verlauf

Deutschland gehört mit der Zeichnung der Charta am 5.11.1992 zu den Erstunter-zeichnerstaaten. Ratifiziert wurde sie knapp sechs Jahre später, am 16.9.1998; erst da wurde die notwendige Anzahl von fünf Ratifikationen erreicht. Eingeschlossen sind Erklärungen der BRD zur Vorbereitung der Ratifizierung vom 23.1.1998 und zur Umsetzung der Verpflichtungen der Charta hinsichtlich Teil II (Art. 7) der Charta vom 26.1.1998. Am 1.1.1999 trat sie dann in Kraft.

Den ersten, nach Artikel 15,1 der Charta geforderten, am 1.1.2000 fälligen Staatenbericht legte Deutschland am 20.11.2000 vor. Nach dem ersten Vor-Ort-Besuch des Sachverständigenausschusses im Oktober 2001 verfasste dieser am 5.7.2002 seinen ersten Bericht über die Anwendung der Charta, am 14.8.2002 wurde das Schreiben zugestellt, im Oktober übermittelte Deutschland dem Europarat eine Stellungnahme dazu, am 19.9.2002 wurde die Charta durch das Zweite Gesetz zur Charta novelliert. Das Ministerkomitee sprach am 4.12.2002 seine ersten Empfehlungen aus. Der zweite Staatenbericht wurde am 7.4.2004 vorgelegt, der zugehörige Bericht des Sachverständigenausschusses erfolgte nach dem zweiten Vor-Ort-Besuch im September 2004 am 16.6.2005, die Empfehlungen lagen am 1.3.2006 vor. Der dritte Staatenbericht datiert auf den 27.2.2007. Der Sachverständigenausschuss legte seinen Bericht nach einem Vor-Ort-Besuch im November 2007 am 3.4.2008 vor, die Empfehlungen des Ministerkomitees folgten am 9.7.2008. Der vierte Staatenbericht datiert auf den 7.6.2010. Die Veröffentlichung des Sachverständigenausschusses erfolgte nach dem dritten Vor-Ort-Besuch im September 2010 am 2.12.2010, die des Ministerkomitees am 25.5.2011.

《德国研究》2003 年 第 2 期 第 18 卷 总第 66 期
Deutschland - Studien
— 31 —

德国的欧盟语言政策：
从边缘化到重视

伍慧萍

设计目的

让学生进一步理解欧盟各国如何从语言上促进欧盟的一体化进程，体会语言既是国家身份认同的要素，也是促进文化交融的重要元素，还要认识到德国具有欧洲属性的超国家身份认同和作为个体的独立国家身份认同。基于这样的双重身份认同，德国的语言政策既要参照欧盟多语言外语教育政策来执行，以推动欧盟的一体化，又要促进德语在欧盟及世界范围的传播和使用。

4. 调解跨文化分歧的方案

学生快速阅读 Text 3，了解并讨论调解跨文化分歧的四种方案，思考在跨文化交际过程中如何选择恰当的方案来弥合文化分歧。

a) Divergenzkonzept
b) Dominanzkonzept
c) Synthesekonzept
d) Assimilationskonzept

设计目的

引导学生认识每种方案的优点及缺点，使学生初步掌握在马克思主义民族语言观指导下调解跨文化交际中的文化分歧的方法，具备处理文化冲突的能力。

5. 思考练习

（1）阅读 Text 1，查阅文献资料，进一步了解德国关于"主导文化 Leitkultur"的讨论，思考什么是"主导文化"。

（2）通过阅读黄燎宇，2018，《北大德国研究（第七卷）》，北京大学出版社，思考德国如何在欧盟框架下应对难民和移民问题，体会语言、文化同社会发展的关系。

（3）通过阅读李文红，2017，《世界变革中的中德关系研究》，人民日报出版社，思考面对形势复杂多变的国际关系和国际格局，中德两国关系的发展变化。

六、课后反思

1. 教师反思

通过本案例教学，是否能让学生充分理解相关概念的含义以及充分认识并尊重世界文化的差异性以及多样性，并根据具体跨文化交际情况，选择恰当的方案去处理文化分歧以促进社会融入。

2. 学生反思

作者：童诗倩、易舒　　学校：西南大学

"基础综合德语"课程思政教学设计样例①

Lektion 11　Da lob ich mir die Höflichkeit
Teil 2

一、课程总览

1. 课程名称： 基础综合德语

2. 课程类型： 德语专业核心课

3. 课程目标：

通过本课程的学习，使学生达到以下目标：

（1）能掌握语音规则，熟知核心单词的主要词义和搭配，掌握简单句和部分复合句的形式、种类、成分以及基本时态的构成和用法。**【知识】**

（2）增强主动获取知识的意识和能力，能用所学知识分析和解决问题，为进一步的语言学习奠定基础。**【态度＋技能】**

（3）初步具备德语国家的国情知识和中德文化对比知识，能用德语进行简单的跨文化交际。**【知识＋技能】**

（4）能流畅地朗读课文及同等难度的课外读物，能较流利地进行日常对话，具备初步的德语写作能力。**【技能】**

（5）通过了解中德语言、文化的差异，牢固树立家国情怀，增强文化自信，树立主动逾越社会文化障碍并进行积极人际交流沟通的意识。**【价值观＋知识】**

4. 教学对象： 德语专业一年级本科生

5. 学时： 128

6. 教材：《当代大学德语2（学生用书）》，聂黎曦、梁敏主编，外语教学与研究出版社，2006年

二、本案例教学目标

1. 认知类目标： 掌握过去完成时以及由 nachdem 引导的时间从句的形式、结构和用法；掌握交际场景下的礼貌用语；了解特定文化和跨文化背景下的礼仪形式；理解文化对交际的影响；理解语言是文化的重要载体。

2. 价值类目标： 增强对文化差异的关注与理解，通过了解中德礼貌表达的特征与差异，进一步理解和尊重世界文化的多样性，增强跨文化同理心，提升文化自信。

3. 方法类目标： 能运用过去完成时得体地讲述相关情形下过去发生的事情；能基于特定社会文化背景进行交际活动（邀请、赴宴、致谢等）；能通过文献阅读获取中德两国社交礼仪的信息。

---

① 本文系西南大学专业核心课程建设项目经费项目号5240101896研究成果。

三、本案例教学内容、重点和难点

1. 教学内容

（1）过去完成时：结构、使用范围；

（2）nachdem 引导的时间从句：结构、使用范围；

（3）Text 1 Höflichkeitsquiz: Was macht man da in Deutschland?；

（4）Text 2 Andere Länder, andere Sitten。

2. 教学重点

（1）过去完成时：结构、使用范围；

（2）德语中的礼貌用语。

3. 教学难点

（1）理解"礼貌"在中德文化背景下的不同内涵并掌握其表达形式；

（2）理解文化对交际的影响。

四、本案例教学方法、手段

1. 简单讲授"礼貌"的概念；通过归纳法，用课文中的语料帮助学生认识过去完成时的结构。

2. 采用案例法，模仿、观察并反思社会交际活动中的语言实践，引导学生认识"礼貌"在中德文化中的不同表现形式。

3. 通过精读课文和文献阅读，让学生理解过去完成时的使用范围，掌握相关语境下的德语礼貌用语，反思在不同的文化背景下恰当进行交际的重要意义。

五、本案例教学过程

1. 话题引入 die Höflichkeit

步骤 1

教师提出问题：Welche Verhalten sind höflich? 要求学生列举礼貌的行为。

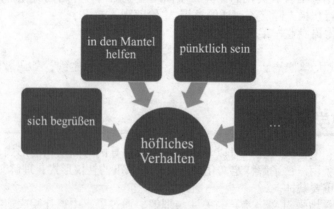

设计目的

通过对礼貌行为的列举，用鲜活的例子让学生对礼貌行为有直观、具体的概念。

步骤 2

教师展示汉语、德语对"礼貌"的解释，让学生比较和分析中德礼貌概念的语言表述以及中德文化背景下的"礼貌"定义。

礼貌：言语动作谦虚恭敬的表现。[①]

Die Höflichkeit im *Duden*:

1. höfliches, gesittetes Benehmen; Zuvorkommenheit;

2. in höfliche, jemandem schmeichelnde Worte gekleidete, freundlich-unverbindliche Liebenswürdigkeit, die jemand einem anderen sagt.[②]

设计目的

通过比较和分析，让学生体会语言是文化的载体。

2. Text 1 课文 1 讲解

步骤 1

教师展示图片，让学生思考并讨论哪种行为符合在相关场景中的礼貌规范。

shutterstock.com · 1912159708

设计目的

让学生交流对于礼貌行为的理解，引导学生认识不同的文化有不同的礼貌规范，比如中国文化中搀扶老人属于礼貌行为，而该行为不完全符合德国文化中的礼貌规范。

步骤 2

讲解课文中的重点词组，如：in den Mantel helfen, sich an die Regeln halten, Regeln einhalten

---

T1 Höflichkeitsquiz: Was macht man da in Deutschland?

Wortschatz

einhalten + etw.(A.) = sich halten + an A. = halten + A.

- In der letzten Woche haben wir doch einen Termin / eine Vereinbarung / ein Versprechen gemacht. Den muss man einhalten.

- Das hast du uns versprochen. Du musst dich an dein Versprechen halten.

- Was man versprochen hat, muss man halten.

---

① 《现代汉语词典（修订本）》，北京，商务印书馆，1999：772。

② *Duden* online: https://www.duden.de/rechtschreibung/Hoeflichkeit

设计目的

让学生掌握相关礼貌行为在德语中的表达。

步骤 3

听对话，注意对话中的礼貌用语，完成相关练习（T-Übung 1）。

Szene 1 (A: Gast, B: Gastgeberin)

A: Entschuldigen Sie, ich muss kurz telefonieren. Darf ich ...

B: Gehen Sie doch bitte in den Flur.

Szene 2 (A: Mann, B: Frau)

A: Ach, bitte, setzen Sie sich doch. Ich steige sowieso gleich aus.

B: Vielen Dank, das ist sehr freundlich von Ihnen.

Szene 3 (A: Kollege, B: Kollegin)

A: Die Rechnung, bitte. — Heute darf ich Sie einladen.

B: Aber nein, das kommt gar nicht in Frage. Bezahlen wir doch getrennt.

A: Ach wissen Sie, wir sind hoffentlich nicht zum letzten Mal zusammen beim Essen.

B: Also gut. Das nächste Mal bin ich an der Reihe mit dem Bezahlen. Vielleicht nächsten Donnerstag wieder nach der Arbeit?

A: Schön. Ich unterhalte mich sehr gern mit Ihnen.

设计目的

让学生巩固礼貌用语。

3. 语法：过去完成时

步骤 1

学生快速阅读课文 2，教师展示课文中含有过去完成时的句子，学生总结过去完成时结构框架。

T2 Andere Länder, andere Sitten

Das Plusquamperfekt

Frau und Herr Kern	hatten	mich für halb acht zum Abendessen	eingeladen.
Frau Kern	hatte	mir das Gericht zum zweiten Mal	angeboten.
Sie	waren	zu spät	gekommen.
Inzwischen	war	ich ziemlich hungrig	geworden.

设计目的

让学生通过总结发现过去完成时的结构规律。

步骤 2

教师在时间轴上展示过去时与过去完成时的区别和联系。

T2 Andere Länder, andere Sitten

Das Plusquamperfekt

heute

Sie hatten mich
eingeladen.

Ich kam
zum Besuch.

Ich bedanke
mich telefonisch.

设计目的

让学生直观认识过去完成时使用的时间范围。

步骤 3

学生进行相关语法练习（G-Übung 1，2）

设计目的

让学生通过练习掌握过去完成时的结构和用法。

4. Text 2 课文 2 讲解

步骤 1

学生阅读课文，教师展示文中由 nachdem 引导的时间从句并讲解 nachdem 从句的相关知识点，学生完成语法练习（G-Übung 3，4，5）。

Beispiele:

1) Nachdem ich noch einmal geklingelt hatte, öffnete Frau Kern endlich die Tür.

2) Nachdem Frau Eisenberg ihre [Suppe]gegessen hatte, sagte sie [...]

3) Nachdem wir uns auf das Sofa gesetzt hatten, fragte die Gastgeberin [...]

设计目的

让学生认识由 nachdem 引导的时间从句的特点。

步骤 2

教师讲解重点词汇，如 Wert auf etw. legen, etw. sich gehören, die Pünktlichkeit

T2 Andere Länder, andere Sitten

Wortschatz

sich gehören = sich schicken

- Es gehört sich nicht, so laut zu sprechen.

- Man soll sich benehmen, wie es sich gehört.

Vergleichen Sie:

- Das Buch gehört mir.

设计目的

让学生学习评价礼貌行为的用语。

步骤 3

学生分组，分场景（电话邀请、共进晚餐、电话致谢），分角色（邀请者／德国人、受邀者／中国人）进行交际练习。

设计目的

让学生通过练习，掌握礼貌用语及评价礼貌行为的相关词汇；让学生站在不同角度体会"礼貌"在中德文化中的不同含义，比如在受邀赴约时，中国式礼貌看重按约定时间到达；而在德国，比约定时间晚五分钟左右到达，更符合礼貌规范，因为德国文化更强调赴约时给邀请方充分的准备时间。

步骤 4

让学生阅读文献（黎东良，2012，《中德跨文化交际理论与实践》第 6 章、第 7 章），比较中德社交礼仪和文化背景，讨论在相关的社交场景下如何进行恰当的交际。讨论中应使用本课重点词汇。同时，引导学生认识在跨文化交际中尊重他国文化礼仪规范不等同于否定本国文化礼仪规范，应在交际过程中互相尊重彼此的文化。

设计目的

让学生进一步认识中德两国的礼貌规范异同，增强学生尊重文化多样性的意识，树立文化自信。

5. 思考练习

（1）搜索资料，进一步了解德国的社交礼仪。

（2）通过阅读郭学贤，2013，《现代礼仪》，北京大学出版社，思考面对全球疫情，如何进行得体的跨文化交际，例如线下交际保持社交距离，线上交际遵守网络社交礼仪等。

六、课后反思

1. 教师反思

通过本案例教学，是否能让学生充分理解语言同文化的关系以及充分认识并尊重世界文化的多样性。

2. 学生反思

作者：易舒、童诗倩　　学校：西南大学

"基础日语"课程思政教学设计样例

第 9 课　外来語
ユニット 1 会話　外来語は制限すべきか

一、课程总览

1. 课程名称：基础日语 C

2. 课程类型：日语专业核心课

3. 课程目标：

通过本课程的学习，使学生达到以下目标：

（1）了解中日两国的国情和历史社会文化，在认识并思考中日两国文化异同的基础上，树立对本国文化的自信。具有开放、活跃的心态，能够积极参加各类文化交流活动，并能够通过各类活动传播中国文化，讲述中国故事，表达中国声音，具有开阔的中国情怀、坚定的国家意识。【素质】

（2）掌握正确的语音、语调和句子重音，在朗读和听说中有基本的节奏感和语调感。掌握约 6 000 个单词及一些常用词组、句型，并能在会话和写作中正确运用。掌握日语的时、体、态；复句的种类及结构；敬语等语法内容，并能在综合运用中做到概念清楚、形式正确、语用恰当。【知识】

（3）掌握文章的主旨，准确领会作者的写作意图，能流畅地朗读课文及同等难度的课外读物，阅读速度不低于每分钟 200 字。掌握日汉翻译的技巧，能够准确流利地进行日汉互译。掌握不同体裁文章（记叙文、议论文、应用文等）的写作格式，做到语法正确、表达清晰、论点明确。【能力】

（4）具有思辨能力，在听力学习过程中具有问题意识，能发现中日语言、文化的差异，进行理性思考。【能力】

4. 教学对象：日语专业大学二年级学生

5. 学时：128

6. 教材：《综合日语（第三册）（修订版）》，彭广陆主编，北京大学出版社，2010 年

二、本案例（本课）教学目标

1. 认知类目标：记忆本课单词并掌握其用法；掌握不同句型的意义及用法。学会如何对他人意见表示赞同或反对。学会归纳总结意见并陈述自己的理由。

2. 方法类目标：讲授本课单词、常用短语、句型；并通过举例、造句、翻译等方法，让学生能够熟练运用单词及句型。讲授日语表达自己赞同或反对立场的表达方式，并进行练习。

3. 价值目标：培养学生的交流合作意识和独立思考的习惯，学会如何表达自己的不同观点；增强对社会语言现象的关注，建立文化自信；在国家安全维度深刻理解语言文字和国家意识形态的相互影响的关系，体会语言文字在文化安全、舆论安全、信息安全、教育安全等领域的重要作用，提高语言安全意识。

三、本案例（单元/话题等）教学内容、重点和难点

【教习内容】

1. 单词讲解：学习新出单词和练习单词的用法。

2. 语法讲解：

（1）掌握「Vかねない」（负面的可能性）的用法；

（2）掌握「Nに関する」（内容）的用法；

（3）掌握「Nに応じて」（根据）的用法；

（4）掌握「に過ぎない」（程度低）的用法。

【重点】

如何陈述自己的意见，如何表达对某事的赞成或反对的立场。

【难点】

如何有逻辑地归纳意见，如何陈述理由。

四、本案例（单元/话题等）教学方法、手段

1. 以讲授法讲授本课单词及句型的用法。

2. 以讨论法分析本课会话文和课文，分析如何陈述自己的意见、理由等表达方式，并讨论中日语言在陈述赞成或反对意见时表达方式的差异。

3. 布置学生任务：课前调查，课上报告。采用案例法，反思、观察并分析外来语产生的原因；日语中外来语与汉语、和语的差异；中国日语学习者对日语外来语所持态度的调查；中日语中的外来语现状比较等，引导学生发现语言与社会、语言与国家意识形态、外来语与文化输入、外来语与国家语言政策的密切关系。

五、本案例（单元/话题等）教学过程

1. 导入：我们学习了1年半左右的日语，大家想一想日本的文字、词汇有哪些？日本的文字有日语汉字（漢字）、假名（平假名、片假名）、罗马字；日语词汇有日语汉字词（漢字語）、和語、外来語、混种语（如，「消しゴム」。）大家觉得外来语难学吗？有人认为日语的外来语应该加以限制，您赞成还是反对？今天我们学习第九课「外来語」。

2. 本课的教学内容及重点、难点（请见上面第三节）。

3. 单词讲解：

教学实施一：翻转课堂。课前发送PPT给班级QQ群，学生自主学习以下单词：

「制限、是非、ただ今、苛立ち、恐らく、図る、無闇、~に関する、少なくとも、見直す、というのは、加わる、敢えて、任せる、整える、従って、無駄、課す、改まる、たった今、徐々に」

设计目的

学生提前预习本单元的单词，以PPT形式讲解重点词汇的读音、语义和用法。

教学实施二：思政元素单词的讲解。

（1）苛立ち（苛立ち）：焦躁，急躁。教育学生在学习和生活中，不要焦躁，不要急躁，学习要有计划，循序渐进，按部就班，如果焦躁急躁反而会影响学习效率。

（2）介護（かいご）：护理；照顾；帮助。

　　ヘルパー（helper）：助手；帮手。

バリアフリー（barrier free）：无障碍。

介绍日本专门有机构对残障人士的生活进行护理和帮助，全社会关心和爱护残障人士。教育学生不要歧视残障人士，遇见残障人士，应帮助、关心和爱护他们，要有仁爱之心。例如要留出盲道，不要占用盲道。

（3）矛盾（むじゅん）：矛盾。教育学生：生活中有许多矛盾，由于生活习惯等差异，同学之间、室友之间可能会产生矛盾，要有宽容之心、包容之心，化解矛盾，与人为善，和谐生活。

（4）失恋（しつれん）：失恋。可以开玩笑地问学生有没有失恋的同学，教育学生要有正确的恋爱观，对大学生不提倡恋爱也不反对恋爱，恋爱不要影响学习，因为大家当前的任务是学习。一旦失恋，也不要有过激的行为，人生的挫折有很多，失恋并不意味着失去了希望。

（5）稼ぐ（かせぐ）：挣钱，赚钱。教育学生："幸福是靠奋斗出来的"，要热爱劳动，只有劳动才能创造财富，要树立正确的金钱观、劳动观、幸福观；另一方面，教育学生：现在的主要任务是学习，不能一味地打工挣钱，不要本末倒置。

设计目的

找出与思想政治教育相关的单词，通过思政元素的词汇，实施课程思政。

4. 语法讲解：

教学实施一：翻转课堂。课前发送 PPT 给班级 QQ 群，学生结合教材说明，自主学习以下句型，如有问题，请在课堂中提出。

设计目的

学生预习本单元句型，教师以 PPT 形式讲解句型的接续法和用法。

教学实施二：引导学生分析本单元句型的接续法，掌握本单元句型的用法。

（1）「V かねない」（负面的可能性）的用法；

（2）「N に関する」（内容）的用法；

（3）「N に応じて」（根据）的用法；

（4）「に過ぎない」（程度低）的用法。

设计目的

课堂上讲解句型，使学生掌握本单元句型。

5. 课文分析：ユニット 1 会話　外来語は制限すべきか

教学步骤：

（1）听课文音频 2 遍，（不准看书）回答下面的问题：

1）会話文では、「外来語は制限すべきか」に賛成する人、反対する人はそれぞれだれですか。

2）「外来語は制限すべきか」に賛成する理由について、述べてください。

3）「外来語は制限すべきか」に反対する理由について、述べてください。

（2）文本分析：分小组讨论课文中陈述意见的步骤，培养学生的思辨能力和日语表达能力。

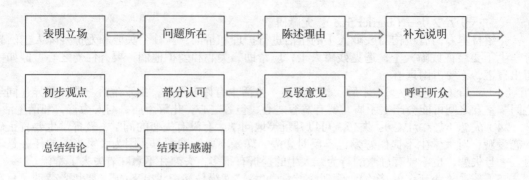

设计目的

  分析本课课文，引导学生讨论日语陈述意见的步骤，使学生学会用日语陈述意见。学会如何对他人意见表示赞同或反对，学会归纳总结意见并陈述自己的理由。

6. 学习活动

6.1 讨论一：外来语产生的原因

学生课堂发表外来语产生的原因，例如：

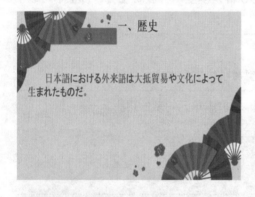

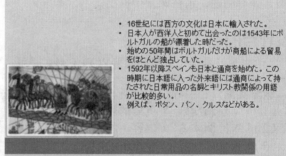

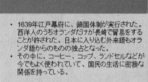

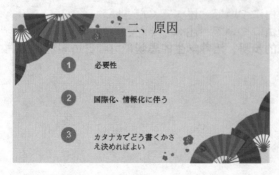

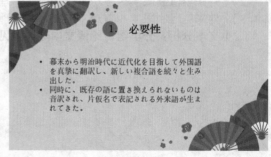

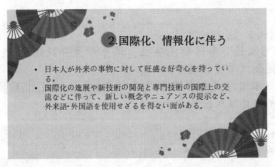
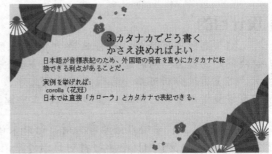

设计目的

　　分析日语外来语产生的历史和原因，外来语是文化输入的手段，是西欧国家和美国对日本进行文化侵略的工具之一。帮助学生理解语言是文化交流、文明互鉴的载体，同时也是外来文化入侵的工具，警惕西方对我国进行的文化入侵。我们既要有国际意识，也要有家国意识。

6.2　讨论二：日语中外来语与汉语、和语的差异

学生课堂发表日语中外来语与汉语、和语的差异，例如：

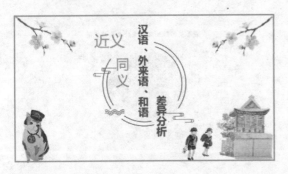

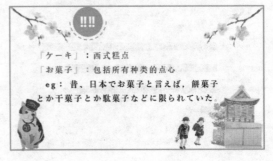

设计目的

（1）通过查阅资料，比较日语中的外来语与汉语、和语的差异性，培养学生分析问题、解决问题的能力，同时通过小组发表，培养学生合作学习的精神。

（2）通过分析可知，古代日语没有文字，日本文字是由中国古代汉字演变而来，且日语中有许多借用中文的词语，帮助学生树立中国文化自信和民族自豪感。

6.3 讨论三：中国日语学习者对日语外来语所持态度

学生课堂发表中国日语学习者对日语外来语所持态度的调查，例如：

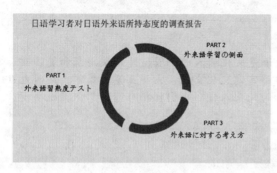

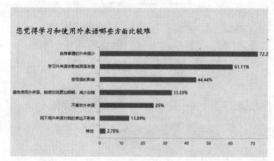

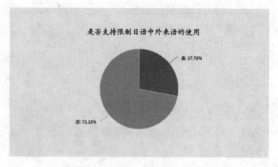

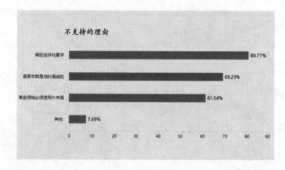

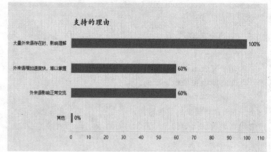

设计目的

（1）了解学生对日语外来语所持态度，培养学生辩证地看待事物的思维能力；

（2）在日语学习中对日语外来语要克服困难，增强学生自信和克服困难的勇气。

6.4 讨论四：中日语中的外来语现状比较

学生课堂发表汉语中的外来语及中日外来语现状比较，例如：

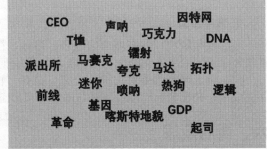

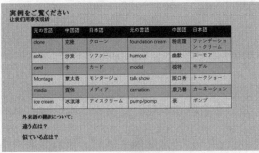

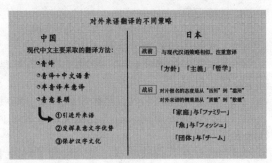

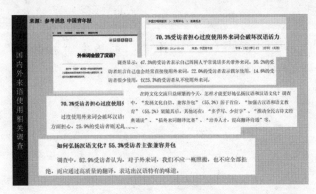

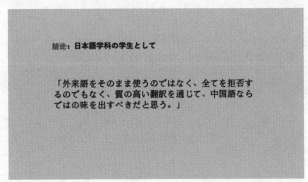

设计目的

（1）分析中日语在外来语吸收和外来语翻译等方面的异同，了解语言变化的特点；

（2）通过阅读媒体，了解中国人对外来语的态度，理解外来语的吸收对汉字文化的影响；

（3）教育学生一方面要具有开放的意识，接受必需的外来语，培养通过外来语了解外国文化、增强跨文化交际的能力；另一方面教育学生不能滥用外来语，必须规范正确地使用汉语，尊重汉字文化及其代表的中国文化，不能崇洋媚外。

7. 思考练习

（1）收集资料，调查城市的地名、路标、社区名称、商标等使用外来语的实际状况，思考这些外来语使用对文化有无冲击和影响，您有何看法；

（2）调查国家语委对法律、公文、报刊、媒体广告等关于外来语使用的规定，了解我国的外语政策，并思考如何理解外语与国家意识形态的关系。

六、课后反思

1. 教师反思

（1）本节课的教学设计是否合理、科学？

（2）本节课的教学方法是否得当？

（3）本节课的教学目标，尤其是思政目标是否达成？

2. 学生反思

（1）本节课的教学内容是否掌握，重点难点问题是否解决？

（2）本节课的单词、语法、课文的掌握如何，是否学会陈述意见，提出赞成或反对意见的日语表达方法？

（3）通过本节课的学习，是否提高了对外来语的认识，是否理解外来语与文化的关系，是否理解国家的外语政策？

作者：彭玉全、杨静　　学校：西南大学

"日本概况"课程思政教学设计样例

第三章　日本の社会
第一節　日本人の暮らし（食事）[①]

一、课程总览

1. 课程名称：日本概况

2. 课程类型：日语专业核心课

3. 课程目标：

通过本课程的学习，使学生达到以下目标：

（1）掌握日本这个国家的主要特点，对日本历史和社会文化（包括地理、历史、政治、经济、传统艺术、社会生活、思维方式）等状况有一个基本的了解。【知识】

（2）能够发挥主体性，进行理性思考，发现和分析问题。根据不同专题任务，利用现代信息技术获取文献资料和最新数据，梳理分析资料，并能够进行逻辑性的课堂展示。【知识＋技能】

（3）以全面了解日本社会为契机，结合中国相关知识形成比较视野和问题意识，为学生拓宽学术研究的领域。【素养＋技能】

（4）增强学生涉外活动中的文化适应性和跨文化交际能力，使学生能将所学的语言知识与日本文化相结合，减少或避免与日本人交往中因文化差异所产生的摩擦与冲突。【素养＋技能】

（5）熟知中国国情，具有中国情怀的同时，掌握学科知识，具有国际视野，树立积极参与中日交流活动、传播中国文化的信念。【价值观＋知识】

4. 教学对象：日语专业低年级本科生

5. 学时：线下 32；线上 16

6. 教材：《新编日本国家概况》，吴宏主编，华东师范大学出版社，2015 年

二、本案例（单元/话题等）教学目标

1. 认知类目标：掌握日本代表性饮食名称和膳食特点；理解日本饮食中所蕴含的历史传承、文化元素及日本人独有的思考方式；能够联系已教授的当代日本产业结构变化和问题，思考全球化、科技发展等时代变迁对日本传统膳食习惯带来的挑战并理解日本的"食育"国家战略。

2. 价值类目标：增强对日常生活行为所含文化性、社会性的关注，深刻理解饮食在民族文化传承中的促进作用，增强文化自信、建立国家认同；以社会系统整体有机性视角反思微观层面的饮食在一国经济结构、文化传承、国家软实力输出等宏观层面国家战略之中的重要作用，提高学生的社会责任心和传承中华文明的时代使命感。

3. 方法类目标：能利用现代信息技术获取文献资料，梳理、分析资料并进行逻辑性的课堂展示；能联系已习得的日本地理条件、经济产业现状等知识自主思考饮食中的日本特点，促进新旧知识整合；能够带着比较文化的视点通过文献阅读、课堂讨论等方法从现代日本人饮食习

[①] 本文为西南大学日语专业核心课程《高级日语》、西南大学教改项目"《日本概况》课程思政教学方法研究"（项目编号：2020JY072）的成果之一。

惯及饮食文化传承等方面所面临的挑战和解决措施反思中国社会类似问题。

三、本案例（单元／话题等）教学内容、重点和难点

1. 教学内容

（1）代表性日本料理（传统日本料理、现代日本料理）：名称、特点及变化；

（2）成功申遗的日本"和食"：特点、原因及影响；

（3）日本的"食育"：内容及意义。

2. 教学重点

（1）传统日本料理的名称与膳食特点、现代日本料理的分类及日本人饮食习惯的变化；

（2）入选世界非遗名录的日本"和食"的特点；

（3）日本"食育"的具体内容。

3. 教学难点

（1）日本饮食中所蕴含的历史传承、文化元素及日本人独有的思考方式；

（2）全球化、科技发展等时代变迁对日本传统膳食习惯带来的挑战；

（3）一国饮食的社会文化含义及其教育功能。

四、本案例（单元／话题等）教学方法、手段

1. 采用翻转课堂的形式，让学生事先通过线上课程自主总结知识点和发现兴趣点，在课堂上通过演示法，面向其他同学梳理和拓展有关日本人饮食的相关知识，在发展学生课程设计能力的同时，进一步巩固和确认学生对识记类知识点的掌握情况。

2. 结合案例法和启发式教学法，引导学生通过观察眼前的多模态资源联系已学知识点发现日本饮食的特色，感受饮食与民族文化、国家产业经济、国际交流的密切关系。

3. 通过专题研讨、任务式教学法，让学生从日本"和食"的申遗经验和日本的"食育"举措反思中国饮食在文化传承、提升国家软实力、发挥教育功能等方面所存在的问题，通过生生互动、师生互动让学生尝试用本课程所学知识设计适应国情的中国方案。

五、本案例（单元／话题等）教学过程

1. 代表性日本料理

步骤 1

学生 1 通过多媒体手段（如图 1）汇报和展示经线上课程学习对传统日本料理（有职料理、本膳料理、精进料理、怀石料理、会席料理）部分知识点的掌握情况；教师点评学生汇报，演示图 2。

图 1　代表性的传统日本料理

图2　传统日本料理的前世今生

设计目的

　　用思维导图和鲜明的多模态资源加深学生对知识点的掌握，引导学生注意到传统日本料理所具有的历史文化底蕴以及在现代日本人生活中的非日常性一面，激发学生感悟饮食在民族文化传承中的媒介作用以及日常生活中非日常一面的至关重要性，认同节庆或仪式饮食能增强民族认同感、归属感和凝聚力，满足人们精神生活需要。

步骤2

　　学生2通过多媒体手段汇报和展示经线上课程学习对现代日本料理部分知识点的掌握情况（如图3）；教师提问并引导学生观察图1和图3，学生自主思考总结日本饮食的特点。

图3　代表性的现代日本料理

设计目的

　　学生通过多模态线索综合食材色彩、摆盘方式等领会日本人的审美意识，赏析日本料理强调视觉享受的一面，培养学生形成平等的饮食文化观念；同时，引导学生联系已习得的课程知识理解日本的岛国特性、森林资源丰富等自然地理条件与日本饮食之间的密切联系，促进学生新旧知识的融合；另外，对日本膳食特点的总结可让学生自发形成与中国饮食文化的对比意识，激发学生对本国饮食文化特点的思考和认同。

步骤 3

教师演示图 4 排行榜部分，学生观察图 4，在教师的引导下对现代日本料理进行归类，得到图 5；教师提问，学生继续观察图 4，讨论 2000 年、2010 年、2020 年 3 次排名情况的不同，并总结现代日本人饮食习惯的变化。

日本人喜欢的料理排名

	2000	2010	2020 new
1	寿司 [43.2%]	寿司 [41.2%]	寿司 [39.4%]
2	焼肉 [21.0%]	焼肉 [24.3%]	焼肉 [28.3%]
3	刺身 [20.3%]	ラーメン [18.6%]	ラーメン [20.7%]
4	ラーメン [15.3%]	刺身 [18.1%]	鶏のから揚げ [17.0%]
5	カレーライス [13.4%]	カレーライス [17.5%]	カレーライス [16.8%]
6	うどん・そば [13.4%]	ぎょうざ [11.3%]	刺身 [13.8%]
7	野菜の煮物 [10.7%]	うどん・そば [11.1%]	ぎょうざ [12.7%]
8	天ぷら [10.0%]	パスタ [10.2%]	ステーキ [11.8%]
9	パスタ [9.4%]	鍋もの [8.7%]	うどん・そば [9.1%]
10	焼魚 [9.2%]	天ぷら [8.6%]	パスタ [8.5%]
变化	和式：8 洋式：2 中式：0	和式：7 洋式：2 中式：1	和式：6 洋式：3 中式：1

图 4　日本人喜欢的料理排名及变化趋势

现代日本料理的分类

洋式：カレーライス（咖哩饭）、パスタ（意大利面）、ステーキ（牛排）
中式：ぎょうざ（煎饺）
和式：寿司、刺身（生鱼片）、うどん（乌冬面）・そば（荞麦面）等

图 5　现代日本料理分类

设计目的

学生通过日本博报堂（日本著名广告公司）对日本人饮食喜好的历时调查实例，感知日本饮食中的多元化、国际化趋势，反思随着不断深化的全球化及现代化进程的推进，西方文化对当地传统习惯的影响和造成的全球同质化倾向，提高学生的文化安全意识；同时，引导学生联系已习得的课程知识深刻理解日本人饮食生活变化与日本食物自给率低下之间的密切联系，促进学生新旧知识的融合，提高学生粮食安全意识。

2. 成功申遗的日本“和食”

步骤 1

学生结合图 6 阅读 2 段文字新闻，联系实例说明日本“和食”申遗成功的原因，讨论日本“和食”申遗成功对日本国内及国际社会分别造成了哪些连锁效应。

图6　一汁三菜

和食の無形文化遺産登録（2015年02月13日　朝日新聞朝刊）
「和食日本人の伝統的な食文化」は２０１３年１２月に、ユネスコ無形文化遺産に登録。（1）多様で新鮮な食材とその持ち味の尊重（2）栄養バランスに優れた健康的な食生活（3）自然の美しさや季節の移ろいの表現（4）正月などの年中行事との密接なかかわり、という四つの特徴がある。

外国での和食ブーム（NHK　番組）
日本人の伝統的な食べ物「和食」。2013年にはユネスコ無形文化遺産に登録され、世界で一大ブームを巻き起こしています。人気をうけて、世界の和食レストランの数は2006年の2万4000店から2015年には8万9000店と3倍以上に増加している。この和食ブームにより、日本の食品の輸出が増えれば、国内での生産も増えることにつながります。

设计目的

　　引导学生结合日本人的自然观、审美意识、农耕社会文化特性、节庆仪式活动等多个视角，关注日本"和食"文化性、社会性的一面，加深对日本饮食特点的认识；帮助学生认识到日本"和食"成功申遗，不光增强了日本国民对日本传统文化的认同感和巩固了大和民族凝聚力，还提高了日本文化在国际社会的辨识度，扩大了日本文化的国际影响力，增强了日本国家软实力。中国也应该加强这方面的工作。

步骤2

　　学生通过教师介绍，了解到日本"和食"申遗成功的决定因素在于日本传统饮食文化在现代日本社会影响力日渐减弱，任其发展将濒临消亡这一重要原因，并讨论现代日本社会中造成日本传统饮食文化濒临消亡的原因。

设计目的

　　引导学生以传统饮食文化日渐消亡为前提，重新思考日本"和食"的四大特点，反思农业科技发展给现代人生活带来便利的同时所造成的现代人季节感的丧失，联系已习得的课程知识深刻理解伴随城市化的人口流动不光缩小了家庭人口规模，还冲淡了现代人对节庆饮食的重视，培养学生的思辨能力；同时，通过帮助学生深刻理解现代社会变迁和时代发展给日本传统饮食文化传承所带来的诸多挑战，加强学生传承中华文明的使命感。

3. 日本的"食育"

步骤1

学生阅读和观察图7，了解日本"食育"的宗旨、内容和运行方式。

图7 日本文部科学省有关食育的科普知识

设计目的

学生通过直观的图像、简洁的文字理解日本如何通过推行"食育"行动来应对现代社会变迁和时代发展给日本传统饮食文化传承所带来的诸多挑战，认识到饮食的教育功能，深刻理解推行"食育"与增强文化自信、建立国家认同、帮助形成国民性之间的密切关联，培养学生的思维能力。

步骤2

学生浏览腾讯网2022年5月6日标题为"捉泥鳅、下厨房、耕地种菜……看今天重庆的孩子们如何在校劳动"的网络新闻，分小组讨论对这则新闻的认识看法以及对"教育部正式印发《义务教育课程方案》，规定自2022年9月秋季开学起，劳动课将正式成为中小学的一门独立课程，中小学生在该门课上要学会煮饭等相关劳动技能"发表看法。

设计目的

引导学生关注中国的时事和身边事，培养学生的思辨能力和科学看待问题的能力；启发学生结合自身经历和已习得的课程知识深刻理解国家政策，增进学生对伟大祖国、中华民族、中华文化、中国共产党、中国特色社会主义的认同。

4. 课后练习

（1）结合日本"和食"成功申遗的经验，请你为中华饮食文化设计一套申遗方案。

（2）查一查，想一想，请说一说你认为应该如何在中国推行"食育"行动。

六、课后反思（教师反思 + 学生反思）

1. 教师反思

本课程全面贯彻"新文科"建设，强调学科交叉融合、创新性发展等思想观念，及培养与提升学生道德情操、民族情怀、文化自信、人类关怀等思想政治教育要求，具体通过以下方法实施课程思政。

（1）打破常规"日本概况"课程割裂式介绍日本各领域板块知识点的做法，强调知识体系的有机性，运用事物发展内在逻辑，用旧知识推出新知识，以新知识加深对旧知识的理解。例如：在学习日本膳食特点时联系了日本地理章节中自然环境条件内容，在理解日本人饮食生活变化时回顾了日本经济章节中产业经济结构变化部分的内容。这种启发学生思维式的教学方法能更为有效地达成知识点的教授和对学生思考能力、解决问题能力的培养。

（2）打破常规"日本概况"课程强识记、轻能力的做法，以问题为导向，通过提供各种线索，引导学生自发思考和推理，特别是强调比较视野和反思态度，强调文明互鉴和文化交流，引导学生知己知彼和关注新时代发展，培养学生兼具国际视野和人文关怀。

要做到以上两点，保证课堂教学以学生为中心、问题讨论为主、价值观塑造为本，达到良好的教学效果，需要所有学生保质保量地提前通过线上课程完成知识点的预备学习。这需要教师加强对学生线上学习过程和质量的把控，这无形中增加了教师工作量和对教师的要求。课程学习效果和教学目标的达成除了关系教师和学生两方面的当事人外，还离不开学校相关部门的配套支持。

2.学生反思

经过对日本饮食线上及课堂学习，学生按时在线提交了课后练习题。对于第1题，学生选择各异，如选择了"药膳""中式糕点""月饼等节庆食物""代表团圆的食物"等作为中国饮食申遗的代表事例，也从文化性、历史性、社会性充分思考了申遗的理由。对于第2题，学生结合自身经历，给出了多样的中国"食育"推行方案。经过本课程的努力，明显可见学生在国家认同、文化自信等价值塑造方面提升明显。另一方面，本课程虽然尽力贯彻"新文科"倡导的学科融合，但学生们在解决实际问题方面因缺乏足够专业理论知识尚显得较为稚嫩和流于表面。

另外，本课程定期会在半期和期末两个时间节点通过线上学习平台面向授课学生进行两次学习体验的问卷调查，以便及时调整教学策略。受访学生大多反映上课体验良好，线上课程讲解翔实，课堂教学内容充实、安排紧凑，通过"日本概况"课程的学习对日本、中国两国文化有了更深的了解，对中日两国各方面现状有了更全面的认识，对中国社会未来的发展有了更强的责任感和使命感。

作者：杨静、彭玉全　　学校：西南大学

"俄语阅读"课程思政教学设计样例

一、课程总览

1. 课程名称：俄语阅读 1

2. 课程类型：俄语专业必修课

3. 课程目标：

通过本课程的学习，使学生达到以下目标：

（1）能在俄语语篇阅读、中俄文化比较中树立正确的历史观、民族观、国家观、文化观，践行社会主义核心价值观。未来能够热爱中学俄语教育事业，坚持立德树人根本任务。【价值观 + 践行师德】

（2）具备俄语语音、词汇、语法、修辞等方面的语言知识基础，学会俄语语篇整体阅读策略，具有较好的俄语朗读水平、阅读理解能力及读后续写能力。热爱祖国文化，了解俄罗斯文化，具有家国情怀、国际视野、跨语言文化交际能力。【语言能力 + 文化意识】

（3）掌握初步的中学俄语阅读教学技能，未来能够综合运用俄语语言及文化知识、言语技能和教学方法，组织开展中学俄语课堂教学、第二课堂活动。【教学能力 + 育人能力】

（4）具有问题意识和反思能力，学会分析俄语语篇所反映的价值观、作者创作意图和情感态度。能有意识对比汉俄语言意识异同，具备一定的俄语思维能力。未来能反思俄语教育教学活动；追踪国内外俄语教育教学新理论、新方法和新手段，不断提升自身俄语教育教学研究水平。【思维品质 + 反思能力】

4. 教学对象：俄语（师范）专业二年级本科生（俄语零起点学习者）

5. 学时：线下 32 学时

6. 教材：《俄语专业阅读教程 2》，史铁强主编，高等教育出版社，2011 年

二、本案例教学目标

1. 认知类目标：能有表情朗读课文，用俄语口头转述课文，掌握语篇结构，正确理解关键句、关键词意义和语篇含义。具备一定的对比汉俄语言意识、语言世界图景异同的意识、能力，了解俄语语言意识的民族文化特点。

2. 价值类目标：认识到选择职业的重要性，增强对选择教师职业重要意义的认识。以国内外教育家、身边的名师和师德先进个人为榜样，培养教育情怀，深植"教育是立国之本"的理念，立志成为有理想信念、有道德情操、有扎实学识、有仁爱之心的好老师。

3. 方法类目标：能思考作者创作意图、情感态度，具备完成读后续写语篇的能力；能够从学生学习、课程教学、学科理解等不同角度，反思自己的阅读学习活动；能通过阅读补充语篇深入思考"教育首要的是师生心灵交流"的教育思想。

三、本案例教学内容、重点和难点

1. 教学内容

（1）选择职业的重要性、主要影响因素；

（2）为什么选择教师职业；

（3）教师职业的重要意义。

2. 教学重点

（1）培养俄语朗读能力、俄语语篇整体阅读策略；

（2）理解俄语语篇中的关键词、关键句、关键段落含义；

（3）理解、感悟俄语语篇蕴含的教育情怀。

3. 教学难点

（1）反思汉俄语言意识及民族文化特点；

（2）反思选择教师职业的困惑；

（3）师生讨论苏霍姆林斯基的教师观；

（4）培养俄语语篇读后续写能力。

四、本案例教学方法

本课教学遵循学生中心、成果导向、持续改进的 OBE 理念，坚持师范生"一践行、三学会"（践行师德、学会教学、学会育人、学会发展）的人才培养目标，统筹教学内容、课程目标与毕业要求之间的关系，采用的教学方法服务课程目标的实现。坚持外语课程思政教育方针，贯彻翻转课堂教学理念，采用课前课中课后混合式教学模式。本课以线下课堂教学为主，同时采用爱课网自建的教育部教师教育精品课、雨课堂、班级微信群等现代信息技术手段为学生提供学习资源，发布学习活动安排、实现快速测试评价与反馈、与学生进行实时交流互动。主要采取以下几种教学方法：

1. 整体阅读教学模式

采用"整体阅读教学模式"。区别于翻译法，俄语语篇阅读采用"自上而下"和"自下而上"融合的信息加工模式，是基于阅读心理学、认知心理学理论由任课教师自创的整体阅读教学法，同时，也是阅读学习方法。依据图式理论，在了解语篇题目的基础上，师生一同建构语篇图式，通过关键句、段落掌握内容图式。依据俄罗斯心理语言学言语理解理论，重视理解语篇含义的整体性，了解语篇中心思想、作者创作意图，提炼、评价语篇所反映的价值观。通过整体阅读、细读、评价几个环节，采用预测策略完成阅读学习任务，实现思想教育、语言能力培养的课程目标。

2. 讨论法

为落实俄语阅读课的德育、美育教学任务，同时，培养学生的语言能力、文化意识、批判性思维能力，课上采用讨论法，鼓励学生用俄语对语篇内容、思想内涵、作者创作意图发表意见，对比汉俄语言意识差异。

3. 读后续写法

俄语阅读课不仅培养阅读能力，同样承担着学生综合实践能力培养的任务。采用"读后续写法"，主要是指在阅读语篇后教师指导学生就本话题续写作文，在续写初期可以仿写。具体练习形式有：用俄语记日记；依据教学语篇话题仿写、续写。

五、本案例教学过程

1. 现象反思及问题导入

中俄教师职业排名现状及社会地位。21 世纪的今天，俄罗斯教师职业排名严重下滑。我国每年 9 月 10 日庆祝教师节，以此提高全社会对尊师重教的态度，随着国家对教育工作的不断重视，教师地位和待遇也在不断的提高。教师职业是否是最受尊敬的职业？中学教师的地位如何？

师范俄语专业情志现状。21 世纪的今天，俄语（师范）专业学生高考时为什么选择了师范专业？是否真正有从师意愿？是否有在边疆从事中学俄语教学的理想？

中国特色的教师职业隐喻。当代大学生如何看待教师职业的意义？是否熟悉"红烛""园丁""燃烧了自己照亮了别人""太阳底下最光辉、崇高的职业""人类灵魂的工程师""捧着一颗心来不带半根草去"的表述，如何理解这些比喻？

设计目的

该环节培养学生的问题意识和反思能力。引导学习者认清俄语阅读教学的目的不仅是学习语言知识和培养言语技能，更重要的是通过语篇阅读了解作者的创作意图及语篇所传达的价值观。引导学习者带着问题阅读语篇，问题是现实的，也和学习者的专业方向、人才培养目标、未来就业紧密相关。1.3 内容涉及中俄职业价值观和汉俄语言意识的民族文化特点。3 个问题的导入可实现教书育人的课程目标。

2. 价值观、师德引领

2.1 学习陶行知教育思想

教育家陶行知的教育理念：生活即教育，社会即学校，教学做合一。他将生活和社会都视为教育不可分割的部分，把教育、学习、实践三个环节视为一个整体，对现代教育具有非常重要的启发意义。他的很多教育思想都被融入师范专业的教材，成为师范生学习的典范。

2.2 学习全国优秀班主任魏书生教书育人先进事迹

魏书生"育人"核心理念：**"教育的最高境界，是让学生自育自学"**。他总结出"六步课堂教学法"——定向、自学、讨论、答疑、自测、自结，如今已经成为年轻教师培训学习的范本，对广大教育教学实践工作者都有着借鉴意义和价值。

设计目的

针对师范专业教学对象，本节课的教学内容特别能起到"践行师德"的作用，因此，呈现两位教育家的教育思想、教书育人先进事迹，以生动的示例、鲜活的榜样培养学生的教育情怀。

3. 文化导入、育人反思

用俄语介绍原苏联教育家苏霍姆林斯基（В. А. Сухомлинский）的教育思想：«Личность воспитывает личность». Воспитание–это, прежде всего духовное общение учителя и ребёнка. 先用汉语阐释其教育思想内涵，之后举黄大年式教学团队教书育人的实例，举教师本人立德树人的实例，与学生分享对苏霍姆林斯基教育思想"什么样的教师培养什么样的学生，教育首先是师生心灵交流"的深刻理解。阐明教师本人的教育观、学生观，"教育是爱的教育"。

设计目的

俄罗斯文化导入部分向学生介绍享誉世界的苏联教育家苏霍姆林斯基的教育思想，在基础教育阶段家长、师生仍然十分重视分数的社会背景下，引导学生思考"教育首要的是师生的心灵交流"的当代意义。该环节一方面培养学生的文化意识，另一方面也培养师范生的育人理念。

4. 语篇教学

4.1 分析主题

在学生已经充分预习语篇内容的前提下，教师引导学生分析语篇主题 Почему я выбрал

профессию учителя？（《我为什么选择教师职业？》《我为什么选择师范专业？》）

设计目的

师生通过分析语篇主题内涵，一同预测语篇结构图式、内容图式、作者创作意图。依据图式理论，凸显题目对语篇架构、故事内容的统领作用。

4.2 建构语篇宏观结构及整体含义

教师要求学生课前预习本节课所学课文，提前建构语篇宏观结构，课堂上在师生一同分析语篇主题含义后，教师提问学生口头阐述或在黑板上展示语篇宏观结构。师生讨论，确定语篇宏观结构。在此基础上，教师提问学生口头介绍语篇整体含义，之后师生讨论，共同确定语篇整体含义，为深入理解语篇打下基础。

语篇宏观结构：

a. 职业选择的意义、影响因素。

b. 选择师范专业、教师职业的原因和过程。

c. 作者对师范教育、教师职业的评价。

语篇整体含义：作者"我"简要概述了选择职业的重要性以及影响职业选择的因素。以作者亲身经历描述了选择师范专业的过程以及未来拟从事教师职业的意愿，阐释了师范教育的重要意义。认为教育可以开发人的无限潜能，了解人并学会与人打交道，助力人生。

设计目的

在课前学生预习语篇基础上，师生共同建构语篇宏观结构，概括语篇主要内容，强调心理语言学意义上语篇整体含义理解的重要性。该教学环节的设计目的是扭转传统俄语阅读教学中采用翻译法逐词逐句翻译课文的教学方式，以教师翻译为主，师生更多关注词汇释义、语法讲解，忽视对语篇思想、作者创作意图、语篇所反映的价值观的思考，结果是只见树木不见森林。同时，该教学设计也着重培养学生的俄语语篇整体阅读策略。

4.3 学生朗读语篇

Почему же я выбрал профессию учителя?

В жизни человека рано или поздно наступает момент, когда нужно выбрать профессию. На мой взгляд, сделать это очень не просто. Часто затруднение при выборе профессии происходит из-за незнания своих способностей и отсутствия информации о профессии. Но если человек знает свои возможности, имеет представление о профессии, то ему намного легче сделать свой выбор. Большое влияние на выбор профессии оказывает её престижность или возможность поступить в какое-нибудь учебное заведение.

Почему же я выбрал профессию учителя? Из школьных предметов меня интересовали информатика, геометрия, черчение. Интересно было узнать о некоторых событиях из истории. Мне нравится что-нибудь отремонтировать, построить. Когда я учился в 11 классе, у меня возник вопрос: "В какой вуз мне поступить?" И я начал готовиться к поступлению в технический вуз. Но через некоторое время узнал, что у нас в городе работают курсы по подготовке в педагогический вуз. Меня это заинтересовало. После убедительных доводов отца и советов моих знакомых я решил серьёзно подумать о своей будущей профессии. Подумав, я решил, что профессия учителя имеет большие перспективы и весьма престижна. Я думаю, что это главным образом повлияло на мой выбор профессии. Раньше я не задумывался какое значение воспитание имеет в жизни людей. Теперь я понял, что оно играет важную роль в жизни людей. Моя будущая специальность связана с работой с детьми. Здесь для любого человека открываются большие возможности проявить себя.

Теперь я придаю большое значение педагогическому образованию. Она даёт человеку большие возможности и преимущества. Знание людей и умение общаться с ними будет хорошей помощью в жизни.

设计目的

朗读课文环节主要培养学生的语言能力。一方面检查学生课前预习效果（是否预习课文、是否熟读课文），一方面指出俄语零起点学生发音、重音、逻辑重音问题，引导学生重视朗读能力培养。

4.4 关键句理解

a. 关键句: Но если человек знает свои возможности, имеет представление о профессии, то ему намного легче сделать свой выбор.

问题: От чего происходит затруднение при выборе профессии? Согласны ли вы с таким мнением, что затруднение при выборе профессии происходит из-за незнания своих способностей и отсутствия информации о профессии?

（句子整体含义、作者表达的思想: 对自己兴趣、能力的认知以及对职业特点的了解是选择职业的重要因素）

b. 关键句: Большое влияние на выбор профессии оказывает её престижность.

问题: Как вы думаете, что оказывает большое влияние на выбор профессии?

（句子整体含义、作者表达的思想: 职业的社会认可度是影响职业选择的重要因素。）

c. 关键句: Когда я учился в 11 классе, у меня меня возник вопрос: "В какой вуз мне поступить?"

问题: Когда у автора возник вопрос 《В какой вуз поступить?》 Сами ли вы сделали выбор поступить в педагогический университет?

（句子整体含义、作者表达的思想: 高考选择什么大学、专业是未来选择职业的基础。）

设计目的

语篇是由命题网络构成的，关键句是理解、记忆语篇的基础。教师用俄语引出问题，启发学生思考，请学生用俄语表达自己的见解。引导学生关注内容、意义、思想，而不单单是学习、记忆词汇和语法。在阅读理解关键句的同时，培养学生用俄语表达思想、情感的语言能力。

4.5 关键段落理解

Подумав, я решил, что профессия учителя имеет большие перспективы и весьма престижна. Я думаю, что это главным образом повлияло на мой выбор профессии. Раньше я не задумывался какое значение воспитание имеет в жизни людей. Теперь я понял, что оно играет важную роль в жизни людей. Моя будущая специальность связана с работой с детьми. Здесь для любого человека открываются большие возможности проявить себя.

设计目的

师生一同探讨段落整体含义，挖掘语篇中作者所表达的思想和价值观。作者认为，教师职业社会认可度高，是很有前途的职业。受教育在人的一生中具有重要意义。学习师范专业就意味着未来培养学生。教师职业能最大限度地挖掘自己的潜力。

4.6 作者的情感态度、价值观

Теперь я придаю большое значение педагогическому образованию. Она даёт человеку большие возможности и преимущества. Знание людей и умение общаться с ними будет хорошей помощью в жизни.

设计目的

通过研读结束语段落的整体含义，引导学生理解作者对教师职业的情感态度、价值观。作者再次肯定师范教育的重要意义，认为，教育赋予人们最大的发展可能性和获得感。教师善于了解人并与人交流，这个能力会助力人生。

4.7 汉俄语言意识对比

a. Но если человек знает свои возможности, имеет <u>представление о</u> профессии, то ему намного легче сделать свой выбор.（画线部分在汉语句子中应为"了解职业"）

b. Но если человек знает свои возможности, имеет представление о профессии, то <u>ему намного легче</u> сделать свой выбор（画线部分汉语句子的主语"他"在俄语句子中是主体三格形式）

c. Из школьных предметов <u>меня интересовали</u> информатика, геометрия, черчение.（画线部分汉语句子的主语"我"在俄语句子中是补语四格形式）

d. <u>Мне нравится</u> что-нибудь отремонтировать, построить.（画线部分汉语句子的主语"我"在俄语句子中是主体三格形式）

设计目的

该环节是通过句子理解、分析，引导学生关注语言类型差异，感悟、体会母语和俄语语言意识的民族文化特点，语言表达方式和思维方式不同，培养思维品质和反思能力。

5. 课后作业

5.1 本课全部练习题

5.2 课外补充阅读语篇：苏霍姆林斯基教育思想

«Личность воспитывает личность».
Воспитание–это, прежде всего духовное
общение учителя и ребёнка.

В. А. Сухомлинский

Современный темп развития общества оставляет всё меньше и меньше времени на общение родителя и школьника, поэтому воспитательные функции крайне важны в работе классного руководителя. Личность воспитывает личность. Давайте разберемся! Так ли это?

Этот вопрос разбирается столько, сколько живёт педагогика. Понятие личность многогранна. На мой взгляд, личность это канат, который связывается из множества нитей. Нельзя сказать, что на развитие личности влияет только родитель или только учитель, но можно сказать, что педагог способен повлиять на многие аспекты становления личности.

В своем опыте я часто сталкивалась с обоснованием хулиганства детей, такой фразой родителей: «Мой ребенок-личность, поэтому он так поступил». Родители и педагоги зачастую по-разному рассматривают это понятие: для педагога ребенок–личность-это самодостаточный индивид, с развитыми в нём социально значимыми чертами. А для родителя ребенок–личность, и ему всё дозволено. Главное-это эмоции и чувства. Но выражение эмоций ребенком-это лишь реакция на изменение среды. Я же понимаю, что движение и рост внутренних качеств ребёнка,-это и есть развитие личности. Я считаю, что личность может воспитывать личность.

Влияет ли на ребёнка учитель-личность? И как? Конечно, влияет! Взращивание личности происходит всю жизнь. Так и учитель растёт, взрослеет, приобретает всё новый и новый социальный опыт, обрастает багажом знаний и умений. А, следовательно, растёт, как личность. Но не только развитие житейских и профессиональных качеств способствует личностному росту педагога, а прежде всего опыт общения с учениками-детьми. Ведь каждый ребёнок индивидуален, к каждому надо найти подход и уделить внимание. Тут-то и проявляется личность учителя. Услышит или нет, найдёт ли нужные слова для поддержки?! Исходя из этого, я утверждаю, что ребёнок-личность воспитывает педагога-личность.

Если рассматривать, могу ли я повлиять на развитие личности ребёнка, то можно однозначно утверждать, что да. Это происходит в процессе урока: я учу ребёнка слушать, уважать мнение других детей, учу рассуждать, не торопиться с выводами, сдерживать эмоции и наоборот высказывать свое мнение. Своим личным примером я «прививаю» ученикам такие качества как: трудолюбие, целенаправленность, настойчивость. Я, как классный руководитель использую различные «инструменты» педагога: классные часы, внеурочную деятельность, тематические мероприятия, экскурсии и прочее. Например: на каникулах мы с учениками и родителями осуществляем работу по скайпу. Во время обучения с применением дистанционных технологий мы путешествуем в «страну знаний» с детьми виртуально, чтобы расширить их кругозор, пополнить знания по изучаемым предметам. Весь этот инструментарий помогает включить ребёнка в систему общественных взаимоотношений, что и является личностным развитием. А раз ученик развивается, значит и воспитывается.

Во-вторых, и общение с одноклассниками, и пример родителей, и внешняя среда непосредственно определяют личностное развитие маленького человека. Родители являются неотъемлемой составляющей воспитательного процесса, и мне необходимо выстроить контакт с родителями, так как воспитание личности зарождается в семье, а я помогаю преодолевать трудности этапов становления личности. Находясь в постоянном контакте с родителями, я оказываю содействие в подборе нужной литературы, наблюдая за изменениями в поведении детей, я информирую взрослых о необходимости обращения к специалистам. Своим примером и наставлениями я способствую положительным изменениям в поведении учеников: кому-то надо быть смелее, кому-то стать спокойнее, кто-то нуждается в дополнительной похвале и прочее. Управление эмоциями, самостоятельность, стремление к совершенству, контроль поведения, всё это-аспекты личностного развития ребёнка. А я, как педагог–личность, взращивая эти качества, воспитываю ребёнка–личность.

В современном обществе педагог является важным звеном в личностном росте ученика, но ни один педагог не справится с этой задачей без участия остальных звеньев воспитательного процесса. Успех воспитания личностью личности определяется множеством факторов. Все эти факторы занимают крайне важное место в воспитании. Нельзя сказать, что педагог в одиночку влияет на развитие личности, но он имеет огромное влияние и, пренебрегая этим влиянием, воспитательный процесс может постигнуть неудача.

设计目的

根据课文主题，为学生提供有关教育家苏霍姆林斯基教育思想的文章作为延展阅读语篇，既是文化导入，也是语言能力培养，更是外语课程思政的最好体现。

5.3 读后续写作业：阅读苏霍姆林斯基教育思想语篇，以"我的理想是成为中学俄语教师"为题写一篇俄语作文。

设计目的

俄语阅读课不仅培养阅读能力，同样承担着学生综合实践能力培养的任务。作业环节采用"读后续写法"，在阅读语篇后教师指导学生就本话题续写作文，从而培养零起点俄语学生的写作能力。

5.4 查阅任课教师所在团队的实验研究结果，了解当代中俄大学生由汉俄职业词"教师 / учитель"产生的联想词？思考汉俄联想场反映了中俄大学生怎样的职业价值观？

设计目的

该作业环节一方面是任课教师的科研成果应用于本科教学及人才培养的具体体现，另一方面，也是培养学生自主学习习惯，通过查阅科研文献，把学术研究成果与所学语篇中的教师职业价值观联系起来，同时，也可以对比中俄教师职业价值观。

六、课后反思（教师反思＋学生反思）

教师反思："俄语阅读 1"课程教学坚持立德树人根本任务，把立德树人贯穿到外语教学全过程和各环节。遵循学生中心、成果导向、持续改进的 OBE 理念，努力实现俄语师范生"一践行、三学会"（践行师德、学会教学、学会育人、学会发展）的人才培养目标。坚持外语课程思政教育方针，提出在俄语语篇阅读过程中应感受思想教育内容的探究任务。在阅读活动中，培养学生具有一定的创新思维意识，学会分析语篇所反映的价值观、作者创作意图、情感态度。倡导翻转课堂教学理念，统筹课程目标、教学内容与毕业要求之间的关系，兼顾知识、能力、素质的全面培养，着重培养语言能力、文化意识、思维品质、自主学习四个俄语学科核心素养，确定课程教学要求。通过俄语阅读教学，培养学生的家国情怀、全球视野，引导学生热爱教育事业，未来从事中学俄语教学，为国家和地方发展、为构建人类命运共同体培养优秀俄语人才。

学生反思：教师在俄语阅读课堂教学、课后作业、试卷内容中贯穿社会主义核心价值观、多元文化意识、教书育人职业教育等内容，重视汉俄语言意识对比和阅读策略培养，学生在课堂教学评估和学期学习心得中普遍认为学习进步大，综合素质提升多，满意度高、获得感强。通过俄语阅读课程学习，教师重视自主学习能力培养和过程性考核，学生预习能力和学习主动性提高，俄语阅读能力提高，俄语学习兴趣提升，翻转课堂取得良好效果。2020 级同学写道："俄语阅读课程使我们获益匪浅，不仅学习词汇、语法，而且提升了文化水平、道德观念。俄语阅读课程锻炼了我们分析文章结构的能力，学会思考语篇的思想内涵，体会作者倡导的价值观。"2019 级同学写道："很喜欢老师的阅读教学方法，我们不仅学到了俄语知识，了解了俄罗斯文化，而且提升了俄语阅读理解能力，更重要的是提升了思想。老师十分重视阅读课的立德树人功能，坚持正确的价值引领。我认为这会在我以后的教师职业生涯中起指导作用。"

作者：赵秋野　　学校：哈尔滨师范大学

"俄语综合实践"课程思政教学设计样例

第四课　旅游
课文 1　雅罗斯拉夫尔的谢肉节

一、课程总览

1. 课程名称： 俄语综合实践Ⅲ

2. 课程类型： 俄语专业核心课

3. 课程目标：

通过本课程的学习，使学生达到以下目标：

（1）熟练掌握在日常生活、学习及一般社会文化题材范围内最常用的俄语词语、句式，夯实听、说、读、写、译语言基本功。【技能】

（2）初步了解俄罗斯相关国情、社会、历史、文化、文学知识及俄语语音、词汇、语法、语篇、修辞等基础语言知识。【知识】

（3）提高俄语口笔译实践能力、跨文化交际能力、思辨能力、创新能力，以及独立学习与自主研究、发现问题与解决问题的综合能力。【能力】

（4）坚定外语人的使命担当，厚植家国情怀，涵养文化自信，拓展国际视野，形成积极向上的人生价值体系，提升精神境界与人文素养。【素质】

4. 教学对象： 俄语专业二年级本科生（零起点）或具备同等语言水平的学生

5. 学时： 136

6. 教材： 《大学俄语东方（新版）（3）》，史铁强总主编，外语教学与研究出版社，2021 年

二、本案例（单元／话题等）教学目标

1. 知识和技能目标

（1）掌握俄罗斯历史名城雅罗斯拉夫尔、谢肉节相关文化知识及俄语语音、词汇、语法、语篇等基础语言知识；

（2）积累相关专题俄语常用词语、句式，提高俄语听、说、读、写、译言语技能与口笔语实践能力。

2. 过程与方法目标

（1）形成有效的学习策略、良好的学习习惯，学会建构知识，学以致用；

（2）培养学生积极思考、勇于探究、发现问题、解决问题的综合能力。

3. 情感与价值目标

（1）通过师生互动、小组合作学习，激发学习兴趣，增强学习信心；

（2）塑造精神品格，提升人文素养，坚定使命担当，传播中国声音。

三、本案例（单元／话题等）教学内容、重点和难点

1. 教学内容

授课内容围绕课文《雅罗斯拉夫尔的谢肉节》展开，分为课前预习、课上学习、课后拓展三个环节。

首先，学生需在课前独立完成教师布置的预习任务。其次，课堂上教师精讲，学生多练。课上流程包含话题导入、结构分析、词句精讲、实践操练、回顾总结等步骤。最后，学生在规定时间内完成教师布置的课后拓展任务，形成闭环完成本课教学目标。

授课教师将课程思政元素融入教学全过程，落实"立德树人"育人目标。

2. 教学重点

（1）辨析文中常用俄语词语、句式，操练专题相关的连贯话语；
（2）建构俄罗斯历史名城雅罗斯拉夫尔及谢肉节相关文化知识。

3. 教学难点

（1）提升语音面貌与言语技能，锤炼对外讲好中国故事的本领；
（2）巧妙融入课程思政元素，有机融合知识、能力、素质目标。

四、本案例（单元／话题等）教学方法、手段

1. 采用精讲法，重点讲解易混淆词语、句式，巩固语言知识。
2. 采用翻译法，设计符合学生语言水平的翻译练习，提高言语技能。
3. 采用交际法，创设话题相关的交际场景，开展外语实践，提高交际能力。
4. 采用视听法，适当播放精选视频材料，调动多种感官，激发学习兴趣。
5. 采用举例法，选取融入思政元素的典型语例，促进思考，提升综合素质。
6. 采用对比法，融通中外历史与文化，厚植家国情怀，拓宽国际视野。
7. 采用产出法，布置个性化产出任务，回应时代要求，传播中国声音。

五、本案例（单元／话题等）教学过程

1. 课前预习

（1）听教材配套音频，跟读课文，力求读准单词发音、语句调型。
（2）初步理解课文内容，鼓励对存疑的地方借助语法书、词典等资料进行探究。
（3）自主学习慕课 5.4 古俄罗斯文化名城雅罗斯拉夫尔，做好学习笔记。

＊该慕课课程名称为"俄罗斯城市历史文化解读"，授课教师为山东大学李学岩、白茜、王钦香和陈培军。

设计目的

　　提高俄语听力及语音、语调素质，培养自主探究式学习能力，提升思维品质，增加对俄罗斯古城雅罗斯斯拉夫尔的了解。

2. 课上教学

（1）请学生朗读并翻译下列包含旅游（休息娱乐）、城市元素的俄语谚语俗语。

1）Кто не умеет отдыхать, тот не умеет работать.

2）Делу—время, потехе—час.

3）Лучше один раз увидеть, чем сто раз услышать.

4）Кто много видел, тот много знает.

5）В Тулу со своим самоваром не ездит.

6）Москва слезам не верит.

7）Москва не сразу строилась.

8）Язык до Киева доведёт.

设计目的

　　俄语谚语俗语蕴含深刻的生活智慧与丰富的文化知识，有助于树立科学的生活观念（1—2 句）、体会旅游出行的意义（3—4 句）、了解俄罗斯城市相关文化及其蕴含的人生哲理（5—8 句）。此环节亦有助于积累词汇句式，锻炼翻译能力，塑造意志品质。

（2）请学生口头概述课文段落大意，指出文章结构及写作顺序。

参考样例：

Абзац	Содержание	Структура текста	Порядок изложения
1	Поездка в Ярославль на Масленицу	Введение	
2	Краткое о Масленице		
3	На электричке в Ярославль		
4	Краткое о Ярославле и тур в Кремль		
5	После Кремля разговор студентов	Основная часть	1 день
6	В ресторане		
7	После ресторана-по плану в музей		
8	В музее «Музыка и время»		
9	На следующй день утром на тройке		
10	Последний день Масленицы в Кремле Ярославля и на электричке в Москву	Заключение	2 день

设计目的

　　促进学生熟悉主题相关的常用俄语词语、句式，了解相关国情文化知识及语篇构造等基础知识，助力阅读理解、口头表述及写作能力的提升。

（3）请学生辨析易混词语，掌握重点句式，并完成相应练习。

(1) *праздновать–отмечать* (синонимы)

①Все её друзья детства будут вместе _____ окончание школы.

②30 сентября в Китае _____ День памяти павших героев（烈士纪念日）.

同根词：*праздновать-празднование-праздник-праздничный-праздный*

праздничный–праздный (паронимы)

③ Люди заняты, им некогда ходить на _____ сбор.

④ Мама с бабушкой готовят _____ стол.

⑤ Он занял _____ место, чтоб находиться ближе к княгине.

同根词：*отмечать-отмечание-отметка-замечать*

отмечание–отметка

⑥ Круглая двоечница стала получать положительные _____ .

⑦ Начались бурные _____ предстоящего знаменательного события.

отмечать–замечать

⑧ Исследователи _____ специфику китайской философии.

⑨ Когда вы _____ день рождения?

⑩ Он не _____ приближения старости.

В своём энтузиазме забывает о пище, весел до забвения печали и не замечает приближения старости.

——《论语》：发愤忘食，乐以忘忧，不知老之将至云尔。

2) *комфортабельный–комфортный* (паронимы 形似词)

⑪ Пекин следует зелёному развитию для повышения уровня _____ жизни.

⑫ Эти туристы решили выбрать более _____ гостиницу .

3) *рад–радоваться* (однокоренные слова 同根词)

⑬ Я предложил Ивану ехать вместе, и он очень был тому _____ .

⑭ Нельзя не знать возраст родителей, чтобы, с одной стороны, _____ , а с другой– проявлять беспокойство.

——《论语》：父母之年，不可不知也，一则以喜，一则以惧。

4) *частный–личный–собственный* (синонимы)

同根词：частный-часть, личный–личность, собственный–собственность

反义词：частный–общий (лингвистика)

частный–государственный (музей)

частичный–полный (успех)

личный–общий (предметы личного\общего пользования)

形似词：частный–частичный, личный–личностный

⑮ Не пользуйтесь _____ автомобилем без особой надобности.

⑯ Научиться смотреть на себя _____ глазами, а не глазами окружающих.

⑰ Развитие _____ качеств человека–это основное условие для счастливой и гармоничной жизни.

⑱ Вследствие этого происходит _____ разрушение имеющейся с детства идентичности.

⑲ Конфуций создал первую в Китае _____ школу в столице Царства Лу–городе Цюйфу.

5) наконец–в конце концов

⑳ Это _____ утомило её, и она заснула крепким сном.

㉑ Я _____ вернулась домой,–сказала Мэн Ваньчжоу в аэропорту под аплодисменты толпы.

6) так...что–так...чтобы (сложноподчинённые предл. 主从复合句)

㉒ Мальчик не так хорошо плавает, _____ принимать участие в соревновании.

㉓ Я не настолько хорошо знаю эту теорию, _____ написать статью.

㉔ Нужно воспитать в себе постоянную готовность вести себя с людьми так, _____ в первую очередь позаботиться об их удобстве, а не о своём.

㉕ Кто умеет закрывать двери, не употребляет запор и закрывает их так крепко, _____ открыть их невозможно. (перевод Ян Хиншуна)

Умеющий запирать не пользуется засовом, а запертое им не отпереть. (перевод В.В. Малявина, Ли Иннань)

——《老子》：善闭无关楗而不可开。

设计目的

促进学生从构词、语义、搭配多角度掌握词汇，熟练应用相关短语、句式，夯实语言基本功。在语句辨析中融入包含思政元素的语例，促进中国优秀传统文化、社会主义核心价值观入心入脑，奠定人格基础，坚定联接中外、沟通世界的使命。

（4）请学生复述课文中谢肉节相关描述；了解有关谢肉节的俄罗斯艺术作品；尝试与中国的传统节日春节进行对比。

1) Ключевые слова для пересказа

национальный праздник, русский карнавал, народные гуляния,

в конце зимы, проводы зимы, провожать зиму, встречать весну,

есть блины, пить водку, ездить на тройках,

кататься с горки, смотреть театр с Петрушкой

2) Знакомство с русскими работами, содержащими элемент «Масленица»

Пьеса А. Островского. «Не все коту Масленица» (1871)

Б. М. Кустодиев «Масленица» (1919)   П. Н. Грузинский «Масленица» (1889)

В. И. Суриков «Взятие снежного городка» (1891)

Фрагмент фильма «Сибирский цирюльник» режиссёра Никиты Михалкова (1998)

3) Попытка сопоставления Масленицы с Праздником Весны: их общее и отличия

	Масленица	Праздник Весны
Общее		
Отличие		
....		

设计目的

检查课前预习中的听读效果，提升语音、语调面貌，促进对俄罗斯谢肉节风俗及俄罗斯艺术的了解，增加学习趣味性，提升审美能力与人文素养，在中外节日对比中锤炼缜密观察、条理分析、清晰表达的能力，增强民族文化自信心与认同感。

（5）请学生介绍课文中乘坐电气火车往返的内容，并观看中国高铁相关短视频。

1) Ключевые слова для пересказа

электричка, комфортабельный, вагон, быстро, студент из Японии, медленно

2) Просмотр видеоролика и вопросы для проверки:

① Какие транспортые средства в России вы знаете?

② О чём говорится в этом видеоролике?

设计目的

掌握与交通工具相关的俄语词语、句式，提升听说能力，了解俄罗斯交通概况、中国高铁建设成就，增强民族自信心与自豪感，激发学习动力，坚定使命担当。

（6）请学生以小组为单位编写大学生们在雅罗斯拉夫尔的游览日程并据此讲述此次旅行，可补充加入课前观看慕课的相关内容；说出雅罗斯拉夫尔建城时期对应的中国历史朝代，列举具有悠久历史的中国城市。

1) Составьте программу тура по Ярославлю и сделайте пересказ.

参考样例：

День	Программа тура	Описание тура
1	электричка в Ярославль	комфортабельный, быстро, медленно
	Кремль	иконы, картины, скульптуры
	ресторан	блины, водка
	музей	музыкальные инструменты
2	гостиница	на следующий день утром
	тройка	три лощади и сани, песня по тройке
	Кремль	блины, чай, вещи в народном стиле, кататься с горки, народный театр с Петрушкой
	электричка в Москву	заранее, купить билет назад, рабочий день

2) **Повторите пройденный МООС по Ярославлю до занятий.**

Ярославль (другие названия: Северная Флоренция России, столица Золотого кольца России) — один из старейших русских городов, основанный в XI веке и достигший своего расцвета в XVII веке; в 2010 году город отметил своё тысячелетие.

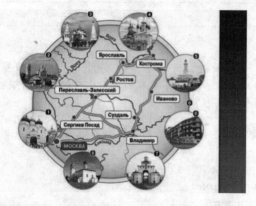

3) **Назовите китайскую династию, когда был основан Ярославль и перечислите древнейшие китайские города.**

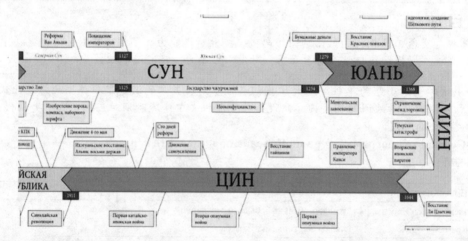

设计目的

考查课前学习慕课效果，促进学生对俄罗斯城市及节日风俗知识的掌握、相关俄语词语句式的积累，提高读后叙述的能力，养成自主、合作、探究的学习方式，树立融通中外、互学互鉴的理念，坚定新时代外语人的使命担当。

（7）请学生回顾本课主要学习内容，交流总结学习收获。

设计目的

养成及时复盘总结的习惯，形成自主管理的思维意识，促进教学目标的切实达成。

3. 课后拓展

（1）请学生笔头完成教材第 81 页第 9 题汉译俄练习。

（2）请学生查阅资料，用俄语撰写介绍中国城市及（或）节日风俗的小作文。

（3）请学生观看俄罗斯社交媒体 BK 账号 Я иду, шагаю по Китаю 内容，畅谈感想。

*该账号主要运营者为我系 2021 届毕业生张晨光同学，工作单位为新华社。发布内容以中俄双语文字为主，短小精悍视频为辅，向世界介绍中国的风景、文化、历史、科技等内容，希冀以轻松活泼的形式塑造出可信可爱的中国形象。

设计目的

巩固本专题相关俄语句式表达，提高汉俄翻译能力、俄语写作能力，了解本专业毕业生工作内容，激发学习动力，促进思考职业定位与发展路径。

推荐课外阅读书目：

1. [俄]德米特里·利哈乔夫著，焦东建，董茉莉译，俄罗斯千年文化：从古罗斯至今，东方出版社，2020 年 8 月。

2. [俄]玛丽娜·克拉夫佐娃，张冰著，中国文化概论（俄文版），北京大学出版社，2020 年 4 月。

五、课后反思

2022 年 4 月 25 日，习近平总书记在中国人民大学考察调研并发表重要讲话，为我们指明了大学的办学方向、学科的建设方向、教师的发展方向、学生的成长方向。作为一名外语教师，在教书育人方面，认真践行以身立教、育人先育己的理念。坚持不懈提高自身学识与修养，争做学生为学、为事、为人的榜样。课堂上巧妙安排，将外语知识传授与课程思政元素有机融合。用心挖掘并尽量抓住每一个教育契机，影响与帮助学生成为"堪当民族复兴重任的时代新人"。

在第十一届"中国大学教学论坛"上，教育部高等教育司司长吴岩表示，课程是人才培养的核心要素，是教育的微观问题，解决的却是战略大问题。具有高阶性、创新性、挑战度的"金课"建设涵盖线下"金课"、线上"金课"、线上线下混合式"金课"、虚拟仿真"金课"和社会实践"金课"，与此对标，外语课程思政"金课"建设需绵绵用力、久久为功，止于至善。

作者：陈晓慧　　学校：中国人民大学

"外国语言文学研究方法论"
课程思政教学设计样例[①]

第 4 单元　外国语言学研究方法论

一、课程总览

1. 课程名称： 外国语言文学研究方法论

2. 课程类型： 俄语学术型硕士通开课

3. 课程目标：

通过本课程的学习，使学生达到以下目标：

（1）了解并掌握外国语言文学学科的基本常识，学习外国语言文学的基本研究方法，包括人文学科的科研步骤与常用方法、外语学科的科研方向与课题选择、调查研究的原则与途径、定量分析与定性分析、资料的收集与整理、观点和结论的形成、文献综述的撰写、哲学与逻辑学的应用等。【知识】

（2）形成对外国语言文学研究一般方法进行归纳、概括的能力，能够联系语言的特点，从哲学、思维科学的高度论述外国语言文学研究方法论的范畴、原理，能够在学习中应用比较具体的、联系特定外语语言文学分支学科或特定语言层面的研究方法、步骤、程序，同时了解并遵守学术规范。【技能】

（3）提高分析和解决问题能力、思辨能力、批判性思维能力、创新能力及合作能力，形成人文与科学素养，树立正确的世界观、人生观、价值观，坚定"四个自信"，面对大是大非能够站稳脚跟，成为中国文化的传承者和继承者，成为新时代中国特色社会主义建设需要的高层次外语人才。【价值观】

4. 教学对象： 俄语语言文学、外国语言学及应用语言学硕士点一年级学生

5. 学时： 54

二、本案例教学目标

1. 认知类目标： 理解"方法"和"方法论"的概念内涵，掌握科学研究尤其是外国语言文学研究的基本方法，明确研究方法在科学研究中的重要作用，知悉外国语言学研究的一般方法。

2. 价值类目标： 理解马克思主义哲学、唯物辩证法对外国语言文学研究的指导意义，学会用辩证唯物主义观点看待客观世界，对中西语言文化及价值观进行比较，形成哲学思维、创新意识；领悟学科交叉互融、互学互鉴的重要性，在科学研究和工作学习中善于吸取有益经验，避免狭隘主义、故步自封；学会运用对立统一规律认识世界，培养逻辑思维能力；认识到知识与技能、过程与方法、情感态度价值观三维统一的重要性，树立正确的国家观、民族观、历史观、文化观、语言观，树立"四个自信"。

3. 方法类目标： 善用外国语言文学研究一般方法设计科学研究的主题并自主分析解决问题，培养反思能力、哲学思辨能力、逻辑能力，能够独立思考判断。

① 本案例为2021年度黑龙江省高等教育教学改革研究一般项目"高校外语学科《外国语言文学研究方法论》研究生课程思政建设研究"（编号 SJGY20210471）阶段性成果。

三、本案例教学内容、重点和难点

1. 教学内容

（1）"方法"和"方法论"的概念内涵；

（2）对外国语言学研究方法的基本认识；

（3）语言学研究方法的哲学和逻辑学思考。

2. 教学重点

（1）方法论对于科学研究的重要意义；

（2）哲学、逻辑学引领下的外国语言学研究方法；

（3）在语言学方法论的学习过程中将价值塑造、知识传授和能力培养紧密融合，实现全过程育人、全方位育人。

3. 教学难点

（1）马克思主义哲学观指导下的语言学研究方法；

（2）逻辑学视角下的语言学研究方法。

四、本案例教学方法、手段

1. 问题教学法。通过课前向学生布置思考题、课中向学生提出启发性问题，引导学生思考并回答语言学研究方法相关问题。

2. 分组讨论法。在课堂上对设定话题进行分组讨论，从思辨能力培养、批判视角确立、社会主义核心价值观塑造等角度探讨语言学研究方法的内涵和本质，充分体现以学生为中心的教学理念，引导学生树立社会主义核心价值观。

3. 文献阅读法。通过推荐学生阅读相关文献、学生自行查找文献扩展阅读，了解前沿语言学研究方法，反思语言学发展史上不同语言学研究方法的优势与不足，进一步培养思辨能力。

五、本案例教学过程

1. "方法"和"方法论"

1.1 方法

步骤 1

课前通过课程微信群向学生发放学习材料，布置学习任务，课上检查学习任务完成情况。请学生回答什么是"方法"，"方法"在生活、学习中的重要性。

通过对《孟子》的名言"徒法不足以自行，徒善不足以为政"的分析及相关图片、故事的展示，引导学生开展讨论，说明"方法"的重要性。

通过"铁杵磨针"的故事反思"方法"与"目标"的关系。

通过中国道路的选择说明道路与方法论的关系。

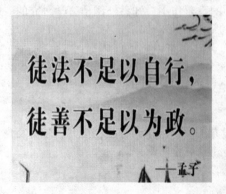

设计目的

　　用鲜活的实例说明方法的重要性。要取得成功，需要有正确的目标，更需要正确的方法，这样才能在艰苦努力之后实现目标。使学生认识到中国道路是以社会主义为方法的，是中国共产党领导中国人民所开创的人类新路，马克思主义和毛泽东思想是中国人民认识世界、改造世界的武器、工具和方法，树立道路自信。明确外国语言文学研究要有正确的目标、路径，更需要科学、系统的方法。

步骤2

　　介绍诺贝尔奖获得者苏联物理学家列夫·朗道和世界著名物理学家、中国科学院院士、2001年度国家最高科学技术奖获得者黄昆关于"方法"重要性的论述。

设计目的

　　引导学生关注"方法"，探索"方法"，懂得"方法"对于科学研究的指导意义。通过对世界著名科学家关于"方法"问题的名言的分析，激发学生的学习兴趣和热情，以科学家的精神潜移默化影响学生的认知和情感。

1.2　方法论

步骤1

　　请学生阅读并解释俄文 методология（方法，方法论）及其希腊语语源的 μεθοδολογία 的释义，解读"方法"和"方法论"的内涵。

设计目的

　　使学生能够借助所学外语（俄语）学习方法论相关知识，明确"方法""方法论"的概念内涵，为下一步学习奠定基础。

步骤 2

　　请学生发言，谈一谈对"方法论"的理解，什么是"方法论"，什么是"学科方法论"，进而对"方法论"的本质进行说明。

　　给出"学科方法论"的俄文解释：

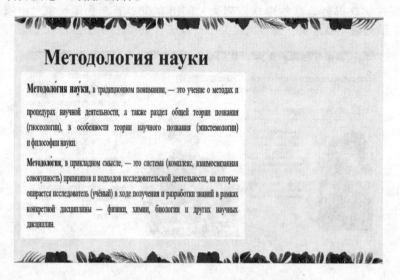

设计目的

　　使学生懂得方法论是人们认识世界、改造世界的根本方法，是人们用什么样的方式、方法来观察事物和处理问题。

步骤 3

　　将学生分成两组，分别秉持笛卡儿方法论和系统工程方法论的主张，在课前查找文献的基础上，就两种不同方法论的影响、作用等展开辩论，实施分组讨论法教学。

　　教师总结、点评，介绍不同层次的方法论，包括哲学方法论、一般科学方法论、具体科学方法论，确定外国语言文学方法论的层次所属及特征，说明哲学方法论是各门科学方法论的概括和总结，对一般科学方法论、具体科学方法论有着指导意义，外国语言文学研究者也要了解哲学基本原理，培养哲学思维，形成思辨能力。

设计目的

　　使学生了解笛卡儿方法论对西方人的思维方式、思想观念和科学研究方法的影响，知悉系统工程的出现对许多大规模的西方传统科学所起的促进作用，理解两种方法论的本质区别，学会辩证地看待二者在不同时期发挥的作用。使学生懂得任何一次科学的发现或创新，实质上都是研究方法上的变革，语言科学的发展同样依赖于研究方法的更新或变革，要培养创新意识和追问的能力。

2. 对外国语言学研究方法的基本认识

步骤 1

　　提问：语言学研究成果与其他学科的关系？

从语文学时期开始，语言学成果就是哲学、历史学、考古学、文学、政治学、经济学、逻辑学、社会学、民族学等学科所必须利用的，语言研究在这些社会科学中已占重要地位。语文学是围绕阐释和解读先秦典籍来展开研究的。

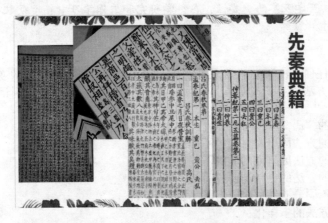

设计目的

使学生理解语言学研究的重要性，同时深刻认识到中华文化源远流长，语文学时期已成就斐然，中国传统文化为现代中国人奠定了人生观、价值观和伦理观基础，要正确理解中国传统文化与马克思主义和西方科学体系之间的关系，培养家国情怀和历史意识，树立文化自信。

步骤 2

提问：

（1）你知道哪些语言学流派？

（2）语言学有哪些分支学科？

（3）语言学与哪些学科可以交叉互融？

外国语言学研究对象不同，研究方法也不同，研究方法的更新和研究目的有关，也与语言学的不同分支学科有关，研究方法随着时代的发展而发展。

语言观决定语言研究的方法。语言的不同看法导致了研究方法的不同，对语言的不同看法本身就包含着研究方法的区别。

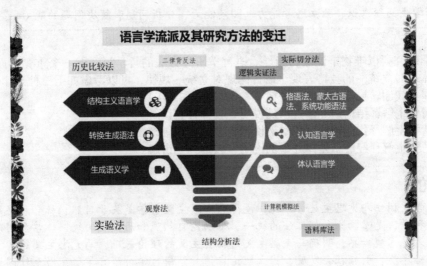

设计目的

使学生理解不同语言学流派使用的不同研究方法主要基于哲学、逻辑学基础之上，要领悟学科交叉互融、互学互鉴的重要性，在科学研究和工作学习中善于吸取有益经验，避免狭隘主义、故步自封。

步骤 3

进一步阐发：任何一次科学的发现或创新，实质上都是研究方法上的变革。语言科学的发展同样依赖于研究方法的更新或变革。从以下几个方面出发，与学生探讨语言学研究方法论的相关问题：

（1）语言研究的"语文学"方法；
（2）语言研究的方法因研究对象的不同而不同；
（3）语言研究的方法因研究内容的不同而不同；
（4）语言研究的方法的更新与研究目的有关；
（5）语言学的不同分支学科应有不同的研究方法；
（6）语言研究方法的多样化；
（7）语言研究必须合理假设，合理求证；
（8）语言观决定语言研究的方法。

设计目的

使学生理解今天的语言学是社会科学和自然科学的联系桥梁，对现代科学的发展有重大贡献，而且将继续发挥巨大作用，树立学科自信；语言学流派的发展是继承与批判的过程，要形成反思能力，勇于提出问题，善于分析问题。

3. 语言学研究方法的哲学和逻辑学思考

3.1　语言学研究方法的哲学思考

步骤 1

提前一周布置给学生下载阅读相关文献，在课上检查阅读理解效果，解读疑难点，讨论其中观点。适度翻转课堂，部分内容请学生主讲。

设计目的

培养学生问题意识、独立思考能力、阅读能力、分析问题和解决问题的能力。

步骤 2

语言学研究要以唯物辩证法为指导。语言学研究方法的哲学思考的一个重要方面，就是要找出语言体现对立统一的独特表现。语言体现对立统一规律，可以考虑如下三种规律性的表现：结构边界律、代谢转换律、经济示差律（参见徐盛桓 2001）。

（1）请学生解释结构边界律并举例说明，教师补充讲解。
（2）请学生解释代谢转换律并举例说明，教师补充讲解。
（3）请学生解释经济示差律并举例说明，教师补充讲解。

设计目的

帮助学生树立马克思主义哲学观，懂得马克思主义哲学是关于自然、社会和思维发展一般规律的科学，是唯物论和辩证法的统一、唯物论自然观和历史观的统一。学会用辩证唯物主义观点看待客观世界，明确马克思主义是社会主义的理论基础，马克思主义建构了一个唯物主义的世界观，引领社会发展，树立理论自信。领悟哲学对语言学研究乃至外国语言文学研究的统领作用，学会运用对立统一规律认识世界。

3.2 语言学研究方法的逻辑学思考

提问：语言学与逻辑学的关系是什么？

讲解：现代逻辑学十分关心语境内涵问题，而且深入到人们思维与语言运用的多方面，其中的数理逻辑、谓词逻辑等都同语言研究有密切的关系。单调逻辑和非单调逻辑都要重视。从以下几个方面解读逻辑学视角下的语言学研究方法：

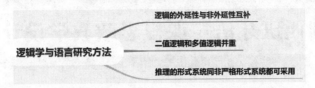

设计目的

帮助学生理解逻辑学思想对语言学研究的深远影响，懂得基本的逻辑学概念，培养逻辑思维能力。

4. 思考练习

（1）通过对方法、方法论以及外国语言文学研究中至关重要的一部分——语言学方法论的探讨，总结出在学习和生活中要善于运用辩证、唯物的观点看待身边的一切事物，要懂得方法的重要性，进而培养自身的科学精神和人文素养，同时激发学生的爱国情怀，培养学生可持续发展的潜力。

（2）查找资料，了解语言学发展简史及主要语言学流派使用的方法。

（3）通过阅读①徐盛桓《语言学研究方法论探微——一份建议性的提纲》（《外国语》2001/5）；②杨金才《外国语言文学学术规范与方法论研究》（南京大学出版社，2020）；③金立鑫《语言研究方法导论》（上海外语教育出版社，2007）；④文秋芳等《应用语言学研究方法与论文写作》（外语教学与研究出版社，2004）等文献，进一步思考外国语言学研究的方法和方法论。

（4）撰写本单元听课感悟，要求不少于1 000字。

六、课后反思

1. 教师反思

课后，教师反思如何进一步更新人才培养理念，提升自身思政能力，增强课程思政的自觉性和主动性，在教授专业知识的同时，为学生营造积极良好的课程思政学习氛围，按照习近平总书记提出的"其他各门课都要守好一段渠、种好责任田，使各类课程与思想政治理论课同向同行，形成协同效应"的要求，精心设计课程思政建设目标，准确把握本课程的课程思政建设方向和重点。

在教学内容上把握学科前沿，注意知识更新，适当结合时事热点话题开展教学，扩大教学设计的思政涵盖面；通过输出使学生学以致用，检测学生学习效果，根据每讲内容设计思考题，使学生深入领会所学内容，通过测试、让学生谈感悟与学习心得等方式，促进学生认真阅读、深入思考，提高批判性思维能力，在接触异文化时能够立场坚定，不轻信、不盲从，在国际交往中积极传播中国文化和社会主义核心价值观。

2. 学生反思

课后，学生积极反思如下问题：学习外国语言文学为什么要首先学习方法论？学习方法论在那些方面可以影响我们看待世界的方式？学习方法论为什么有助于培养我们的思辨能力，树立正确的世界观、人生观和价值观？马克思主义哲学对于语言学习、研究有哪些指导意义？

作者：吴哲　　学校：哈尔滨师范大学

"基础西班牙语"课程思政教学设计样例

Unidad 10　第十课 社会文化常识：西班牙语国家的姓氏
Conocimiento sociocultural

一、课程总览

1. 课程名称：基础西班牙语 I

2. 课程类型：西班牙语专业核心课

3. 课程目标：

通过本课程的学习，使学生达到以下目标：

（1）掌握西班牙语语音、词汇、语法、句法、交际用语等语言基础知识及其运用原则；初步了解西班牙语国家社会文化常识；认识汉西语言差异及中西国家社会文化差异。【知识】

（2）初步掌握西班牙语听、说、读、写、译等方面的基础技能，增强外语交际能力、实践能力、思辨能力，培养问题意识并提高解决问题的能力，培养自主学习意识并提高西语学习的能力。【技能】

（3）提高西语学习兴趣，积极思考西语语言文化现象，初步比较汉西语言文化差异，培养比较研究能力和跨文化交际能力；积极参与课堂和课外的开放性调研作业，培养主动获取知识的能力和调研能力【态度＋技能】

（4）在掌握西语语言文化知识的过程中，适时适量学习汉语和中华文化相关知识，深入认识汉语的独特魅力、中华文化的精神内涵，培养文化自信，增强传播中华文化、让"中国故事走出去"的责任与担当。【知识＋价值观】

4. 教学对象：西班牙语类专业低年级本科生

5. 学时：线下 136

6. 教材：《现代西班牙语学生用书 1》，董燕生、刘建主编，外语教学与研究出版社，2014 年

二、本案例（单元／话题等）教学目标

1. 认知类目标：了解西班牙语国家姓氏来源的主要类型，理解社会文化因素对语言演进的影响，对比中国姓氏的主要来源，初探汉西社会文化因素对语言的不同干预历程。

2. 价值类目标：深刻理解社会文化与语言发展的密切关系，认识语言发展的复杂演进过程；领会姓氏形成背后的故事，增强跨文化交际和传播的能力；增强对西语国家社会文化的理解；深刻体会中华文化的独特存在，建立文化自信。

3. 方法类目标：能通过阅读文献掌握西语国家相关社会文化常识，能通过课堂讨论比较汉西语言文化差异，能通过查找材料增强获取知识和调查研究的能力。

三、本案例（单元/话题等）教学内容、重点和难点

1. 教学内容

西语国家姓氏来源主要类型、中国姓氏来源主要类型、姓氏演进的大致历程、汉西语言文化差异等。

2. 教学重点

中西姓氏来源的主要类型、中西姓氏不同的演进历程、社会文化因素对姓氏形成的影响。

3. 教学难点

在教学过程中通过嵌入课程思政元素并探讨汉西姓氏来源差异等，增强外语学习能力、语言文化对比分析能力、团队合作能力、知识获取能力、调研能力等。

四、本案例（单元/话题等）教学方法、手段

1. 教师讲授西语姓氏来源的主要类型、剖析社会文化等影响因素，帮助学生掌握相关内容的基础知识、深刻体会语言的文化载体作用。

2. 补充西语阅读材料，加深学生对西语姓氏来源的认识，进一步掌握社会文化常识，提高学生西语阅读理解能力、扩充词汇量。

3. 采用任务教学法，以任务驱动学习过程，启发学生好奇心，反思中国姓氏的主要来源及其背后的社会文化因素，增强调研能力；鼓励学生进行文化比较，提高跨文化交际能力；培养学生学以致用的能力，使用西语讲述中国姓氏的主要来源，锻炼学生西语表达能力、文化理解能力、发现问题和解决问题的能力等。

五、本案例（单元/话题等）教学过程

1. 西班牙语国家姓氏来源 Origen de los apellidos hispanos

1.1 Categorías

步骤 1

学生回答问题 ¿Sabéis cómo se apellidan vuestros profesores hispanos? ¿Conocéis el origen de estos apellidos?

设计目的

以学生经常接触的西语外籍教师的姓氏为例，通过提问方式引起学生兴趣、引出话题"西语国家姓氏来源"。

步骤 2

讲解教材中有关"西语国家姓氏来源"的内容，如：人名 apellidos ptronímicos，地名 apellidos toponímicos，动植物名称 apellidos de animales y nombres de plantas，职业名称 apellidos por oficio o estatus social，外来文化 apellidos castellanizados。并进行适量补充 Apellidos por mote o circunstancias del nacimiento (Cabezón, Calvo, Rojo, Rubio, Seco, Feliz, Bravo, Delgado, Hermoso, Moreno, Galán, Leal, Bravo, Bello...)。

设计目的

引导学生了解最常见的西语国家姓氏来源，掌握每种类别中最为常见的姓氏，领会各类别姓氏背后的社会文化因素等。

步骤 3

学生分组讨论课前阅读资料并以小组汇报方式补充课堂讲解内容（补充材料节选如下）。

Aunque los apellidos en España (o los reinos cristianos de la península) comenzaron a registrarse a partir del siglo IX, estos fueron cambiantes, no se mantenían de padres a hijos como se hace ahora, sino que iban variando en cada persona en función de su ascendencia, su oficio, su lugar de procedencia... No sería hasta el siglo XVIII que los apellidos comenzaron a consolidarse, invariables, hasta principios del siglo XIX, cuando se promulgó la Ley del Registro Civil y la posesión de un apellido se convirtió en un sinónimo de existir.

Apellidos patronímicos

Los primeros apellidos de los que se tiene constancia en España parten del patronímico. Esto es, del nombre del padre. Lo cual significa que si un hombre se llamaba Hernán, su hijo se apellidaría Hernández. Pero si el hijo se llamase Gonzalo, el nieto del primer hombre se apellidaría González. La práctica se descubre a partir de los documentos firmados entre el siglo IX-cuando la alta nobleza comenzó a utilizar patronímicos-y el siglo XI-cuando todas las personas firmaban con patronímicos-, y es habitual que los apellidos más antiguos de España, aunque no formen parte de altas noblezas, tengan su origen en estos métodos primeros.

En los reinos de León, Castilla, Portugal, Navarra y Aragón, se optó por añadir una-z al final del nombre paterno, mientras que los Condados Catalanes se limitaron a transcribir el nombre de pila de los padres en su variante romance (Berenguer, Pons, Dalmau...).

Ejemplos de apellidos patronímicos: Núñez (Nuño), Ramírez (Ramiro), Velázquez (Velasco), Sánchez (Sancho), Ibáñez (Juan), Fernández (Fernando), Álvarez (Álvaro), Jiménez (Jimeno), Pérez (Pedro), Enrique (Enríquez), Gutiérrez (Gutierre), Méndez (Hermenegildo)....

Apellidos toponímicos

El problema principal con los apellidos patronímicos es evidente. Cambiaban con cada generación, volviendo casi imposible rastrear las genealogías llegada la necesidad de hacerlo. Fue necesario buscar apellidos más certeros, que pudiesen determinar de alguna manera con qué tipo de persona se estaba tratando. Al final, esta era la función del apellido. Reconocer si uno era noble o vasallo, aragonés o castellano, guerrero o santo. Comenzaron a utilizarse, en torno al siglo XII, los lugares de origen o señoríos como apellido de las personas.

Una práctica común a lo largo de los siglos siguientes y que puede explicar el origen de un gran número de apellidos actuales. Recomiendo al lector buscar su apellido en Google Maps, puede que se sorprenda. Sin embargo, debido a la tradicional forma de apellido patronímico, sí que fue muy habitual mantener el patronímico y añadirle el lugar de origen utilizando la preposición de (Ortiz de Urbina, López de Lara, Álvarez de Castro, Jiménez de Quesada...).

Ejemplos de apellidos toponímicos: Alesanco, Ojeda, Ocaña, Catalán, Corral, Fresneda, Dávala (De Ávila), Navarro, Salazar, Soto, Torrente, Villanueva, Yuso...

Apellidos por oficio o estatus social

Ya se ha mencionado la importancia del apellido para conocer el estatus social de nuestro interlocutor. En el mundo actual no importa demasiado si el padre de uno es carnicero, pescador, ganadero, banquero, cajero o abogado, pero en tiempos donde la clase social lo significaba prácticamente todo, en ocasiones la diferencia entre la vida y la muerte, existía un interés verídico por conocer los oficios de terceros. A los apellidos patronímicos y toponímicos se les añadieron los apellidos por oficio o estatus social, estos últimos más recientes.

Ejemplos de apellidos por oficio podemos encontrar tantos como empleos existen: Escudero, Criado, Alcalde, Marqués, Soldado, Tejedor, Zapatero, Jurado, Duque, Herrero, Sastre, Labrador, Botero...

Apellidos por mote o circunstancias del nacimiento

¿Recuerdas cuando te llamaban retaco en el colegio, y tú solo esperabas a terminar la escuela para librarte del mote? Ahora imagínate que te lo llamaban con tal insistencia que firmabas como Retaco los documentos del Estado, y tus descendientes tuvieran que cargar con el dichoso insulto durante generaciones y siglos. Esto ocurre con algunos apellidos, originados a partir del mote que se diera al ancestro, aunque no todos eran sobrenombres necesariamente negativos: Cabezón, Calvo, Rojo, Rubio, Seco, Feliz, Bravo, Delgado, Hermoso, Moreno, Nieto, Galán, Leal, Bravo, Bello...

Algo parecido ocurría cuando las personas eran apellidadas en función de las circunstancias de nacimiento, por lo habitual cuando el recién nacido era bastardo o la paternidad era dudosa (aunque no siempre se debía a estas razones). Así podemos encontrar apellidos como Iglesias, Abril, Buendía, Sampedro, Expósito o San Martín.

设计目的

深入了解西语姓氏来源及社会文化因素影响，提升西语阅读理解能力、团队合作能力、发现问题和解决问题的能力。

步骤 4

学生根据讲解，以小组为单位讨论完成下列提问。

(1) ¿Qué significa el sufijo-*ez* en los apellidos hispanos?

(2) Si un chico o chica se apellida Zapatero, ¿qué podéis adivinar de sus lejanos antepasados?

(3) ¿Podéis ejemplificar apellidos de algunos personajes famosos de las categorías anteriores?

(4) Basándose en la formación de los apellidos hispanos, ¿qué pensáis de la oración "el idioma es el portador de la cultura"?

设计目的

帮助学生深入理解西语姓氏来源；体会姓氏的演化历程，深入体会姓氏背后的社会文化因素；引导学生发散思维，将所学与实践相结合。

2. 中国姓氏来源 Origen de los apellidos chinos

步骤1

学生回答问题 ¿Sabéis cómo se formó el carácter chino 姓？Y ¿cuál es la diferencia entre 姓 y 氏？

设计目的

引出"中国姓氏来源"的话题，深入理解汉字的形成及寓意，体会汉字相对于西方语言的独特魅力。

步骤2

学生分组汇报中国姓氏的主要来源，教师点评补充。在讲解过程中，强调中国姓氏发展的复杂性及与历史发展的密切关系，同一姓氏具有不同的来源，同一来源衍生出不同的姓氏。

以氏族图腾为姓（马、牛、羊、熊、鹿、龙、凤、山、水、花、叶）

以封地驻地为姓：以封国为姓（管、晋、鲁、曹、齐、鲁、晋、宋、郑、吴、越、秦、楚、卫、韩、赵、魏、燕），以封邑为姓（冉、翁、梁、屈、逯），以居住方位为姓（姚、东郭、南郭、西门、东门、东宫、南宫）

以官职、爵位为姓：以官职为姓（司马、史、尉、籍、行、上官、山、充、钱、仆、乐、云、席、宰、师），以爵位为姓（公、侯）

以职业或技艺为姓：陶（制陶）、梓（木匠）、庖（屠宰）、卜（占卜）、筑（盖房子）、韦（皮匠）、冶（冶炼）、钟（铸钟）、木（木工）、甄（陶器）、农（耕种）、药（制药）、车（制车）、蒲（编织）、巫（巫师）、优（演戏）

以先人的字、名、谥号为姓：林、桓、穆、文、康、惠、丁

赐姓与改姓：刘、李、赵、朱等

以排行次第为姓：伯、孟、仲、叔、季

设计目的

充分了解中国姓氏来源，体会社会文化、历史因素对姓氏形成的影响，深入学习中华传统文化，领会其独特魅力，为传播中华文化、讲好中国故事奠定基础。

步骤3

以"李"姓为例，展示在中国姓氏形成过程中，社会、历史和文化因素的影响作用，如：源出嬴姓、李树图腾说、源出姬姓说、源于封赏赐姓与恢复李氏、少数民族汉化改姓等。

设计目的

进一步了解中国姓氏形成的复杂过程，体会在姓氏形成过程中，社会和历史变迁的重要影响，为讲述中华文化内容奠定基础。

步骤4

分组讨论汉西姓氏来源异同，体会社会文化因素对汉西姓氏形成的不同影响，例如，中国

姓氏的形成与社会、历史发展因素的关系更为密切。通过中国姓氏，可以解读古代社会结构特征。从以"女"字为偏旁姓氏为标志的上古母系社会，发展至魏晋南北朝的门阀制度，姓氏反映的社会变迁对于社会、文化、政治、伦理、艺术都产生过重要影响。

设计目的

通过比较汉西姓氏来源差异，体会汉西社会文化异同，为培养跨文化传播和沟通能力奠定基础。

步骤5

集体讨论中西方社会将姓氏研究纳入不同的研究范畴的原因，如在西方社会，姓氏被纳入生物学范畴，而在中国，则被纳入社会科学的研究范畴。教师可强调中国姓氏历史起源已有5 000年，而西班牙姓的起源则为1 000年左右，并且进一步突出中国现代姓氏形成过程中的社会、历史、文化等因素的重要影响作用；突出在中华文化中，"根"对于华夏民族的重要性及中国人追根溯源、寻根问祖的传统；在世界各民族中，中国姓氏具有独特社会文化价值，以及独一无二的文化遗产身份。

设计目的

了解中国姓氏起源的悠久历史，体会中华文化的源远流长，感受中华文化在世界文化中的独特存在，增强文化自信。

3. 思考练习

（1）搜集资料，查证外教姓氏的来源。

（2）搜集资料，查证学生自己姓氏的来源。

（3）写一篇作文，向外国友人简单介绍中国姓氏的主要来源，如果遇到表达困难，建议首先查询线下线上资源，其次可向任课教师咨询讨论。

六、课后反思

1. 教师反思（教学难度是否恰当，师生互动、生生互动是否充分，学生是否实现知识增长，是否提高发现问题、分析问题和解决问题的能力等）

2. 学生反思（是否积极投入课堂，主要遇到哪些困难，对教学内容和过程有什么具体建议等）

作者：李静　　学校：中国人民大学

中国人民大学出版社外语出版分社读者信息反馈表

尊敬的读者：

感谢您购买和使用中国人民大学出版社外语出版分社的 ＿＿＿＿＿＿＿ 一书，我们希望通过这张小小的反馈卡来获得您更多的建议和意见，以改进我们的工作，加强我们双方的沟通和联系。我们期待着能为更多的读者提供更多的好书。

请您填妥下表后，寄回或传真回复我们，对您的支持我们不胜感激！

1. 您是从何种途径得知本书的：

   □书店　　　　□网上　　　　□报纸杂志　　　　□朋友推荐

2. 您为什么决定购买本书：

   □工作需要　　□学习参考　　□对本书主题感兴趣　　□随便翻翻

3. 您对本书内容的评价是：

   □很好　　　　□好　　　　□一般　　　　□差　　　　□很差

4. 您在阅读本书的过程中有没有发现明显的专业及编校错误，如果有，它们是：

   ＿＿＿＿＿＿＿＿＿＿＿＿＿＿＿＿＿＿＿＿＿＿＿＿＿＿＿＿＿＿＿＿＿

   ＿＿＿＿＿＿＿＿＿＿＿＿＿＿＿＿＿＿＿＿＿＿＿＿＿＿＿＿＿＿＿＿＿

   ＿＿＿＿＿＿＿＿＿＿＿＿＿＿＿＿＿＿＿＿＿＿＿＿＿＿＿＿＿＿＿＿＿

5. 您对哪些专业的图书信息比较感兴趣：

   ＿＿＿＿＿＿＿＿＿＿＿＿＿＿＿＿＿＿＿＿＿＿＿＿＿＿＿＿＿＿＿＿＿

   ＿＿＿＿＿＿＿＿＿＿＿＿＿＿＿＿＿＿＿＿＿＿＿＿＿＿＿＿＿＿＿＿＿

6. 如果方便，请提供您的个人信息，以便于我们和您联系（您的个人资料我们将严格保密）：

   您供职的单位：＿＿＿＿＿＿＿＿＿＿＿＿＿＿＿＿＿＿＿＿＿＿＿＿＿＿＿

   您教授的课程（教师填写）：＿＿＿＿＿＿＿＿＿＿＿＿＿＿＿＿＿＿＿＿＿

   您的通信地址：＿＿＿＿＿＿＿＿＿＿＿＿＿＿＿＿＿＿＿＿＿＿＿＿＿＿＿

   您的电子邮箱：＿＿＿＿＿＿＿＿＿＿＿＿＿＿＿＿＿＿＿＿＿＿＿＿＿＿＿

请联系我们：黄婷　程子殊　吴振良　王琼　鞠方安

电话：010-62512737，62513265，62515538，62515573，62515576

传真：010-62514961

E-mail：huangt@crup.com.cn　　chengzsh@crup.com.cn　　wuzl@crup.com.cn
　　　　crup_wy@163.com　　jufa@crup.com.cn

通信地址：北京市海淀区中关村大街甲 59 号文化大厦 15 层　　邮编：100872

中国人民大学出版社外语出版分社